最短最速で大学受験を制す

でる順 英単語 スピードマスター

必修 2000

Produced by
受験英語指導のプロ集団
VIP Academy

Jリサーチ出版

受験生へのメッセージ

　本書『でる順英単語スピードマスター 必修2000』は、受験に勝つ！ための最新の英単語・熟語集です。大学入試対策用に「覚えてトクする、すぐに効果の出る」究極の本を目指して作られました。
　本書には従来の単語集になかった数々の特長があり、同時に学習効果を上げるさまざまな工夫が施されています。

本書の三大特長

①入試最頻出・最重要の英単語と英熟語2089を収録！

　過去20年分の大学入試（大学入試センター試験、私立大学入試、国公立大学二次試験）の問題をコンピュータによりデータ化し、独自の分析で抽出した単語1642と熟語447を、最短最速でマスターできます。本書には、過去の入試問題で出題された単語・熟語のうち、最頻出かつ最重要なものを厳選して収録しました。2089の見出し語に加え、派生語、類義語・反意語、関連語も入れると、4173もの単語・熟語を覚えることができます。他の単語帳には出ているのに本書には出ていないもの、また他の単語帳には出ていないのに本書には出ているものもあります。それは、本書では入試で問われるもの、入試のポイント・盲点以外をあえて載せていないからです。この一冊だけで大学合格に必要な語彙力が確実に身につきます。

②英単語と英熟語をコロケーションと短文の中でマスター！

　受験対策用の単語集がたくさんある中で、本書は科学的に最も効果的であるとされるコロケーション、または短文の中で習得していく方法を採用しています。
　一語一義形式で単語の意味だけを棒暗記する単語集、
　どの語に対してもだらだらと長い例文を付した単語集、
　無理やり語呂合わせで覚える単語集、
　長い一文の中であえて多くの単語を覚える単語集、
　長文読解をしながら覚える単語集、
　……など、単語の覚え方は多々ありますが、本書のコンセプトは「最短最

速」。そのため、単語・熟語を入試最頻出のコロケーションと短文の中でマスターできるようになっています。

③「目・耳・口」の三位一体方式で学ぶから、一度覚えたら忘れない！

　個人差はありますが、人間はものを記憶する場合、目からの記憶と耳からの記憶においては最初の数時間も数日後もそれほど差がなく、多くを忘れてしまいます。ところが、目と耳の両方を使った場合は数日後であっても記憶の定着率は5倍以上も高いことが、記憶に関する実験結果から分かっています。単語・熟語の学習においては、口も利用して「目・耳・口」をフル連動させ、三位一体方式で記憶率アップ図ると、長期記憶の定着率がさらに促進されます。本書を「目」で隅々まで何度も読み込み、無料ダウンロードによるネイティブスピーカーの音声をしっかり「耳」で聞き取り、その音声（発音）を「口」でそっくりまねて音読してください。書いて覚えるスタイルを好む人もいるでしょうが、学習効果の高さから言うと、書写よりも音読、また黙読よりも音読の方がずっと効果的です。

　以上の3つの特徴に加え、
④見出し語の多くが本の中で何度も繰り返し出てくるので、繰り返し覚えなおすことができる！
⑤見出し語に関して、紙面講師の先生からのアドバイスや注意点、そしてリラックスを促す雑学が提供されている！
⑥長文問題、語彙問題だけでなく、語法・文法問題にも対応できる力が同時に身につく！
⑦今後ますます入試で重要視されるリスニング問題対策として、正しい発音とアクセントを習得できる！
……など、最短最速で大学受験を制するためのエッセンスが詰まっています。

　本書で是非とも念願の大学入試合格を勝ち取ってください。それでは、皆さん、一緒に頑張りましょう！

VIP Academy 講師陣一同

CONTENTS

受験者へのメッセージ ……………………………… 2
最強の英単語学習法：10のアドバイス ……… 6
本書の利用法 ……………………………………… 12

Introduction
リスニング試験に備えて：
　アクセント5つの法則 ………………………… 16
覚えてトクする接頭辞と接尾辞 ……………… 19

Chapter 1	動詞	25
Chapter 2	名詞	147
Chapter 3	形容詞・副詞	241
Chapter 4	前置詞・接続詞	327
Chapter 5	熟語	335

COFFEE BREAK
①カタカナ英語にご用心！ ………………… 146
②単語はネットワークで覚える！ ………… 326

最強の英単語学習法 10のアドバイス

単語は、理想的に言うと、英語を読む・英語を聞くことによる大量のインプットを通して増強していくのが一番です。しかし、受験生は英語ばかりに時間をかけるわけにはいきません。となると、限られた時間の中で、どのようにすれば単語を効果的に覚えることができるのか、これをしっかりと考えることが極めて重要です。

以下の学習法は、皆さんの**学習効果を最大限に高める**方法です。これらのアドバイスをしっかり活かして、最強の単語学習を進めてください。

❶ 単語はコロケーションと短文の中で覚える！

はしがきの中ですでに述べましたが、単語や熟語を最も早く覚えるためには、ネイティブスピーカーと同じように、それらをコロケーションまたは短文の中で習得していくのが最も効果的です。このことは、英語教育分野の研究ですでに科学的に証明されています。

本書は、単語・熟語を入試最頻出のコロケーションと短文の中で最短最速でマスターできるようになっていますが、本書以外の単語・熟語をこれから皆さんが覚えようとする時にも、できるだけコロケーションまたは短文の中で覚えるようにしてください。コロケーションや短文は、皆さんの使っている英和辞典をはじめ、何から引っ張ってきてもOKです。自分の好きなコロケーション、覚えやすそうなコロケーションを見つけさえすればよいのです。

そうすれば、長い文の中で単語を覚えるよりもずっとラクに覚えることができ、記憶により長く残ります。

❷ 単語のコアイメージをつかみながら覚える！

　ほとんどの単語には多くの意味があります。複数の品詞を持つ語もたくさんあります。もちろん、全部覚えることができればそれにこしたことはないのですが、そんなことは一部の超人的な人たちだけが成し得る技です。大学入試においても通常の英語学習においても、辞書に載っている単語の意味をすべて覚える必要はありません。

　本書の見出し語の中には、複数の意味を載せているものがありますが、それらは何度も繰り返し目にする（読む）・口にする（音読する）ことで、それぞれの語の持つイメージが広がると同時に、記憶のどこかに語の中心的な意味、つまりコアイメージが必ず形成されていきます。それぞれの語がどのような語（例：前置詞や副詞）と結びつきが強いのかということも意識しながら覚えていきましょう。

　皆さんは、見出し語の横に書かれている日本語訳をそのまま覚えようとするのではなく、でる の後に載っているコロケーションや短文の中でその語がどのように使われているのかを確認しながら、自分なりのイメージを築いていくように心掛けてください。

❸ 派生語や関連語はできるだけまとめて覚える！

　単語を一つ一つばらばらに覚えていくほど無駄な努力はありません。どうせ覚えるのなら、派生語や類義語（同意語）、反意語、関連語までをできるだけ多くまとめて覚えましょう。人間の記憶というのは、関連する知識を体系的に頭の中で整理しつつ覚えることで、定着度がグッと増すのです。

　同時に、同音語やまぎらわしい語などもセットにして覚えていくとさらに効果的です（☞詳しくはp.326のコラムをお読みください）。

　派生語、意外な意味を持つ語（多義語）、スペルや発音のよく似たまぎらわしい語などは特に入試で問われます。つまり、受験生が中途半端に覚えていそうなものほど、出題率は高くなるのです。

❹ 語源を基に単語を覚える!

　多くの英単語は語根（root）を中心にして、その手足とも言うべき接頭辞（prefix）や接尾辞（suffix）から構成されています。ちょうど漢字の偏と旁のようなものです。

　例えば、ab は「離れて」を意味する接頭辞、norm は「基準、規則」を意味する語根、al は「〜の、〜のような」を意味する形容詞を作る接尾辞です。ですから、abnormal は「異常な；変則の」の意味を表す形容詞だと分かります。

　英文中に知らない単語が出てきた場合、多くの受験生は前後の文脈を頼りに意味を推測するわけですが、接頭辞、語根、接尾辞の基本知識を身に付けた受験生は文脈上の判断に加えて、語源を頼りににその語を分析することができるため、不思議とその語の意味が見えてくることが多いのです。

　これからは、語源の公式＜英単語＝接頭辞＋語根＋接尾辞＞を常に意識しながら、語彙力の効果的な増強を図ってみて下さい（☞詳しくは Introduction の p.19 〜 p.24 および p.326 のコラムをお読みください）。

❺ テーマ別、ジャンル別にまとめて覚える!

　派生語や関連語をまとめて覚えるのと同じで、テーマ別・ジャンル別にまとまった語をネットワーク化し、芋づる式で覚えていくのも効果抜群です。

　中学生の時、皆さんは英語で何色ものカラーをまとめて覚えたり、果物の名前、動物の名前、体の部位、乗り物の名前、授業の科目名などもまとめて覚えた記憶はありませんか。

　大学入試レベルの単語も同じように、例えば職業名をまとめて覚えてみたり、環境問題に関する語をまとめて覚えてみたりするわけです。つまり、覚えるべきものをそれぞれ関連付けることで、それらは同じテーマから成る集合体、同じジャンルから成る集合体となるのです（☞詳しくは p.326 のコラムをお読みください）。このようなネットワーク化

を行うことで、長期的な記憶保持が可能になります。

❻ 今は大学入試に出る単語を優先して覚える！

　近年の大学入試では、特に長文読解問題は社会問題、国際関係、環境、エネルギー、科学、医療、健康など多岐にわたる時事的な評論文・論説文や、言語、コミュニケーション、異文化理解などに関するエッセイなど論理的な文章を扱ったものが多く出題されています。一方で、小説や物語などはあまり出題されなくなりました。

　ですから、今はよく出題されるテーマに関連する単語を優先して覚えることが重要となります。もちろん受験がいったん終われば、テーマ・ジャンルを問わず、若い時代にこそ英文小説を含め興味あるものをどんどん読んで欲しいと思います。

❼ 「目・耳・口」の三位一体方式で学ぶ！

　これもはしがきの中ですでに述べましたが、ここでもう一度繰り返し強調しておきます。個人差はあれど、一般的に人間はものを記憶する場合、目からの記憶と耳からの記憶においては最初の数時間も数日後もそれほど差がなく、多くを忘れてしまいます。ところが、目と耳の両方を使った場合は数日後であっても記憶の定着率は5倍以上も高いことが、記憶に関する実験結果から分かっています。

　単語・熟語の学習においては、口も利用して「目・耳・口」をフル連動させ、三位一体方式で記憶率アップを図ると、長期記憶の定着率がさらに促進されます。「目」は本書をじっくり読むということ、「耳」は無料ダウンロードで聞くことのできる音声箇所をしっかり聞くということ、「口」はそのネイティブスピーカーの発音をそっくりまねて音読するということです。音声を聞いている時だけでなく、音声を聞いていない時でも音読トレーニングは学習効果抜群です。

　英語学習者の中には書かないと覚えられないという人もいるようですが、書写する時間があるのならば音読をする、また、黙読をするよ

りも音読をする方が学習効果が高いということを覚えておいて下さい。そして、音読をする時には、正しい発音・アクセントで音読する習慣をつけましょう。その方が記憶に正しく残りますし、リスニング対策にもプラスになります。さらには、受験後の将来も見据えて、今のうちから正しい発音で英語をモノにしていく姿勢が重要です。

❽ 単語は毎日少しずつ覚える！

受験生は英語だけをやっているわけにはいきません。受験生は時間の余裕がないのが普通ですから、1日に15分～20分間だけ集中して単語学習をするのが効果的です。忙しい時には10分でも構いません。だらだらした学習はせずに、10分間だけ集中して学習するのです。

最初は「覚えては忘れ、覚えては忘れ」の繰り返しでいいのです。しかし、毎日学習を続けることで、やがては短期記憶が長期記憶として脳に保管されるようになり、「完全に覚えた」という状態になります。60分の単語学習を1週間に1回、これでは記憶には残りません。毎日30分のウォーキングするのと1週間に一度だけ4時間のウォーキングをするのとどちらが健康に良いかというのと同じです。

❾ 「英英辞典」と「シソーラス」を活用しよう！

ほとんどの受験生は普段英和辞典を主に使っているようです。英作文の練習や語彙チェックのために和英辞典を引く人も多いでしょう。と同時に、少し暇のある時やちょっと気分転換をしたい時には英英辞典やシソーラス（類語辞典）を引くのも面白いですよ。

英英辞典とシソーラスは今では活字書籍だけでなく、ネット上で無料で使えるものもありますし、ほとんどの電子辞書にも入っています。

英英辞典を使うと、例えばaccurateという形容詞であれば、第一義としてcorrect and true in every detail、第二義としてmeasured or calculated correctlyいう説明に加えて、それぞれ例文も載っています。

また、シソーラスで accurate を引くと、correct, exact, precise などの Synonyms（同意語）と faulty, inaccurate, vague などの Antonyms（反意語）も載っており、語彙力増強に非常に役立ちます。

⑩ 友達と一緒に覚えよう！

本書付属の赤シートを使えば、それぞれの単語・熟語の意味をチェックできますので、一人でいわゆる確認テストができます。また、4ページごとに **サクッと復習テスト** のコーナーも付いています。

しかし、何事でもそうですが、自分が新しく知ったことや新しく覚えたことを他の人に話すと、記憶はさらにしっかりと残るものです。単語や熟語の場合も、自分が覚えたものをその日のうちに友達や家族に教えるというのは効果的です。仲のよい友達や良きライバルとは、週に一度覚えた部分からワイワイ言いながら問題を出し合ってみるのも楽しいでしょう。

さらに、友達と一緒に、本書の単語・熟語を1週間に何ページ、1ヵ月に何ページまで覚えるという目標を立てて、切磋琢磨しながら、楽しく学習を続けられるといいでしょうね。

本書の利用法

本書は大学入試を目指す受験生の皆さんが、合格に結びつく頻出の英単語と英熟語を短期間で効率的に覚えられるように作成された単語集です。全部で5つの章(Chapter)で構成されています。

チェックボックス
覚えた単語・熟語をチェックしましょう。

構 成
Chapter 1〜4は単語編です。Chapter 1が動詞、Chapter 2が名詞、Chapter 3が形容詞・副詞、Chapter 4が前置詞・接続詞、と品詞別でまとめられています。Chapter 5は熟語編です。

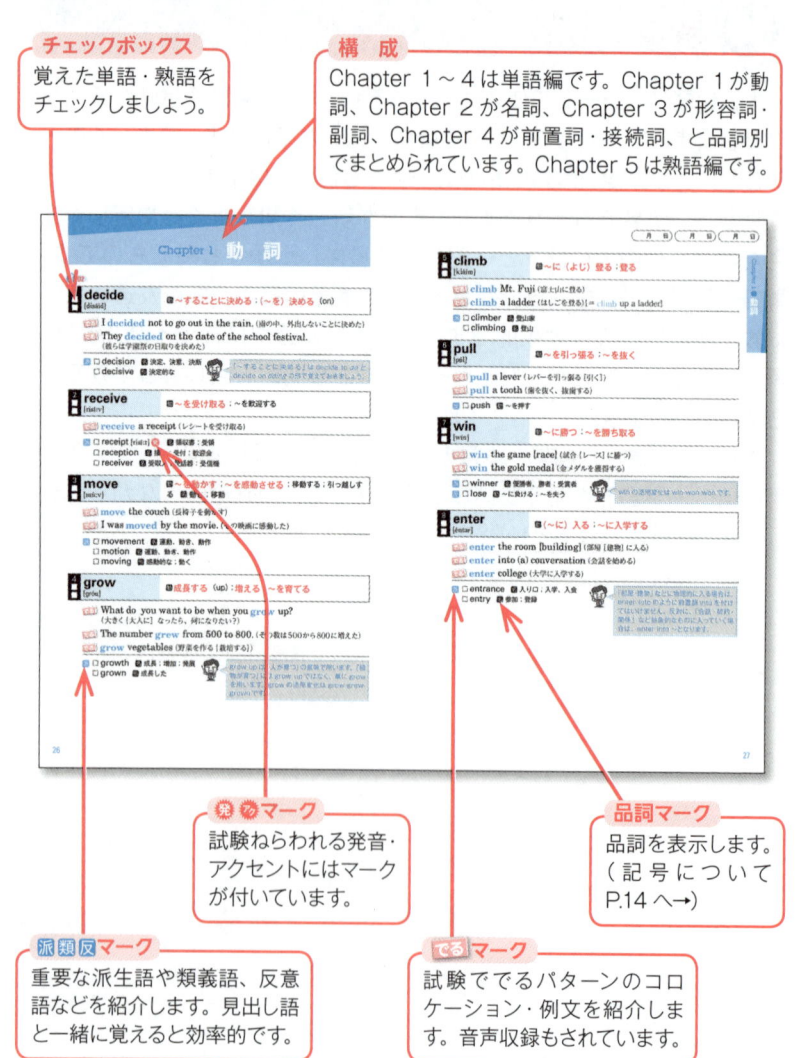

発 アクマーク
試験ねらわれる発音・アクセントにはマークが付いています。

品詞マーク
品詞を表示します。(記号についてP.14へ→)

派 類 反マーク
重要な派生語や類義語、反意語などを紹介します。見出し語と一緒に覚えると効率的です。

でるマーク
試験ででるパターンのコロケーション・例文を紹介します。音声収録もされています。

ヘッドフォンマーク

音声について（ダウンロードの手順はP.14）
2種類の音声ファイルが用意されています。

①見出し語（英語）→ でる 例文（英語）の順で収録

②見出し語の意味（日本語）→見出し語（英語）→ でる 例文（英語）の順で収録

どちらも1トラックには見出し語が10語ずつ入っています。

サクッと復習テスト

4ページごとに復習テストがついています。覚えたかどうかを確認しましょう。

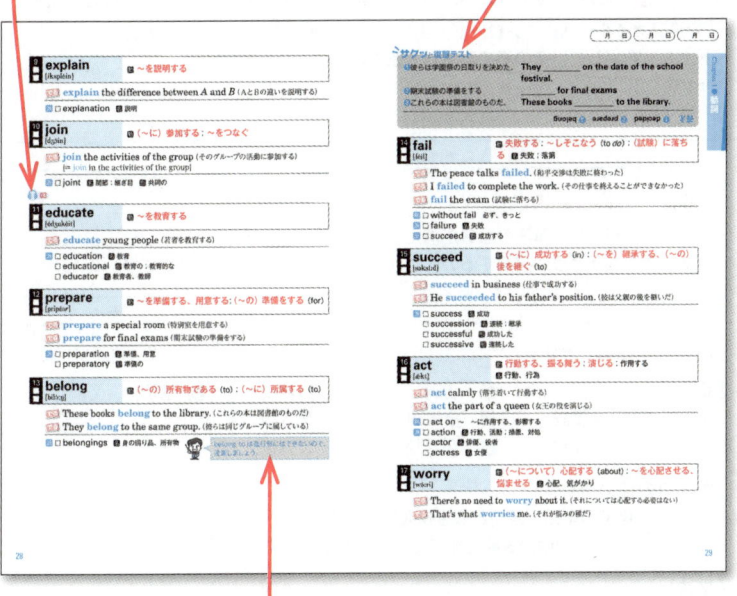

補足コメント

単語を覚えやすくするポイントや、補足事項がコメントされています。

※本書の「でる順」は、厳密には単語・熟語の出題頻度に加えて、入試で本当に大切かどうか（＝問われるポイントかどうか）の重要度、そして前後の見出し語との関連性を考慮した覚えやすさも含めて、最も学習効果の高い配列にしています。

● **音声ダウンロードのやり方**

STEP 1 商品ページにアクセス！　方法は次の3通り！

・右のQRコードを読み取ってアクセス。
・下記のURLを入力してアクセス。
　https://www.jresearch.co.jp/book/b282489.html
・Jリサーチ出版のホームページ（https://www.jresearch.co.jp/）
　にアクセスして、「キーワード」に書籍名を入れて検索。

STEP 2 ページ内にある「音声ダウンロード」
ボタンをクリック！

STEP 3 ユーザー名「1001」、パスワード「21368」を入力！

STEP 4 音声の利用方法は2通り！学習スタイルに合わせた方法でお聴きください！

・「音声ファイル一括ダウンロード」より、ファイルをダウンロードして聴く。
・▶ボタンを押して、その場で再生して聴く。

音声ダウンロードについてのお問合せ先
toiawase@jresearch.co.jp（受付時間：平日9時～18時）

● **赤シートの使い方**

・赤シートを当てると単語の意味が消えます。
・意味を覚えたかどうか確認するのにご利用ください。

● **記号・用語について**

[品詞]
- 動 動詞
- 名 名詞
- 形 形容詞
- 副 副詞
- 前 前置詞
- 接 接続詞
- 代 代名詞
- 派 派生語
- 類 類義語
- 反 反意語
- 熟 熟語

[カッコの使い方]
[　] ＝ 直前の単語・語句と置き換え可能であることを示します。
(　) ＝ (　) の中が省略可能であることを示します。

[文法]
さまざまな動詞が当てはまることを意味するdoはイタリック体で*do*（動詞の原形）や*doing*（動名詞）と示します。同じく、さまざまな代名詞が当てはまる場合は*one*, *one's*, *oneself*、さらに、任意の名詞（句）を表す*A*や*B*もイタリック体で示します。

※ **one's と A's を区別について**

one's はその文の主語と同じものが所有格になる場合に使用
　例）make up *one's* mind (⇒ She made up her mind to study in Canada.)

A's はその文の主語と同じものが所有格になるとは限らない場合に使用
　例）in *A's* opinion (⇒ In my opinion, this is the best measure to be taken.)

Introduction

- リスニング試験に備えて：
  アクセント5つの法則
- 覚えてトクする接頭辞と接尾辞

発音・アクセントや接頭辞・接尾辞に関する付録はほとんど読まないという人が多いようです。しかし、本書のこのIntroductionには受験対策に極めて重要なことを載せましたので、素通りすることなく、必ず活用してください。皆さんの語彙力アップに必ずプラスに働きます！

リスニング試験に備えて：
アクセント5つの法則

　入試にはリスニング問題に加えて、発音やアクセントに関する問題が出題されることがあります。出題の有無にかかわらず、単語をきちんと記憶するためには、普段から正しい発音・アクセントで覚えていくことが大切です。

　以下の5つの法則は、アクセントに関する数々の法則のうち、最も基本的で重要なものです。すぐに全部を覚えることができなくても構いません。時間のある時にそれぞれの法則を読み、例として挙げられている単語を自分で発音しながら、少しずつ覚えていきましょう。何度でも繰り返し、このページに戻って発音練習をしてみてください。

　これらの法則をマスターしておけば、見たことのない単語に遭遇した時でも、最低限アクセントの位置は分かるようになります。

 **次の接尾辞で終わる語は
その直前の音節にアクセントが来ます。**

- **-ity, -ety** ⇒ univérsity, populárity / varíety, anxíety

- **-tion, -sion** ⇒ educátion, vacátion / decísion, impréssion
  ※ -sion の例外：télevision

- **-ic, -ics, -ica** ⇒ scientífic, romántic / económics, mathemátics / polítical, histórical
  ※ -ic と -ics の例外：Cátholic, Árabic, rhétoric / pólitics

- **-ious, -eous** ⇒ relígious, indústrious / advantágeous, courágeous

- **-ctive, -ative** ⇒ attráctive, objéctive / consérvative, represéntative
  ※ -ctive と -ative の例外：ádjective / creátive

- **-sive** ⇒ expénsive, compréhensive

Introduction

 次の接尾辞で終わる語も その直前の音節にアクセントが来ます。

- **-ial, -tial, -cial** ⇒ indústrial, ceremónial / esséntial, influéntial / offícial, artifícial

- **-ia, -ian, -cian** ⇒ Austrália, Philadélphia / comédian, Canádian, / musícian, politícian

- **-ient, -ience** ⇒ efficient, pátient / expérience, convénience

- **-logy, -nomy, -graphy, -cracy** ⇒ biólogy, technólogy / ecónomy, astrónomy / photógraphy, geógraphy / demócracy, aristócracy

- **-meter, -metry, -pathy, -phony** ⇒ barómeter, thermómeter / geómetry, sýmmetry / sýmpathy, antípathy / sýmphony, cacóphony
  ※ -meter の例外:centimeter, millimeter

- **-ish** ⇒ públish, abólish

 次の接尾辞で終わる語は その２つ前の音節にアクセントが来ます。

- **-ate** ⇒ cómplicate, cóncentrate
  ※ -ate の例外:debáte, prívate
  ２音節語にはこの法則は当てはまりません。

- **-ise, -ize** ⇒ cómpromise, énterprise / récognize, famíliarize

- **-fy** ⇒ sátisfy, clássify
  ※ -fy の例外:defý
  ２音節語にはこの法則は当てはまりません。

- **-sis** ⇒ émphasis, análysis
  ※ -sis の例外:diagnósis, tuberculósis

- **-graph, -gram** ⇒ télegraph, phótograph / télegram, kílogram

- **-tude** ⇒ áttitude, grátitude

次の接尾辞で終わる語は その接尾辞にアクセントが来ます。

- **-ee, -eer** ⇒ employée, guarantée / engineér, voluntéer
  ※ -ee と -eer の例外：cóffee / síghtseer
- **-oo, -oon** ⇒ bambóo, shampóo / typhóon, ballóon
- **-ade** ⇒ paráde, persuáde
- **-ique, -esque** ⇒ uníque, antíque / grotésque, picturésque

 語根は次の接尾辞が付いても アクセントの位置は移動しません。

- 現在分詞の **-ing** ⇒ tálking, héaring
- 過去（分詞）の **-ed, -en** ⇒ páinted, wánted / táken, wrítten
- 副詞の **-ly** ⇒ háppily, extrémely
- 形容詞の **-ful, -less** ⇒ succéssful, cáreful / áimless, éffortless
- 名詞の **-ness, -ment** ⇒ síckness, kíndness / enjóyment, adjústment
- 「～する人（もの）」を表す **-er, -or** ⇒ spéaker, compúter / góvernor, élevator

Introduction

覚えてトクする接頭辞と接尾辞

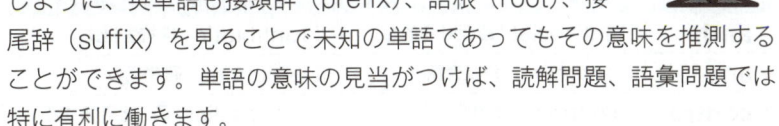

　偏と旁を見ることで漢字の構成と意味が分かるのと同じように、英単語も接頭辞（prefix）、語根（root）、接尾辞（suffix）を見ることで未知の単語であってもその意味を推測することができます。単語の意味の見当がつけば、読解問題、語彙問題では特に有利に働きます。

　それだけではありません。例えば、foreseeable（予測［予知］できる）という語は〈fore（前もって）＋ see（見る）＋ able（～できる）〉の3つに分解できます。この語の意味だけでなく、接尾辞の -able を見ることで形容詞だということも分かります。接尾辞が分かると品詞の判別もできるようになりますから、文法問題でも有利になるのです。

　さらに、単語を覚える時も語源（語根、接頭辞・接尾辞）を意識しながら、それらを有機的に関連付けて覚えていくと、より効果的に学習することができ、語彙力は飛躍的にアップします。

　以下は、入試対策用に覚えておくと特にトクする接頭辞と接尾辞を基本的なものに絞ってリスト化したものです。それぞれを単独で覚えるのではなく、語例として出ている単語を自分なりに分析しながら何度でも繰り返しこのページに戻って、少しずつでも構いませんから覚えていきましょう。なお、便宜上、語例は1つの単語に1つの意味だけを載せています。

【接頭辞（Prefix）】
（接頭語によっては複数の意味を持つものもあるので注意しましょう）

「否定」		
● il-	□ illegal 形違法な	□ illogical 形不合理な
● im-	□ impossible 形不可能な	□ impolite 形失礼な
● in-	□ indifferent 形無関心な	□ inevitable 形避けられない
● ir-	□ irregular 形不規則な	□ irresponsible 形無責任な

• **ig-**	□ ignoble 形卑しい	
• **neg-**	□ negative 形否定の	□ neglect 動〜を無視する
• **non-**	□ nonsense 名無意味なこと	□ nonresistance 名無抵抗
• **un-**	□ unfortunate 名不運な	□ unusual 形普通でない

「反対」

• **anti-**	□ antisocial 形反社会的な	□ antibiotic 名抗生物質
• **ant-**	□ antonym 名反意語	□ Antarctic 形南極の
• **contra-**	□ contrast 名対照	□ contradict 動〜と矛盾する
• **dis-**	□ dislike 動〜を嫌う	□ disadvantage 名不利
• **ob-**	□ object 動〜に反対する	□ obstruct 動〜を妨害する

「賛成、支持」

• **pro-**	□ proponent 名支持者	□ pro-government 形政府寄りの

「良い、善い」

• **bene-**	□ benefit 名利益	□ benevolent 形善意ある

「悪い」

• **mal-**	□ malfunction 名機能不全	□ malnutrition 名栄養失調

「誤って」

• **mis-**	□ mistake 名間違い	□ misunderstanding 名誤解

「前に、前もって」

• **ante-**	□ antecedent 形先行する	□ antedate 動〜に先行する
• **anti-**	□ anticipate 動〜を予想する	
• **pre-**	□ prepare 動〜を準備する	□ predict 動〜を予言する
• **pro-**	□ proceed 動前進する	□ prolong 動〜を長引かせる
• **fore-**	□ forecast 動〜を予報する	□ foresee 動〜を予知する

「前の」

• **ex-**	□ ex-wife 名前妻	□ ex-boyfriend 名元カレ

「後の、後に」

• **post**	□ postwar 形戦後の	□ postpone 動〜を延期する

Introduction

「中に、中の」
- **im-**: □ import 動~を輸入する □ implicit 形暗黙の
- **in-**: □ income 名収入 □ insert 動~を挿入する

「外に、外の」
- **ex-**: □ export 動~を輸出する □ external 形外部の
- **out-**: □ outcome 名結果 □ outward 形外面的な

「中間の、相互の」
- **inter-**: □ international 形国際的な □ interfere 動干渉する

「通過、移動」
- **trans-**: □ transport 動~を輸送する □ translate 動~を翻訳する

「大きい」
- **macro-**: □ macroeconomics 名マクロ経済学 □ macroscopic 形巨視的な
- **mega-**: □ megaphone 名拡声器 □ megalopolis 名超巨大都市
- **maxi-**: □ maximum 名最大限 □ maximize 動~を最大限にする

「小さい」
- **micro-**: □ microscope 名顕微鏡 □ microwave 名電子レンジ
- **mini-**: □ miniature 名小型模型 □ minimize 動~を最小限にする

「共に、同時に」
- **co-**: □ cooperate 動協力する □ coworker 名同僚
- **com-**: □ company 名仲間、同席 □ compromise 動妥協する
- **con-**: □ contract 名契約（書） □ consent 名同意
- **syn-**: □ synonym 名同意語 □ synchronize 動同時に起きる
- **sym**: □ sympathy 名同情 □ symmetry 名対象（性）

「離れて、分離」
- **ab-**: □ absent 形欠席して □ abnormal 形異常な
- **de-**: □ depart 動出発する
- **di-**: □ divorce 名離婚 □ distance 名距離
- **dis-**: □ dismiss 動~を解雇する □ dispel 動~を追い払う

「数字」

- **uni-**（1つの）　□ unique 形独特の　□ unite 動統合する
- **mono-**（1つの）　□ monopoly 名独占　□ monotonous 形単調な
- **bi-**（2つの）　□ bicycle 名自転車　□ bilingual 形2カ国語の
- **tri-**（3つの）　□ triangle 名三角形　□ tricycle 名三輪車
- **multi-**（多数の）　□ multinational 形多国籍の　□ multiply 動大幅に増える
- **semi-**（半分の）　□ semiprofessional 形セミプロの　□ semicircle 名半円

「再び」

- **re-**　□ recollect 動〜を思い出す　□ resume 動〜を再開する

「第一番目の」

- **prim-**　□ primary 形第一の　□ primitive 形原始の
- **prin-**　□ principle 名原則　□ principal 形主要な

「まったく、すっかり」

- **per-**　□ perfect 形完璧な　□ pervade 動〜に充満する

「上に、超」

> 「ウルトラマン」につられてultraをウルトラと読んではいけません。正しくは[ʌ́ltrə]です。

- **super-**（超）　□ supernatural 形超自然の　□ supervise 動〜を監督する
- **ultra-**（超）　□ ultrasound 名超音波　□ ultraviolet 形紫外線の
- **extra-**（超えた、範囲外の）　□ extraordinary 形異常な　□ extracurricular 形課外の
- **over-**（過度の）　□ overflow 動あふれる　□ oversleep 動寝過ごす
- **out-**（上回る）　□ outnumber 動〜より多い　□ outlive 動〜より長生きする
- **sur-**（上に、超えて）　□ surface 名表面　□ surpass 動〜を超える

「下に」

- **de-**（下に）　□ decrease 動減少する　□ depress 動〜を落胆させる
- **sub-**（下にある）　□ subway 名地下鉄　□ submarine 名潜水艦
- **under-**（不十分な）　□ underdeveloped 形発達の遅れた　□ underestimate 動〜を過小評価する

「〜する、〜させる」

- **be-**　□ befriend 動〜の友達になる　□ becloud 動〜をおおう
- **en-**　□ enrich 動〜を豊富にする　□ enable 動〜を可能にする

※ be- と en- は他動詞を作ります。

Introduction

「遠い」		
● **tele-**	□ telephone 名電話	□ telescope 名望遠鏡

【接尾辞（Suffix）】

「動詞を作る接尾辞」		
● **-en**（～にする）	□ sharpen 動～を鋭くする	□ strengthen 動～を強化する
● **-ate**（～にする）	□ generate 動～を作り出す	□ fascinate 動～を魅了する
● **-ish**（～にする）	□ punish 動～を罰する	□ cherish 動～を大切にする
● **-fy/-ify**（～化する）	□ satisfy 動～を満足させる	□ justify 動～を正当化する
● **-ize/-ise**（～化する）	□ organize 動～を組織化する	□ generalize 動～を一般化する

「名詞を作る接尾辞」		
①〈動詞⇒名詞〉型		
● **-ment**	□ development 名発展	□ fulfillment 名達成（感）
● **-sion**	□ extension 名拡張	□ conclusion 名結論
● **-tion**	□ production 名生産	□ repetition 名繰り返し
● **-ce**	□ attendance 名出席	□ hindrance 名妨害
②〈形容詞⇒名詞〉型		
● **-ness**	□ happiness 名幸福	□ goodness 名善良さ
● **-ty/-ity/-ety**	□ difficulty 名難しさ　□ hospitality 名歓待	□ anxiety 名心配
● **-cy/-acy**	□ urgency 名緊急（性）	□ intimacy 名親密さ
● **-ence**	□ confidence 名自信	□ innocence 名無罪
● **-th**	□ depth 名深さ	□ length 名長さ
● **-dom**	□ freedom 名自由	□ wisdom 名知恵
③〈名詞に付け加える〉型		
● **-ship**（形、～であること）	□ relationship 名関係	□ hardship 名苦難
● **-hood**（状態、集合体）	□ childhood 名子供時代	□ neighborhood 名近所
● **-ism**（～主義、特性）	□ capitalism 名資本主義	□ optimism 名楽観主義
④〈人を表す名詞を作る〉型		
● **-ee**（～される人）	□ employee 名非雇用者	□ examinee 名受験者
● **-er**（～する人）	□ employer 名雇用者	□ customer 名顧客
● **-eer**（～する人）	□ pioneer 名開拓者	□ mountaineer 名登山者
● **-or**（～する人）	□ doctor 名医師	□ governor 名知事

● **-ist**（〜する人）	□ artist 名芸術家	□ tourist 名観光客
● **-ian**（〜の人）	□ librarian 名図書館員	□ historian 名歴史家
● **-ess**（〜女性）	□ actress 名女優	□ princess 名王妃
● **-ant**（〜する人）	□ assistant 名助手	□ immigrant 名移民
● **-ent**（〜する人）	□ agent 名代理人	□ resident 名居住者
● **-ate**（〜の人）	□ candidate 名候補者	□ delegate 名代表者

「形容詞を作る接尾辞」
①〈動詞⇒形容詞〉型

● **-able/-ible**（〜できる）	□ available 形利用できる	□ flexible 形柔軟な
● **-ent/-ient**（〜の性質を持つ）	□ different 形違った	□ obedient 形従順な
● **-ive**（〜の傾向がある）	□ talkative 形話し好きな	□ exclusive 形排他的な
● **-ing**（〜すべき）	□ amazing 形驚くべき	□ charming 形魅力ある

②〈名詞⇒形容詞〉型

● **-ful**（〜に満ちた）	□ joyful 形喜ばしい	□ successful 形成功した
● **-less**（〜がない）	□ hopeless 形希望のない	□ harmless 形害のない
● **-ous/-ious/-eous**（〜に富む）	□ perilous 形危険な □ righteous 形正義の	□ envious 形うやましそうな
● **-ant**（〜な）	□ pleasant 形快適な	□ luxuriant 形贅沢な
● **-al**（〜的な）	□ racial 形人種の	□ sensational 形衝撃的な
● **-ic/-ical**（〜的な）	□ academic 形学問的な	□ economical 形経済的な
● **-ish**（〜がかった、〜の性質を帯びた）	□ childish 形子供じみた	□ selfish 形利己的な
● **-y**（〜に満ちた）	□ bloody 形血まみれの	□ greedy 形欲深い
● **-ate**（〜の性質を有する）	□ accurate 形正確な	□ affectionate 形愛情のこもった
● **-en**（〜から作られた）	□ golden 形金の	□ wooden 形木製の

「副詞を作る接尾辞」

● **-ly**	□ easily 副容易に	□ hardly 副ほとんど〜ない

-ly で終わるほとんどの語は副詞ですが、中には bodily（身体の）、costly（高価な）、cowardly（臆病な）、earthly（地球の）、friendly（親しい）、heavenly（天国の）、lively（活発な）、lonely（寂しい）、lovely（素晴しい）、orderly（整然とした）、stately（堂々とした）、ugly（醜い）、worldly（世俗的な）のような形容詞もあるので注意しましょう。

Chapter 1

動　詞

必修 564

Chapter 1 のスタートです。どんな試験問題にも対応するために、まずは動詞の理解が必須です。動詞が分からなければ、英文を読み解くことはできません。試験にでる最重要動詞から、さっそくマスターしていきましょう！

02 ～ 58

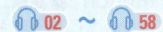

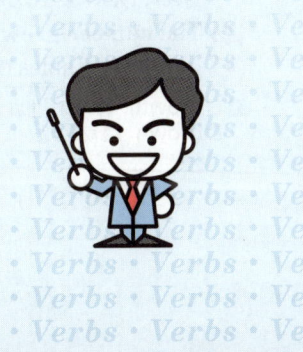

Chapter 1 動詞

1 decide
[disáid]

動 〜することに決める；(〜を) 決める (on)

でる I **decided** not to go out in the rain. (雨の中、外出しないことに決めた)
でる They **decided** on the date of the school festival.
(彼らは学園祭の日取りを決めた)

派 □ decision 名 決定、決意、決断
□ decisive 形 決定的な

「〜することに決める」は decide to *do* と decide on *doing* の形で覚えておきましょう。

2 receive
[risí:v]

動 〜を受け取る；〜を歓迎する

でる **receive** a receipt (レシートを受け取る)

派 □ receipt [risí:t] 発 名 領収書；受領
□ reception 名 接待；受付；歓迎会
□ receiver 名 受取人；受話器；受信機

3 move
[mú:v]

動 〜を動かす；〜を感動させる；移動する；引っ越しする 名 動き；移動

でる **move** the couch (長椅子を動かす)
でる I was **moved** by the movie. (その映画に感動した)

派 □ movement 名 運動、動き、動作
□ motion 名 運動、動き、動作
□ moving 形 感動的な；動く

4 grow
[gróu]

動 成長する (up)；増える；〜を育てる

でる What do you want to be when you **grow** up?
(大きく [大人に] なったら、何になりたい?)
でる The number **grew** from 500 to 800. (その数は500から800に増えた)
でる **grow** vegetables (野菜を作る [栽培する])

派 □ growth 名 成長；増加；発展
□ grown 形 成長した

grow up は「人が育つ」の意味で用います。「植物が育つ」には grow up ではなく、単に grow を用います。grow の活用変化は grow-grew-grown です。

5 climb
[kláim]

動 ～に（よじ）登る；登る

- でる **climb** Mt. Fuji（富士山に登る）
- でる **climb** a ladder（はしごを登る）[＝ climb up a ladder]

派 □ climber **名** 登山家
　□ climbing **名** 登山

6 pull
[púl]

動 ～を引っ張る；～を抜く

- でる **pull** a lever（レバーを引っ張る[引く]）
- でる **pull** a tooth（歯を抜く、抜歯する）

反 □ push **動** ～を押す

7 win
[wín]

動 ～に勝つ；～を勝ち取る

- でる **win** the game [race]（試合[レース]に勝つ）
- でる **win** the gold medal（金メダルを獲得する）

派 □ winner **名** 優勝者、勝者；受賞者
反 □ lose **動** ～に負ける；～を失う

> win の活用変化は win-won-won です。

8 enter
[éntər]

動 （～に）入る；～に入学する

- でる **enter** the room [building]（部屋[建物]に入る）
- でる **enter** into (a) conversation（会話を始める）
- でる **enter** college（大学に入学する）

派 □ entrance **名** 入り口；入学、入会
　□ entry **名** 参加；登録

> 「部屋・建物」などに物理的に入る場合は、enter into のように前置詞 into を付けてはいけません。反対に、「会話・契約・関係」など抽象的なものに入っていく場合は、enter into ～ となります。

9 explain
[ikspléin]

動 ~を説明する

でる **explain** the difference between *A* and *B* (AとBの違いを説明する)

派 □ explanation **名** 説明

10 join
[dʒɔ́in]

動 (~に) 参加する；~をつなぐ

でる **join** the activities of the group (そのグループの活動に参加する)
[= join in the activities of the group]

派 □ joint **名** 関節；継ぎ目　**形** 共同の

🎧 03

11 educate
[édʒukèit]

動 ~を教育する

でる **educate** young people (若者を教育する)

派 □ education **名** 教育
□ educational **形** 教育の；教育的な
□ educator **名** 教育者、教師

12 prepare
[pripéər]

動 ~を準備する、用意する；(~の) 準備をする (for)

でる **prepare** a special room (特別室を用意する)

でる **prepare** for final exams (期末試験の準備をする)

派 □ preparation **名** 準備、用意
□ preparatory **形** 準備の

13 belong
[bilɔ́ːŋ]

動 (~の) 所有物である (to)；(~に) 所属する (to)

でる These books **belong** to the library. (これらの本は図書館のものだ)

でる They **belong** to the same group. (彼らは同じグループに属している)

派 □ belongings **名** 身の回り品、所有物

 belong to は進行形にはできないので、注意しましょう。

サクッと復習テスト

① 彼らは学園祭の日取りを決めた。 They _____ on the date of the school festival.
② 期末試験の準備をする _____ for final exams
③ これらの本は図書館のものだ。 These books _____ to the library.

答え ① decided ② prepare ③ belong

---

14 fail
[féil]

動 失敗する；〜しそこなう (to *do*)；(試験)に落ちる **名** 失敗；落第

でる The peace talks **failed**. (和平交渉は失敗に終わった)
でる I **failed** to complete the work. (その仕事を終えることができなかった)
でる **fail** the exam (試験に落ちる)

熟 □ without fail 必ず、きっと
派 □ failure **名** 失敗
反 □ succeed **動** 成功する

15 succeed
[səksíːd]

動 (〜に) 成功する (in)；(〜を) 継承する、(〜の) 後を継ぐ (to)

でる **succeed** in business (仕事で成功する)
でる He **succeeded** to his father's position. (彼は父親の後を継いだ)

派 □ success **名** 成功
　□ succession **名** 連続；継承
　□ successful **形** 成功した
　□ successive **形** 連続した

16 act
[ǽkt]

動 行動する、振る舞う；演じる；作用する
名 行動、行為

でる **act** calmly (落ち着いて行動する)
でる **act** the part of a queen (女王の役を演じる)

熟 □ act on 〜 〜に作用する、影響する
派 □ action **名** 行動、活動；措置、対処
　□ actor **名** 俳優、役者
　□ actress **名** 女優

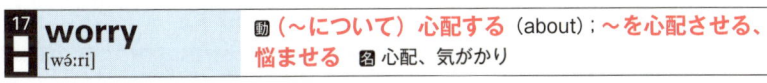

17 worry
[wə́ːri]

動 (〜について) 心配する (about)；〜を心配させる、悩ませる **名** 心配、気がかり

でる There's no need to **worry** about it. (それについては心配する必要はない)
でる That's what **worries** me. (それが悩みの種だ)

18 hate
[héit]
動 ~を嫌う；~を憎む　**名 嫌悪、憎しみ**

でる I **hate** waiting in line. (列に並んで待つのは嫌いだ)

派 □ hatred 名 嫌悪、憎しみ
　□ hateful 形 憎むべき、不愉快な

> hate は dislike (~を嫌う) よりも意味の強い語です。

19 count
[káunt]
動 ~を数える；**重要である**　**名 計算、勘定**

でる **count** the number of ~ (~の数を数える)

でる That's what **counts**. (大切なのはそのことだ)

熟 □ count on ~　~を頼りにする、あてにする
派 □ countable 形 数えられる、可算の
　□ uncountable 形 数えられない、不可算の

20 remain
[riméin]
動 ~のままでいる；**残っている**；現存する
名 《~s》遺跡；残り物

でる He **remained** silent during the meeting.
(彼は会議中ずっと黙ったままだった)

でる There still **remains** much work to do.
(やらなければならない仕事がまだたくさん残っている)

でる the ancient **remains** in Turkey (トルコの古代遺跡)

派 □ remaining 形 残りの
　□ remainder 名 残り(物)、残余

🎧 04

21 collect
[kəlékt]
動 ~を集める、収集する

でる **collect** samples (サンプルを集める)

派 □ collection 名 収集(物)
　□ collective 形 集団の、団体の；集合的な

> correct [kərékt] (正しい；~を訂正する) と混同しないように注意しましょう。

22 gather
[gǽðər]

動 ~を寄せ集める；集まる；~だと推測する；~を増す

- でる gather all the information available（できる限りの情報を集める）
- でる Many people gathered together.（多くの人が集まった）
- でる I gather (that) ~（〈見聞きしたことから判断して〉~だろう）
- でる gather strength [speed]（強さ[速度]を増す）

派 □ gathering **名** 集まり、集会

> gather は「取りあえずあちこちから寄せ集めて一ケ所にまとめる」、collect は「趣味や研究などの目的のために取捨選択して系統的に集める」というニュアンスの違いがあります。

23 hold
[hóuld]

動 ~を手に持つ；~を催す：~を心に抱く

- でる hold a baby（赤ちゃんを抱く[抱える]）
- でる hold a party（パーティーを開く）[= give [have/throw] a party]

派 □ holder **名** 所持者、保有者

> hold の活用変化は hold-held-held です。

24 cost
[kɔ́:st]

動（金額・費用が）かかる **名** 費用；犠牲

- でる The suitcase cost me $200.（そのスーツケースは200ドルした）
- でる the cost of living（生活費）

熟 □ at any cost　何が何でも、是が非でも
　□ at the cost of ~　~を犠牲にして

> cost の活用変化は cost-cost-cost です。

25 increase
[inkrí:s]

動 増加する；~を増やす **名** [ínkri:s] 増加

- でる increase in number（数が増える）
- でる a sharp increase in oil prices（石油価格の急騰）

熟 □ on the increase　増加中で（= on the rise）
反 □ decrease **動** 減少する **名** 減少

26 decrease
[dikrí:s]

動 減少する；~を減らす **名** [dí:kri:s]  減少

- でる decrease by 5%（5％減少する）
- でる a slight decrease in population（若干の人口減少）

熟 □ on the decrease　減少中で

27 produce
[prədjúːs]

動 ~を産出する；~を生産する **名** [prádjuːs] 農産物

- produce more food（より多くの食糧を生産する）
- produce automobiles（自動車を製造する）

派 □ product **名** 製品；産物
□ production **名** 生産；生産高
□ productive **形** 生産的な；実りのある

28 introduce
[ìntrədjúːs]

動 ~を（~に）紹介する (to)；~を導入する

- Let me introduce myself (to you).（自己紹介させてください）
- introduce a new system（新しい制度を導入する）

派 □ introduction **名** 紹介；導入
□ introductory **形** 前置きの；入門の

29 reach
[ríːtʃ]

動 ~に達する、到着する；(~に) 手を伸ばす (for)
名 手の届く範囲

- reach the top of the mountain（山頂に達する）
- reach for the dictionary（辞書を取ろうとして手を伸ばす）
- within [out of/beyond] (the) reach of ~（~の手が届く[届かない]範囲に）

「~に着く」を意味する reach は、arrive at [in] ~や get to ~と違って、前置詞を付けません。

30 attend
[əténd]

動 ~に出席する；(~の) 面倒を見る (to)；(~に) 接客する (to)

- attend a seminar（セミナーに出席する）
- attend to the patient（患者の世話をする）
- Are you being attended to, ma'am?
  （《店員が婦人客に》お客様、誰かご用を伺っていますでしょうか）

派 □ attendance **名** 出席；出席者 (数)
□ attendant **名** 出席者
□ attention **名** 注意、注目
□ attentive **形** 注意深い；思いやりのある

サクッと復習テスト

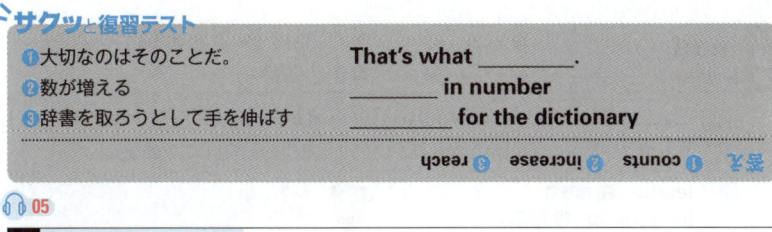

① 大切なのはそのことだ。　　　　That's what _____.
② 数が増える　　　　　　　　　　_____ in number
③ 辞書を取ろうとして手を伸ばす　_____ for the dictionary

答え ① counts ② increase ③ reach

31 invite
[inváit]
動 ～を招く

でる I was **invited** to his wedding. (彼の結婚式に招待された)

派 □ invitation **名** 招待；招待状

32 marry
[mǽri]
動 ～と結婚する；～の結婚式を執り行う

でる Mari **married** an American man. (マリはアメリカ人男性と結婚した)
[= Mari got married to an American man.]

でる Pastor Kenney **married** us. (ケニー牧師が私たちの結婚式を執り行った)

派 □ marriage **名** 結婚
□ married **形** (～と) 結婚している (to)、夫婦の
類 □ wed **動** ～と結婚する

> marry は、marry with ～の形で用いることはできません。〈marry = get married to ～〉と覚えておきましょう。

33 divorce
[divɔ́ːrs]
動 ～と離婚する　**名** 離婚

でる He **divorced** his wife. (彼は妻と離婚した)
でる Their marriage ended in **divorce**. (彼らの結婚生活は離婚に終わった)

派 □ divorced **形** 離婚した

> 「離婚する」は get divorced や get a divorce でも表現できます。

34 complain
[kəmpléin]
動 (～について) 不平 [不満、文句] を言う (about/of)

でる **complain** about the poor service
(粗末なサービスについて文句を言う)

派 □ complaint **名** 不平、苦情、クレーム

> 日本語の「クレームをつける」は、英語で make a complaint と言います。

35 lead
[líːd] 発

動 ~を(~へ)導く (to); (~するように) ~を仕向ける (to *do*)　**名** [léd] 発 鉛

- This street will **lead** you to the station. (この通りを行けば駅に着きます)
- What **led** you to believe it? (どうして君はそれを信じる気になったの?)

派 □ leader **名** 指導者
　□ leadership **名** 指導力

> lead の活用変化は lead-led-led です。

36 sign
[sáin]

動 ~に署名する、サインする
名 兆候；標識；記号

- **sign** a check [contract] (小切手[契約書]に署名する)
- show **signs** of ~ (~の兆候を見せる)

> 書類へのサインは signature、有名人のサインは autograph と言います。

37 lie
[lái]

動 横たわる；存在する；嘘をつく
名 嘘

- **lie** down on the bed (ベッドに横になる)
- Where does the real problem **lie**? (本当の問題はどこにあるのか)
- tell a **lie** (嘘をつく)

派 □ liar **名** 嘘つき

> 「横たわる」の活用変化は lie-lay-lain、「嘘をつく」は lie-lied-lied です。

38 lay
[léi]

動 ~を横たえる、置く；(卵)を産む

- **lay** the carpet on the floor (床にじゅうたんを敷く)
- **lay** an egg (卵を産む)

熟 □ lay off ~ 　~を一時解雇する
　□ lay out ~ 　~を並べる；~を設計する
派 □ layer **名** 層

> lay の活用変化は lay-laid-laid です。

39 surprise
[sərpráiz]

動 ~を驚かせる　**名** 驚き

- The news **surprised** us all. (その知らせは我々皆を驚かせた)

熟 □ to *A*'s surprise 　驚いたことに
派 □ surprised **形** 驚いた
　□ surprising **形** 驚くべき
　□ surprisingly **副** 驚くほど；意外にも

40 burn
[bə́ːrn]

動 ～を燃やす；燃える **名** やけど

でる Many houses were **burned** down. (多くの家が全焼した)

熟 □ burn out　燃え尽きる
派 □ burner　**名** バーナー

> barn [báːrn]（納屋）と混同しないように注意しましょう。

41 hurt
[hə́ːrt]

動 （事故や言葉などで）～を傷つける；痛む
名 痛み；けが

でる What he said **hurt** her feelings. (彼の言ったことが彼女を傷つけた)
でる It **hurts** right here. (ちょうどこの部分が痛いんです)

> heart [háːrt]（心；心臓）と混同しないように注意しましょう。hurt の活用変化は hurt-hurt-hurt です。

42 smell
[smél]

動 （～の）においがする **名** におい

でる It **smells** good [bad]. (それはよい[嫌な]においがする)
でる the sense of **smell** (嗅覚)

派 □ smelly　**形** 嫌なにおいのする、臭い

43 taste
[téist]

動 （～の）味がする **名** 味覚、味；好み

でる This soup **tastes** good. (このスープはおいしい)
でる acquire [develop] a **taste** for ~ (～の味を覚える／～を好きになる)

派 □ tasty　**形** おいしい（= delicious）
　□ tasteful　**形** 趣味のよい、上品な

44 injure
[índʒər]

動 （事故などで）～を傷つける；～を苦しめる

でる He was fatally **injured** in the car accident.
(彼はその自動車事故で致命傷を負った)

派 □ injury　**名** けが；損害

45 wound
[wúːnd]

動 （銃器・刃物などで）～を傷つける；～の心を傷つける **名** 外傷；心の傷

でる Many soldiers were severely **wounded**. (多くの兵士が重傷を負った)
でる Her emotional **wound** didn't heal quickly.
(彼女の心の傷はすぐには癒えなかった)

46 promise
[prάmis]

動 〜を約束する；約束する 名 約束

でる He **promised** (that) 〜 (彼は〜と約束した)

でる make a **promise** (約束をする)

熟 □ keep *one's* promise 約束を守る (= keep *one's* word)
□ break *one's* promise 約束を破る
派 □ promising 形 前途有望な、見込みのある

47 continue
[kəntínju:]

動 〜を続ける；続く

でる **continue** to increase (増え続ける)

派 □ continuous 形 絶え間ない
□ continual 形 断続的な
□ continuation 名 継続

> continue は動名詞と to 不定詞の両方を目的語にとることができる動詞です。

48 last
[lǽst]

動 続く；持ちこたえる
形 最後の；最近の 副 最後に；最近

でる How long does the movie **last**? (上映時間はどのくらいですか)

でる It's been a while since I **last** saw you.
(最後にお会いして以来、ずいぶん時間が経ちました⇒お久しぶりです)
[= It's been a while since I saw you last.]

派 □ lasting 形 長続きする、永続的な

49 hide
[háid]

動 隠れる；〜を隠す

でる He **hid** in a cave. (彼は洞窟に隠れた)

でる **hide** the evidence (証拠を隠す)

> play hide-and-seek (かくれんぼをする) も覚えておきましょう。hide の活用変化は hide-hid-hidden です。

50 expect
[ikspékt]

動 〜を予想する、予期する；〜を期待する

でる We **expect** heavy rain this afternoon. (午後は大雨になると思います)
[= We expect (that) it will rain heavily this afternoon.]

でる I **expected** more from the concert.
(そのコンサートからもっと多くを期待していた⇒そのコンサートは期待はずれだった)

派 □ expectation 名 期待；予想

> expect A to do (Aが〜すると思う；Aが〜することを期待する) の形もよく出ます。

サクッと復習テスト

❶ 粗末なサービスについて文句を言う　　_____ about the poor service
❷ ベッドに横になる　　_____ down on the bed
❸ その知らせは我々皆を驚かせた。　The news _____ us all.

答え　❶ complain　❷ lie　❸ surprised

🎧 07

51 imagine
[imædʒin]
動 ～を想像する

でる I can't **imagine** ～ (～なんて想像もつかない)

派 □ image 名 印象、イメージ
□ imagination 名 想像 (力)
□ imaginative 形 想像力に富んだ
□ imaginary 形 想像上の、架空の
□ imaginable 形 想像しうる、考えられる

52 lend
[lénd]
動 (～に) ～を貸す

でる I **lent** my car to my friend. (友達に車を貸した)
[= I lent my friend my car.]

派 □ lender 名 貸す人、貸手
類 □ loan 動 ～を貸す；～を貸し付ける
反 □ borrow 動 ～を借りる

> 「AにBを貸す」は lend B to A と lend A B の形で覚えておきましょう。lend の活用変化は lend-lent-lent です。

53 borrow
[bárou]
動 ～を借りる

でる Can I **borrow** your pen? (ペンを借りてもいい?)

派 □ borrower
　名 借り手、借り主

> borrow は移動できないものには使えません。よって、電話やトイレなどの場合には、Could I use your phone [bathroom]? (電話 [トイレ] をお借りしていいですか) となります。携帯電話の場合は use と borrow のどちらも使えます。

54 rent
[rént]
動 ～を賃借する、借りる；～を賃貸する
名 賃貸料、家賃

でる **rent** an apartment (アパートを借りる)
でる What is the monthly **rent**? (毎月の家賃はいくらですか)

> borrow は無料で借りる時に、rent は有料で借りる時に用います。

55 steal
[stíːl]

動 ～を盗む

でる **steal** money from the cash register（レジから金を盗む）

> 同音語の steel（鋼鉄）と混同しないように注意しましょう。steal の活用変化は steal-stole-stolen です。

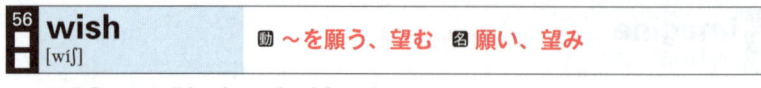

56 wish
[wíʃ]

動 ～を願う、望む　**名** 願い、望み

でる I **wish** I had studied harder.（もっと一生懸命に勉強すればよかった）
でる make a **wish**（願い事をする）

派 □ wishful　**形** 望んでいる、希望している

57 cause
[kɔ́ːz]

動 ～を引き起こす、もたらす　**名** 原因；大義

でる **cause** many problems（多くの問題を引き起こす）
でる the **cause** of the problem（その問題の原因）

> cause A to do（A に～させる）の形もよく出ます。

58 agree
[əgríː]

動 (～と) 意見が一致する（with）；(～に) 賛成する、同意する（to/with）

でる I **agree** with you on [about] that point.
（その点に関してあなたと同意見です）
でる I can't **agree** to [with] their terms.
（彼らの条件を受け入れることはできない）

派 □ agreement　**名** 同意、合意；一致
　□ agreeable　**形** 賛成できる；心地よい；感じのよい
反 □ disagree　**動** 同意しない；一致しない

59 disagree
[dìsəgríː]

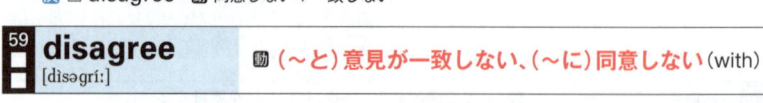

動 (～と)意見が一致しない、(～に)同意しない（with）

でる I **disagree** with you on [about] this policy.
（この方針についてはあなたと意見が異なります）

派 □ disagreement　**名** 不一致、相違
　□ disagreeable　**形** 嫌な；付き合いにくい

| 月 日 | 月 日 | 月 日 |

60 interest
[íntərəst]

動 ～に興味を持たせる
名 興味、関心；利子、利息；金利

- でる What **interested** me was that ～ (興味深かったのは～ということだった)
- でる earn [gain] **interest** (利息を得る)
- でる the **interest** rate (金利、利率)

派 □ interested 形 (～に) 興味がある (in)
　 □ interesting 形 興味深い
　 □ interestingly 副 興味深いことに、おもしろいことに

🎧 08

61 follow
[fálou]

動 ～の後に続く；～に従う；～を理解する；(結果として～と) いうことになる

- でる He **followed** me in his car. (彼は私の後を車でついて来た)
- でる I **followed** his advice. (彼の助言に従った)
- でる Are you **following** me? (私の言っていることがわかりますか)
- でる It **follows** that ～ (当然～ということになる)

熟 □ as follows 次［以下］の通り
派 □ following 形 次の 前 ～の後に 名《the ～》下記の事項
　 □ follower 名 支持者、信奉者
反 □ lead 動 ～を導く

62 save
[séiv]

動 ～を救う；～を蓄える；～を節約する

- でる **save** the child from drowning (子供が溺れかけているのを救う)
  [= **save** the drowning child]
- でる **save** money for the future (将来のために貯蓄［貯金］する)
- でる **save** time and effort (時間と手間を省く)

派 □ saving 名《～s》貯金；節約

63 improve
[imprú:v]

動 よくなる；～を向上させる、改善する

- でる Her English has **improved** dramatically.
  (彼女の英語は劇的に向上した)
- でる **improve** relations with ～ (～との関係を改善する)

派 □ improvement 名 改善；上達

64 develop
[divéləp]

動 発達する；〜を発展させる；〜を開発する；〜を展開する

- でる **developing** [**developed**] countries（発展途上国［先進国］）
- でる **develop** a new technology（新技術を開発する）

熟 □ develop into 〜　〜に発展する、〜へと成長する
派 □ development **名** 発達；開発；進展
　□ developer **名** 開発業者

65 lift
[líft]

動 〜を持ち上げる；〜を高める
名 車に乗せること；〈英〉エレベーター

- でる **lift** heavy objects（重い物を持ち上げる）
- でる I'll give you a **lift**.（車で送りますよ）[= I'll give you a ride.]

類 □ raise **動** 〜を上げる；〜を高める
反 □ lower **動** 〜を下げる

66 rise
[ráiz]

動 昇る、上がる；高くなる；起立する　**名** 上昇、増加

- でる The sun **rises** in the east and sets in the west.
（太陽は東から昇って西に沈む）
- でる Land prices have **risen** over the past few years.
（この数年間、地価は上昇している）
- でる a sharp **rise** in stocks（株価の急騰）

> 自動詞 rise の活用変化は rise-rose-risen です。

67 raise
[réiz]

動 〜を上げる、増やす；〜を育てる；〜を高める
名 昇給；増加

- でる **raise** taxes（税金を引き上げる）
- でる **raise** a child（子供を育てる）
- でる get a pay **raise**（昇給を得る）[= get a pay increase]

> 他動詞 raise の活用変化は raise-raised-raised です。

68 arise
[əráiz]

動 生じる、起こる、現れる

- でる The question has **arisen** as to 〜（〜に関する問題が生じた）
- でる The idea **arose** from the meeting.（そのアイデアは会議で出た）

> 自動詞 arise の活用変化は arise-arose-arisen です。

サクッと復習テスト

❶ 友達に車を貸した。　　　　I _____ my car to my friend.
❷ 彼の助言に従った。　　　　I _____ his advice.
❸ 新技術を開発する　　　　　_____ a new technology

答え　❶ lent　❷ followed　❸ develop

---

69 face
[féis]

動 ～に直面する；～を認める、受け入れる；～に面する　**名** 顔；様相

- We are **facing** a serious problem. (我々は深刻な問題に直面している)
  [= We are faced with a serious problem.]
- Let's **face** it. (現実を認めよう [受け入れよう])
- My house **faces** south. (私の家は南向きだ)

熟 □ in (the) face of ～　～に直面して
　□ face to face　面と向かって、直面して
派 □ facial　形 顔の

70 discover
[diskʌ́vər]

動 ～を発見する、見つける

- **discover** additional evidence (さらなる証拠を見つける)

派 □ discovery　名 発見
　□ discoverer　名 発見者

🎧 09

71 invent
[invént]

動 ～を発明する

- The light bulb was **invented** by Thomas Edison.
  (電球はトーマス・エジソンによって発明された)

派 □ invention　名 発明
　□ inventor　名 発明者
　□ inventive　形 発明の才のある

> discover (～を発見する) と区別して覚えておきましょう。

72 notice
[nóutis]

動 ～に気づく、わかる　**名** 予告；通知；注目

- I **noticed** (that) ～ (～であることに気がついた)
- without **notice** (予告なしに)
- receive a **notice** (通知を受け取る)

熟 □ take notice of ～　～に注目する；～に気づく
派 □ noticeable　形 目立つ
　□ notify　動 ～に (～を) 知らせる (of)

73 rest
[rést]

動 休息する、休む **名** 休息；《the ~》残り

- でる rest for a while (しばらくの間休む)
- でる take a rest (ひと休みする)
- でる for the rest of the year (今年の残りの間⇒年末まで)

派 □ restfull 形 安らかな、のんびりした
　□ restless 形 落ち着かない、そわそわした

74 announce
[ənáuns]

動 ~を発表する、公表する

- でる The company announced (that) ~ (会社は~ということを発表した)
- でる announce a new plan (新しい計画を発表[公表]する)

派 □ announcement 名 発表；通知
　□ announcer 名 アナウンサー

75 aim
[éim]

動 (~を)ねらう、目指す (at/for) **名** 目標、ねらい

- でる The magazine is aimed at teenagers.
  (その雑誌は十代の若者向けに作られている)
- でる aim for the top (トップを目指す)
- でる achieve the aim of ~ (~の目標を達成する)

派 □ aimless 形 目的[当て]のない

76 seek
[sí:k]

動 ~を探し求める；(~しようと)努める (to do)

- でる seek a solution to ~ (~への解決策を模索する)
- でる seek to protect forests (森林の保護に努める)

> seek の活用変化は seek-sought-sought です。

77 impress
[imprés]

動 ~を感動させる、~に感銘を与える；~に好印象を与える

- でる I was deeply impressed by his performance.
  (彼の演奏に深く感動した)
- でる He tried to impress his boss. (彼は上司に好印象を与えようとした)

派 □ impression 名 印象、感銘、感じ
　□ impressive 形 印象的な、素晴らしい

78 persuade
[pərswéid]

動 ～を説得する、説得して～させる (to *do*)

でる I couldn't **persuade** him to change his mind.
（考えを変えるよう彼を説得できなかった）

派 □ persuasion 名 [pərswéiʒən] ● 説得
　□ persuasive 形 説得力のある
反 □ dissuade 動 ～しないように説得する

> persuade *A* into ～（*A*を説得して～をさせる）と persuade *A* out of ～（*A*を説得して～をやめさせる）の形もよく出ます。

79 perform
[pərfɔ́:rm]

動 ～を行う；演ずる

でる **perform** a difficult task（難しい任務［仕事］を遂行する）

でる **perform** in a play（劇で演じる）

派 □ performance 名 実行；演技、演奏

80 mind
[máind]

動 ～を気にする、嫌がる　**名** 心、精神；考え

でる "Do you **mind** if I open the window?" "No, go ahead."
（窓を開けてもいいですか／はい、どうぞ）

でる **mind** and body（心と体、心身）

熟 □ mind *one's* own business　他人のことに口出ししない
　□ make up *one's* mind　決心する

🎧 10

81 strike
[stráik]

動 ～を打つ；～の心に浮かぶ；～を襲う；～を攻撃する；ストライキをする　**名** ストライキ；攻撃；（野球・ボーリングの）ストライク

でる **Strike** while the iron is hot.（鉄は熱いうちに打て：諺）

でる A good idea suddenly **struck** her.（名案が突然彼女に浮かんだ）
[= A good idea suddenly hit her.]

でる A massive earthquake **struck** the region.
（巨大地震がその地域を襲った）[= A massive earthquake hit the region.]

でる go on (a) **strike**（ストライキを行う、ストライキに入る）

> 地震・地震などの災害が襲う場合は、attack ではなく、strike か hit を使います。strike の活用変化は strike-struck-struck です。

82 destroy
[distrɔ́i]

動 ~を破壊する

でる The whole town was **destroyed** by the massive tsunami.
(その町全体が大津波で破壊された)

派 □ destruction **名** 破壊、破滅
　□ destructive **形** 破壊的な
反 □ construct **動** ~を建設[建築]する

83 occur
[əkə́ːr]

動 起こる、発生する；(~の)心に浮かぶ (to)

でる When did the accident **occur**? (いつその事故は起きましたか)

でる It **occurred** to me that ~ (~ということがふと私の頭をよぎった)

派 □ occurrence [əkə́ːrəns] **名** 出来事、事件 (= happening)
類 □ happen **動** 起こる、発生する

84 draw
[drɔ́ː]

動 (線)を引く；(絵)を描く；(金)を引き出す
名 引き分け

でる **draw** a line between work and family (仕事を家庭の間に境界線を引く)

でる **draw** a picture [map] (絵[地図]を描く)

でる **draw** money from an account (口座からお金を下ろす)

派 □ drawing **名** スケッチ；製図
　□ drawer **名** (タンスの)引き出し

85 solve
[sάlv]

動 ~を解決する；~を解く

でる **solve** a difficult problem (難しい問題を解決する／難問を解く)

派 □ solution **名** 解決策；溶解；溶液

86 exist
[igzíst]

動 存在する；生存する

でる Do you think Bigfoot **exists**? (ビッグフットはいると思いますか)

派 □ existence **名** 存在、実在
　□ existent **形** 存在する；現存する
　□ existing **形** 現在の、既存の

> coexist [co(一緒に)＋exist(存在する)]
> (共存する)も覚えておきましょう。

サクッと復習テスト

❶ 私の家は南向きだ。	My house _____ south.
❷ 新しい計画を発表する	_____ a new plan
❸ 絵を描く	_____ a picture

答え ❶ faces ❷ announce ❸ draw

---

87 seem [síːm]
動 (〜に) 思える、見える

でる This **seems** to be an unimportant issue.
(これは些細な [重要でない] 問題のように思える)

派 □ seeming 形 見せかけの、うわべの
□ seemingly 副 一見したところ、外見上は

88 appear [əpíər]
動 (〜に) 見える；現れる

でる It **appears** (that) 〜 (〜であるように見える)

派 □ appearance 名 外見；出現
反 □ disappear 動 姿を消す

> appear は seem よりも堅い語です。

89 hunt [hʌ́nt]
動 〜を狩る、狩猟する；(〜を) 捜す [探す] (for)；〜を追跡する

でる **hunt** wild animals (野生動物を狩る)
でる **hunt** for an apartment (アパートを探す)

派 □ hunting 名 狩猟
□ hunter 名 猟師；狩猟犬

90 shine [ʃáin]
動 輝く、照る；〜を磨く 名 輝き；光沢；晴れ

でる The sun was **shining** brightly. (太陽はさんさんと輝いていた)
でる (come) rain or **shine** (晴雨に関わらず)

派 □ shiny 形 輝く；晴れた；光沢のある

> shine の活用変化は shine-shone-shone です。

🎧 11

91 decorate [dékərèit]
動 〜を飾る

でる **decorate** a room with flowers (部屋を花で飾る)

派 □ decoration 名 装飾
□ decorated 形 装飾された
□ decorative 形 装飾の、装飾的な

92 bathe
[béið] 発
動 入浴する；～を入浴させる

- でる **bathe** in the hot springs（温泉に入る）
- でる **bathe** a baby（赤ちゃんをお風呂に入れる）
- 類 □ bath [bǽθ] 発 **名** 入浴；浴槽

> sunbathe [sʌ́nbèið]（日光浴をする）も覚えておきましょう。

93 tie
[tái]
動 ～を結ぶ；引き分ける
名 ネクタイ；絆；引き分け試合

- でる She always **ties** her hair back.
  （彼女はいつも髪の毛を後ろで結んでいる［結わえている］）
- でる wear a **tie**（ネクタイをする）[= wear a necktie]

94 mix
[míks]
動 ～を混ぜる；混ざる

- でる **mix** the butter and flour（バターと小麦粉を混ぜる）
- 熟 □ mix up ～　～を（～と）混同する（with）；～を混ぜる
- 派 □ mixture **名** 混合(物)

95 blow
[blóu]
動 （風が）吹く；（息を）吐く；爆発する　**名** 打撃；衝撃

- でる A cold wind was **blowing**.（冷たい風が吹いていた）
- でる **blow** out a candle（ローソクを吹き消す）
- 熟 □ blow up ～　～を爆破する（= explode）
  □ blow *one's* nose　鼻をかむ

> blow の活用変化は blow-blew-blown です。

96 dive
[dáiv]
動 飛び込む；水に潜る；突っ込む
名 突進；飛び込み；急落

- でる **dive** into the pool（プールに飛び込む）
- 派 □ diver **名** ダイバー、潜水士

> dive の活用変化は dive-dived/dove-dived です。

97 beat
[bíːt]
動 (心臓が) 鼓動する；〜を打ち負かす
名 続けざまに打つこと；鼓動；(音楽の) ビート

- My heart was **beating** fast. (私の心臓はドキドキしていた)
- The tennis player was **beaten** in the second round.
  (そのテニス選手は2回戦で敗れた)

> beat の活用変化は beat-beat-beaten/beat です。

98 bite
[báit]
動 〜をかむ **名** かむこと；ひとかじり；**軽い食事**

- Don't **bite** your fingernails. (指の爪をかむな)
- Let's get a **bite** to eat. (軽く食事をしよう)

> bite の活用変化は bite-bit-bitten です。

99 fold
[fóuld]
動 〜を折りたたむ；(手・腕など) を組む

- **fold** the paper in half [two] (紙を半分に折る)
- with my arms [hands] **folded** (腕 [手] を組んだまま)

派 □ folder **名** フォルダー、書類ばさみ
　□ folding **形** 折りたたみ式の
反 □ unfold **動** 〜を開く、広げる

100 contact
[kάntækt]
動 〜に連絡する **名** 連絡、接触

- Please **contact** me at any time. (いつでもご連絡ください)
- I haven't had much **contact** with her recently.
  (最近は彼女とあまり連絡を取り合っていない)

熟 □ keep [stay] in contact with 〜　〜と連絡を取り続ける
　□ come into [in] contact with 〜　〜と接触する；〜と出会う

🎧 12

101 cross
[krɔ́ːs]
動 〜を横断する；〜と交差する；〜を交配する
名 **十字 (架)**

- **cross** the intersection (交差点を横断する)
- This road **crosses** the Mississippi River.
  (この道路はミシシッピ川と交差している)
- die on the **cross** (十字架上で死す、はりつけになる)

熟 □ cross A's mind　Aの心に (考えなどが) 浮かぶ

102 shake
[ʃéik]

動 ～を振る；揺れる　名 握手；震え

- でる She **shook** her head and said no.（彼女は首を横に振って、ノーと言った）
- でる The whole house **shook** violently during the earthquake.
（地震の間、家全体が激しく揺れた）
- 熟 □ shake hands with ～　～と握手する

> shake の活用変化は shake-shook-shaken です。

103 shift
[ʃíft]

動 ～を移す、変える；変わる、移る
名 転換、変化、移行

- でる The event was **shifted** from September to June.
（そのイベントは9月から6月に繰り上がった）
- でる a major **shift** in policy（政策［方針］の大幅な転換）

> shift to A（A に変わる）と shift ～ from A to B（～を A から B に移す）の形がよく出ます。

104 miss
[mís]

動 ～を逃す；～がいないのを寂しく思う；～に乗り遅れる；～がないことに気づく　名 失敗

- でる **miss** a great opportunity（絶好の機会を逃す）
- でる We'll **miss** you.（〈あなたがいなくなると〉寂しくなりますよ）
- でる **miss** the train（電車に乗り遅れる）
- でる I didn't **miss** my wallet until I had to pay the bill.
（勘定を払う時になって初めて、財布がないのに気づいた）

派 □ missing　形 行方不明の

105 touch
[tʌ́tʃ]

動 ～に触れる；～を感動させる　名 連絡、接触

- でる Don't **touch** anything in this room.
（この部屋のものには一切触れないように）
- でる I was deeply **touched** by the story.（その話に深く感動した）

熟 □ get in touch with ～　～と連絡を取る、～と接触する
　□ keep [stay] in touch with ～　～と連絡を取り続ける

106 comment
[káment]

動 (～について)論評［批評］する、コメントする (on)；
～だと見解を述べる　名 論評、意見

- でる **comment** on the matter（その件について意見を述べる）
[= make a comment on the matter]
- でる He **commented** (that) ～（彼は～だとコメントした）

サクッと復習テスト

① 温泉に入る　　　_____ in the hot springs
② 紙を半分に折る　_____ the paper in half
③ この部屋のものには一切触れないように。 Don't _____ anything in this room.

答え　① bathe　② fold　③ touch

---

107 express
[iksprés]

動 ～を表現する、述べる
形 急行の　名 急行列車［バス］

でる **express** my opinion（自分の意見を述べる）[= **express** myself]
でる an **express** train（急行列車）

派 □ expression 名 表現；表情
　 □ expressive 形（～を）表現する (of)；表情豊かな

---

108 mention
[ménʃən]

動 ～について述べる、言及する　名 言及

でる Now that you **mention** it, ～ （そう言われてみれば～）

熟 □ not to mention ～
　　～は言うまでもなく

Don't mention it.（どういたしまして）
という決まり文句も覚えておきましょう。

---

109 search
[sə́ːrtʃ]

動 (～を) 探す (for)；(～を) 捜索する (for)；～を検索する　名 捜索；検索

でる **search** for the solution to the problem（その問題の解決策を探す）
でる continue the **search** for survivors（生存者の捜索を続ける）

熟 □ in search of ～
　　～を探して、～を探し求めて

search for ～（～を探す）[= look for ～] の形がよく出ます。

---

110 cash
[kǽʃ]

動 ～を現金に換える　名 現金

でる **cash** traveler's checks
　（トラベラーズチェック［旅行者用小切手］を換金［現金化］する）
でる receive 500 dollars in **cash**（現金で500ドルを受領する）

派 □ cashier 名（店の）レジ係；（銀行の）現金出納係

🎧 13

---

111 block
[blɑ́k]

動 ～をふさぐ；～を阻止する　名 街区；障害（物）；塊

でる The left lane is **blocked** temporarily.（左車線が一時的に閉鎖されている）
でる The city hall is two **blocks** away.（市役所は2区画先にある）

112 press
[prés]

動 ～を押す；～を圧縮する；～に無理強いする
名 《the ～》報道（機関）；報道陣

- でる **press** the button（ボタンを押す）
- でる the freedom of the **press**（報道の自由）

派 □ pressure **名** 圧力；圧迫　**動** ～に圧力をかける
類 □ push **動** ～を押す；～に無理強いする

113 encourage
[inkə́:ridʒ]

動 ～を励ます；～を奨励する

- でる **encourage** the student to do his best
（最善を尽くすようにその学生を励ます）
- でる **encourage** employees to submit ideas
（案を提出するように従業員を促す）

派 □ encouragement **名** 励まし；奨励
　□ courage **名** 勇気、度胸
反 □ discourage **動** ～を失望させる

114 communicate
[kəmjú:nəkèit]

動 意思の疎通をする；～を伝達する

- でる **communicate** with people from overseas（外国人と意思疎通をする）

派 □ communication **名** 伝達；通信；意思疎通
　□ communicative **形** 伝達する；話し好きな

115 mean
[mí:n]

動 ～を意味する；（～する）つもりである
形 意地の悪い

- でる What I **mean** is (that) ～（私が言いたいのは～ということです）
- でる I didn't **mean** to say that.（そう言うつもりはなかったのです）
- でる He was very **mean** to me.（彼は私に対してとても意地悪だった）

派 □ meaning **名** 意味；意義
　□ meaningful **形** 意味のある；有意義な

116 discuss
[diskʌ́s]

動 ～を話し合う、討議する

- でる **discuss** the matter with my client（顧客とその件について話し合う）

派 □ discussion **名** 話し合い、討論
　□ discussant **名** 討論参加者

> discuss は他動詞なので、discuss about とはなりません。discuss = talk about と覚えておくとよいでしょう。

117 argue
[áːrgjuː]

動 ~を主張する、論じる；(~と) 言い争う (with)；(~と) 議論する (with)

- He **argued** (that) ~ (彼は~と主張した)
- I **argued** with her about it. (彼女とそのことで言い争った [議論した])

派 □ argument 名 議論；口論
　□ argumentative 形 議論好きな

118 waste
[wéist]

動 ~を無駄に使う、浪費する 名 無駄；廃棄物

- **waste** electricity [water] (電気 [水] を無駄にする)
- It's a **waste** of money. (それは金の無駄だ)
- nuclear [industrial] **waste** (核 [産業] 廃棄物)

派 □ wasteful 形 無駄の多い

> 同音語の waist (ウエスト、腰) と混同しないように注意しましょう。

119 realize
[ríːəlàiz]

動 ~を悟る、認識する、~に気づく；~を実現する

- I **realized** (that) ~ (~であることを悟った、~であることに気づいた)
- **realize** my mistake (自分の過ちに気づく)
- **realize** my dream (自分の夢を実現する)

派 □ real 形 本当の；実際の
　□ really 副 本当に；本当は
　□ reality 名 現実 (性)
　□ realization 名 認識；実現

120 quit
[kwít]

動 (仕事・学校など) を辞める；~を止める (doing)

- I **quit** my job and my brother **quit** school. (私は仕事を辞め、弟は学校を辞めた)
- **quit** smoking (喫煙を止める) [= stop smoking]

> quit の活用変化は quit-quit-quit です。

🎧 14

121 graduate
[grǽdʒuèit]
名 [grǽdʒuət]

動 (~を) 卒業する (from)
名 卒業生

- **graduate** from college (大学を卒業する)
- a **graduate** of [from] Wheaton College (ウィートン大学の卒業生)

派 □ graduation 名 卒業

122 scold
[skóuld]
動 ~をしかる、説教する

でる His father **scolded** him for his poor grades.
(彼の父親は、成績が悪いことで彼をしかった)

> 「~をしかる」の意味を表す動詞には admonish、reproach、rebuke、reprimand などたくさんありますが、scold は特に親や教師が子供を叱る場合に使う語です。

123 connect
[kənékt]
動 ~をつなぐ、結合 [接続] する

でる **connect** the printer to [with] the computer
(プリンターをコンピュータに接続する)

派 □ connection
名 関係；つながり；接続；連絡

> connect A to [with] B (A を B につなぐ) の形で覚えておきましょう。

124 spread
[spréd]
動 広まる；~を広める **名** 広がり、拡散

でる The disease **spread** rapidly throughout the country.
(その病気は急速に全国に広まった)

でる **spread** rumors [gossip] (うわさ [ゴシップ] を広める)

> spread の活用変化は spread-spread-spread です。

125 trust
[trʎst]
動 ~を信用する、信頼する；~を当てにする
名 信用、信頼

でる I **trust** him completely. (彼を完全に信頼している)
でる build mutual **trust** (相互の信頼を築く)

派 □ trustworthy **形** 信用 [信頼] できる

126 suffer
[sʎfər]
動 (~で) 苦しむ (from)；~を経験する、受ける

でる Mr. Azuma **suffers** from asthma. (東氏は喘息を患っている)
でる **suffer** serious discrimination (ひどい差別を受ける)

派 □ suffering **名** 苦痛、苦悩

サクッと復習テスト

❶ 左車線が一時的に閉鎖されている。　　The left lane is _____ temporarily.
❷ そう言うつもりはなかったのです。　　I didn't _____ to say that.
❸ 電気を無駄にする　　　　　　　　　　_____ electricity

答え ❶ blocked　❷ mean　❸ waste

---

127 greet
[gríːt]

動 ～に挨拶する；～を歓迎する

He **greeted** me politely. (彼は私に丁寧に挨拶した)
The audience **greeted** her with a standing ovation.
(聴衆は立ち上がり、大喝采で彼女を迎えた)

派 □ greeting 名 挨拶

---

128 select
[silékt]

動 ～を選ぶ、選び出す　**形** えり抜きの、極上の

select one item from among 10 choices
(10品の選択肢の中から1つの商品を選ぶ)
a **select** group of students (学生の中のえり抜きのグループ)

派 □ selection 名 選択；選ばれた人[物]
□ selective 形 選択的な；えり抜きの

---

129 intend
[inténd]

動 (～する) つもりである、(～することを) 意図する (to *do*)

I **intend** to study law at college. (大学では法律を学ぶつもりだ)

派 □ intention 名 意図、意向
□ intentional 形 故意の、意図的な
□ intent 名 意図、目的　形 集中した、熱心な

---

130 bother
[báðər]

動 ～を悩ませる；～の邪魔をする　**名** 面倒、厄介

It really **bothers** me that ~
(～ということで本当に困っている[やきもきする])
Don't **bother** me while I'm working. (仕事中は邪魔をしないでくれ)

派 □ bothersome 形 煩わしい、厄介な

131 dine
[dáin]

動 食事をする

でる **dine** at a nice restaurant (素敵なレストランで食事をする)

熟 □ dine out 外食する (= eat out)
派 □ diner 名 食事客；簡易食堂

132 retire
[ritáiər]

動 (〜から) 退職する、引退する (from)

でる **retire** early (早期退職する)
でる **retire** from teaching (教職を退く)

派 □ retirement 名 退職、引退
　□ retired 形 退職した
　□ retiree [ritàiərí:] 発 名 退職者；引退者

133 resign
[rizáin] 発

動 辞任する、辞職する；(〜を) 辞める

でる He **resigned** as chairman. (彼は会長を辞任した)
でる He will **resign** (from) his post. (彼は自分の職を辞任するつもりだ)

派 □ resignation [rèzignéiʃən] 発 名 辞任、辞職；辞表

134 wonder
[wʌ́ndər] 発

動 〜だろうかと思う；(〜を) 疑う (about)；(〜に) 驚嘆する (at)　名 不思議、驚き

でる I **wonder** if [whether] it'll snow tomorrow. (明日は雪が降るのかなあ)
でる I **wonder** what he thinks of me. (彼は私のことをどう思っているのだろう)
でる (It is) No **wonder** (that) 〜 (〜は不思議ではない、〜は当然だ)

派 □ wonderful 形 素晴らしい；驚異的な
　□ wondrous 形 驚くべき、不思議な

> wander [wɑ́ndər] (ぶらつく) と混同しないように注意しましょう。

135 assist
[əsíst]

動 〜を助ける、援助する

でる He **assisted** me in [with] fixing my flat tire.
(彼はパンクしたタイヤの修理を手伝ってくれた)

派 □ assistance 名 援助、助力
　□ assistant 名 助手
類 □ help 動 〜を助ける、援助する 名 助力、援助
　□ aid 動 〜を助ける、援助する 名 助力、援助

136 react
[riǽkt]
動 (〜に)反応[対応]する(to);(〜に)反発する(against)

でる react to the situation (その状況に反応[対応]する)

- 派 □ reaction **名** 反応、反響;反発、反動
  □ reactionary **形** 反動的な
- 類 □ respond **動** (〜に)反応する、対応する (to)

137 obey
[oubéi]
動 〜に従う;〜に服従する

でる obey the doctor's instructions (医師の指示に従う)

- 派 □ obedience **名** 服従、従順
  □ obedient **形** 従順な、素直な
- 類 □ follow **動** 〜に従う;〜の後に続く
- 反 □ disobey **動** 〜に逆らう、背く

138 erase
[iréis/iréiz] ※
動 〜を消す;〜を消去する、削除する

でる erase the blackboard (黒板に書いたものを消す⇒黒板をふく)
でる erase unnecessary files from my hard disk
(ハードディスクから不要なファイルを削除する)

- 派 □ eraser [iréisər/iréizə] ※ **名** 消しゴム;黒板消し
- 類 □ delete **動** 〜を消去する、削除する

139 publish
[pʌ́bliʃ]
動 〜を出版する;〜を公表する

でる publish a novel (小説を出版する)
でる publish guidelines on 〜 (〜に関するガイドラインを公表する)

- 派 □ publisher **名** 出版社
  □ publication **名** 出版;公表
  □ publicity **名** 広報;注目

140 serve
[sə́ːrv]
動 (飲食物)を出す;〜の役に立つ;務める

でる Dinner will be served at six. (夕食は6時に出されます)
でる serve the purpose of 〜 (〜の目的にかなう)
でる serve on a committee (委員を務める)

- 派 □ service **名** 奉仕;サービス;業務 **動** 〜を修理する
  □ servant **名** 使用人;奉仕者

141 reserve
[rizə́:rv]

動 ~を予約する；~を取っておく　**名** 蓄え、備蓄

- **でる** reserve a table for three（3名分のテーブルを予約する）[= book a table for three]
- **でる** oil reserves（原油備蓄／原油埋蔵量／油田 [油層]）

派 □ reservation **名** 予約
　　□ reserved **形** 予約された、指定の

142 preserve
[prizə́:rv]

動 ~を保存する；~を保護する

- **でる** preserve food from rotting（食品を腐らせずに保存する）
- **でる** preserve the natural environment（自然環境を保護する）

派 □ preservation **名** 保存；保護

> rot は「腐る、腐敗する」という意味の動詞です。

143 depend
[dipénd]

動 (~) 次第である (on/upon)；(~に) 依存する、頼る (on/upon)

- **でる** It [That] (all) depends.（それは状況次第だ、それはケースバイケースだ）
- **でる** The island depends heavily on tourism.（その島は観光産業に大きく依存している）
- **でる** I'm depending on you.（君のことを頼りにしているよ）[= I'm counting on you.]

派 □ dependent **形** (~に) 依存して、頼って (on/upon)
　　□ dependable **形** 信頼できる、頼りになる
　　□ dependability **名** 信頼性
　　□ dependence **名** 依存；中毒

類 □ rely **動** (~に) 依存する、頼る (on/upon)

> It [That] (all) depends. は、後に on the circumstances が省略された決まり文句です。

144 advance
[ædvǽns]

動 前進する；~を進める　**名** 前進；進歩

- **でる** The army advanced toward the enemy's camp.（軍隊は敵の陣地に向かって前進した）
- **でる** make technological advances（技術的に進歩する）

熟 □ in advance 前もって、あらかじめ
派 □ advanced **形** 進歩した、高度な；上級の
　　□ advancement **名** 前進；進歩
類 □ progress **動** 前進する；~を進める　**名** 前進；進歩

サクッと復習テスト

❶ 大学では法律を学ぶつもりだ。　　I _____ to study law at college.
❷ 素敵なレストランで食事をする　　_____ at a nice restaurant
❸ 小説を出版する　　_____ a novel

答え ❶ intend ❷ dine ❸ publish

---

145 tend
[ténd]

動 ～する傾向がある、～しがちである (to *do*)；(人・動物) の世話をする、(花・庭) の手入れをする

でる He **tends** to exaggerate. (彼は大袈裟に言う傾向がある)
でる She is **tending** the flowers in her garden.
(彼女は庭の花の手入れをしている)

派 □ tendency **名** 傾向、風潮

146 acquire
[əkwáiər]

動 ～を得る、獲得する；～を身につける

でる **acquire** more land (さらなる土地を手に入れる)
でる **acquire** a foreign language (外国語を身につける [習得する])

派 □ acquisition **名** 獲得；習得

147 obtain
[əbtéin]

動 ～を手に入れる、得る

でる **obtain** permission from ～ (～から許可を得る)

類 □ get **動** ～を手に入れる、得る

148 surround
[səráund]

動 ～を取り囲む、取り巻く

でる The building is **surrounded** by [with] a high wall.
(その建物は高い壁に囲まれている)

派 □ surrounding **形** 周囲の；～にまつわる **名**《～s》環境、状況

149 insist
[insíst]

動 (～を) 主張する、言い張る (on/that)；～を要求する (that)

でる He **insisted** on his innocence. (彼は自分の無罪を主張した)
[= He insisted that he was innocent.]
でる I **insisted** that she (should) apologize to him.
(彼に謝るように彼女に言った)

派 □ insistence **名** 主張；要求
□ insistent **形** しつこい

> insist on [upon] ～ (～を主張 [要求] する) の形がよく出ます。

150 allow
[əláu] 発

動 ~を許可する；可能にする

でる Smoking is not **allowed** here. (ここは禁煙です)

派 □ allowance **名** 手当；(子供への) 小遣い；許可
類 □ permit **動** ~を許可する；可能にする

> allow A to do (A が ~するのを許可する) の形もよく出ます。

🎧 17

151 permit
[pərmít] アク

動 ~を許可する；可能にする
名 [pə́ːrmit] アク 許可証

でる The patient was **permitted** to go home. (患者は帰宅を許された)
でる if time **permits** (時間があれば [許せば]) [= if time allows]
でる a parking **permit** (駐車許可証)

派 □ permission **名** 許可
　□ permissive **形** 寛大な、甘い

152 provide
[prəváid]

動 ~を供給する、提供する

でる They **provided** us with food and drink. (彼らは我々に食べ物と飲み物を出してくれた) [= They provided food and drink for us.]

派 □ provision **名** 供給；備え
　□ provided **接** もし~なら (= providing)
類 □ supply **動** ~を供給する、与える

> 「A に B を供給する」は provide A with B と provide B for A の形で覚えておきましょう。

153 punish
[pʌ́niʃ]

動 ~を (~により) 罰する (for)

でる He was severely **punished** for breaking the rule.
(彼は規則を破って厳しく罰せられた)

派 □ punishment **名** 処罰
　□ punitive **形** 懲罰的な、制裁の

154 copy
[kɑ́pi]

動 ~を写す、複写する；~をまねる **名** 写し；一部

でる Please **copy** the document. (その書類を複写してください)
　　[= Please make a copy of the document.]
でる **copy** other people's ideas (他人のアイデアをまねる)
でる The book sold over 500,000 **copies**. (その本は50万部以上売れた)

反 □ original **名** 原本；原物

> copyright (著作権) と copywriter (コピーライター、広告文案家) も覚えておきましょう。

155 repair
[ripéər]

動 ~を修理する、修復する **名** 修理

- でる I had [got] my car **repaired**. (車を修理してもらった)
- でる The road is under **repair**. (道路は修理中だ⇒工事中だ)

類 □ fix **動** ~を修理する
□ mend **動** ~を修理する

例文には〈have [get] ＋目的語＋過去分詞〉(~を…してもらう) の形が使われています。

156 fix
[fíks]

動 ~を修理する；(食事など) を作る [用意する]；(予定) を決める；~を固定する

- でる I got [had] my bike **fixed**. (自転車を修理してもらった)
- でる **fix** supper (夕食を作る [用意する])
- でる **fix** a time and place to meet (いつどこで会うかを決める)

派 □ fixed **形** 固定した、決められた

157 ignore
[ignɔ́ːr]

動 (人・物) を無視する

- でる **ignore** the rule (ルールを無視する)

派 □ ignorance **名** 無知
□ ignorant **形** (~を) 知らない、(~に) 無知な (of/about)

158 recover
[rikʌ́vər]

動 (~から) 回復する (from)；~を取り戻す

- でる She has **recovered** from her injuries. (彼女は怪我から回復した)

派 □ recovery **名** 回復；復帰
類 □ regain **動** ~を回復する；~を取り戻す

159 consume
[kənsúːm]

動 ~を消費する、使い果たす

- でる **consume** a lot of energy (多くのエネルギーを消費する)

派 □ consumer **名** 消費者
□ consumption **名** 消費
反 □ produce **動** ~を生産する

160 claim
[kléim]

動 ~を主張する；~を請求[要求]する；(人命)を奪う **名** 請求[要求]；主張；権利

- He claimed (that) ~ (彼は~だと主張[断言]した)
- claim compensation for ~ (~の補償を請求[要求]する)
- The conflict claimed thousands of lives. (その紛争で数千人もの命が奪われた)

> 日本語の「クレームをつける(不平不満を言う)」は、英語では claim ではなく complain と言います。

🎧 18

161 describe
[diskráib]

動 ~を言い表す、説明する、描写する

- describe how I feel (自分の気持ちを言い表す)
- describe the details of ~ (~の詳細を述べる)

派 □ description **名** 説明、描写
　 □ descriptive **形** 描写的な；記述的な

> describe A as B (A を B と評する、A を B だと言う) の形もよく出ます。

162 focus
[fóukəs]

動 (~に) ~を集中させる (on)；(~に) 焦点を合わせる (on) **名** 焦点、重点

- focus attention on the main points (主要な点に焦点をしぼる)
- focus on one thing (焦点を一つにしぼる)
- The primary focus of this course is ~ (このクラスの中心テーマは~です)

熟 □ in focus　焦点が合って；ピントが合って
　 □ out of focus　焦点がはずれて；ピンぼけで

163 approach
[əpróutʃ]

動 ~に近づく、接近する；~に取り組む
名 取り組み方、やり方；接近

- approach the building (建物に近づく)
- approach a complex problem (複雑な問題に取り組む)
- take a new approach (新しい方法を取り入れる)

> 「(場所)に近づく」の意味の approach は他動詞なので、approach to the building とはなりません。

サクッと復習テスト

❶ 患者は帰宅を許された。　　The patient was _____ to go home.
❷ 自転車を修理してもらった。　I got my bike _____.
❸ 建物に近づく　　　　　　　_____ the building

答え　❶ permitted　❷ fixed　❸ approach

---

164 behave
[bihéiv]
動 振る舞う、行動する；行儀よくする

- でる **behave** like a child（子供のように振る舞う）[= act like a child]
- でる **Behave** yourself.（行儀よくしなさい）

派 □ behavior **名** 振る舞い；行儀

165 order
[ɔ́ːrdər]
動 ~を注文する；~を命じる　**名** 順序；命令；秩序；整理；注文（品）

- でる **order** a pizza（ピザを注文する）
- でる He was **ordered** to move out.（彼は立ち退きを命じられた）
- でる in alphabetical **order**（アルファベット順に）
- でる maintain social **order**（社会秩序を保つ）
- でる put the documents in **order**（書類を整理する）
- でる place an **order** for ~（~を注文[発注]する）

熟 □ out of order　故障して
　□ in order to *do*　~するために
反 □ disorder **名** 無秩序、混乱；疾患

166 include
[inklúːd]
動 ~を含む

- でる The price **includes** the shipping costs.（価格に送料は含まれています）
  [= The shipping costs are included in the price.]

派 □ including **前** ~を含めて
　□ inclusive **形**（~を）含めて（of）；包括的な
　□ inclusion **名** 含有、包括
反 □ exclude **動** ~を除外する

167 exclude
[iksklúːd]
動 ~を除外する、排除する；~を締め出す

- でる **exclude** the possibility of ~（~の可能性を排除する）
- でる He was **excluded** from the team.（彼はチームから外された[締め出された]）

派 □ exclusion **名** 除外；締め出し
　□ exclusive **形** 独占的な；高級な
　□ exclusively **形** もっぱら、独占的に（= only）

168 limit
[límit]

動 ～を制限する、限定する　名 制限；限界

- でる **limit** access to the Internet（インターネットへのアクセスを制限する）
- でる The tour is **limited** to 20 participants.（そのツアーは参加者20名に限定されている）
- でる the speed [time] **limit**（速度制限 [時間制限]）

派 □ limited 形 限定された、わずかの
　　□ limitation 名 制限；限界

169 construct
[kənstrʌ́kt] アク

動 ～を建設 [建築] する；～を構築 [構成] する

- でる **construct** a new runway（新しい滑走路を建設する）

派 □ construction 名 建設 (物)
　　□ constructive 形 建設的な
反 □ destroy 動 ～を破壊する

170 own
[óun]

動 ～を所有する　形 自分自身の　代 自分自身のもの

- でる **own** a large piece of land（広い土地を所有する）
- でる from my **own** experience（私自身の経験から見て）
- でる get a car of my **own**（自分自身の車を買う）

熟 □ on *one's* own　一人で、独力で
派 □ owner 名 所有者
　　□ ownership 名 所有権

🎧 19

171 possess
[pəzés]

動 ～を所有する；～を有する

- でる **possess** a vast fortune（莫大な財産を所有する）
- でる **possess** many different skills（多様な技能 [技術] を有する）

派 □ possession 名 所有 (物)
　　□ possessive 形 所有の；独占欲の強い
類 □ own 動 ～を所有する

172 cheer
[tʃíər]

動 喝采する；～を元気づける（up）　名 喝采、歓呼

- でる **cheer** for the team（そのチームに声援を送る、そのチームを応援する）
- でる She tried to **cheer** me up.（彼女は私を励まそう [元気づけよう] とした）

派 □ cheerful 形 陽気な、明るい

パーティーなどでの「乾杯！」は、Cheers! と言います。

| 月 日 | 月 日 | 月 日 |

173 judge
[dʒʌdʒ]

動 ~を判断する、評価する；~を裁判する
名 裁判官；審判員

でる Don't **judge** a book by its cover.
（本を装丁［表紙］で判断するな⇒外見で中身を判断するな：諺）

熟 □ judging from ~ ~から判断すると
派 □ judgment **名** 判断、評価（= judgement）

174 clear
[klíər]

動 ~を片づける；雨が晴れる（up）
形 晴れた；明瞭な；透明な

でる They **cleared** the road of snow.
（彼らは道路から雪を取り除いた⇒彼らは道路の除雪をした）

でる The sky has **cleared** up.（空は晴れ上がった）

でる a **clear** blue sky（澄み切った青空）

でる a **clear** explanation of ~（~についての明確な説明）

派 □ clearly **副** 明らかに；はっきりと
　　□ clearance **名** 整理

> clear A of B（A から B を片づける、A から B を取り除く）の形がよく出ます。

175 reply
[riplái]

動 (~に) 答える、返事をする（to）　**名** 返事、応答

でる **reply** to his invitation（彼の招待に返事をする）

でる a **reply** to the letter（手紙への返事）

熟 □ in reply to ~ ~に答えて、~への返答として
類 □ respond **動** (~に) 答える、返事をする（to）

176 hurry
[hə́ːri]

動 急ぐ（up）　**名** 急ぐ必要；急ぎ

でる **Hurry** up, or you'll be late for school.
（急ぎなさい、そうしないと学校に遅れますよ⇒急がないと、学校に遅れますよ）

でる There is no **hurry**.（急ぐ必要はない）[= There is no rush.]

熟 □ in a hurry 急いで、慌てて（= in a rush）
派 □ hurriedly **副** 大急ぎで
類 □ rush **動** 急ぐ　**名** 急ぐ必要；殺到；混雑

177 rush
[rʌ́ʃ]

動 急ぐ　**名** 急ぐ必要；殺到；混雑

でる I **rushed** to pack my bags.（急いで荷物をまとめた）

でる avoid the **rush** hour（ラッシュアワーを避ける）

> rush は hurry よりもあわただしい動きを表す語です。

178 delay [diléi]
動 ~を遅らせる；~を延期する　名 遅れ；延期

でる The flight was **delayed** for two hours due to fog.
（その便は霧のために2時間遅れた）

でる without **delay**（すぐに、即刻）

類 □ postpone　動 ~を延期する

179 conduct [kəndʌ́kt]
動 ~を行う、実施する；~を案内する；~を指揮する
名 [kándʌkt] ふるまい、行為

でる **conduct** a survey [study]（調査[研究]を行う）

でる **conduct** an orchestra（オーケストラを指揮する）

派 □ conductor　名 (楽団の)指揮者；(列車の)車掌

180 separate [sépərèit]
動 ~を隔てる；~を分ける；~を引き離す
形 [sépərət] 別々の

でる The playground is **separated** by a fence.
（遊び場はフェンスで区切られている）

でる These can be **separated** into several groups.
（これらはいくつかのグループに分類することができる）

でる She was **separated** from her birth parents at age two.
（彼女は2歳の時に産みの親から引き離された）

でる sleep in **separate** rooms（別々の部屋で寝る）

派 □ separation　名 分離；離別
　□ separately　副 別々に

🎧 20

181 accept [æksépt]
動 ~を受け取る、受諾する；~を受け入れる

でる **accept** the offer（申し出に応じる）

でる **accept** the situation as it is（状況をありのままに受け入れる）

派 □ acceptance　名 承認；受領
　□ acceptable　形 受け入れられる；満足できる
反 □ decline　動 ~を断る
　□ refuse　動 ~を断る、拒む
　□ reject　動 ~を断る、はねつける

サクッと復習テスト

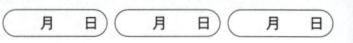

❶ ピザを注文する　　　　　　　　　_____ a pizza
❷ 新しい滑走路を建設する　　　　　_____ a new runway
❸ 申し出に応じる　　　　　　　　　_____ the offer

答え　❶ order　❷ construct　❸ accept

182 decline
[dikláin]

動 ~を断る；下降する、衰える　**名** 下落、減少

- でる **decline** the invitation（招待を断る）
- でる The number of tourists has sharply **declined**.（観光客の数は激減した）
- でる a **decline** in the crime rate（犯罪率の減少）

類　□ refuse　**動** ~を断る、拒む
　　□ reject　**動** ~を断る、はねつける

183 refuse
[rifjúːs]

動 ~を断る、（~すること）を拒む（to *do*）

- でる **refuse** the proposal（提案を断る）
- でる **refuse** to participate in ~（~への参加を拒む）

派　□ refusal　**名** 拒否、拒絶

184 reject
[ridʒékt]

動 ~を拒絶する、却下する、はねつける

- でる **reject** the proposal（申し出を拒絶[拒否]する）

派　□ rejection　**名** 拒絶、拒否

> decline は「申し出や提案を礼儀正しく穏やかに断る」、refuse は「人の依頼や提供を固く断る」、reject は「人の依頼や要請に対して否定的な評価を下した上で強く拒否[拒絶]する」のようなニュアンスの違いがあります。decline → refuse → reject の順に意味合いが強くなります。

185 guess
[gés]

動 ~を推測する；~だと思う　**名** 推測、推量

- でる **guess** her age（彼女の年齢を推測する）
- でる I **guess** (that) ~（〈何となく〉~だと思う）

186 suppose
[səpóuz]
動 ～と思う、推測する；～と仮定する

- でる I **suppose** (that) ～（～であろうと思います）
- でる **Suppose** (that) ～（～だと仮定しよう）[= Let us suppose that ～]

- 熟 □ *be* supposed to *do* ～することになっている；～しなければならない
- 派 □ supposing 接 もし～ならば
  □ supposed 形 仮定された、想像上の
  □ supposedly 副 おそらく、推定では
  □ supposition 名 仮定；推測

187 consider
[kənsídər]
動 ～をじっくり考える、検討する；～と考える、みなす

- でる **consider** the possibility of ～（～の可能性について検討する）
- でる He **considered** resigning.（彼は辞任しようと考えた）
- でる I **consider** her (to be) a great actress.（彼女を偉大な女優だと思っている）

- 派 □ consideration 名 考慮；思いやり
  □ considerate 形 思いやりのある
  □ considerable 形 かなりの
  □ considerably 副 相当に
  □ considering 前 ～を考えれば 接 ～であることを考えれば

> consider は動名詞を目的語とする動詞です。

188 doubt
[dáut] 発
動 ～を疑う；～でないと思う **名** 疑い、疑問

- でる **doubt** his word [sincerity]（彼の言葉[誠意]を疑う）
- でる I **doubt** (that) ～（～ということを疑っている）

- 熟 □ without (a) doubt 間違いなく、確実に
- 派 □ doubtful 形 疑わしい（= questionable）
  □ doubtless 副 間違いなく 形 疑いのない

189 suspect
[səspékt] アク
動 ～であろうと思う **名** [sʌ́spekt] アク 容疑者

- でる I **suspect** (that) ～（～ではないかと思う）
- でる The **suspect** was arrested.（容疑者は逮捕された）

- 派 □ suspicion 名 疑い、疑惑；容疑
  □ suspicious 形 不審に思う；怪しい

190 lack
[lǽk] 発
動 ～を欠く、～が足りない **名** 欠乏、不足

でる She **lacks** self-confidence.（彼女は自信に欠けている）
でる a **lack** of rainfall（雨不足）

熟 □ for lack of ～
　～の不足のため（= for want of ～）
派 □ lacking **形**（～に）欠けている（in）

> luck [lʌ́k]（幸運；運）と混同しないように注意しましょう。

191 fit
[fít]
動 ～にぴったり合う；～を取り付ける
形 （～に）適した（for）；健康な **名** 適合；発作

でる The jeans don't **fit** me.（そのジーンズのサイズは私には合わない）
でる He is **fit** for the job.（彼はその仕事に適している）

派 □ fitness **名** 健康；適性
反 □ unfit **形** 不適当な；健康でない

> 服の大きさや形がうまく合う場合は fit を、服が似合っている場合は suit を使うと覚えておきましょう。suit は、That dress suits you well.（そのドレスは君に良く似合っている）のように使います。

192 arrange
[əréindʒ]
動 ～を手配する；～を整える

でる **arrange** a meeting with ～（～とのミーティングを手配する[取り決める]）
でる **arrange** flowers in a vase（花びんに花を生ける）

派 □ arrangement **名** 手配；整理；配置

> arrange to do（～するように手配する）の形もよく出ます。

193 emerge
[imə́:rdʒ]
動 （～から）現れる、出てくる（from）；明らかになる

でる The sun **emerged** from behind the clouds.
（太陽が雲の陰[後ろ]から現れた）

派 □ emergency **名** 緊急事態、緊急時
　□ emergence **名** 出現、台頭
類 □ appear **動** 現れる

194 differ
[dífər]
動 （～と）異なる（from）

でる A **differs** from B in that ～（Aは～という点でBと異なる）
でる It **differs** from country to country.（それは国によって異なる）

派 □ different **形** 異なる
　□ difference **名** 違い、相違

> in that ～ は「～という点において」の意味で、in の後に that 節が続きます。

195 vary
[véəri] 動 変わる、異なる

でる These products **vary** in price [size].
（これらの製品は価格 [サイズ] がまちまちだ）

でる It **varies** a lot from person to person. （それは人によって大きく異なる）

派 □ variety 名 多様性；種類
□ variation 名 変化；差異
□ various [véəriəs] 発 形 いろいろな

> vary は differ と非常によく似た使い方をする語です。

196 ache
[éik] 動 痛む、うずく；切望する（to do/for） 名 痛み

でる My back [chest] **aches**. （背中 [胸] が痛い）

でる I have a constant **ache** in my neck. （首がいつも痛い）

> ache は主に持続的な鈍痛を表すのに使いますが、pain は一時的な鋭い痛みの他、一般的な痛みや精神的な痛みも表現できるよりカバー範囲の広い語です。

197 violate
[váiəlèit] 動 ～に違反する、（規則など）を破る

でる **violate** the regulations （規則に違反する、規則を破る）

派 □ violation 名 違反、侵害
□ violator 名 違反者

198 defend
[difénd] 動 ～を（～から）守る（from/against）

でる **defend** the country from [against] the enemy （敵から国を守る）

派 □ defense 名 防御；守備
□ defensive 形 防御の
□ defendant 名 被告（人）
類 □ protect 動 ～を守る、保護する
反 □ attack 動 ～を攻撃する、襲う 名 攻撃

199 offend
[əfénd] 動 ～を怒らせる；～を不快にさせる；（法律など）に背く、反する

でる He was **offended** by my choice of words.
（彼は私の言葉選びに腹を立てた [不快感を覚えた]）

派 □ offense 名 違反；立腹；攻撃
□ offensive 形 不愉快な、侮辱的な；攻撃的な；攻撃の

サクッと復習テスト

❶ 招待を断る ＿＿＿＿＿＿ the invitation
❷ 彼は辞任しようと考えた。 He ＿＿＿＿＿＿ resigning
❸ 彼女は自信に欠けている。 She ＿＿＿＿＿＿ self-confidence.

答え ❶ decline ❷ considered ❸ lacks

200 regard
[rigá:rd]

動 ～を（～と）見なす (as)
名 関心、注意；敬意；《～s》よろしくという挨拶

- でる regard *A* as *B*（AをBと見なす[考える]）
- でる have no [little] regard for ～（～にまったく[ほとんど]関心がない）
- でる Please give my regards to her.（彼女によろしくお伝えください）
  [= Please say hello to her for me.]

- 熟 □ with [in] regard to ～ ～に関して、～について（= as regards ～）
  □ without regard to ～ ～には関係なく、～を顧みず
- 派 □ regarding **前** ～に関しては
  □ regardless **副** (～に) かかわらず (of)

🎧 22

201 affect
[əfékt]

動 ～に影響を与える；～を感動させる；～のふりをする

- でる The city was badly affected by the hurricane.
  （その都市はハリケーンにより大きな被害を受けた）

- 派 □ affection **名** 愛情；好意
  □ affectionate **形** 愛情ある

> effect [ifékt] (効果；影響；～をもたらす) と混同しないように注意しましょう。

202 release
[rilí:s]

動 ～を解放する；～を解き放つ；～を公表する；～を放出する；～を発売する **名** 解放；公開；放出；発売

- でる He was released from prison.（彼は刑務所から釈放された）
- でる release tension（緊張をほぐす）
- でる release the name of the suspect（容疑者の名前を公表する）
- でる release a new product（新製品を発売する）

203 explode
[iksplóud]

動 爆発する；爆発的に増える；激怒する

- でる A time bomb exploded.（時限爆弾が爆発した）

- 派 □ explosion **名** 爆発、爆破；急増
  □ explosive **形** 爆発(性)の **名** 爆発物
  □ explosively **副** 爆発的に、急激に
- 類 □ go off 爆発する

204 cultivate
[kʌ́ltəvèit]
動 ～を耕す；～を養う、育てる

- でる **cultivate** the land（土地を耕す）
- でる **cultivate** a spirit of volunteerism（ボランティア精神を養う）

派 □ cultivation 名 耕作；栽培；養成
類 □ farm 動 ～を耕す
　□ till 動 ～を耕す

205 determine
[ditə́ːrmin]
動 ～を決心する、決定する

- でる She **determined** not to buy it.（彼はそれを買わないと決心した）
- でる Your decision will **determine** your future.
（あなたの決断があなたの将来を決定［左右］するだろう）

派 □ determination 名 決心、決定
　□ determined 形 (～を) 決心した (to *do*/that)

> determine は decide よりも堅い語です。

206 submit
[səbmít]
動 ～を提出する；(～に) 服従する (to)

- でる **submit** a document to the court（書類を裁判所へ提出する）
- でる **submit** to authority（権力［権威］に服従する）

派 □ submission 名 服従、従順；提出
　□ submissive 形 服従的な、従順な
類 □ hand in ～ ～を提出する
　□ turn in ～ ～を提出する

207 establish
[istǽbliʃ]
動 ～を設立する；～を確立する

- でる **establish** a new company（新会社を設立する）
- でる **establish** his fame as a composer（作曲家としての彼の名声を築く）

派 □ establishment 名 設立；機関；体制
　□ established 形 確立された；定評のある
類 □ found 動 ～を設立する

208 found
[fáund]
動 ～を設立する、創立する

- でる Harvard University was **founded** in 1636.
（ハーバード大学は1636年に設立された）

派 □ foundation 名 土台、基盤；設立；財団
　□ founder 名 創業者、設立者

> found の活用変化は found-founded-founded、find (～を見つける) は find-found-found です。

209 deliver
[dilívər]
動 ～を配達する；～を述べる；～を出産する

- でる **deliver** mail（郵便物を配達する）
- でる **deliver** a speech（スピーチ [演説] をする）
- でる **deliver** a baby girl [boy]（女 [男] の赤ちゃんを出産する）

派 □ delivery **名** 配達；分娩；話し方

210 exchange
[ikstʃéindʒ]
動 ～を交換する；～を両替する
名 交換；両替、為替

- でる **exchange** ideas [views] with ～（～と意見を交換する）
- でる **exchange** *A* for *B*（AをBと交換 [両替] する）
- でる an **exchange** student（交換留学生）
- でる the foreign **exchange** rate（外国為替レート）

熟 □ in exchange for ～　～と交換 [引き換え] に；～の見返りに

🎧 23

211 organize
[ɔ́:rgənàiz]
動 ～を組織する；～を整理する

- でる **organize** protests（抗議運動を組織する）
- でる **organize** documents（書類を整理する）

派 □ organization **名** 組織、組織化
　□ organizational **形** 組織的な、組織上の
反 □ disorganize **動** ～の秩序を乱す、～を混乱させる

212 import
[impɔ́:rt] ⚠
動 ～を輸入する　**名** [ímpɔ:rt] ⚠　輸入（品）

- でる **import** crude oil from the Middle East（中東から原油を輸入する）
- でる depend on food **imports**（輸入食品に依存する）

派 □ importer **名** 輸入業者
　□ importation **名** 輸入
反 □ export **動** ～を輸出する **名** 輸出（品）

213 export
[ikspɔ́:rt] ⚠
動 ～を輸出する　**名** [ékspɔ:rt] ⚠　輸出（品）

- でる **export** cars to Russia（ロシアに自動車を輸出する）
- でる goods for **export**（輸出向け商品）

派 □ exporter **名** 輸出業者
　□ exportation **名** 輸出

214 hug
[hÁg]
動 ～を抱きしめる **名** 抱擁

でる My father **hugged** me tightly. (父は私をギュッと抱きしめた)
[= My father gave me a tight [big] hug.]

> プロレスなどでおなじみのベアハッグ (bear hug) は、まるで熊がするような手荒いハッグということから、口語では「強い抱擁」の意味を表します。

215 cough
[kɔ́:f] 発
動 咳をする **名** 咳

でる Cover your mouth when you **cough**. (咳をする時は口に手を当てなさい)

> 「のど飴」は cough drop と言います。

216 renew
[rinjú:]
動 ～を更新する；～を再開する

でる I **renewed** my passport. (パスポートを更新した)
でる **renew** talks (会談 [協議] を再開する)

派 □ renewal **名** 更新；再開、再生
　□ renewed **形** 新たな、再開した
　□ renewable **形** 再生可能な

217 hesitate
[hézətèit]
動 (～するのを) ためらう (to do)；(～を) 躊躇する (over/about)

でる Don't **hesitate** to ask any questions.
(どんな質問でも遠慮なく聞いてください)

でる **hesitate** over [about] what to do (何をすべきかためらう)

派 □ hesitation **名** ためらい、躊躇
　□ hesitant **形** ためらって、躊躇して

218 prefer
[prifə́:r] ア
動 ～をより好む

でる **prefer** coffee to tea (紅茶よりもコーヒーを好む)
でる **prefer** to watch rather than play sports
(スポーツをするよりも見る方が好きだ)

派 □ preference [préfərəns] ア
　　名 好み；好物
　□ preferable [préfərəbl] ア
　　形 (～より) 好ましい (to)
　□ preferably **副** できれば、なるべく

> 「B よりも A を好む」は、prefer A than B ではなく、prefer A to B や prefer A rather than B となることに注意しましょう。like の場合は、like A better than B となります。

サクツと復習テスト

❶ 土地を耕す　　　　　　　　　　　　　　_____ the land
❷ ハーバード大学は1636年に設立された。　Harvard University was _____ in 1636.
❸ 咳をする時は口に手を当てなさい。　　　Cover your mouth when you _____.

答え　❶ cultivate　❷ founded　❸ cough

219 achieve
[ətʃíːv]
動 ～を達成する、成し遂げる

でる **achieve** my goal（自分の目標を達成する）[= accomplish [attain] my goal]

派 □ achievement **名** 達成；業績、功績
類 □ accomplish **動** ～を達成する、成し遂げる
　□ attain **動** ～を達成する；～に達する；～を獲得する

220 accomplish
[əkámplɪʃ]
動 ～を達成する、成し遂げる

でる **accomplish** every task（すべての仕事をやり遂げる、すべての任務を遂行する）

派 □ accomplishment **名** 達成、成就；業績

🎧 24

221 attain
[ətéin]
動 ～を達成する；～に達する；～を獲得する

でる **attain** my aim in life（人生の目標を達成する）
でる **attain** the highest standard of ~（～の最高水準に達する）
でる **attain** the position of ~（～の地位を獲得する）

派 □ attainment **名** 達成；獲得

222 command
[kəmǽnd]
動 ～を命令する；～を指揮する；～を見渡せる
名 運用能力；命令；支配

でる The commander **commanded** his army to move forward.
（司令官は自軍に対して前進するよう命じた[指揮した]）
でる This spot **commands** a fantastic view of the city.
（この場所からは街の素晴らしい景色が見渡せる）
でる have a good **command** of English（英語が堪能である）

派 □ commander **名** 軍司令官
　□ commanding **形** 威厳のある；見晴らしの良い

223 refer
[rifə́:r]
動 (〜に) 言及する (to)；(〜を) 参照する (to)

- でる **refer** to the problem (その問題に言及する)
- でる **refer** to the chart (図表 [グラフ] を参照する)

派 □ reference **名** 言及；参照；照会 (先)
　□ referee **名** レフリー、審判員

224 remark
[rimá:rk]
動 〜と述べる、言う　**名** 意見、発言

- でる He **remarked** (that) 〜 (彼は〜だと述べた)
- でる make a **remark** (意見を述べる、発言をする)

派 □ remarkable **形** 注目すべき、めざましい
　□ remarkably **副** 際立って、非常に、著しく

225 state
[stéit]
動 〜を (はっきり) 述べる　**名** 州；国；状態

- でる **state** the facts (事実を述べる)
- でる the **state** of Texas (テキサス州)
- でる in a chaotic **state** (混沌とした状態で)

派 □ statement **名** 声明

226 indicate
[índikèit]
動 〜を指摘する；〜を指し示す；〜を示唆する

- でる The study **indicates** (that) 〜
  (その研究は〜ということを指摘している [示している])

派 □ indication **名** 指示；兆候

227 imply
[implái]
動 〜を示唆する、ほのめかす；〜の意味を含む

- でる This finding **implies** (that) 〜
  (この調査結果 [発見] は〜ということを示唆 [暗示] している)
- でる Her silence **implied** consent. (彼女の沈黙は同意 [承認] を意味した)

派 □ implication **名** 示唆、意味合い；影響

228 earn
[ə́:rn]
動 〜を稼ぐ；(暮らし) を立てる；〜を獲得する

- でる **earn** 80,000 dollars a year (年に8万ドルを稼ぐ)
- でる **earn** a living (生計を立てる) [= make a living]

派 □ earnings **名** 所得、収入

229 divide
[diváid]

動 ～を分ける、分割[分類]する；～を分配する
名 隔たり

でる **divide** the participants into five groups
（参加者を5つのグループに分ける）

でる a **divide** between the rich and the poor（貧富の格差）

派 □ division 名 分割；分類；部門；割り算

> divide *A* into *B*（AをBに分ける）の形がよく出ます。

230 resist
[rizíst]

動 ～に抵抗[反抗]する；～を我慢する

でる **resist** (the) pressure from ~ （～からの圧力に抵抗する）

でる She couldn't **resist** laughing.
（彼女は笑うことを我慢できなかった⇒彼女は笑わずにはいられなかった）

派 □ resistance 名 抵抗；抵抗力
□ resistant 形 (～に)抵抗する (to)；
（～に)抵抗力[耐久性]のある (to)

> resistは動名詞を目的語とする動詞です。

🎧 25

231 afford
[əfɔ́ːrd]

動 (～する)余裕がある (to *do*)

でる I can't **afford** to buy a new car. (新車を買う余裕はない)

派 □ affordable 形 手頃な価格の
（= reasonable）

> can afford to *do*（～する能力[金銭的余裕]がある）は、否定文・疑問文で用いられることが多いです。

232 reduce
[ridjúːs]

動 ～を減らす、縮小する

でる **reduce** the number of traffic accidents（交通事故件数を減らす）

派 □ reduction 名 減少、縮小

233 purchase
[pə́ːrtʃəs] 発

動 ～を購入する、買う 名 購入(品)

でる **purchase** a new suit（新しいスーツを購入する）
でる make a **purchase**（買い物をする）

> purchaseはbuyよりも堅い語です。

234 compare [kəmpéər]

動 ~を（~と）比較する（with/to）；~を（~に）たとえる（to）

- でる **compare** *A* with [to] *B* (AをBと比較する)
- でる **compare** *A* to *B* (AをBにたとえる)

- 熟 □ compared with [to] ~　~と比較すると
- 派 □ comparison **名** 比較
  - □ comparative **形** 比較の、対照的な
  - □ comparable [kámpərəbl] ⚠ **形** 匹敵する、同等の

235 respect [rispékt]

動 ~を尊敬する；~を尊重する　**名** 尊敬；点、箇所

- でる **respect** her for her honesty (誠実さゆえ彼女を尊敬する)
- でる **respect** each other's cultures (互いの文化を尊重する)
- でる in all **respects** (すべての点で)

- 熟 □ with [in] respect to ~　~に関して、~について
- 派 □ respectful **形** 敬意を表す、丁重な
  - □ respectable **形** 立派な；礼儀正しい
  - □ respective **形** それぞれの

236 despise [dispáiz]

動 ~を軽蔑する、見下す

- でる Don't **despise** others because they are poor.
  (貧しいからといって他人を軽蔑するな)

- 類 □ look down on ~　~を軽蔑する、見下す
- 類 □ scorn **動** ~を軽蔑する；~を冷笑する
- 反 □ respect **動** ~を尊敬する

237 remove [rimúːv]

動 ~を取り除く；~を移動する

- でる **remove** the coffee stains from the carpet
  (カーペットからコーヒーのしみを取る)
- でる **remove** vending machines from the cafeterias
  (カフェテリアから自動販売機を撤去する)

- 派 □ removal **名** 除去；移動

サクッと復習テスト

❶ すべての仕事をやり遂げる　　　　_____ every task
❷ 図表を参照する　　　　　　　　　_____ to the chart
❸ 新車を買う余裕はない。　　　　　I can't _____ to buy a new car.

答え ❶ accomplish　❷ refer　❸ afford

238 admit
[ædmít]

動 ～を認める；～を（～へ）入れることを許可する (to/into)

でる I have to admit (that) ~ （～であることを認めざるを得ない）
でる The politician admitted receiving the illegal money.
（その政治家は不正な金を受け取ったことを認めた）
でる He was admitted to (the) hospital.（彼は入院した）

派 □ admission 名 入場［入学／入院］；自白、告白
反 □ deny 動 ～を否定する；～を認めない

> admit は動名詞を目的語とする動詞で、〈admit + doing〉で「～したことを認める」の意味を表します。

239 deny
[dinái]

動 ～を否定する、否認する；～を認めない

でる He denied having stolen the money.（彼は金を盗んだことを否定した）
[= He denied that he had stolen the money.]

派 □ denial 名 否定；拒絶

> deny は動名詞を目的語とする動詞です。

240 conclude
[kənklúːd]

動 ～と結論を下す (that)；～を完了する

でる They concluded (that) ~ （彼らは～だと結論づけた）
でる conclude the negotiation （交渉を終える）

派 □ conclusion 名 結論；終結、締結
　□ conclusive 形 決定的な

🎧 26

241 confirm
[kənfə́ːrm]

動 ～を確かめる、確認する；～を実証する、裏付ける

でる I'd like to confirm my reservation.（予約の確認をしたいのですが）
でる Research has confirmed (that) ~（研究により～であることが実証された）

派 □ confirmation 名 確認、確証

> reconfirm（～を再確認する）と reconfirmation（再確認）も覚えておきましょう。

242 consult
[kənsʌ́lt]

動 ～に助言を求める、尋ねる；(～に) 相談する (with)

- **でる** consult a doctor (医師に診てもらう)[= see a doctor]
- **でる** consult (with) a lawyer about ～ (～について弁護士に相談する)

派 □ consultant **名** コンサルタント、相談役、顧問

243 satisfy
[sǽtisfài] **発**

動 ～を満足させる；～を満たす

- **でる** I'm entirely satisfied with the results.
  (その結果には完全に満足している)

派 □ satisfaction **名** 満足
  □ satisfactory **形** 満足のいく
反 □ dissatisfy **動** ～に不満を抱かせる

> be satisfied with ～ (～に満足している) の形がよく出ます。

244 hire
[háiər]

動 ～を雇う **名** 賃借；賃金

- **でる** hire skilled workers (熟練労働者を雇用する)

類 □ employ **動** ～を雇う

245 employ
[implɔ́i]

動 ～を雇う、雇用する；～を用いる

- **でる** employ foreign workers (外国人労働者を雇う)
- **でる** employ a special technique (特別な技術を用いる)

派 □ employment **名** 雇用；使用
  □ unemployment **名** 失業
  □ employer **名** 雇用主 (雇う人)
  □ employee
  名 従業員、非雇用者 (雇われている人)

> -er は「～をする人」、-ee は「～をされる人」と覚えておきましょう。trainer (トレーナー、指導者) / trainee (見習い、訓練生) や interviewer (面接官) / interviewee (面接を受ける人) なども同じ例です。

246 contain
[kəntéin]

動 ～を含む、含有する

- **でる** This book contains useful information on [about] ～
  (この本には～に関する役立つ情報が掲載されている)
- **でる** These grains contain proteins, vitamins and minerals.
  (これらの穀物にはタンパク質、ビタミン、ミネラルが含まれている)

派 □ container **名** 容器；コンテナ

247 treat
[tríːt]

動 ～を扱う；～におごる；～を治療する **名** おごり

- treat people with respect（尊敬の念を持って人に接する）
- I'll treat you to dinner.（夕食をおごるよ）
- This is my treat.（今回は私のおごりです）

派 □ treatment **名** 処理；治療
　 □ treaty **名** 条約、協定

248 handle
[hǽndl]

動 ～を処理する；～を手で扱う **名** 取っ手、握り

- handle the problem properly（その問題を適切に処理する）
- Please handle it with care.（取り扱いにご注意ください）

派 □ handy **形** 使いやすい、便利な

> 自動車の「ハンドル」は (steering) wheel、自転車の「ハンドル」は handlebar(s) と言います。

249 gain
[géin]

動 ～を得る、手に入れる **名** 利益；増加

- gain knowledge（知識を得る）
- for personal gain（個人的利益［私利私欲］のために）

反 □ lose **動** ～を失う
　 □ loss **名** 損失

> regain [re（再び）＋ gain（得る）]（～を取り戻す、回復する）も覚えておきましょう。

250 request
[rikwést]

動 ～を要請する、頼む **名** 要請、依頼

- You are kindly requested not to smoke.
  （おたばこはどうかご遠慮ください）
- make a formal request（正式な要請を行う）

🎧 27

251 require
[rikwáiər]

動 ～を必要とする；～を義務付ける、要求する

- This task requires a lot of time and effort.
  （この仕事には多くの時間と労力を要する）
- The law requires (that) ～（法律により～することが義務付けられている）

派 □ requirement **名** 必要（条件）；要求
類 □ need **動** ～を必要とする

> require A to do（A に～するように求める）の形もよく出ます。

252 suggest
[səgdʒést]

動 ～を提案する；～を示唆する

でる She **suggested** that we (should) take a taxi to the hotel.
(彼女はホテルまでタクシーで行くことを提案した)
[= She suggested taking a taxi to the hotel.]

でる **suggest** a connection between *A* and *B* (AとBの関連性を示唆する)

派 □ suggestion **名** 提案；示唆
□ suggestive **形** 示唆に富む；思わせぶりな

> suggest *doing* (～することを提案する) の形もよく出ます。suggest to *do* とはならないので注意しましょう。

253 propose
[prəpóuz]

動 ～を提案する；(～に) 結婚のプロポーズをする (to)

でる He **proposed** that the meeting (should) be postponed.
(彼はその会議を延期するよう提案した)

でる He **proposed** to her on their second date.
(彼は2度目のデートで彼女にプロポーズした)

派 □ proposal **名** 提案、申し出；結婚のプロポーズ
□ proposition **名** 提案；主張；命題

254 recommend
[rèkəménd]

動 ～を勧める；～を推薦する

でる The doctor **recommended** that she (should) exercise more.
(医師は彼女にもっと運動することを勧めた)

でる **recommend** a good restaurant (良いレストランを紹介する)

派 □ recommendation **名** 勧告；推薦 (状)

> recommend *A* to *do* (Aに～するように勧める) の形もよく出ます。

255 demand
[dimǽnd]

動 ～を (強く) 要求する **名** 需要；要求

でる I **demanded** that he (should) pay the money right away.
(彼にすぐ金を支払うよう要求した)

でる They **demanded** an apology from the company.
(彼らはその会社に謝罪を強く求めた)

でる meet consumer **demand** (消費者の需要を満たす)

派 □ demanding **形** 要求が多い；負担の大きい

サクッと復習テスト

❶ 予約の確認をしたいのですが。　　I'd like to _____ my reservation.
❷ 夕食をおごるよ。　　　　　　　　I'll _____ you to dinner.
❸ 取り扱いにご注意ください。　　　Please _____ it with care.

答え　❶ confirm　❷ treat　❸ handle

---

256 **supply** [səplái]
- 動 ～を供給する、与える
- 名 供給；供給量；《~ies》必需品

でる **supply** refugees with food（難民に食糧を供給する）
[= supply food to refugees]

でる **supply** and demand（需要と供給）

でる Experienced workers are in short **supply**.
（熟練労働者が供給不足になっている）

💬 「A に B を供給する」は supply A with B と supply B to [for] A の形で覚えておきましょう。

---

257 **support** [səpɔ́ːrt]
- 動 ～を支持する；～を養う　名 支持、支援

でる **support** the idea [theory] that ～（～という考え [説] を支持する）

でる **support** my family（自分の家族を養う）

でる financial **support**（財政支援、財政援助）

派 □ supportive 形 支えとなる；協力的な
　 □ supporter 名 支持者

---

258 **offer** [ɔ́ːfər]
- 動 ～を提供する、差し出す；（～すると）申し出る（to do）　名 申し出、提案

でる **offer** a wide variety [range] of services（幅広いサービスを提供する）

でる I **offered** to drive her to the station.
（彼女に駅まで車で送ろうかと申し出た）[= I offered her a ride to the station.]

でる turn down [decline] an **offer**（申し出を断る）

---

259 **dislike** [disláik]
- 動 ～を嫌う　名 嫌悪（感）

でる I **dislike** being in crowds.（人ごみは嫌いだ）

でる have many likes and **dislikes**（好き嫌いが多い）

反 □ like 動 ～を好む　名 好み

💬 dislike は動名詞を目的語とする動詞です。

260 hang
[hǽŋ]

動 ～を掛ける、つるす

でる <u>Hang</u> your coat on the hook. (コートをフックに掛けなさい)

派 □ hanger **名** ハンガー
熟 □ hang up　電話を切る
　□ hang on　電話を切らずに待つ
　□ hand on to ～　～にしっかりつかまる

> hang の活用変化は hang-hung-hung です。

🎧 28

261 rank
[rǽŋk]

動 位置する；～を位置づける　**名** 階級；地位

でる India <u>ranks</u> second worldwide in population.
(インドは人口が世界で第2位である)
[= India is ranked second worldwide in population.]

でる people of all <u>ranks</u> (あらゆる階層[階級]の人々)

派 □ ranking **名** 順位、ランキング

262 protect
[prətékt]

動 ～を（～から）保護する、守る (from/against)

でる <u>protect</u> the environment from [against] pollution
(環境を汚染から守る)

派 □ protection **名** 保護
　□ protective **形** 保護する、防護用の
　□ protector **名** 保護具、プロテクター

> protect A from B (A を B から保護する[守る]) の形がよく出ます。

263 apply
[əplái]

動 申し込む；～を（～に）適用する (to)；(～に)当てはまる (to)

でる <u>apply</u> for membership to the fitness club
(フィットネスクラブへの入会申し込みをする)

でる This rule is <u>applied</u> to your case.
(この規則はあなたの場合に適用されます[当てはまります])
[= This rule applies to your case.]

派 □ application **名** 申し込み；適用、応用
　□ applicant **名** 応募者、志願者

> 「A を B へ申し込む」は apply for A to B の形で覚えておきましょう。

264 survive
[sərváiv]

動 (～を) 生き延びる、乗り越える；～より長生きする

- でる **survive** the war [recession] (戦争を生き延びる [不景気を乗り越える])
- でる He is **survived** by his wife and two children.
  (彼の遺族は妻と2人の子供である)

派 □ survival **名** 生き残ること、生存
　□ survivor **名** 生存者

265 revive
[riváiv]

動 ～を回復 [復活] させる；意識を取り戻す；～を元気づける

- でる **revive** the popularity of ~ (～の人気を回復させる)

派 □ revival **名** 復活、復興、回復

> revive は [re(再び)＋vive(生きる)] から「～を回復させる；復活する」の意味となります。

266 disappoint
[dìsəpóint]

動 ～を失望させる、がっかりさせる

- でる I was **disappointed** (that) ~ (～であることに失望した)
- でる He was **disappointed** with [at] the results.
  (彼はその結果にがっかりした)

派 □ disappointment **名** 失望、落胆
　□ disappointed **形** 失望した、がっかりした
　□ disappointing **形** 失望させる、期待はずれの

> 喜怒哀楽を表す分詞形容詞の場合、-ed は「人が～している」、-ing は「物・事が～させる」の意味で理解しておくとよいでしょう。

267 bore
[bɔ́ːr]

動 ～を退屈させる、うんざりさせる

- でる I got [became] **bored** with his lecture. (彼の講義にうんざりした)

派 □ bored **形** 退屈した、うんざりした
　□ boring **形** 退屈な、つまらない
　□ boredom **名** 退屈 (さ)、倦怠

> I'm bored. (私は退屈している) と I'm boring. (私は退屈な [つまらない] 人間です) の意味の違いに注意しましょう。

268 pretend
[priténd]

動 (～する) ふりをする (to *do*/that)

- でる He **pretended** not to notice me.
  (彼は私に気づいていないふりをした⇒彼は私に知らん顔をした)
- でる She **pretended** (that) everything was just fine.
  (彼女は万事順調であるふりをした)

派 □ pretense **名** 見せかけ；口実

269 govern
[gʌ́vərn]

動 ～を統治する、支配する；～を管理する

でる The king **governed** the country. (王がその国を治めていた)

派 □ government **名** 政府；政治
　　□ governmental **形** 政府の；政治の
　　□ governor **名** 知事

270 imitate
[íməteit]

動 ～の物まねをする；～を模倣する

でる He **imitated** the way his teacher spoke. (彼は先生の話し方をまねた)

派 □ imitation **名** 模倣；模造品；物まね

🎧 29

271 enable
[inéibl]

動 ～を可能にする、(～が) ～できるようにする (to do)

でる The Internet **enables** us to access information easily.
(インターネットのおかげで、我々は簡単に情報にアクセスすることができる)

派 □ able **形** (～することが) できる (to do)；有能な
　　□ ability **名** 能力
　　□ unable **形** (～することが) できない (to do)
　　□ inability **名** 無能、不能
反 □ disable **動** ～を無力[無能] にする

> enable A to do (A が～するのを可能にする) の形で覚えておきましょう。

272 manage
[mǽnidʒ]

動 ～を経営する、管理する；なんとか～する (to do)

でる **manage** a restaurant (レストランを経営する)

でる We finally **managed** to finish the task.
(我々はやっとのことでその任務をやり遂げた)

派 □ manager **名** 支配人、経営者；部長
　　□ management **名** 経営、管理；経営者 (側)

273 bless
[blés]

動 ～を祝福する、恵む；～に加護を与える

でる They are **blessed** with a wonderful family.
(彼らは素晴しい家族に恵まれている)

でる God **bless** you. (神のご加護がありますように／お大事に)
[= May God bless you.]

派 □ blessed **形** 祝福された、恵まれた
　　□ blessing **名** (神の) 恵み、祝福

サクッと復習テスト

① 難民に食料を供給する　　　　　　　_____ refugees with food
② コートにフックを掛けなさい。　　　_____ your coat on the hook.
③ 戦争を生き延びる　　　　　　　　　_____ the war

答え：① supply ② Hang ③ survive

274 fade [féid]
動 (次第に) 消えていく、衰えていく；色あせる；(花が) しおれる

- Most of my memories have **faded** with the passage of time.
  (時の経過と共に私の記憶のほとんどは薄れてしまった)
- The color immediately began to **fade**. (色がすぐにあせ始めた)

275 charge [tʃɑ́ːrdʒ]
動 ~を請求する；~を告発する　**名** 料金；責任；告発

- How much do you **charge** for admission? (入場料はいくらですか)
- He was **charged** with drunk driving. (彼は飲酒運転で告発された)
- free of **charge** (無料で、ただで)

熟 □ in charge of ~ (~を担当 [管理] して)

276 address [ədrés]
動 ~に取り組む；(~と) 呼ぶ；~に話しかける；~にあて名を書く　**名** [ədrés/ǽdres] 住所；演説

- **address** a number of important issues (多くの重要課題に取り組む)
- How should I **address** you? (どのようにお呼びすればよろしいですか)
  [= What should I call you?]
- a letter **addressed** to me (私宛ての手紙)
- May I have your name and **address**?
  (お名前とご住所を教えていただけますか)
- give [deliver] an opening [closing] **address**
  (開会 [閉会] の辞を述べる)

277 examine [igzǽmin]
動 ~を調査する、検討する；~を検査する

- **examine** the contents closely
  (中身をじっくり調べる、内容を詳しく検討する)
- I'll **examine** your eyes [ears]. (目 [耳] の検査をします)

派 □ examination **名** 試験 (= exam)；検査
　□ examinee **名** 受験者；被験者
　□ examiner **名** 試験官、審査官；検査員

278 prove
[prúːv]

動 ～を証明する；(～であると) わかる (to be)

- でる Recent studies have **proven** (that) ～
  (最近の研究によって～であることが証明された)
- でる This method **proved** to be the most effective.
  (この方法は最も効果的であることがわかった)

派 □ proof 名 証拠、証明

> prove の活用変化は prove-proved-proved/proven です。

279 present
[prizént]

動 ～を贈呈する；～を提示する 形 [préznt] 出席して；存在している；現在の 名 [préznt] 現在；贈り物

- でる **present** an award to ～ (～に賞を贈る)
- でる **present** documents (文書を提示する)
- でる those **present** at the meeting (会議の出席者)
- でる the **present** government (現政府)

熟 □ at present 現在、目下
　□ for the present 今のところ（は）
派 □ presence 名 存在；出席
　□ presentation 名 発表；提示
　□ presently 副 現在は；やがて、間もなく

> 「A を B に贈る」は present B to A と present A with B の形で覚えておきましょう。

280 attract
[ətrækt]

動 ～を魅了する、引きつける

- でる The Grand Canyon **attracts** tourists from all over the world.
  (グランドキャニオンは世界中の観光客を魅了する [引き寄せる])

派 □ attractive 形 魅力的な
　□ attraction 名 魅力；呼び物

🎧 30

281 compete
[kəmpíːt]

動 競争する

- でる **compete** with each other (互いに競い合う)

派 □ competition 名 競争
　□ competitor 名 競争相手；競合他社
　□ competitive 形 競争の激しい；競争力のある
類 □ contend 動 競争する

> compete with A for B (B をめぐって A と競争する) の形で覚えておきましょう。

282 escape
[iskéip]

動 (～から) 逃げる；～を免れる 名 逃亡；回避

- でる **escape** from danger (危機から脱する)
- でる have a narrow **escape** (間一髪で逃れる、かろうじて免れる)

283 note
[nóut]
- 動 ~に注意する；~に言及する；~を書き留める
- 名 メモ；記録；短い手紙；注釈

でる Please **note** that ~（~であることにご注意ください）
でる as **noted** above [earlier]（上記[前述]のように）
でる take **notes** on ~（~についてノート[メモ]を取る）
でる send a thank-you **note** to ~（~に礼状を送る）

派 □ noted 形 著名な、有名な
□ notable 形 注目すべき、顕著な

284 share
[ʃéər]
- 動 ~を共用する；~を分け合う
- 名 分け前；割り当て；株

でる I **share** the room with my friend.（友達と部屋を共用している）
でる I got my **share** of the profits.（利益の分配[分け前]を受けた）

「部屋を共用する同室者」のことを roommate と言います。share A with B（A を B と共用する[分け合う]）の形で覚えておきましょう。

285 pause
[pɔ́ːz] 発
- 動 休止する；立ち止まる　名 休止、沈黙

でる **pause** for breath（一息つく）
でる an awkward **pause** in the conversation（会話中の気まずい沈黙）

pose [póuz]（ポーズを取る；~を引き起こす；姿勢）と混同しないように注意しましょう。

286 prevent
[privént]
- 動 ~を防ぐ、阻む；~を予防する

でる **prevent** possible accidents（予測され得る事故を防ぐ）
でる **prevent** warfare（戦争を阻止[回避]する）
でる **prevent** colds（風邪を予防する）

熟 □ prevent A from doing
　　A が~するのを邪魔する[妨げる]
派 □ prevention 名 防止、予防
□ preventive 形 予防の、防止の

warfare は「戦争（行為）、武力衝突」の意味を表す名詞です。

287 entertain
[èntərtéin]
- 動 ~を楽しませる；~をもてなす

でる **entertain** the audience with songs（観客を歌で楽しませる）

派 □ entertainment 名 娯楽；余興；もてなし
□ entertainer 名 芸人、エンターテイナー

288 recognize
[rékəgnàiz]

動 ~に気がつく、~の見分けがつく；~を認める、認識する

でる I didn't **recognize** her at first.（最初は、彼女だとわからなかった）

でる **recognize** the value of ~（~の価値を認める[認識する]）

派 □ recognition
名 識別、認識；賞賛、評価

> recognize A as [to be] B（A を B であると認める）の形もよく出ます。

289 attempt
[ətémpt]

動 ~を試みる；（~）しようとする（to do）
名 試み；企て

でる **attempt** suicide（自殺を図る、自殺未遂をする）
[= attempt to commit suicide]

でる **attempt** to solve the problem（その問題を解決しようとする）

熟 □ in an attempt to do
~しようとして（= in an effort to do）

> attempt は try よりも堅い語です。

290 overcome
[òuvərkʌ́m]

動 ~を克服する、乗り越える

でる **overcome** many obstacles（多くの障害を克服する[乗り越える]）

> overcome の活用変化は overcome-overcame-overcome です。

🎧 31

291 appeal
[əpíːl]

動 （~に）懇願する、訴える（to）；（~の）心に訴える（to）
名 懇願；魅力

でる **appeal** to the government for ~（~を求めて政府に訴える）

派 □ appealing 形 心に訴える

> appeal to A to do（A に~するよう懇願する）の形もよく出ます。

292 cure
[kjúər]

動 ~を治す、治療する
名 治療（法）；解決策

でる He was **cured** of the disease.（彼はその病気が治った）

でる a **cure** for Parkinson's（パーキンソン病の治療法）

> cure A of B（A の B を治す）の形がよく出ます。

293 heal
[híːl]

動 ~を治す、癒す；治る、回復する

でる Her broken leg was completely **healed**.（彼女の骨折した足は完治した）
[= Her broken leg completely healed.]

サクッと復習テスト

1. 色がすぐにあせ始めた。　　The color immediately began to _____.
2. 互いに競い合う　　_____ with each other
3. 上記のように　　as _____ above

答え: 1 fade　2 compete　3 noted

---

294 freeze
[fríːz]

動 凍る；〜を凍らせる；**〜を凍結する**
名 凍結；（コンピュータの）フリーズ

でる Water **freezes** at 0 [zero] degrees Celsius. (水は摂氏0度で凍る)

でる **freeze** the construction of 〜 (〜の建設を凍結する)

派 □ freezing **形** 凍えるほど寒い；氷点の
　□ freezer **名** 冷凍庫、冷凍室

「氷点」は freezing point と言います。freeze の活用変化は freeze-froze-frozen です。

---

295 melt
[mélt]

動 溶ける；〜を溶かす

でる Eat your ice cream before it **melts**.
(アイスクリームが溶けないうちに食べなさい)

「融点」は melting point と言います。

---

296 calculate
[kǽlkjulèit]

動 〜を計算する、算出する；〜を予測する

でる **calculate** the cost of 〜 (〜の費用を計算する)

でる Scientists **calculated** (that) 〜 (科学者たちは〜と予測した)

派 □ calculation **名** 計算；予測
　□ calculator **名** 計算機
　□ calculating **形** 計算する；打算的な
　□ calculated **形** 計算された、計画的な、意図的な

---

297 deceive
[disíːv]

動 〜をだます

でる He **deceived** me into buying it. (彼は私をだましてそれを買わせた)

派 □ deceit **名** だますこと、詐欺 (= deception)
　□ deceitful **形** 詐欺的な、ずるい
類 □ trick **動** 〜をだます **名** いたずら

298 fulfill
[fulfíl]

動 ～を果たす、遂行する

でる He **fulfilled** all his obligations. (彼はすべての義務[責務]を果たした)

派 □ fulfillment 名 達成；履行

> fulfill は [full (完全に、十分に) + fill (満たす)] から「～を果たす、遂行する」の意味となります。

299 quote
[kwóut]

動 ～を引用する；～を引き合いに出す；～を見積もる
名 引用文；見積もり

でる He often **quotes** old sayings in his speech.
(彼はよくスピーチの中で古い諺を引用する[引き合いに出す])

でる famous **quotes** from Shakespeare's works
(シェイクスピア作品からの有名な引用文)

派 □ quotation 名 引用、引用文[語句]

> ' ' や " " などの「引用符」のことを quotation marks と言います。

300 remind
[rimáind]

動 ～に (～を) 思い出させる、気づかせる (of/that)

でる This picture **reminds** me of my childhood.
(この写真を見ると子供の頃を思い出す)

でる This letter is to **remind** you that ～
(本状にて～であることをお知らせ致します)

派 □ reminder 名 思い出させるもの；催促状

> remind A of B (A に B を思い出させる) の形がよく出ます。

🎧 32

301 recall
[rikɔ́ːl]

動 ～を思い出す；～を回収する
名 [rikɔ́ːl/ríːkɔːl] 回収；回想

でる I don't **recall** saying that. (そんなことを言った覚えはない)

でる **recall** products immediately (すぐに製品を回収[リコール]する)

類 □ remember 動 ～を思い出す、覚えている
　□ recollect 動 ～を思い出す、覚えている

> recall は動名詞を目的語とする動詞です。

302 recollect
[rèkəlékt]

動 ～を思い出す、覚えている

でる I can't **recollect** how to get there. (そこへの行き方を思い出せない)

でる I **recollect** her saying so. (彼女がそう言ったのを覚えている)

派 □ recollection 名 記憶；回想

> recall と同じく、recollect も動名詞を目的語とする動詞です。

303 promote
[prəmóut]
動 ～を促進[推進]する；～を昇進させる；～を宣伝する

- **promote** economic growth（経済成長を促進する）
- She was **promoted** to senior manager.（彼女は上級管理職に昇進した）

派 □ promotion 名 昇進；販売促進
　□ promoter 名 主催者、プロモーター

304 relieve
[rilíːv]
動 ～を和らげる、軽減する；～を安心させる、～を楽にさせる

- **relieve** stress（ストレスを和らげる[解消する]）
- Your help **relieved** me of my burden.
  （あなたが助けてくれたおかげで、負担が軽くなった⇒負担から解放された）

派 □ relieved 形 安心した、ほっとした
　□ relief 名 安心；軽減；救済

305 urge
[ə́ːrdʒ]
動 （～するように）～を強く促す、駆り立てる（to do）名 衝動、欲求

- They **urged** me to stay overnight.（彼らは一泊するように強く勧めた）
- have a strong **urge** to gamble（賭け事に強い衝動[欲求]を感じる）

派 □ urgent 形 緊急の、差し迫った
　□ urgently 副 緊急に
　□ urgency 名 緊急、切迫

> urge A to do（Aが～するように強く勧める）の形がよく出ます。

306 engage
[ingéidʒ]
動 ～を（～に）従事させる（in）；～を（～と）婚約させる（to）；～を魅了する

- He is **engaged** in the car import business.
  （彼は自動車輸入業に携わっている）
- She is **engaged** to him.（彼女は彼と婚約している）

派 □ engagement 名 婚約；約束

> be engaged in ～（～に従事している、～に携わっている）の形がよく出ます。

307 avoid
[əvɔ́id]
動 ～を避ける、回避する

- **avoid** possible trouble（起こり得るトラブルを避ける）
- **avoid** making the same mistake twice
  （同じ間違いを二度繰り返さないようにする）

派 □ avoidance 名 回避
　□ avoidable 形 避けられる、回避できる
　□ unavoidable 形 避けられない、不可避な

> avoidは動名詞を目的語とする動詞です。

308 celebrate
[séləbrèit]

動 ~を祝う

- celebrate the 50th anniversary of ~ (~の50周年記念を祝う)
- celebrate Christmas [the New Year] (クリスマス [新年] を祝う)

派 □ celebration **名** 祝賀 (会)、祝典
□ celebrated **形** 有名な、著名な
□ celebrity [səlébrəti] **名** 有名人、著名人

> お金持ちの有名人や芸能人のことを日本語では「セレブ」と言いますが、それはcelebrityから来た言葉です。

309 congratulate
[kəngrætʃulèit]

動 (人) を祝う、(人) に (~のことで) お祝いの言葉を述べる (on)

- He **congratulated** me on my promotion.
(彼は私の昇進に対しお祝いの言葉をかけてくれた)

派 □ congratulation
名 《~s》おめでとう；祝辞
□ congratulatory **形** お祝いの、祝賀の

> 「~についておめでとう」は常にsを付けて複数形にして、Congratulations on ~!で表現します。「卒業おめでとう」であれば、Congratulations on your graduation! となります。

310 direct
[dirékt]

動 ~を指示する；~を (~に) 向ける (to)；~を指導する **形** 直接の；直行の；率直な

- He **directed** me to have a seat. (彼は私に座るように指示した)
- Please **direct** your attention to this figure. (この図に注目してください)
- **direct** an education program (教育プログラムを指導する)
- have **direct** contact with ~ (~と直接的に接触する)
- a **direct** flight to Dallas (ダラスへの直行便)

派 □ directly **副** 直接に；まっすぐに
□ direction **名** 方向；《~s》道順；《~s》説明 (書)
□ director **名** 制作責任者；重役
反 □ indirect **形** 間接的な

🎧 33

311 excuse
[ikskjú:z]
動 ~を許す、大目に見る；~を免除する
名 [ikskjú:s] 言い訳、口実

- She **excused** me for being late. (彼女は私の遅刻を許してくれた)
- make an **excuse** (言い訳をする)

> excuse A for B (Bに関してAを許す) の形がよく出ます。

| 月 日 | 月 日 | 月 日 |

サクッと復習テスト

❶ ストレスを和らげる　　　　 _____ stress
❷ 起こり得るトラブルを避ける　_____ possible trouble
❸ クリスマスを祝う　　　　　 _____ Christmas

答え ❶ relieve ❷ avoid ❸ celebrate

---

312 pardon
[páːrdn]

動 ~を許す　名 許し；恩赦

- でる **Pardon** me for interrupting.（お話中［お邪魔して］申し訳ございません）
- でる I beg your **pardon**?（もう一度言っていただけますか）[= Pardon me?]
- でる I beg your **pardon**.（すみません、失礼しました）

313 encounter
[inkáuntər]

動 ~に遭遇する、直面する；~に出くわす
名 出会い、遭遇

- でる **encounter** difficulties（困難に遭遇する）
- でる an unexpected **encounter** with ~（~との予期せぬ［思いがけない］出会い）

314 criticize
[krítəsàiz]

動 ~を批判する；~を批評する

- でる He **criticized** me harshly.（彼は私を厳しく批判した）

派 □ criticism 名 批判；批評
　 □ critic 名 批評家
　 □ critical 形 (~に) 批判的な (of)；批評の；危機的な

315 arrest
[ərést]

動 ~を (~の理由で) 逮捕する (for)　名 逮捕

- でる The driver was **arrested** for speeding.
  （その運転手は速度違反で逮捕された）
- でる You're under **arrest**.（あなたを逮捕します）

316 review
[rivjúː]

動 ~を見直す、再検討する；~を復習する；~を批評する
名 見直し、再検討；批評；復習

- でる **review** the overall cost（全体的な費用を見直す［再検討する］）
- でる I **reviewed** my notes the night before the exam.
  （試験の前夜、ノートを復習した）
- でる write a book **review**（書評を書く）

317 occupy
[ákjupài]

動 (空間・場所・時間) を占める；~を占領する

でる The national park **occupies** nearly half of the isle.
（国立公園はその小島のほぼ半分を占めている）

でる The region was **occupied** by the Roman Empire.
（その地域はローマ帝国に占領された）

派 □ occupation 名 職業；占領

isle [áil] は「小島、島」の意味を表す名詞です。

318 protest
[prətést]

動 ~に抗議する；(~に) 抗議する (against/at)
名 [próutest] 抗議

でる **protest** the government's decision（政府の決定に抗議する）

でる make a **protest** against ~（~に抗議する）

Protestant（プロテスタント、新教徒）という語は、彼らがローマ・カトリック教会に抗議をしたことに由来します。

319 invade
[invéid]

動 ~に侵攻する、~を侵略する；~を侵害する

でる **invade** the neighboring country（隣国に侵攻する、隣国を侵略する）

でる Don't **invade** my privacy.（私のプライバシーを侵害するな）

派 □ invasion 名 侵攻、侵略；侵害
□ invader 名 侵略者；侵入者

320 surrender
[səréndər]

動 (~に) 降伏する (to)；~を放棄する
名 降伏；明け渡し

でる **surrender** to the enemy（敵に降伏する）

でる raise the white flag in **surrender**（白旗を揚げて降伏する）

🎧 34

321 replace
[ripléis]

動 ~を取り替える；~に取って代わる

でる **replace** an old tire with a new one（古いタイヤを新しいのと取り替える）

でる Mr. Smith **replaced** Mr. White as chairman.
（スミス氏がホワイト氏に代わって会長になった）

派 □ replacement 名 交換（品）；後任者

322 operate
[ápərèit]

動 ～を操作する；～を運営する；作動する；(～に) 手術をする (on)

- でる **operate** the machine (機械を操作する)
- でる **operate** on the patient (患者に手術をする)

派 □ operation **名** 操作；運営；手術
　□ operator **名** 電話交換手；操縦者

323 shed
[ʃéd]

動 (涙など) を流す；(光・熱など) を発する；～を減らす **名** 納屋、小屋

- でる **shed** tears (涙を流す)
- でる **shed** light on ～ (～に光を当てる、～を浮き彫りにする)

324 equip
[ikwíp]

動 ～に (～を) 装備する (with)

- でる All rooms are **equipped** with TV and air conditioning. (全室にテレビとエアコンが備わっている)

派 □ equipment **名** 設備、備品；装備

> be equipped with ～ (～が装備されている) の形がよく出ます。

325 adapt
[ədǽpt]

動 (～に) 適応 [順応] する (to)；～を適応 [順応] させる

- でる **adapt** to a new environment (新しい環境に適応する)
- でる She has **adapted** herself to city life. (彼女は都会生活に順応した)
　[= She has adapted to city life.]

派 □ adaptation **名** 適応、順応
　□ adapter **名** アダプター (= adaptor)

326 adopt
[ədɑ́pt]

動 (方法・考えなど) を採用する；～を採択する；～を養子にする

- でる **adopt** a new method (新しい方式 [方法] を採用する)
- でる **adopt** a resolution (決議を採択する)
- でる **adopt** a child (子供を養子にもらう)

派 □ adoption **名** 養子縁組；採用；採択

> adapt (～を適応させる) と混同しないように注意しましょう。

327 admire
[ædmáiər]
動 (〜について) 〜を賞賛する、〜に感嘆する (for)

でる Everyone **admires** him for what he has achieved.
(彼の成し遂げたことで皆が彼を賞賛している)

派 □ admiration 名 (〜に対する) 賞賛、感嘆 (for)
□ admirable [ǽdmərəbl] 🔊 形 賞賛すべき、見事な
類 □ praise 動 〜を賞賛する

> admire A for B (A を B のことで賞賛する) の形で覚えておきましょう。

328 praise
[préiz]
動 〜を賞賛する；〜を崇拝する 名 賞賛；賛美

でる They **praised** him for his hard work.
(彼らは彼の熱心な仕事ぶりを賞賛した)

でる give **praise** to the Lord (主 [神] を賛美する)

反 □ blame 動 〜をとがめる、非難する

> praise A for B (A を B のことで賞賛する) の形で覚えておきましょう。

329 combine
[kəmbáin]
動 〜を結び付ける、組み合わせる；(〜と) 結合する (with)

でる **combine** diet with exercise (ダイエットと運動を組み合わせる)
でる **combine** with oxygen (酸素と結合する)

派 □ combination 名 組み合わせ；結合

> combine A with B (A と B を組み合わせる) の形がよく出ます。

330 settle
[sétl]
動 〜を解決する；(〜を) 決定する (on)；定住する

でる **settle** the matter [dispute] (問題 [論争] を解決する)
でる **settle** the date (日取りを決める) [= **settle** on the date]
でる He finally **settled** in Paris (最後に彼はパリに定住した)

熟 □ settle down 落ち着く；安住する
派 □ settlement 名 解決、合意；入植地
□ settler 名 移住者、入植者

🎧 35

331 convince
[kənvíns]
動 〜に (〜を) 納得させる (that/of)；〜に (〜を) 確信させる (that/of)

でる He **convinced** me (that/of) 〜 (彼は〜を私に納得 [確信] させた)

派 □ convinced 形 (〜を) 確信した (of/that)
□ convincing 形 説得力のある
□ conviction 名 確信；信念；有罪判決

サクッと復習テスト

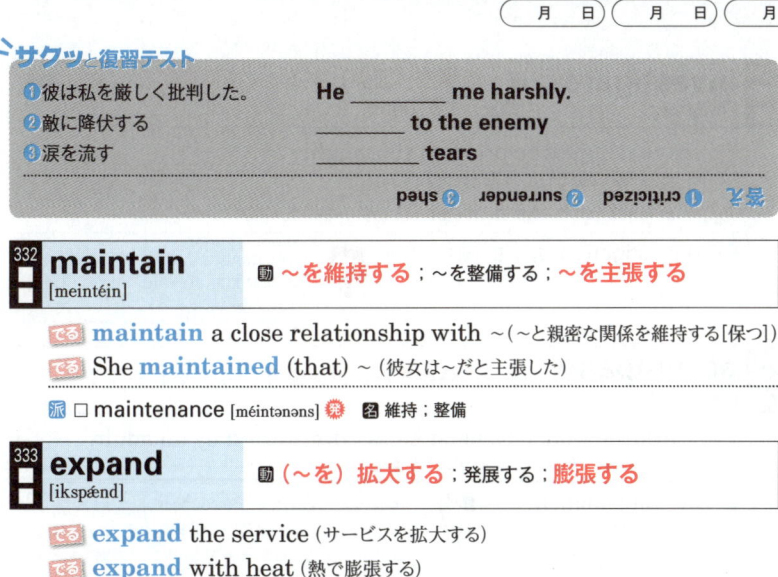

1. 彼は私を厳しく批判した。　He _____ me harshly.
2. 敵に降伏する　_____ to the enemy
3. 涙を流す　_____ tears

答え ① criticized ② surrender ③ shed

332 maintain [meintéin]
動 ~を維持する；~を整備する；~を主張する

- maintain a close relationship with ~ (~と親密な関係を維持する[保つ])
- She maintained (that) ~ (彼女は~だと主張した)

派 □ maintenance [méintənəns] 発 名 維持；整備

333 expand [ikspǽnd]
動 (~を) 拡大する；発展する；膨張する

- expand the service (サービスを拡大する)
- expand with heat (熱で膨張する)

派 □ expanse 名 広がり
　□ expansion 名 拡大；膨張

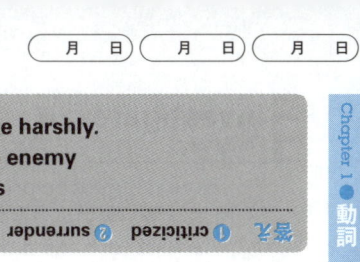

334 extend [iksténd]
動 ~を拡大[拡張]する；~を延長する；~を述べる

- extend the sidewalk (歩道を拡張する)
- extend the deadline (締め切り[期限]を延長する)
- I'd like to extend my appreciation for the invitation. (お招きいただいたことに感謝の意を表したいと思います)

派 □ extension 名 延長；拡張；内線
　□ extent 名 程度；広がり
　□ extensive 形 広範囲な、幅広い；広大な

335 invest [invést]
動 ~を投資する；(~に) 投資する (in)

- invest a lot of time and money in ~ (~に多くの時間と金を投資する[つぎ込む])
- invest in stocks (株に投資する)

派 □ investment 名 投資
　□ investor 名 投資家

336 investigate
[invéstəgèit]

動 〜を調査[研究]する；〜を捜査する；(〜を) 調査[捜査] する (into)

でる **investigate** the problem thoroughly
(その問題を徹底的に調査[研究]する)

でる **investigate** the murder（殺人事件を捜査する）

派 □ investigation 名 調査[研究]；捜査

> investigate を自動詞で使う場合には、investigate into 〜（〜を調査[捜査]する）となります。

337 accompany
[əkʌ́mpəni]

動 〜に同行する、付き添う；〜に伴奏する

でる Children under 12 must be **accompanied** by an adult.
（12歳未満の子供には大人の同伴が必要です）

派 □ accompaniment 名 付け合わせ；伴奏
類 □ escort 動 〜に付き添う

> 「駅まで一緒に行きますよ」は、I'll accompany you to the station. となります。accompany は他動詞なので、I'll accompany with you to the station. としないように注意しましょう。

338 reflect
[riflékt]

動 〜を反射する；〜を反映する；(〜を) 熟考する、反省する (on/upon)

でる **reflect** sunlight（太陽光を反射する）

でる **reflect** on the situation（状況をよく考える[反省する]）

派 □ reflection 名 反射；反映
　□ reflective 形 反射する；思索的な

339 postpone
[poustpóun] 発

動 〜を延期する

でる The meeting has been **postponed** until tomorrow.
（会議は明日まで延期された）[= The meeting has been put off until tomorrow.]

派 □ postponement 名 延期
類 □ put off 〜　〜を延期する

340 complicate
[kɑ́mpləkèit]

動 〜を複雑にする

でる **complicate** matters（事を複雑[面倒]にする）

派 □ complicated 形 複雑な
　□ complication 名 面倒なこと；《〜s》合併症

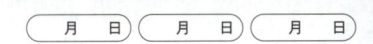

341 suspend [səspénd]
動 ~を一時的に中止する；~をつるす

- suspend the project（プロジェクトを一時中断する）
- suspend a balloon from the ceiling（風船を天井からつるす）

派 □ suspension 名 一時中止；停学；サスペンション
□ suspense [səspéns] 名 不安、気がかり；サスペンス；未定、未決定状態

「つり橋」は suspension bridge と言います。

342 observe [əbzə́ːrv]
動 ~を観察［観測］する；~を守る；~に気づく

- observe the moon through [with] a telescope（望遠鏡で月を観測する）
- observe the law（法律を守る）

派 □ observation 名 観察、観測；意見
□ observance 名 順守
□ observer 名 目撃者；立会人
□ observatory 名 観測所；展望台

343 exhaust [iɡzɔ́ːst]
動 ~を使い果たす；~を疲れ果てさせる
名 排気（ガス）

- exhaust all of our resources（我々の資源のすべてを使い尽くす）
- A long day's work exhausted me.（長い一日の仕事でへとへとになった）
  [= I was exhausted from a long day's work.]
- exhaust gas [fumes]（排気ガス）

派 □ exhausted 形 疲れ切った
□ exhausting 形 疲れさせる
□ exhaustion 名 疲労困憊；枯渇

exhaust は tire よりも意味が強く、「~をへとへと［くたくた］にする」というニュアンスがあります。

344 neglect [niglékt]
動 ~を無視する；~を怠る 名 無視；怠慢

- neglect her child（子供をほったらかしにする）
- neglect his duty（自分の義務［職務］を怠る）

派 □ neglectful 形 怠慢な、不注意な
□ negligent 形 怠慢な；過失の
□ negligence 名 怠慢；過失

ignore は「わざと~を無視する」の意味ですが、neglect は「意図的ではなく不注意で~を無視する、おざなりにする」の意味を表します。

345 transport
[trænspɔ́:rt]

動 ～を輸送する　**名** [trǽnspɔ:rt] 輸送；交通機関

- でる transport cargo by air（飛行機で貨物を輸送する）
- でる use public transport [transportation]（公共交通機関を利用する）

> 名詞の「交通機関」には、主にアメリカでは transportation、イギリスでは transport が使われます。

346 transfer
[trænsfə́:r / trǽnsfə:r]

動 ～を転勤させる；～を移す；～を振り込む；編入［転入］する；乗り換える　**名** [trǽnsfər] 転動；移動；振り込み；乗り換え

- でる He was transferred to the head office.（彼は本社へ転勤となった）
- でる transfer $3,000 to the account（3千ドルをその口座に振り込む［送金する］）
- でる transfer to another college（他大学へ編入する）

347 restore
[ristɔ́:r]

動 ～を取り戻す、回復する；～を復元する、修復する

- でる restore public trust（国民の信頼を取り戻す［回復する］）
- でる restore the statue（彫像を復元［修復］する）

派 □ restoration **名** 復元、修復；回復、復活

348 convey
[kənvéi]

動 ～を伝える；～を運ぶ、輸送する

- でる convey information to ～（～に情報を伝える）
- でる convey goods by truck（トラックで品物を運ぶ）

派 □ conveyance **名** 輸送；乗り物
類 □ communicate **動** ～を伝える
　□ carry **動** ～を運ぶ
　□ transport **動** ～を輸送する

> conveyor [conveyer] belt（ベルトコンベヤー）も覚えておきましょう。

349 reform
[rifɔ́:rm]

動 ～を改革する、改善する、改良する
名 改革、改善、改良

- でる reform the system of ～（～の制度を改革［改善］する）
- でる political [educational] reform（政治［教育］改革）

派 □ reformation **名** 改革、改善、改良

> 建物や家を改築することを日本語では「リフォーム」と言いますが、英語では reform ではなく、remodel や renovate を用います。

サクッと復習テスト

1. サービスを拡充する　　　_____ the service
2. 太陽光を反射する　　　　_____ sunlight
3. 国民に信頼を取り戻す　　_____ public trust

答え ① expand ② reflect ③ restore

---

350 depart
[dipá:rt]

動 (〜から) 出発する、立ち去る (from)

でる The flight will **depart** from Seoul at 5:30 p.m.
(その飛行機は午後5時30分にソウルを出発の予定だ)

派 □ departure **名** 出発；旅立ち
□ department **名** 部門；学科；売り場
反 □ arrive **動** (〜へ) 着く、到着する (at/in)

🎧 37

351 manufacture
[mænjufǽktʃər]

動 〜を製造する、(大量) 生産する　**名** 製造

でる **manufacture** electronic products (電子製品を製造する)

派 □ manufacturer **名** 製造会社、メーカー
類 □ produce **動** 〜を製造する、生産する

352 grasp
[grǽsp]

動 〜をにぎる、つかむ；〜を把握 [理解] する
名 把握；にぎること

でる **grasp** the rope firmly (ロープをしっかりにぎる)
でる **grasp** the meaning of 〜 (〜の意味を把握 [理解] する)

353 bet
[bét]

動 〜を (〜に) 賭ける (on)；〜だと断言する
名 賭け (金)

でる He **bet** all his money on the horse. (彼はその馬に持ち金全部を賭けた)
でる I **bet** (that) 〜 (きっと [絶対に] 〜だ)

> 賭けごと (ギャンブル) ができる施設のことを日本語では「カジノ」と言いますが、英語では casino [kəsí:nou] と言います。

354 glow
[glóu]

動 光を放つ、輝く；(顔が) ほてる　**名** 輝き；紅潮

でる That ball **glows** in the dark. (そのボールは暗闇で光る [発光する])
でる the **glow** of candlelight (ろうそくの輝き)

> grow [gróu] (成長する) と混同しないように注意しましょう。

355 grieve
[gríːv]

動 深く悲しむ、悲嘆に暮れる

でる She **grieved** over the death of her fiancé.
(彼女は婚約者の死を嘆き悲しんだ)

派 □ grief **名** 深い悲しみ（= deep sorrow）
□ grievous **形** 悲痛な、嘆かわしい；重大な、危機的な

356 swear
[swéər]

動 ～を誓う；ののしる、悪態をつく

でる He **swore** (that) ～（彼は～と誓った）

でる The boy was punished for **swearing** in class.
(その少年は授業中口汚い言葉を使ったことで罰せられた)

> 「ののしり言葉、口汚い言葉」を swearword と言います。
> swear の活用変化は swear-swore-sworn です。

357 betray
[bitréi]

動 ～を裏切る；～を密告する；～を示す

でる He **betrayed** his friend. (彼は友人を裏切った)

でる She didn't **betray** her emotions. (彼女は感情を表に出さなかった)

派 □ betrayal **名** 裏切り、背信

358 classify
[klǽsəfài]

動 ～を分類する、区分する；～を機密扱いにする

でる **classify** countries into four categories
（国々を4つの部類［グループ］に分類する）

派 □ classification **名** 分類；区分
□ classified **形** 機密の；分類された

> classify A into B (AをBに分類する) と
> classify A as B (AをBに［として］分類する) の形がよく出ます。

359 circulate
[sə́ːrkjulèit]

動 循環する；～を回覧する、配布する；(通貨) を流通させる；(うわさなどが) 広まる

でる **circulate** in the blood (血中を循環する)

でる **circulate** the documents (書類を回覧［配布］する)

派 □ circulation **名** 循環；(出版物の) 発行部数

360 alter
[ɔ́:ltər]

動 ~を変更する；変わる

でる They had to **alter** their plan. (彼らは計画を変更しなければならなかった)

派 □ alteration **名** 変更、修正
類 □ change **動** ~を変更する；変わる

🎧 38

361 modify
[mádəfài]

動 ~を（部分的に）変更する、修正する

でる **modify** the design (デザインを変更[修正]する)

派 □ modification **名** 変更（点）、修正（点）
　 □ modifier **名** 修飾語句

362 pursue
[pərsú:]

動 ~を追求する；~を追跡する

でる **pursue** my dream (自分の夢を追い求める)
でる The police were **pursuing** the thieves. (警察は窃盗犯を追跡していた)

派 □ pursuit **名** 追求；追跡
類 follow **動** ~を追求する；~を追跡する

> purse [pə́:rs]（女性用ハンドバッグ）と混同しないように注意しましょう。

363 chase
[tʃéis]

動 ~を追跡する、追いかける　**名** 追跡

でる The dog **chased** the cat up a tree.
(犬は猫を木の上まで追いつめた⇒犬は猫を追いかけ木に登らせた)

364 reveal
[rivíːl]

動 ~を明らかにする；~を暴露する

でる The study **revealed** (that) ~ (調査によって~であることが明らかになった)
でる **reveal** the truth [secret] (真実[秘密]を明かす)

派 □ revelation **名** 暴露；意外な新事実；啓示
類 □ disclose **動** ~を明らかにする、公開[公表]する
派 □ conceal **動** ~を隠す

365 disclose
[disklóuz]

動 ~を明らかにする、公開[公表]する

でる **disclose** all the information on ~
(~に関する全情報を明らかにする[公開する])

派 □ disclosure **名** 暴露；公開

366 conceal
[kənsíːl]
動 ～を（～から）隠す (from)

でる conceal the secret from others（他人にその秘密を隠す）

派 □ concealment 名 隠蔽、隠遁；潜伏

> conceal は hide よりも堅い語です。

367 apologize
[əpάlədʒàiz]
動 謝罪する、わびる

でる I apologized to her for being late.（遅刻したことを彼女に謝罪した）

派 □ apology 名 謝罪
□ apologetic 形 謝罪の、申し訳なさそうな

> apologize to A for B（A に B のことを謝罪する）の形で覚えておきましょう。

368 pray
[préi] 発
動 祈る；～と祈る

でる They prayed to God for help.（彼らは神に助けを祈った）
でる I pray (that) ～（～であるように祈ります）

派 □ prayer [préər] 発 名 祈り
　　　 [préiər] 発 名 祈る人

> 同音語の prey（餌食にする；犠牲）と混同しないように注意しましょう。

369 beg
[bég]
動 ～に（～するよう）懇願する (to do)；(～を) 請う (for)

でる I begged him to help me.（彼に助けてくれるように懇願した）
でる I begged for her forgiveness.（彼女の赦しを請うた）
　　　 [= I begged her for forgiveness.]

派 □ beggar 名 物乞い、乞食

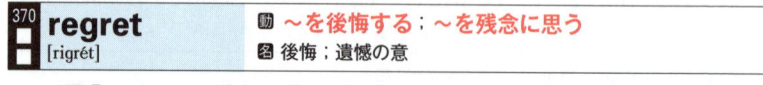

370 regret
[rigrét]
動 ～を後悔する；～を残念に思う
名 後悔；遺憾の意

でる I regret making that decision.（そう決めたことを後悔している）
　　　 [= I regret that I made that decision.]
でる I regret to inform you that ～（残念ながら～をお知らせ致します）

派 □ regretful 形 後悔している；残念そうな
□ regrettable 形 残念な、遺憾な、悔やまれる
□ regrettably 副 残念ながら、あいにく

(月 日)(月 日)(月 日)

サクッと復習テスト

❶ロープをしっかりにぎる　　　　　　　　_____ the rope firmly
❷彼は友人を裏切った。　　　　　　　　　He _____ his friend.
❸真実を明かす　　　　　　　　　　　　_____ the truth

答え　❶ grasp　❷ betrayed　❸ reveal

🎧 39

371 glance
[glǽns]

動 (~を) ちらっと見る (at)
名 ちらっと見ること、一瞥

でる glance at the helicopter (ヘリコプターをちらっと見た)

でる take [give] a glance at ~ (~をちらっと見る)

熟 □ at a glance 一目見て、一瞥して

372 display
[displéi] ア

動 ~を展示する；~をはっきりと表す　名 展示

でる Some of his paintings are displayed at the gallery.
（彼の絵画のいくつかがその画廊に展示されている）

でる She displayed no emotion. (彼女は何の感情も見せなかった)

でる the photographs on display (展示されている写真)

類 □ exhibit 動 ~を展示する

373 exhibit
[igzíbit] 発

動 ~を展示する　名 展示 [展覧] 会；展示品

でる exhibit the works of Picasso (ピカソの作品を展示する)

派 □ exhibition [èksəbíʃən] 発　名 展示 [展覧] 会；展示、公開

374 resemble
[rizémbl]

動 (人・物・事が) ~に似ている

でる I resemble my wife in many respects. (私は多くの点で妻に似ている)

派 □ resemblance 名 類似(点)

日本語につられて、resemble to ~としないように注意しましょう。resemble は他動詞なので、後ろに前置詞は不要です。

375 implement
[ímpləmənt]
- 動 ~を実行する、実施［遂行］する
- 名 [ímpləmənt] 道具、用具

でる implement several specific measures
（いくつかの具体的な対策を実施する）

でる gardening implements（園芸用具）

派 □ implementation 名 実行、実施、履行
類 □ carry out ~ 　~を実行する、実施［遂行］する

376 confuse
[kənfjúːz]
- 動 ~を混乱させる；~を（~と）混同する（with）

でる What he said really confused me.
（彼が言ったことで私は本当に混乱した）

でる I often confuse her with her sister.
（よく彼女と彼女のお姉さんを間違えてしまう）

派 □ confusion 名 混乱；混同
□ confused 形 混乱した
□ confusing 形 紛らわしい

> confuse A with B（AとBと混同する、AとBを間違える）の形がよく出ます。

377 convert
[kənvə́ːrt]
- 動 ~を（~に）変換［転換］する（into）；（~に）改宗する（to）
- 名 [kánvəːrt] 改宗者

でる Plants convert sunlight into energy.
（植物は〈光合成で〉日光をエネルギーに変換する）

でる convert to Christianity（キリスト教へ改宗する）

派 □ convertible 形 変換［転換］可能な 名 コンバーチブル、オープンカー

378 advertise
[ǽdvərtàiz]
- 動 ~を宣伝する；~を売り込む

でる advertise the products on television [in a newspaper]
（製品をテレビ［新聞］で宣伝する）

でる He often advertises himself as an economist.
（彼はしばしば経済専門家だと自分を売り込む）

派 □ advertisement 名 宣伝、広告
□ advertising 名 広告（業）

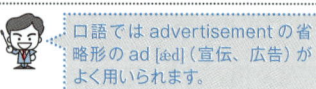

> 口語では advertisement の省略形の ad [ǽd]（宣伝、広告）がよく用いられます。

379 delight
[diláit]
動 ～を大いに喜ばせる　**名** 大喜び、歓喜

でる The circus **delighted** the audience.
（そのサーカスは観客を大いに楽しませた）

熟 □ take delight in ～　～を喜ぶ
□ to A's delight　嬉しいことに
派 □ delighted **形** 喜んで
□ delightful **形** 愉快な、とても楽しい、嬉しい

380 amuse
[əmjúːz]
動 ～を面白がらせる、楽しませる

でる The audience was **amused** by his jokes.
（観客は彼のジョークを面白がった）

派 □ amusement **名** 楽しみ；娯楽
□ amusing **形** 面白い、楽しい
類 □ entertain **動** ～を楽しませる

「遊園地」は amusement park と言います。

381 frighten
[fráitn]
動 ～を怖がらせる

でる The spider **frightened** her.（そのクモに彼女はぎょっとした）

派 □ frightened **形** おびえた、怖がった
□ frightening **形** 恐ろしい、怖い
□ fright **名** 恐怖、おびえ（= fear）
類 □ scare **動** ～を怖がらせる

「人前であがること」を stage fright と言い、have [get] stage fright の形で使います。「舞台（ステージ）にあがるのを恐れること」に由来します。

382 scare
[skéər]
動 ～を怖がらせる

でる You **scared** me!（びっくりした！／驚かせないでよ！）

派 □ scared **形** おびえた、怖がった
□ scary **形** 恐ろしい、怖い

「案山子（かかし）」のことを scarecrow と言います。烏（crow）を怖がらせる（scare）ものだからです。

383 astonish
[əstániʃ]
動 ～をびっくりさせる、ひどく驚かせる

でる What **astonished** me was that ～
（私がびっくりしたのは～ということだった）

派 □ astonished **形** びっくりして、非常に驚いて
□ astonishing **形** 非常に驚くべき
□ astonishment **名** 大きな驚き、仰天

astonish は surprise よりも驚きの程度をより強く表す語です。

384 startle
[stá:rtl] 動 ～をびっくりさせる、ドキッ［ギョッ］とさせる

でる I was **startled** to see a large snake in the yard.
（庭に大きなヘビがいるのを見てびっくりした）

派 □ startled 形 驚いた、びっくりした
□ startling 形 驚くべき、びっくり［ギョッと］させるような

> startle には「突然何かを見て［聞いて］、飛び跳ねるくらいびっくりさせる」というニュアンスがあります。

385 stir
[stá:r] 動 ～をかき混ぜる；（感情など）をかき立てる（up）

でる **stir** the soup with a wooden spoon（スープを木のスプーンでかき混ぜる）

でる The question **stirred** (up) my feelings.
（その質問は私の感情をかき立てた）

派 □ stirring 形 感動的な；刺激的な

386 spare
[spéər] 動 （時間など）を割く；（労力など）を惜しむ
形 予備の；空いている

でる Could you **spare** me a few minutes?（少しだけお時間をいただけますか）
[= Could you spare a few minutes for me?]

でる What do you do in your **spare** time?
（暇な時には何をしますか⇒趣味は何ですか）

> 「A に B を与える」は spare *A B* と spare *B* for [to] *A* の形で覚えておきましょう。

387 sink
[síŋk] 動 沈む 名 （台所の）流し

でる The ship **sank** to the bottom of the ocean.（その船は海底に沈んだ）
でる dirty dishes in the **sink**（流しにある汚れた皿）

> sink の活用変化は sink-sank-sunk です。

388 float
[flóut] 動 （水面に）浮く、（空中に）漂う

でる The leaves were **floating** on the water.（木々の葉が水面に浮かんでいた）

反 □ sink 動 沈む

> 「コーラ・フロート」はコーラの上にアイスクリームが浮いているから、cola float と呼ばれるのです。

サクッと復習テスト

❶ 彼女は何の反応も見せなかった。　She _____ no emotion.
❷ そのクモに彼女はぎょっとした。　The spider _____ her.
❸ 少しだけお時間をいただけますか。　Could you _____ me a few mimutes?

答え ❶ displayed ❷ frightened ❸ spare

---

389 feed [fíːd]
動 〜に食べ物を与える；餌を食べる (on)

でる feed the baby（赤ちゃんに授乳する）
でる Birds feed on insects.（鳥は昆虫を餌［常食］とする）

熟 □ *be* fed up with 〜　〜に飽き飽きしている、うんざりしている
派 □ food 名 食物

> feed の活用変化は feed-fed-fed です。

390 pour [póːr]
動 〜を注ぐ、つぐ；（雨が）激しく降る；吹き出す

でる She poured me some coffee.（彼女はコーヒーをついでくれた）
[= She poured some coffee for me.]

でる It never rains but pours.
（土砂降りにならずに雨が降ることは決してない⇒降れば土砂降り：諺）

> 「A に B をつぐ」は pour *A B* と pour *B* for *A* の形で覚えておきましょう。

🎧 41

391 spill [spíl]
動 〜をこぼす；こぼれる　名 流出

でる spill coffee on the book（本にコーヒーをこぼす）
でる the cause of the oil spill（石油流出の原因）

> spill の活用変化は spill-spilled/spilt-spilled/spilt です。

392 breed [bríːd]
動 （動物が）子を産む；〜を飼育する

でる Frogs usually breed in the pond.（カエルは通常池に繁殖する）
でる breed cattle（牛を飼育する）

> bleed [blíːd]（出血する；出血）と混同しないように注意しましょう。breed の活用変化は breed-bred-bred です。

393 tremble [trémbl]
動 震える、身震いする；(地面・建物などが) 揺れる
名 震え；揺れ

- The girl was **trembling** and weeping. (少女は震えながら泣いていた)
- The whole house began to **tremble** violently.
(家全体が激しく揺れ始めた)

> weep は「泣く、涙を流す」という意味の動詞です。

394 unite [ju:náit]
動 ～を団結させる、まとめる；結合する

- **unite** the party (党を団結させる)
- Hydrogen and oxygen **unite** to form water.
(水素と酸素は結合して水になる)

派 □ unity **名** 団結，統合；統一性
□ union **名** 団結，統合；組合

> unite が持つ「結合・統合」のイメージは、the United Nations (国連) や the United States of America (アメリカ合衆国) からもわかります。

395 split [splít]
動 ～を分裂させる；分裂する；～を分け合う；～を割る　**名** 分裂；分割　**形** 分裂した；分割した

- The issue **split** the committee. (その問題は委員会を分裂させた)
[= The committee split over the issue.]
- Let's **split** the bill. (勘定を分担しよう⇒割り勘にしよう)
- **split** logs (まきを割る)

396 yell [jél]
動 (～を) 怒鳴る (at)；大声を上げる
名 叫び声；声援、エール

- He **yelled** at me on the phone. (彼は電話口で怒鳴った)

397 bow [báu]
動 おじぎをする　**名** おじぎ；[bóu] 弓

- He **bowed** and greeted me. (彼は頭を下げて私に挨拶をした)
- make a polite **bow** (丁寧なおじぎをする)
- shoot with a **bow** and arrow (弓を引いて矢を射る)

398 stare
[stéər]

動 (〜を) じろじろ見る (at)　名 凝視

でる **stare** at him in amazement (驚いて彼をじっと見つめる)

> stare は「失礼なほどにしげしげと見る」というニュアンスがあります。

399 gaze
[géiz]

動 (〜を) うっとり見つめる (at)　名 注視

でる **gaze** at the stars at night (夜空の星をじっと眺める)

> gaze は「興味・喜び・賞賛などを持って見つめる」というニュアンスがあります。

400 stick
[stík]

動 〜を突き刺す；〜を貼り付ける；(〜に) 固執する (to)　名 棒

でる **stick** *A* with *B* (AをBで突き刺す)
でる **stick** a stamp on an envelope (封筒に切手を貼り付ける)
でる **stick** to the original plan (最初の計画に固執する [こだわる])

派 □ sticky 形 ねばねばする；厄介な

> stick の活用変化は stick-stuck-stuck です。

🎧 42

401 flee
[flíː]

動 逃げる；〜から避難する

でる **flee** from the country (その国から逃亡する)

> 同音語の flea (ノミ) と混同しないように注意しましょう。flea は flea market (ノミの市) で覚えておくとよいでしょう。flee の活用変化は flee-fled-fled です。

402 lean
[líːn]

動 (〜に) 寄りかかる、もたれる (on/against)；(〜に) 頼る (on)；傾く　形 やせた；脂肪分が少ない

でる **lean** on [against] the wall (壁にもたれる)
でる You **lean** on him too much. (彼に頼り過ぎだよ)

> イタリアのピサにある「ピサの斜塔」は、the Leaning Tower of Pisa と言います。

403 bear
[bέər]

動 ~に耐える、~を我慢する；~を産む **名** 熊

- I can't **bear** it. (それには耐えられない) [= I can't stand it.]
- She was **born** and raised in Tokyo. (彼女は東京で生まれ育った)

派 □ bearing **名** 関連；位置、方向；態度

> born [bɔ́ːrn] と bone [bóun] (骨) を混同しないように注意しましょう。bear の活用変化は bear-bore-born/borne です。

404 endure
[indjúər]

動 ~に耐える、~を我慢する

- **endure** the pain (苦痛に耐える)

派 □ endurance **名** 忍耐（力）、持久力、我慢強さ
□ enduring **形** 永続する；我慢強い
類 □ bear **動** ~に耐える、~を我慢する
□ stand **動** ~に耐える、~を我慢する

405 reverse
[rivə́ːrs]

動 ~を覆す、逆転させる；~を逆にする
名 反対、逆 **形** 逆の

- **reverse** the decision (その決定を覆す)
- The **reverse** is true. (逆もまた真なりだ)
- in **reverse** order (逆順で)

406 appreciate
[əpríːʃièit]

動 ~に感謝する；~を鑑賞する；~を正しく認識［理解］する

- I **appreciate** your help. (お力添えに感謝します)
- **appreciate** literature and music (文学や音楽を味わい楽しむ)
- You don't **appreciate** the value of health until you lose it.
(健康は失ってみて初めて、その価値がわかる)

派 □ appreciation **名** 感謝；鑑賞（力）；認識
□ appreciative **形** (~に) 感謝している (of)；鑑賞力のある

407 adjust
[ədʒʌ́st]

動 ~を調整する；(~に) 適応［順応］する (to)；~を (~に) 適応させる (to)

- **adjust** the air conditioner's temperature (エアコンの温度を調節する)
- It is often difficult to **adjust** to a new environment.
(新しい環境に順応するのはしばしば難しい)
[= It is often difficult to adjust yourself to a new environment.]

派 □ adjustment **名** 調整；順応

サクッと復習テスト

❶ 降れば土砂降り。 It never rains but _____.
❷ 割り勘にしよう。 Let's _____ the bill.
❸ 壁にもたれる _____ on the wall

答え ❶ pours ❷ split ❸ lean

408 frustrate
[frʌ́streit]
動 ~をいらいらさせる、欲求不満にさせる；~をくじく、妨害する

でる She was **frustrated** by the delayed flight.
(彼女は飛行機の遅れにいらいらした)

でる **frustrate** all attempts at reform (改革のすべての試みを妨害する)

派 □ frustration 名 不満、いらいら；挫折
□ frustrated 形 いらいらした、欲求不満の；挫折した
□ frustrating 形 苛立たしい、じれったい

409 annoy
[ənɔ́i]
動 ~をいらいらさせる、苛立たせる

でる That construction noise really **annoys** me.
(あの建築工事の騒音は本当にいらいらする [頭にくる])

派 □ annoying 形 いらいらさせる、気に障る
□ annoyance 名 いらだち (= irritation)
類 □ irritate 動 ~をいらいらさせる、苛立たせる

> 日本の若者の間では「うざったい」の略の「うざい」という言葉がよく使われますが、それは英語の annoying に相当します。

410 disturb
[distə́:rb]
動 ~を妨害する、邪魔する；~をかき乱す

でる Don't **disturb** her when she is studying.
(彼女が勉強している時は邪魔をしないように)

派 □ disturbance 名 妨害；騒動；不安

> ホテルの客室のドアノブに掛ける札の表裏には、「起こさないでください (Please Do Not Disturb)」と「部屋を掃除してください (Please Make Up The Room)」が表記してあります。

🎧 43

411 depress
[diprés]
動 を落胆させる、憂鬱にさせる；~を低下させる

でる The news **depressed** her greatly. (その知らせは彼女を深く気落ちさせた)
[= The news made her greatly depressed.]

派 □ depressed 形 落ち込んだ、意気消沈した；不況の
□ depressing 形 重苦しい、憂鬱な
□ depression 名 憂鬱；うつ病；不況

412 associate
[əsóuʃièit]
- 動 ~で (~を) 連想する (with)；(~と) 付き合う (with)
- 名 [əsóuʃiət] 仲間、同僚

でる What do you **associate** the picture with?
(その絵を見ると何を連想しますか)

でる **associate** with strange people (奇妙な人々と付き合う)

派 □ association 名 連想；関連；交際；協会、団体

413 approve
[əprúːv]
- 動 (~に) 賛成する、(~を) 認める (of)；~を承認する

でる Her parents **approved** of her marring him.
(彼女の両親は、彼との結婚に賛成した [彼との結婚を認めた])

でる **approve** (of) the proposal (提案を承認する)

派 □ approval 名 承認、認可；賛成、同意
反 □ disapprove 動 (~に) 反対する (of)

414 conquer
[káŋkər]
- 動 ~を征服する；~を制覇する；~を克服する

でる Napoleon **conquered** most of Europe.
(ナポレオンはヨーロッパのほとんどを征服した)

でる **conquer** Mt. Everest (エベレスト山を制覇する)

でる **conquer** alcoholism (アルコール依存症を克服する)

派 □ conquest [káŋkwest] 名 征服、制覇
□ conqueror 名 征服者；勝者

415 capture
[kǽptʃər]
- 動 ~を捕まえる；~を捕獲する；~を獲得する；~を引きつける

でる **capture** the thief (泥棒を捕まえる) [= catch the thief]

派 □ captive 形 捕虜の 名 捕虜；とりこ
□ captivity 名 監禁状態、拘束
類 □ catch 動 ~を捕まえる；~を捕獲する

416 assign
[əsáin]
- 動 ~を割り当てる；~を配属する

でる **assign** the task to a new employee (その仕事を新入社員に割り当てる)

派 □ assignment 名 任務；宿題；割り当て

> assign A to B (A を B に割り当てる；A を B に配属する) の形で覚えておきましょう。

417 survey
[sərvéi]
動 ~を調査する; ~を見渡す　名 [sə́:rvei] 調査; 測量

- The company **surveyed** about 5,000 young men and women.
  (その会社は若い男女約5千人を調査した)
- The **survey** showed (that) ~ (調査によって~であることがわかった)

418 inquire
[inkwáiər]
動 ~を(~に)尋ねる(of); (~について)尋ねる(about)

- He **inquired** of me whether she liked it.
  (彼は彼女がそれを好きかどうか私に尋ねた)
- **inquire** about the possibility of ~ (~の可能性について尋ねる)

熟 □ inquire after ~ ~の近況・安否を尋ねる
派 □ inquiry 名 問い合わせ、質問; 調査 (= enquiry)
　□ inquisitive 形 詮索好きな; 好奇心旺盛な

419 absorb
[æbzɔ́:rb/æbsɔ́:rb]
動 ~を吸収する; ~を(~に)夢中にさせる(in)

- Plants **absorb** carbon dioxide. (植物は二酸化炭素を吸収する)
- He was **absorbed** in reading. (彼は読書に夢中になっていた)

派 □ absorption 名 吸収; 夢中

> *be* absorbed in ~ (~に夢中[熱心]になっている)の形がよく出ます。

420 relate
[riléit]
動 ~を(~と)関連づける(to); (~と)関係がある(to)

- A is **related** to B in some way. (AはBと何らかの関連[関係]がある)
- That might **relate** to you. (それはあなたに関係があるかもしれません)

派 □ relation 名 関係; 関連
　□ relationship 名 関係; 間柄
　□ relative [rélətiv] 名 親戚、身内　形 関係のある; 相対的な

421 commit
[kəmít]
動 (罪・過失など)を犯す; ~を(~に)ささげる(to)

- **commit** a crime (犯罪を犯す)
- She is **committed** to educating young people.
  (彼女は若者の教育に専心[尽力]している)

派 □ commitment 名 約束; 献身
　□ commission 名 委任; 手数料
　□ committee 名 委員会

422 represent
[rèprizént]

動 ～を表す、象徴する；～を代表する

- What does this logo **represent**? (このロゴマークは何を表していますか)
- a labor union **representing** 8,000 workers
（8千人の労働者を代表する労働組合）

派 □ representative 形（～を）代表する、よく表している（of）名 代表者
□ representation 名 表現、描写；代表者（制）

423 predict
[pridíkt]

動 ～を予測［予想］する；～を予言する

- I **predict** (that) ~ (私の予想［予測］では～だろう)
- **predict** the future (未来を予言する)

派 □ prediction 名 予測、予想；予言
□ predictable 形 予想可能な；予想通りの

> predict は [pre (前もって) + dict (言う)] から「～を予測する；～を予言する」の意味となります。

424 assume
[əsú:m]

動（当然）～だと思う；～と推測［仮定］する；～を引き受ける、負う

- I **assume** (that) ~ (当然～だと思う／～と思っている)
- **assume** responsibility for ~ (～の責任を負う)

熟 □ assuming (that) ~ 　～と仮定して、～とすれば
派 □ assumption 名 仮定、想定

425 fascinate
[fǽsənèit]

動 ～を魅了する、～の興味をそそる

- I was **fascinated** by her beauty. (彼女の美しさに魅了された［うっとりした］)

派 □ fascination 名 魅力、魅惑
□ fascinating 形 魅力的な、魅惑的な
類 □ attract 動 ～を魅了する、引きつける
□ charm 動 ～を魅了する 名 魅力

426 warn
[wɔ́:rn] 発

動 ～に警告する、注意する

- They **warned** us not to touch the device.
（彼らは我々にその装置に触れないよう警告した）

派 □ warning 名 警告

> warn A of [about] B (B についてAに警告する) の形もよく出ます。

サクッと復習テスト

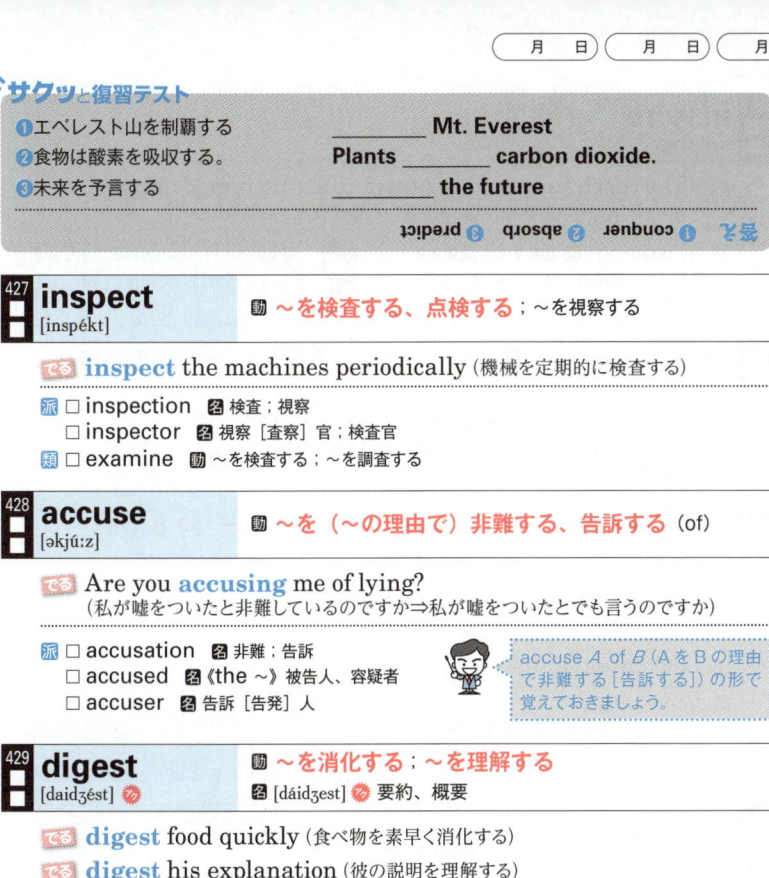

① エベレスト山を制覇する　　　＿＿＿＿＿ Mt. Everest
② 食物は酸素を吸収する。　　　Plants ＿＿＿＿＿ carbon dioxide.
③ 未来を予言する　　　　　　　＿＿＿＿＿ the future

答え ① conquer ② absorb ③ predict

---

427 inspect
[inspékt]

動 ～を検査する、点検する；～を視察する

でる inspect the machines periodically (機械を定期的に検査する)

派 □ inspection 名 検査；視察
　□ inspector 名 視察 [査察] 官；検査官
類 □ examine 動 ～を検査する；～を調査する

428 accuse
[əkjúːz]

動 ～を（～の理由で）非難する、告訴する (of)

でる Are you accusing me of lying?
（私が嘘をついたと非難しているのですか⇒私が嘘をついたとでも言うのですか）

派 □ accusation 名 非難；告訴
　□ accused 名 《the ～》被告人、容疑者
　□ accuser 名 告訴 [告発] 人

> accuse A of B（AをBの理由で非難する [告訴する]）の形で覚えておきましょう。

429 digest
[daidʒést]

動 ～を消化する；～を理解する
名 [dáidʒest] 要約、概要

でる digest food quickly (食べ物を素早く消化する)
でる digest his explanation (彼の説明を理解する)

派 □ digestion 名 消化
　□ digestive 形 消化の

430 illustrate
[íləstrèit]

動 ～を説明する；～を例証する；～に挿し絵を入れる

でる illustrate the importance of ～ (～の重要性を説明する)
でる This research illustrates the possibility that ～
（この研究は～という可能性を例証している）

派 □ illustration 名 実例；例証；挿し絵、イラスト

431 inspire
[inspáiər]
動 ～を鼓舞する、触発する、やる気にさせる

でる The coach **inspired** his team to set their goals higher.
（コーチはチームを触発して、より高い目標を設定する気にさせた）

派 □ inspiring 形 鼓舞する、触発する
　□ inspiration 名 ひらめき；啓示

> inspire A to do（Aに～する気を起こさせる）の形でよく出ます。

432 seize
[síːz] 発
動 ～をつかむ；～を捕まえる；～を差し押さえる

でる **seize** the chance [opportunity]（チャンスをつかむ）

でる The policeman **seized** the thief by the arm.
（警察官は窃盗犯の腕を捕まえた）

433 consent
[kənsént] ア
動 （～に）同意する、（～を）承諾する (to)
名 同意、承諾

でる **consent** to the plan（その計画に同意する、その計画を承諾する）
［= give consent to the plan］

でる by mutual **consent**（双方の合意により）

派 □ consensus
　名 合意、意見の一致；世論

> 電気器具を差し込む壁の「コンセント」は consent とは言いません。outlet〈米〉または socket〈英〉と言います。

434 isolate
[áisəlèit]
動 ～を（～から）孤立させる (from)；～を分離する；～を隔離する

でる He **isolates** himself from his family.（彼は家族から孤立している）

でる **isolate** the gene（遺伝子を分離する）

派 □ isolation 名 孤立（感）；隔離

> isolate A from B（A を B から切り離す）の形で覚えておきましょう。

435 prevail
[privéil]
動 勝つ、勝る；広がる、普及する

でる Justice will **prevail** in the end.（最後には正義が勝つ）

でる The disease **prevails** in many parts of the country.
（その病気は全国各地で広まっている）

派 □ prevalent [prévələnt] 発 形 一般的な、流行［普及］している
　□ prevailing 形 支配的な、優勢な；一般的な

436 dominate
[dámənèit]
動 ～を支配する、牛耳る、占める

でる **dominate** the world market（世界市場を支配［独占］する）

派 □ dominant 形 支配的な；優勢な
□ dominating 形 支配的な；優勢な
□ domination 名 支配、統治；優勢

437 assure
[əʃúər]
動 ～を保証［約束］する；～を確信［安心］させる；～を確実にする

でる He **assured** me (that) ~
（彼は～ということを私に保証［約束］した／彼は～と言って私を確信［安心］させた）

派 □ assurance 名 保証；確信
類 □ guarantee 動 ～を保証する；～を確実にする
名 保証（書）

> assure A of B (A に B を保証する) の形もよく出ます。

438 reassure
[riəʃúər]
動 ～を安心させる、元気づける；～を再保証する

でる She **reassured** me (that) ~（彼女は～だと言って私を安心させた）

派 □ reassurance
名 安心；再保証［再確認］
□ reassuring
形 安心させる、元気づける

> reassure は [re（再び）＋ assure（～を保証する）] から、「もう一度」「繰り返し」保証することで「(～の不安を取り除く) ⇒ ～を安心させる、(～に自信を取り戻させる) ⇒ ～を元気づける；～を再保証する」の意味となります。

439 utilize
[jú:təlàiz]
動 ～を利用する、活用する

でる **utilize** renewable energy sources（再生可能エネルギー源を利用する）

派 □ utilization 名 利用、活用
□ utility 名 有用性；《~s》公共料金、公益事業

440 define
[difáin]
動 ～を定義する、明確にする

でる **define** A as B（AをBと定義する）

派 □ definition 名 定義
□ definite 形 明確な、はっきりした
□ definitely 副 確かに；もちろん

441 identify
[aidéntəfài]
動 ～を特定する、確認する、見分ける

- でる **identify** the problem [cause]（問題 [原因] を特定する）
- でる **identify** A as B（AをBだと確定 [特定、断定] する）
- でる **identify** A with B（AとBを同一視する）

派 □ identity **名** 独自性、個性；身元
　□ identification **名** 身分証明（書）；識別
　□ identical **形** 同一の、まったく同じの

442 correspond
[kɔ̀:rəspánd]
動（～と）一致 [対応] する（with/to）；（～に）相当する（to）；（～と）連絡 [文通] する（with）

- でる His actions do not **correspond** with [to] his words.
（彼の行動は言葉と一致していない）
- でる I often **correspond** with her by e-mail.
（彼女とはよく電子メールでやりとりをしている）

派 □ correspondence **名** 通信、文通；一致、対応
　□ correspondent **名** 通信員、特派員

443 attach
[ətǽtʃ]
動 ～を（～に）くっつける、添付する（to）

- でる **attach** a file to an e-mail（ファイルをEメールに添付する）

派 □ attachment **名** 添付ファイル；付属品；愛着
　□ attached **形** 添付された；愛着を感じた

> attach A to B（A を B に取り付ける）の形で覚えておきましょう。

444 vote
[vóut]
動 投票する **名** 投票；投票総数

- でる the right to **vote**（投票権）
- でる **vote** for [against] ～（～に賛成 [反対] の投票をする）

派 □ voter **名** 投票者；有権者

> elect [ilékt]（～を選出する）も覚えておきましょう。

445 confront
[kənfrʌ́nt]
動 ～に立ちはだかる、～を立ちふさぐ；～に直面する、向き合う

- でる Many obstacles **confronted** her.（多くの障害が彼女の前に立ちはだかった）
- でる We are **confronted** with a critical situation.
（我々は危機的な状況に直面している）[= We are faced with a critical situation.]

派 □ confrontation **名** 対立、対決
類 □ face **動** ～に直面する

サクッと復習テスト

1. 食べ物を素早く消化する　　　_____ food quickly
2. チャンスをつかむ　　　　　　_____ the chance
3. 世界市場を支配する　　　　　_____ the world market

答え　① digest　② seize　③ dominate

---

446 quarrel
[kwɔ́:rəl]

動 口論する、口げんかする　名 口論、言い争い

でる What did they **quarrel** about?（彼らは何のことで口論したの？）
でる have a **quarrel** with ~（~と口げんかする）

派 □ quarrelsome 形 口論好きな、けんか好きな

447 insult
[insʌ́lt]

動 ~を侮辱する　名 [ínsʌlt] 侮辱

でる He **insulted** me in public.（彼は人前で私を侮辱した）
でる She took it as a personal **insult**.
（彼女はそれを自分に対する侮辱と受け取った）

派 □ insulting [insʌ́ltiŋ] 形 侮辱的な

448 sustain
[səstéin]

動 ~を維持する、持続させる；~を支える；~を扶養する

でる **sustain** a close relationship with ~（~との親密な関係を維持する）
でる These posts **sustain** the roof.（これらの柱が屋根を支えている）

派 □ sustainable [səstéinəbl] 形 持続可能な；維持できる
類 □ maintain 動 ~を維持する
　□ support 動 ~を支える；~を扶養する

449 pronounce
[prənáuns]

動 ~を発音する、発声する；~を宣告する、公表する

でる How do you **pronounce** your name?（あなたの名前はどう発音しますか）
でる The patient was **pronounced** dead.
（その患者は死を宣告された⇒その患者の死亡が確認された）

派 □ pronunciation [prənʌ̀nsiéiʃən] 名 発音
　□ pronouncement 名 公式発表

450 **acknowledge**
[æknɑ́lidʒ]

動 ～を認める；～を認識する；～に感謝を表す；（手紙など）の受領を通知する

- でる He **acknowledged** (that) ~ （彼は～ということを認めた）
- でる **acknowledge** the significance of ~ （～の重要性を認める [認識する]）
- でる **acknowledge** all the people for their support
  （支援に対してすべての人々に謝意を表す）

派 □ acknowledged 形 広く認められた、定評のある
　□ acknowledgment 名 承認；認識；謝意；通知

🎧 47

451 **grip**
[gríp]

動 ～を固く握る、しっかりつかむ　名 握り；把握

- でる **grip** a rope firmly （ロープをしっかりと握る [つかむ]）
- 熟 □ get a grip on ~
  （～を把握する、理解する）

> Get a grip (on yourself). （しっかりしろ、落ち着け）という決まり文句も覚えておきましょう。

452 **stretch**
[strétʃ]

動 ～を伸ばす；広がる　名 広がり；伸び

- でる He **stretched** his arms, yawning. （彼はあくびをしながら腕を伸ばした）

反 □ shrink 動 ～を縮める；小さくなる

453 **ruin**
[rúːin]

動 ～を台無しにする；～を破壊する
名 《～s》遺跡；荒廃；破産

- でる Drinking too much will **ruin** your health.
  （酒の飲み過ぎは健康を損なう）
- でる **ruin** the reputation [image] of ~ （～の評判 [イメージ] を傷つける）
- でる discover the **ruins** （遺跡を発見する）

派 □ ruinous 形 破壊的な、破滅的な
類 □ spoil 動 ～を台無しにする
　□ destroy 動 ～を破壊する

454 **struggle**
[strʌ́gl]

動 奮闘する、もがく、四苦八苦する
名 奮闘；闘争；困難

- でる **struggle** to find work （必死で仕事を見つけようとする）
- でる without any **struggle** （何の苦労もなく）

> struggle to *do* （必死で～しようとする）の形がよく出ます。

455 launch
[lɔ́:ntʃ]
動 ~を開始する、~に着手する；~を発射する、打ち上げる **名** 開始、着手；発射

- **launch** a charity campaign（チャリティー運動を始める）
- **launch** a rocket（ロケットを発射する[打ち上げる]）

> 「ロケットやミサイルの発射台」のことを launch [launching] pad と言います。

456 demonstrate
[démənstrèit]
動 ~を実証する、証明する；~を実演する；(~に対して)デモをする (against)

- This evidence **demonstrates** (that) ~
（この証拠は~であることを実証している[はっきりと示している]）
- **demonstrate** how to use the machine
（機械の使い方を実演[説明]する）

派 □ demonstration **名** 実演；実証；デモ
　□ demonstrator **名** デモ参加者；実演者

457 refrain
[rifréin]
動 (~するのを)控える、慎む (from)
名 (歌・曲などの)繰り返し文句 [リフレイン]

- Please **refrain** from smoking here.
（ここでの喫煙はご遠慮[お控え]ください）

> refrain from ~（~を控える、慎む）の形で覚えておきましょう。

458 interrupt
[ìntərʌ́pt]
動 ~をさえぎる；~を中断する

- I'm sorry to **interrupt** you, but ~
（お取り込み中[お話中]お邪魔してすみませんが~）
[= I'm sorry to bother [disturb] you, but ~]
- Road construction **interrupted** the flow of traffic.
（道路工事により交通の流れが遮断された）

派 □ interruption **名** 中断；妨害

459 participate
[pɑ:rtísəpèit]
動 参加する、出場する (in)

- **participate** in a speech contest（スピーチコンテストに参加する）

派 □ participation **名** 参加、出場、関与
　□ participant **名** 参加者

> participate in ~ = take part in ~
（~に参加する）と覚えておきましょう。

460 estimate
[éstəmèit]
動 ~を見積もる、推定する；~を評価する
名 [éstəmət] 見積もり

- でる estimate the cost of ~ (~の費用を見積もる)
- でる We estimate (that) ~ (我々は~であると推定している [見積もっている])
- でる make a rough estimate (大ざっぱに見積もる、概算する)

派 □ estimation 名 評価、意見；見積もり

> estimate A at B (A を B と見積もる) の形もよく出ます。

🎧 48

461 evaluate
[ivæljuèit]
動 ~を評価する、判断する；~を査定する

- でる evaluate candidates (候補者 [志願者] を評価する)
- でる evaluate his performance (彼の業績を査定 [評価] する)

派 □ evaluation 名 評価、査定 (= assessment)
類 □ assess 動 ~を評価する、判断する；~を査定する
　□ estimate 動 ~を評価する、判断する

462 deserve
[dizə́ːrv]
動 ~に値する；~を受けるにふさわしい

- でる The proposal deserves attention [consideration].
  (その提案は注目 [検討] に値する)
- でる She deserves a special award. (彼女は特別賞を受けるにふさわしい)

463 accumulate
[əkjúːmjulèit]
動 ~をためる、蓄積する；積もる、たまる

- でる accumulate a lot of money (大金をためる)
- でる Around three feet of snow accumulated.
  (約3フィートの雪が積もった)

派 □ accumulation 名 蓄積、累積

464 utter
[Átər]
動 ~を述べる、言う；~を発する
形 まったくの、完全な

- でる utter a word [cry] (言葉を口にする [叫び声を上げる])
- でる This is utter nonsense. (これはまったくのナンセンス [無意味] だ)

派 □ utterance 名 発言、発話
　□ utterly 副 まったく、完全に
類 □ say 動 ~を述べる、言う

サクッと復習テスト

①彼は人前で私を侮辱した。　　　He _____ me in public.
②ロケットを発射する　　　　　　_____ a rocket
③ここでの喫煙はご遠慮ください。 Please _____ from smoking here.

答え ① insulted ② launch ③ refrain

---

465 broadcast
[brɔ́ːdkæst]
動 ～を放送する、放映する　**名** 放送

でる The event was **broadcast** live all over the world.
(その出来事は全世界に生中継された)

でる a live **broadcast** (生放送、生中継)

派 □ broadcaster **名** キャスター、解説者

> broadcast の活用変化は broadcast-broadcast(ed)-broadcast(ed) です。

466 constitute
[kánstətjùːt]
動 ～を構成する；～に等しい

でる China **constitutes** about 20 percent of the world population.
(中国は世界人口の約20パーセントを占めている)

派 □ constitution **名** 憲法；構成
　　□ constitutional **形** 憲法の；合憲の

467 compose
[kəmpóuz]
動 ～を構成する；～を作曲する；～を書く

でる The council is **composed** of 12 members.
(その評議会は12人のメンバーで構成されている)

でる **compose** an opera (オペラを作曲する)

派 □ composition **名** 作文；作曲；構成
　　□ composer **名** 作曲家

> be composed of ～ = be comprised of ～ (～から成る、～で構成される)と覚えておきましょう。

468 involve
[inválv]
動 ～を含む、伴う；～を巻き込む、関係させる

でる My job **involves** a lot of travel.
(私の仕事には多くの出張が伴う⇒私の仕事は出張が多い)

でる She is **involved** in many volunteer activities.
(彼女は多くのボランティア活動に携わっている)

派 □ involvement **名** 関与、関わり合い

> be involved in ～ (～に関係している、携わっている) の形がよく出ます。

469 concentrate
[kánsəntrèit]
動 ～を（～に）集中する (on)；～を集中させる；(～に) 集中する (on)

- **Concentrate** all your energy on studying.（勉強に全力を注ぎなさい）
- Half the population of the country is **concentrated** in urban areas.（その国の人口の半分は都市部に集中している）

派 □ concentration　名 集中（力）

> concentrate on ～（～に集中する）の形もよく出ます。

470 contribute
[kəntríbju:t]
動（～に）貢献する (to)；(～に) 寄付する (to)；(～の) 一因となる (to)

- **contribute** to protecting wildlife（野生生物の保護に貢献する）
  [= contribute to the protection of wildlife]

派 □ contribution　名 貢献；寄付

> contribute と contribution の後には前置詞 to（または toward）が続くので、to の後には名詞・動名詞が来ます。contribute to protect the environment としないように注意しましょう。

🎧 49

471 distribute
[distríbju:t]
動 ～を分配する；～を流通させる

- **distribute** food to needy families（貧困家庭に食料を配布する）
- **distribute** the merchandise to each store（商品を各店舗に配送する）

派 □ distribution　名 分配、配給；流通

472 declare
[dikléər]
動 ～を宣言する；～を表明する；～を申告する

- **declare** independence（独立を宣言する）
- Do you have anything to **declare**?
  （《空港の税関》申告するものはありますか）

派 □ declaration　名 宣言；申告

> 「アメリカ独立宣言」は the Declaration of Independence と言います。

473 sacrifice
[sækrəfàis]
動 ～を犠牲にする；(神に) ～をささげる　名 犠牲

- **sacrifice** everything for ～（～のためにすべてを犠牲にする）
- make costly **sacrifices**（大きな[高い]犠牲を払う）

派 □ sacrificial [sækrəfíʃəl]　形 犠牲的な、献身的な；いけにえの

474 persist
[pərsíst]
動 (〜に) 固執する (in)；持続する

He always **persists** in his own beliefs.
(彼はいつも自分の信念に固執する [自分の信念を貫く])

If the pain **persists**, see your dentist.
(痛みが続くようなら、歯科医に診てもらいなさい)

派 □ persistence 名 粘り強さ、固執；持続
　 □ persistent 形 しつこい；頑固な；持続する

475 confess
[kənfés]
動 〜を白状する、告白する；〜を認める

He finally **confessed** what he had done.
(彼はついに自分のしたことを白状した)

She **confessed** (that) 〜 (彼女は〜と認めた)

派 □ confession 名 白状、告白；自認

476 exaggerate
[igzǽdʒərèit] 発
動 〜を大袈裟に言う、誇張する

exaggerate everything (何でも大袈裟に言う)

派 □ exaggeration 名 誇張

477 confine
[kənfáin]
動 〜を (〜に) 限定する (to)；〜を (〜に) 閉じ込める、とどめる (to)

This problem is not just **confined** to women.
(この問題は女性に限ったことではない)

Since the accident she has been **confined** to a wheelchair.
(事故以来、彼女は車いすの生活を送っている)

派 □ confinement 名 監禁；限定

478 forgive
[fərgív]
動 〜を許す、赦す

Please **forgive** me for what I have done. (私のしたことを許してください)

派 □ forgiveness 名 許し、赦し
　 □ forgiving 形 寛大な、寛容な

> forgive A for B (B に関して A を許す [赦す]) の形で覚えておきましょう。

479 worship
[wə́ːrʃip] 発
- 動 ~を礼拝 [賛美] する、崇める；~を敬愛する
- 名 礼拝、賛美；敬愛

でる **worship** God in the church (教会で神を礼拝 [賛美] する)

派 □ worshipper 名 礼拝者

> warship [wɔ́ːrʃip] (軍艦) と混同しないように注意しましょう。

480 devote
[divóut]
- 動 (時間・努力など) を (~に) 注ぐ、傾ける (to)；~を (~に) 専念させる (to)

でる You should **devote** more time to your family.
(あなたは家族にもっと時間を費やすべきだ)

でる He **devotes** himself to running his company.
(彼は会社経営に専念している) [= He is devoted to running his company.]

派 □ devoted 形 献身的な、熱心な
□ devotion 形 献身、専念
類 □ dedicate 動 ~を捧げる；~を専念させる

> devote A to B (A を B に捧げる) と devote oneself to ~ (~に専念する) の形を覚えておきましょう。

🎧 50

481 dedicate
[dédikèit]
- 動 ~を (~に) 捧げる (to)；~を (~に) 専念させる (to)

でる Mother Teresa **dedicated** her whole life to helping the poor.
(マザー・テレサは生涯を貧しい人々の救済に捧げた)

でる She **dedicated** herself to medical research.
(彼女は医学研究に専念した [身を捧げた])

派 □ dedicated 形 献身的な、熱心な
□ dedication 名 献身、専念

> dedicate は devote よりも堅い語です。

482 transform
[trænsfɔ́ːrm]
- 動 ~を (~に) 変える、変化させる (into/to)

でる **transform** the place into an amusement park
(その場所を遊園地に変える)

派 □ transformation 名 変化、変形、変貌

> transform は change よりも堅い語です。

サクッと復習テスト

❶ その評議会は12人のメンバーで構成されている。
　　The council is _____ of 12 members.
❷ 独立を宣言する　_____ independence
❸ 何でも大袈裟に言う　_____ everything

答え　❶ composed　❷ declare　❸ exaggerate

483 transmit
[trænsmít]
動 ～を送信する；～を伝染させる；～を伝達する

- transmit data over the Internet（インターネットでデータを送信する）
- prevent transmitting the virus to others
（ウイルスを他人に伝染させないようにする）

派 □ transmission 名 送信；伝染；伝達

484 collapse
[kəlæps]
動 壊れる、崩壊［倒壊］する；倒れ込む
名 崩壊、倒壊；破綻；卒倒

- Many houses collapsed in the earthquake.
（多くの家が地震で倒壊した）
- He collapsed from a heart attack.（彼は心筋梗塞で倒れた）

485 interfere
[ìntərfíər]
動 （～を）妨害する、邪魔する（with）；（～に）干渉する（in）

- interfere with normal growth（正常な成長を妨げる）
- interfere in other countries' internal affairs（他国の内政に干渉する）

派 □ interference 名 妨害；干渉

486 crash
[kræʃ]
動 墜落する；衝突する；故障［クラッシュ］する
名 衝突；墜落

- The aircraft crashed right after takeoff.
（その飛行機は離陸直後に墜落した）
- a car [train] crash（自動車［列車］の衝突）

> clash [klǽʃ]（衝突する、ぶつかる）や crush [krʌ́ʃ]（～を押しつぶす、砕く）と混同しないように注意しましょう。

487 clash
[klæʃ]
動 （～と）衝突する、ぶつかる（with）　名 衝突；対立

- clash with protesters（抗議者［デモ参加者］たちと衝突する）
- clashes between the two groups（2グループ間の衝突）

488 tolerate
[tɑ́ləreit]

動 ~を容認する、大目に見る；~に耐える、~を我慢する

- でる **tolerate** each other's differences（互いの違いを容認する）
- でる **tolerate** the side effects of the treatment（治療による副作用に耐える）

派 □ tolerance 名 寛容、容認；我慢
　□ intolerance 名 不寛容、偏狭
　□ tolerant 形 (~に) 寛容な (of)；耐性がある
　□ intolerant 形 偏狭な；(~に) 我慢できない (of)
　□ tolerable 形 耐えられる、我慢できる
　□ intolerable 形 耐えがたい、我慢できない
類 □ put up with ~　~に耐える、~を我慢する

489 upset
[ʌpsét]

動 ~を動揺させる；~をひっくり返す　形 動揺して；腹を立てて；不調の　名 [ʌ́pset] 動揺；番狂わせ

- でる I didn't mean to **upset** you.
  （あなたを怒らせる [動揺させる] つもりはありませんでした）
- でる She was so **upset** that she started crying.
  （彼女はとても取り乱してしまっていて、泣き始めた）
- でる I have an **upset** stomach.（胃の調子が悪い）
- でる It was a major **upset**.（それは大番狂わせだった）

> upset の活用変化は upset-upset-upset です。

490 embarrass
[imbǽrəs]

動 ~に恥ずかしい思いをさせる、~を困惑させる

- でる I was **embarrassed** by his rude question.
  （彼の失礼な質問に恥ずかしい思いをした [困惑した]）

派 □ embarrassment
　　名 気恥ずかしさ、困惑
　□ embarrassing
　　形 気恥ずかしい、ばつの悪い

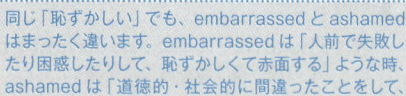

> 同じ「恥ずかしい」でも、embarrassed と ashamed はまったく違います。embarrassed は「人前で失敗したり困惑したりして、恥ずかしくて赤面する」ような時、ashamed は「道徳的・社会的に間違ったことをして、後ろめたさ・情けなさを感じる」ような時に使います。

491 tear
[téər]

動 ~を引き裂く　名 裂け目；[tíər] 涙

- でる **tear** the letter open（封筒を破って開ける）[= tear open the letter]
- でる burst into **tears**（わっと泣き出す）[= burst out crying]

熟 □ tear up ~　~を引き裂く；~を根こそぎにする
　□ tear down ~　~を取り壊す

> tear の活用変化は tear-tore-torn です。

492 scream
[skríːm]

動 叫び声[悲鳴]を上げる　名 叫び声、悲鳴

でる I heard someone **screaming** outside. (誰かが外で叫んでいるのを聞いた)

でる let out [give] a **scream** (叫び声を上げる)

> アメリカの古い歌に "I Scream, You Scream, We All Scream for Ice Cream" という歌があります。「私は叫ぶ、あなたも叫ぶ、みんなアイスクリームが欲しくて叫ぶ」という意味です。

493 fry
[fráI]

動 ～をいためる；油で揚げる　名 フライドポテト；稚魚

でる **fry** vegetables in the frying pan (フライパンで野菜をいためる)

> fly [fláI] (飛ぶ；飛行機で行く；野球のフライ；ハエ) と混同しないように注意しましょう。

494 bend
[bénd]

動 ～を曲げる；曲がる　名 屈曲

でる **bend** a spoon (スプーンを曲げる)

でる He **bent** over [down] to pick it up.
(彼はそれを拾おうとして前屈みになった)

> bend の活用変化は bend-bent-bent です。

495 nod
[nάd]

動 うなずく、首を立てに振る；眠くてうとうとする
名 うなずき

でる She **nodded** to show that she agreed with me.
(彼女はうなずいて私に同意を示した)

でる reply with a **nod** (うなずいて答える)

496 sigh
[sáI] 発

動 ため息をつく　名 ためいき

でる **sigh** with relief (安堵のため息をつく、ホッとしてため息をつく)
[= give a sigh of relief]

497 whisper
[hwíspər]

動 (～を) ささやく　名 ささやき声

でる She **whispered** something to me.
(彼女は私に何かをささやいた [耳打ちした])

でる speak in a **whisper** (ささやき声 [ひそひそ声] で話す)

498 boast
[bóust]
動 (〜を)自慢する(about/of)；〜を(誇りとして)持っている 名 自慢(の種)

でる He likes to **boast** about [of] his achievements.
(彼は自分の功績を自慢したがる)

でる The city **boasts** a number of interesting museums.
(その市には興味深い博物館がたくさんある)

派 □ boastful 形 (〜を)自慢する、鼻にかける (of)；自慢好きの
　 □ brag 動 (〜を)自慢する (about/of)

499 starve
[stá:rv]
動 飢える、餓死する

でる The famine caused many children to **starve** to death.
(その飢饉によって多くの子供が餓死した)

派 □ starving 形 飢えている；腹ぺこの
　 □ starvation 名 飢餓、餓死

> famine [fæmin]は「飢饉」の意味を表す名詞です。

500 spoil
[spóil]
動 〜を台無しにする；〜を駄目にする、〜を甘やかす

でる The rain **spoiled** our picnic. (雨で我々のピクニックは散々だった)

でる Spare the rod and **spoil** the child. (むちを惜しむと子供は駄目になる：諺)

> spoil の活用変化は spoil-spoiled/spoilt-spoiled/spoilt です。

🎧 52

501 swallow
[swálou]
動 〜を飲み込む；〜を鵜呑みにする；つばを飲み込む
名 ツバメ

でる **swallow** a pill (錠剤[丸薬]を飲み込む)

でる I found the rumor a little hard to **swallow**.
(私にはそのうわさは少し信じがたく思えた)

> 「スズメ」は sparrow と言います。

502 dig
[díg]
動 〜を掘る；〜を掘り出す

でる **dig** a hole in the garden (庭に穴を掘る)

派 □ bury 動 〜を埋める

> digの活用変化はdig-dug-dugです。

サクッと復習テスト

① その飛行機は離陸直後に墜落した。　The aircraft _____ right after takeoff.
② あなたを怒らせるつもりはありませんでした。I didn't mean to _____ you.
③ 安堵のため息をつく　_____ with relief

答え　① crashed　② upset　③ sigh

---

503 bury
[béri] 発

動 ~を埋める、埋葬する；~を没頭させる

でる **bury** treasure in the ground（宝物を地中に埋める）

でる He **buries** himself in his research.（彼は研究に没頭している）
[= He is buried in his research.]

派 □ burial 名 埋葬、土葬

> 同音語の berry（ベリー；液果）や bully [búli]（~をいじめる；いじめっ子）、belly [béli]（腹部）と混同しないように注意しましょう。

---

504 polish
[páliʃ]

動 **~を磨く**；~を洗練させる　名 磨くこと；光沢

でる **polish** a floor with wax（ワックスで床を磨く）

> apple-polisher（ごますり、おべっか使い）という語は、先生に取り入ろうとする小学生がりんごをぴかぴかに磨いて先生に贈ったことに由来します。

---

505 sweep
[swíːp]

動 **~をはく、掃除する**；~を一掃する

でる **sweep** the floor（床をはく）

熟 □ sweep away ~（~を押し流す、壊滅する）

> sweep の活用変化は sweep-swept-swept です。

---

506 dare
[déər]

動 **思い切って~する**（to *do*）
助 **ずうずうしくも~する**

でる I **dared** to tell her the truth.（思い切って彼女に真実を告げた）

でる How **dare** you speak to me like that?
（一体どうして私にそんなことが言えるのだ？⇒よくも私にそんな口がきけるもんだな）

派 □ daring 形 大胆な；思い切った

> dare には動詞と助動詞の2つの用法があることを覚えておきましょう。

507 cheat
[tʃíːt]
動 **不正をする、カンニングをする**；〜をだます

でる He was caught **cheating** on the exam.
(彼は試験でカンニングをしているところを見つかった)

派 □ cheating 名 不正行為；カンニング

> 日本語の「カンニング」は、英語で cheating と言います。cunning は「ずるい、狡猾な／ずるさ、狡猾さ」の意味を表す形容詞・名詞です。

508 immigrate
[ímɪɡrèɪt] ②
動 **(外国から) 移住する**

でる They **immigrated** to New Zealand from Thailand.
(彼らはタイからニュージーランドに移住した)

派 □ immigration 名 (外国からの) 移住
　□ immigrant 名 (外国からの) 移民
反 □ emigrate 動 (他国へ) 移住する

> migrate [máɪɡreɪt] (移動する、移住する) も覚えておきましょう。

509 translate
[trǽnsleɪt]
動 **〜を (〜に) 翻訳する** (into)

でる **translate** the English novel into Japanese
(英語小説を日本語に翻訳する)

派 □ translation 名 翻訳
　□ translator 名 翻訳者、翻訳家

510 interpret
[ɪntə́ːrprɪt]
動 **〜を (〜に) 通訳する** (into)；**〜を解釈する**

でる **interpret** the president's speech into Japanese
(大統領の演説を日本語に通訳する)

でる She **interpreted** his remarks as a threat.
(彼女は彼の発言を脅迫と解釈した)

派 □ interpretation 名 通訳；解釈
　□ interpreter 名 通訳者

🎧 53

511 cease
[síːs]
動 **〜を中止する、やめる**；終わる

でる **cease** production (生産を中止する)

派 □ ceaseless 形 絶え間ない、不断の
反 □ continue 動 〜を続ける；続く

> 「停戦、休戦」の間は武器の発射・発砲を止めるため、英語では ceasefire と言います。

512 derive
[diráiv]

動 ~を(~から)得る (from);(~に)由来する (from)

でる We can **derive** a lot of pleasure from reading. (我々は読書から多くの喜びを得ることができる)

でる The word is **derived** from Latin.
(その単語はラテン語に由来している) [= The word derives from Latin.]

513 owe
[óu]

動 ~の借り[負債]がある;~に恩を受けている

でる I **owe** you 1,000 yen. (私はあなたに千円の借りがある)

でる I **owe** what I am to you. (私が今あるのはあなたのおかげだ)

> 「A に B を借りている;B について A のおかげである」は owe *A B* と owe *B* to *A* の形で覚えておきましょう。

514 comprehend
[kàmprihénd]

動 ~を理解する、把握する

でる **comprehend** the meaning of ~ (~の意味を理解する)

派 □ comprehension **名** 理解(力)
□ comprehensible **形** 理解できる、わかりやすい
□ comprehensive **形** 包括的な

類 □ understand **動** ~を理解する、把握する

> comprehend は「難しいことを理解する」というニュアンスがあります。

515 perceive
[pərsí:v]

動 ~をとらえる、理解する;~に気づく

でる **perceive** it as a serious problem (それを重大な問題ととらえる[考える])

でる **perceive** a subtle change (微妙な変化に気づく)

派 □ perception **名** 認識;知覚;理解力
□ perceptive **形** 知覚の、認知の;鋭敏な

516 rob
[ráb]

動 ~から(~を)奪う、強奪する (of)

でる She was **robbed** of her purse on the street.
(彼女は路上でハンドバッグを奪われた)

派 □ robber **名** 強盗
□ robbery **名** 強奪、強盗事件

> rob *A* of *B* (A から B を奪う) の形で覚えておきましょう。

517 envy
[énvi]
動 ～をうらやむ、ねたむ **名** ねたみ、羨望

でる I **envy** those rich people. (そういう金持ちがうらやましいよ)

派 □ envious **形** (～を) うらやんで、ねたんで (of)
類 □ jealousy **名** 嫉妬、ねたみ

518 compensate
[kámpənsèit] **アク**
動 (～の) 埋め合わせをする、(～を) 補う (for)

でる **compensate** for the lost time (損失時間を埋め合わせる)

でる **compensate** for the lack of exercise (運動不足を補う)

派 □ compensation **名** 補償；賠償金

519 resolve
[rizálv]
動 ～を解決する；(～しようと) 決心する、決定する (to *do*)；～を決議する

でる **resolve** a conflict [dispute] (紛争 [論争] を解決する)

でる He **resolved** to go to Africa. (彼はアフリカに行くことを決心した)
[= He resolved that he would go to Africa.]

派 □ resolution **名** 決議；解決；決意
□ resolute **形** 断固とした

520 grant
[grǽnt]
動 ～を与える；～を認める **名** 補助金、助成金

でる **grant** a scholarship to ～ (～に奨学金を与える)

熟 □ take ～ for granted ～を当然 [当たり前] と考える
□ granted [granting] that ～ 仮に～だと認めても、～とは言え

🎧 54

521 expose
[ikspóuz]
動 ～を (～に) さらす (to)；～を暴露する

でる Don't **expose** your skin to the sun for too long.
(あまりにも長い間、素肌を太陽にさらしてはいけない)

でる **expose** a secret (秘密を暴露する)

派 □ exposure **名** (～に) さらすこと (to)；暴露

サクッと復習テスト

① 英語小説を日本語に翻訳する　　　_____ the English novel into Japanese
② 私が今あるのはあなたのおかげだ。　I _____ what I am to you.
③ 損失時間を埋め合わせる　　　　　_____ for the lost time

答え ① translate ② owe ③ compensate

---

522 impose
[impóuz]

動 ～を（～に）課す (on)；～を（～に）押しつける (on)

でる **impose** a heavy tax on ~（～に重い税金を課す）

でる He tends to **impose** his opinions on others.
（彼は自分の意見を他人に押しつける傾向がある）

派 □ imposition **名** 強制、押しつけ；賦課；負担

---

523 distinguish
[distíŋgwiʃ]

動 ～を区別する、見分ける

でる **distinguish** right from wrong（善悪を見分ける［判断する］）

派 □ distinguished **形** 顕著な、著名な
□ distinct **形** はっきりした；別々の
□ distinction **名** 区別、違い

> distinguish A from B（AとBを見分ける、AとBを区別する）の形がよく出ます。

---

524 restrict
[ristríkt]

動 ～を制限する、限定する；～を規制する

でる This course is **restricted** to a maximum of 20 students.
（このクラスは学生数最大20名に制限［限定］されている）

でる **restrict** the use of ~（～の使用を規制する）

派 □ restriction **名** 制限、規制
□ restricted **形** 制限された；立ち入り禁止の
類 □ limit **動** ～を制限する、限定する

---

525 inherit
[inhérit]

動 ～を相続する；（遺伝で）～を受け継ぐ

でる **inherit** a large fortune from ~（～から莫大な財産を相続する）

でる She may have **inherited** her personality from her mother.
（彼女は母親から性格を受け継いだのかもしれない）

派 □ inheritance **名** 相続（財産）；遺伝的形質

> heir [ɛər]（相続人）も覚えておきましょう。

526 carve
[káːrv] 発
動 ~を彫る、彫刻する

でる carve a statue from marble（大理石で彫像を作る）

> curve [káːrv]（曲がる；曲線）や curb [káːrb]（歩道の縁石）と混同しないように注意しましょう。

527 scatter
[skǽtər]
動 ~をまき散らす、ばらまく；~にまく；散らばる

でる scatter seeds on the ground（地面に種をまく）
[= scatter the ground with seeds]

類 □ sow 動 ~に種をまく、植え付ける

528 strip
[stríp]
動 ~から（~を）はぎ取る、取り去る（of/from）；服を脱ぐ 名 細長い一片

でる Strong winds stripped the tree of its leaves.
（強風が木から葉をはぎ取った⇒強風で木の葉が落ちた）

529 yield
[jíːld]
動 ~をもたらす、生む；~を産出する；（~に）屈する（to） 名 収穫高、産出量；利潤、収益

でる yield huge profit from ~（~から巨額の利益を得る）
でる yield high-quality coffee beans（高品質のコーヒー豆を産出する）
でる yield to the pressure of ~（~の圧力に屈する）

530 abuse
[əbjúːz] 発
動 ~を乱用する、悪用する；~を虐待する
名 [əbjúːs] 発 虐待；乱用

でる He abuses his authority and power.
（彼は権威と権力を乱用[悪用]している）
でる abuse others verbally（言葉で他人を虐待する）
でる a victim of child abuse（児童虐待の被害者）

> verbally は「言語で、言葉の上で」の意味を表す副詞です。

🎧 55

531 exploit
[iksplóit]
動 ~を搾取する、食い物にする；~を生かす；~を開発する

でる exploit poor workers（貧しい労働者を搾取する）
でる exploit new opportunities（新しい機会を生かす[活用する]）

派 □ exploitation 名 搾取、利用；開発；活用

532 conform
[kənfɔ́ːrm]

動 (〜に) 従う (to)；**(〜に) 一致する、適合する** (to/with)

- でる conform to social customs（社会の慣習に従う）
- でる conform to [with] these standards（これらの基準に適合する）

派 □ conformity 名 従順、服従；順応、適合

533 dismiss
[dismís]

動 〜を解雇する；（意見・提案など）を退ける

- でる dismiss some workers（数名の労働者を解雇する）

派 □ dismissal 名 解雇、解任；却下
反 □ employ 動 〜を雇う

534 leap
[líːp]

動 跳ぶ、はねる；急上昇する **名 飛躍**

- でる A cat leaped over the fence into the yard.
（猫が柵を跳び越えて庭に入ってきた）
- でる That's one small step for man, one giant leap for mankind.
（一人の人間にとっては小さな一歩だが、人類にとっては大きな飛躍だ：アポロ11号ニール・アームストロング船長が残した名言）
- でる a leap year（うるう年）

類 □ jump 動 跳ぶ；急上昇する 名 飛躍

> Look before you leap.（跳ぶ前によく見よ⇒転ばぬ先の杖）は有名な諺です。

535 explore
[ikspló:r]

動 〜を探検 [探索] する；〜を調査する

- でる explore the North [South] Pole（北極 [南極] を探検する）

派 □ exploration 名 探検 [探索]；調査
　□ explorer 名 探検家

> 方角を表すのに日本語では「東西南北」と言いますが、英語では north, south, east and west（北南東西）と言います。

536 prohibit
[prouhíbit]

動 〜を禁止する；〜を妨げる

- でる Hunting is prohibited in this area.
（この地域では狩猟は禁止されている）

派 □ prohibition 名 禁止

> prohibit A from *doing*（A が〜するのを禁止する）の形もよく出ます。

537 ban
[bǽn]
- 動 (法律などにより) 〜を禁ずる、禁止する
- 名 禁止令、禁制

でる **ban** the import of 〜 (〜の輸入を禁止する)

でる lift a **ban** on 〜 (〜の禁止を解く、〜を解禁する)

類 □ prohibit 動 〜を禁止する

538 dispose
[dispóuz]
- 動 (〜を) 処分 [処理] する、廃棄する (of)

でる **dispose** of industrial waste (産業廃棄物を処理する)

派 □ disposal 名 処分、廃棄
□ disposable 形 使い捨ての
□ disposed 形 (〜したい) 気がする (to do)
□ disposition 名 気質、性分

539 scratch
[skrǽtʃ]
- 動 〜を引っかく 名 引っかき傷、すり傷

でる He **scratched** his head in embarrassment.
(彼はばつの悪さに頭をかいた)

でる without a **scratch** (かすり傷一つ負わず)

> You scratch my back, I'll scratch yours. (あなたが私の背中をかいてくれるなら、私もあなたの背中をかこう⇒持ちつ持たれつでいこう／魚心あれば水心) は有名な諺です。

540 oblige
[əbláidʒ]
- 動 〜に (〜を) 余儀なくさせる、義務づける (to do)

でる All employees are **obliged** to observe the safety regulations.
(全従業員が安全規定を順守するよう義務づけられている)

派 □ obligation 名 義務 (= duty)
□ obligatory 形 義務的な、強制的な

🎧 56

541 abolish
[əbáliʃ]
- 動 〜を廃止する

でる Slavery was **abolished** in the U.S. in 1865.
(アメリカにおける奴隷制度は1865年に廃止された)

派 □ abolition 名 廃止

サクッと復習テスト

❶ 大理石で彫像を作る　　　　　　　_____ a statue from marble
❷ 彼は権威と権力を乱用している。　He _____ his authority and power.
❸ 北極を探検する　　　　　　　　　_____ the North Pole

答え　❶ carve　❷ abuses　❸ explore

---

542 stimulate
[stímjulèit]

動 ～を刺激する、活気づける；～をかき立てる

でる **stimulate** the growth of ~ (～の成長を刺激[促進]する)
でる **stimulate** the children's imaginations (子供の想像力をかき立てる)

派 □ stimulating **形** 刺激的な、興味をかき立てる；刺激性の
　□ stimulation **名** 刺激、興奮
　□ stimulus **名** 刺激；励み (**複** stimuli)

543 wander
[wándər] 発

動 ぶらつく、歩き回る

でる **wander** around the town (町をぶらつく)

派 □ wandering **名** 《~s》放浪の旅

> wonder [wʌ́ndər] (～だろうかと思う；不思議) と混同しないように注意しましょう。

544 faint
[féint]

動 気を失う、気絶[失神]する
名 気絶、失神　**形** かすかな

でる He **fainted** during the game. (彼は試合中に意識を失った)
でる have [hold] a **faint** hope (かすかな望みを抱く)

派 □ faintly **副** かすかに
反 □ pass out 気を失う、気絶する

545 sue
[súː]

動 ～を告訴する；訴訟を起こす

でる **sue** the company for damages (その会社に対し損害賠償訴訟を起こす)

派 □ suit **名** 訴訟；スーツ　**動** ～に適する；～に似合う

546 condemn
[kəndém]

動 ～を強く非難する、糾弾する；～に有罪判決を下す

でる The new policy has been widely **condemned** as vague.
(新しい政策は曖昧だと多方面から非難されている)

派 □ condemnation **名** 厳しい非難、糾弾

547 disgust
[disgʌst]

動 ~をうんざりさせる、むかつかせる；~を不快にさせる **名** 嫌悪、反感

She was totally **disgusted** by the way he acted.
(彼女は彼の振る舞いに完全に嫌気が差した [まったくむかついた])

派 □ disgusting **形** 気持ち悪い、不快な；腹立たしい

548 attribute
[ətríbju:t]
[ǽtrəbjù:t]

動 ~を (~に) 帰する (to)
名 特性；属性

She **attributes** her success to the support from her family.
(彼女は自分の成功は家族の支えによるものだと考えている)

He has all the **attributes** of a leader.
(彼は指導者の特性をすべて備えている)

派 □ attributable [ətríbjutəbl]
形 (~に) 起因する (to)

> attribute A to B (A は B に起因すると考える、A を B のせいにする) の形で覚えておきましょう。

549 substitute
[sʌ́bstətjù:t]

動 ~を代わりとする、代用する **名** 代用品；代理人

substitute margarine for butter (バターの代わりにマーガリンを使う)

There is no **substitute** for hard work. (勤勉に代わるものなし)

派 □ substitution
名 代用、代理；選手交代

> substitute A for B (B の代わりに A を用いる、B を A で代用する) の形がよく出ます。

550 restrain
[ristréin]

動 ~を抑える；~に (~を) やめさせる (from)

restrain the use of ~ (~の使用を抑制する)

He couldn't **restrain** himself from drinking.
(彼は飲酒を我慢できなかった)

🎧 57

551 abandon
[əbǽndən]

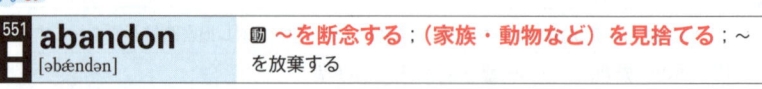

動 ~を断念する；(家族・動物など) を見捨てる；~を放棄する

abandon the plan (その計画を断念する)

He was **abandoned** by his parents at an early age.
(彼は幼い頃、両親に捨てられた)

派 □ abandonment **名** 放棄；断念、中止
類 □ give up ~   ~を断念する
 □ desert **動** ~を見捨てる

552 deprive
[dipráiv]
動 ~から(~を)奪う、剥奪する (of)

でる He has been **deprived** of his freedom for years.
(彼は何年も自由を奪われてきた)

類 □ rob 動 ~から(~を)奪う、強奪する (of)

553 indulge
[indʌ́ldʒ]
動 ~を甘やかす;(~に)ふける

でる **indulge** a child (子供を甘やかす)

でる He **indulged** in gambling. (彼は賭け事にふけっていた)

派 □ indulgent 形 (子供などに)甘い
□ indulgence 名 耽溺、気まま;甘やかし

indulge in ~(~にふける、夢中になる)の形がよく出ます。

554 compromise
[kámprəmàiz]
動 妥協する;~を損なう 名 妥協(案)

でる **compromise** on the issue (その問題について妥協する)

でる There is no room for **compromise**. (妥協の余地はない)

555 eliminate
[ilímənèit]
動 ~を取り除く、除去する

でる **eliminate** unnecessary words from the list
(リストから不要な単語を削除する)

派 □ elimination 名 除去、削除;予選
類 □ remove 動 ~を取り除く、除去する
□ get rid of ~ ~を取り除く、除去する

556 distract
[distrǽkt]
動 ~の気を散らす、~の注意をそらす

でる Don't **distract** me while I'm studying.
(勉強中に気が散るようなことはしないでくれ[話しかけたりしないでくれ])

派 □ distraction 名 気を散らすこと[もの];気晴らし

557 guarantee
[gæ̀rəntíː]
動 ~を保証する;~を確実にする
名 保証、確約;保証書

でる I can **guarantee** (that) ~ (~ということを保証します)

でる There is no **guarantee** that ~ (~という保証[確約]はない)

でる The product comes with a two-year **guarantee**.
(その製品は2年間の保証付きである)

派 □ guarantor 名 保証人

558 contradict
[kàntrədíkt]

動 ～と矛盾する；～に反論する

でる if the evidence **contradicts** the theory
（もしも証拠がその理論と矛盾するならば）

派 □ contradiction 名 矛盾、食い違い；反対、否定
　□ contradictory 形 (～と) 矛盾した (to)

559 forbid
[fərbíd]

動 ～を禁じる、禁止する

でる It is strictly **forbidden** to smoke here.
（ここでの喫煙は固く禁じられている）

派 □ forbidden 形 禁じられた
反 □ permit 動 ～を許可する

560 withdraw
[wiðdrɔ́ː]

動 ～を引き出す；～を取り消す；～を撤退させる

でる **withdraw** cash from an ATM（ATMから現金を引き出す）

でる He **withdrew** his previous statement.
（彼は前言を取り消した［撤回した］）

でる **withdraw** troops from ～（～から軍を撤退させる）

派 □ withdrawal
　名 撤退；中止；引き出し

> ATM は automated teller machine（現金自動預入支払機）の略語です。withdraw の活用変化は withdraw-withdrew-withdrawn です。

561 coincide
[kòuinsáid]

動 (～と) 一致する (with)；(～と) 同時に起こる (with)

でる Your reasoning **coincides** with mine.
（あなたの推論は私のと一致している）

でる This event will **coincide** with the conference.
（このイベントは会議と時を同じくして行われる）

派 □ coincident 形 一致する；同時に起きる
　□ coincidence 名 偶然の一致
　□ coincidental 形 偶然の

サクッと復習テスト

❶ 町をぶらつく　　　　　　　　　 _____ around the town
❷ その問題について妥協する　　　　 _____ on the issue
❸ ATM から現金を引き出す　　　　　 _____ cash from an ATM

答え　❶ wander　❷ compromise　❸ withdraw

---

562 reconcile
[rékənsàil]

動 (〜と) 和解する、仲直りする (with)；〜を調和させる

でる He **reconciled** with his wife after being apart three years.
（彼は3年間の別居の後に奥さんと和解した[よりを戻した]）

でる **reconcile** two opposing views
（2つの相反する考え方を調和させる[調整する]）

派 □ reconciliation
名 和解、調停；調和、両立

> reconcile は語呂合わせで「離婚する前にリコンサイル」と覚えておきましょう。

563 undertake
[ʌ̀ndərtéik]

動 〜を引き受ける；〜に着手する

でる **undertake** the job of 〜（〜の仕事を引き受ける）

派 □ undertaking **名** 仕事、事業

564 undergo
[ʌ̀ndərgóu]

動 〜を経験する；(手術・検査など) を受ける

でる **undergo** many hardships（多くの困難を経験する、多くの試練を受ける）

でる **undergo** an operation（手術を受ける）

> undergo の活用変化は undergo-underwent-undergone です。

カタカナ英語にご用心！

COFFEE BREAK 1

　日本語には外来語が氾濫しています。中でも英語系のカタカナ語、つまりカタカナ英語は過剰なほどに氾濫しています。人々の会話のみならず、新聞・雑誌などの出版物にさえもカタカナ語は散在しており、今後も増加の一途をたどることでしょう。

　さて、カタカナ英語と言われるものは３つのグループに大別されます。
(A) 英語の一部が省略され日本語化したもの
(B) 他の外国語が日本語化され、しばしば英語と勘違いされるもの
(C) 英語としては全く通じない和製英語

Aタイプ
- アパート　　　　　　　　　　　　（正しい英語は **apartment**）
- デパート　　　　　　　　　　　　（正しい英語は **department store**）
- リストラ　　　　　　　　　　　　（正しい英語は **restructuring**）

Bタイプ
- アルバイト　　（元はドイツ語、正しい英語は **part-time job**）
- シュークリーム　（元はフランス語、正しい英語は **cream puff**）
- メス
　（元はオランダ語、正しい英語は **scalpel** または **surgical knife**）

Cタイプ
- ジェットコースター　　　　　　（正しい英語は **roller-coaster**）
- ベビーカー　　　　　　　（正しくは **stroller** または **baby buggy**）
- モーニングコール　　　　　　　　（正しくは **wake-up call**）

　上記のカタカナ英語はどれもなじみの深いものばかりでしょう。しかし、同時に受験英語では要注意です。なぜなら、慣れ親しんでいるカタカナ英語はスペルのみならず、発音・アクセントにおいても、本当の英語とは異なるものが多いからです。大学入試ではそれらの盲点をうまく突き、とりわけ発音・アクセント問題で出題される傾向があります。

　皆さんには常日頃からカタカナ英語を鵜呑みにせず、辞書を引いて発音・アクセント、そして英語としての本来の意味を確認する習慣を身に付けてほしいと思います。巷にあふれる怪しいカタカナ英語の正体をどんどん見破っていってください！

Chapter 2

名 詞

必修 461

Chapter 2 では大学入試に必ずでる名詞を集めました。これらを知っているか知らないかで、問題の解きやすさは大きく左右しますので、しっかりマスターしておきましょう！

🎧 60 ～ 🎧 106

Chapter 2 名　詞

🎧 60

1 fire
[fáiər]

名 火；火事　**動** ～を解雇する；～を発砲する

- make [build] a **fire**（火をおこす）
- A **fire** broke out in my neighborhood last night.
  （昨夜近所で火災が起きた）
- Many houses were on **fire**.（多くの家が燃えていた）
- He was suddenly **fired** from his job.（彼は突然仕事を首になった）

> firefighter（消防士）や fire department（消防署）、fireplace（暖炉）、fireworks（花火）、forest fire（山火事、森林火災）も覚えておきましょう。

2 company
[kʌ́mpəni]

名 会社；同席；仲間

- work for a trading **company**（貿易会社で働く）
- I really enjoyed your **company**.（ご一緒できて本当に楽しかったです）
- A man is known by the **company** he keeps.
  （人はその交わる友を見ればわかる：諺）

派 □ companion **名** 仲間、連れ

3 machine
[məʃíːn]

名 機械

- a sewing [vending] **machine**（ミシン [自動販売機]）

派 □ machinery **名**（集合的に）機械類

4 trip
[tríp]

名 旅行；通勤　**動** つまづく

- take a **trip**（旅行に行く）[= go on a trip]
- He **tripped** over a rock and fell (down).（彼は石につまづいて転倒した）

> 現代英語において trip が「旅行をする」の意味の動詞としては使われることはまずありません。

5 information
[ìnfərméiʃən]
名 情報；案内所

- gather a lot of **information** (多くの情報を収集する)
- the **information** center (案内所)

派 □ inform **動** ~に (~を) 知らせる (of)
□ informative **形** 有益な；情報を与える

> information は不可算名詞です。数える場合には a piece of information、two pieces of information…のようになります。

6 advice
[ədváis]
名 助言、忠告、アドバイス

- She gave me some good **advice**. (彼女は私によい助言をくれた)

派 □ advise [ədváiz] **動** ~に忠告する、助言する

> advice は不可算名詞です。「一つの助言」であれば、a piece of advice と言います。

7 shape
[ʃéip]
名 形、姿；状態、調子　**動** ~を形作る

- have an unusual **shape** (珍しい形をしている)
- He is in good [bad] **shape**. (彼は調子が良い [悪い])
- **shape** the foundation of ~ (~の基礎を形作る)

類 □ figure **名** 形；姿；数字；図表

8 weight
[wéit]
名 重さ；体重

- the **weight** of snow (雪の重さ)
- gain [put on] **weight** (体重が増える、太る)
- lose **weight** (体重が減る、やせる)

派 □ weigh [wéi] **動** (~の) 重さがある；~の重さを測る
□ weighty **形** 重要な；重い

9 height
[háit]
名 高さ；身長；《~s》高地；最高潮

- The building measures 500 meters in **height**.
  (その建物は500メートルの高さがある)
- the Golan **Heights** (ゴラン高原)
- at the **height** of ~ (~の絶頂に [で])

派 □ heighten **動** ~を高くする；~を強める
□ high **形** 高い

10. length [léŋkθ]
名 (物・時間の) 長さ

- でる the **length** of her hair (彼女の髪の長さ)
- でる increase the **length** of time (時間の長さを延ばす)

派 □ lengthen **動** ~を長くする、伸ばす
□ lengthy **形** 非常に長い；長ったらしい
□ long **形** 長い
　　　動 (~を) 切望する (for/to *do*)

> length (長さ)、height (高さ)、width (広さ；幅)、breadth (幅) はセットにして覚えておきましょう。

🎧 61

11. secret [síːkrit]
名 秘密、内緒事；秘訣、コツ **形** 秘密の

- でる Keep it a **secret**. (そのことは秘密 [内緒] にしておいて) [= keep it secret.]
- でる the **secret** of success (成功の秘訣)

熟 □ in secret　こっそりと、ひそかに (= secretly)
派 □ secretly **副** こっそりと、ひそかに

12. mistake [mistéik]
名 過ち、間違い **動** ~を間違える

- でる make a big **mistake** (大きな過ちを犯す)
- でる **mistake** *A* for *B* (AをBと間違える) [= take *A* for *B*]

熟 □ by mistake　間違って、誤って
派 □ mistaken **形** 間違った、誤解した
類 □ error **名** 間違い、誤り

13. power [páuər]
名 権力；力；エネルギー；大国

- でる political **power** (政治力、政治権力)
- でる solar **power** (太陽光発電 [エネルギー])
- でる an economic **power** (経済大国)

派 □ powerful **形** 強力な

14. plant [plǽnt]
名 植物、草；工場 **動** ~を植える；~を据える

- でる water the **plants** (植物に水をやる)
- でる a cement **plant** (セメント工場)
- でる **plant** a tree (木を植える)

類 □ factory **名** 工場

| 月 日 | 月 日 | 月 日 |

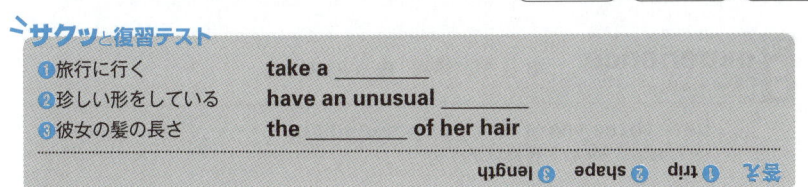

サクッと復習テスト

① 旅行に行く　　　　　　take a _____
② 珍しい形をしている　　have an unusual _____
③ 彼女の髪の長さ　　　　the _____ of her hair

答え ① trip ② shape ③ length

15 truth
[trúːθ]

名 真実、事実

でる The **truth** of the matter is (that) ~ (本当は~、実際のところは~)

熟 □ to tell (you) the truth　実を言うと、実は
派 □ true　形 本当の、真実の
　 □ truly　副 本当に、まさに
　 □ untrue　形 虚偽の、真実でない

16 birth
[bə́ːrθ]

名 誕生、出生

でる his **birth** mother (彼の産みの母)
でる the **birth** rate (出生率)

熟 □ give birth to ~　~を生む
　 □ by birth　生まれは；生まれながらの
派 □ born　形 生まれつきの

17 effort
[éfərt]

名 努力；試み

でる make an **effort** (努力をする)

熟 □ in an effort to *do*　~しようと努力して、~しようと試みて
派 □ effortless　形 無理のない；楽な

18 sentence
[séntəns]

名 文；判決、刑　動 ~に判決を下す

でる a compound [complex] **sentence** (重文 [複文])
でる He received a 15-year prison **sentence**.
（彼は禁固15年の判決を受けた）[= He was sentenced to 15 years in prison.]

> word (語) や phrase (句)、paragraph (段落) も覚えておきましょう。

Chapter 2 ● 名詞

19 experience
[ikspíəriəns]

名 経験、体験　動 ～を経験する

- でる have three years' work **experience** in ~
(～において3年の実務経験がある)
- でる It was quite an **experience**. (それはすごい経験だった)

派 □ experienced 形 経験豊かな

20 skill
[skíl]

名 技能；熟練

- でる a lack of communication **skills** (コミュニケーション能力の欠如)

派 □ skillful 形 上手な、巧みな
　□ skilled 形 熟練した、特殊技能を持った

🎧 62

21 expert
[ékspə:rt]

名 専門家；熟練者　形 専門家の；熟達した

- でる an **expert** in [on] finance (財務の専門家)
- でる an **expert** opinion (専門家の意見)

22 president
[prézədənt]

名 大統領；社長；学長

- でる He was elected **president** of the United States.
(彼は合衆国の大統領に選ばれた)
- でる the company **president** (会社社長)

派 □ presidential 形 大統領の；社長の

> vice-president なら、「副大統領；副社長；副学長」の意味となります。

23 price
[práis]

名 値段；代価

- でる at a high [low] **price** (高[低]価格で)
- でる pay the **price** for ~ (～のために代価を払う)

> price は「商品の値段」、charge は「サービスに対する料金」、fee は「機関に支払う料金・会費」、fare は「交通機関の料金・運賃」です。

24 amount
[əmáunt]
名 量、額；総計 **動** (〜に) 達する (to)

- でる a large **amount** of money（多額の金）
- でる the total **amount**（合計額）
- でる The profit **amounts** to $3 million.（利益は合計で300万ドルになる）

> amount は不可算名詞と一緒に「量」を表す時に、number は可算名詞と一緒に「数」を表す時に使います。

25 difficulty
[dífikʌ́lti]
名 困難、難しさ

- でる have **difficulty** understanding 〜（〜を理解するのに苦労する）
- でる without **difficulty**（容易に、難なく）

派 □ difficult **形** 難しい

> have difficulty (in) *doing* は「〜するのに苦労する、〜するのが困難である」の意味を表します。

26 stranger
[stréindʒər]
名 見知らぬ人；不案内の人

- でる a complete [total/perfect] **stranger**（まったく見知らぬ人、赤の他人）
- でる I'm a **stranger** here myself.（私もこの辺りはよくわかりません）

派 □ strange **形** 奇妙な、変な
　□ strangely **副** 不思議なことに；妙に

27 choice
[tʃɔ́is]
名 選択；選択権；選択肢

- でる make a **choice**（選ぶ、選択する）
- でる It's your **choice**.（それはあなたが決めることだ⇒それはあなた次第だ）

熟 □ of *one's* (own) choice
　　自分で選んだ、自分の好みの
　□ have no (other) choice but to *do*
　　〜する他に選択の余地がない、〜せざるを得ない
派 □ choose **動** 〜を選ぶ

> choose の活用変化は choose-chose-chosen です。

28 nature
[néitʃər]

名 自然；性質

でる the beauty of **nature**（自然の美しさ）

でる the true **nature** of the problem（その問題の本質）

熟 □ by nature　生まれつき、生来
派 □ natural 形 自然の；当然の
　□ naturally 副 当然ながら；自然に
　□ unnatural 形 不自然な

29 sort
[sɔ́ːrt]

名 種類　動 ～を分類する

でる What **sort** of music do you like?（どんな音楽が好きですか）
[= What kind of music do you like?]

熟 □ a sort of ～　～の一種（= a kind of ～）
　□ sort out ～　～を整理する；～を解決する
類 □ kind 名 種類 形 親切な

30 population
[pɑ̀pjuléiʃən]

名 人口

でる What's the **population** of your country?
（あなたの国の人口はどのくらいですか）

でる rapid **population** growth（急速な人口増加）

派 □ popular 形 人気のある；世間一般の
　□ popularity 名 人気、評判
　□ populated 形 人の住む

> 人口の多い・少ないは、a large [small] population のように、large と small で表します。

🎧 63

31 kindness
[káindnis]

名 親切、優しさ、思いやり

でる Her **kindness** meant a lot to me.（彼女の優しさが私にはとても嬉しかった）

派 □ kind 形 優しい、親切な
　□ kindly 副 親切にも、優しく

サクッと復習テスト

1. 努力をする — make an _____
2. 財務の専門家 — an _____ in finance
3. 多額の金 — a large _____ of money

答え ① effort ② expert ③ amount

32 belief
[bilíːf]
名 信念；信条；信頼

でる contrary to the popular [common] belief that ~
（~という通説に反して）

派 □ believe 動 (~を) 信じる
□ believable 形 信じられる
反 □ disbelief 名 不信、疑念
□ unbelief 名 (宗教上の) 不信仰

33 religion
[rilídʒən]
名 宗教

でる freedom of religion（宗教の自由）

派 □ religious 形 宗教の；信心深い

34 tradition
[trədíʃən]
名 伝統；しきたり；伝承

でる keep a cultural tradition（文化的伝統を守る）
でる break a family tradition（家風を破る）
でる according to tradition（言い伝え [伝説] によれば）

派 □ traditional 形 伝統的な；従来からの
□ traditionally 副 伝統的に

35 event
[ivént]
名 出来事、事件；行事

でる an important historical event（歴史上の重大事件）
でる an annual event（年中行事、毎年恒例の催し）

熟 □ in any event いずれにしても、とにかく
派 □ eventual 形 最終的な
□ eventually 副 結局、遂には
□ eventful 形 出来事の多い、多事な；重大な

36 fact
[fækt] 名 事実；真相

でる The **fact** is (that) ~（実は~である）
でる **Fact** is stranger than fiction.（事実は小説よりも奇なり：諺）

熟 □ in fact　実は、実際には
類 □ truth　名 真実、事実

37 factor
[fæktər] 名 要因、要素

でる a key **factor**（重要な要因、鍵となる要素）

類 □ element　名 要因、要素；元素

38 rule
[rúːl] 名 規則、ルール　動 ~を支配する

でる obey [break] **rules**（規則を守る [破る]）
でる **rule** the country（国を支配 [統治] する）

熟 □ as a rule　一般的に、概して、原則として
　□ make it a rule to *do*　~するのを決まりにしている、~することにしている
派 □ ruler　名 支配者；定規

39 economy
[ikánəmi] 名 経済；節約

でる the Japanese **economy**（日本経済）
でる for reasons of **economy**（経済的理由で）

派 □ economic　形 経済（上）の；財政上の
　□ economical　形 経済的な；節約になる
　□ economics　名 経済学
　□ economist　名 経済学者

40 knowledge
[nálidʒ] ※ 名 知識；認識

でる have basic **knowledge** about ~（~に関する基礎知識がある）
でる background **knowledge**（背景知識、予備知識）

熟 □ to the best of *A*'s knowledge（*A*の知る限りでは）
派 □ know　動 ~を知る
　□ knowledgeable　形 知識の豊富な、精通している

41 law
[lɔ́ː]
名 法律、法

- でる obey [break] a **law** (法に従う [法を破る])
- でる under current **law** (現行法では)
- 派 □ lawful **形** 合法的な

> lawyer（弁護士）と lawsuit（訴訟）も覚えておきましょう。

42 system
[sístəm]
名 組織、制度；体系

- でる the present education **system** (現在の教育制度)
- でる the solar **system** (太陽系)
- 派 □ systematic **形** 組織的な

43 brain
[bréin]
名 脳；頭脳

- でる the right [left] **brain** (右 [左] 脳)
- でる **brain** death (脳死)
- でる He has a good **brain**. (彼は頭がよい)

44 joke
[dʒóuk]
名 冗談；いたずら **動** 冗談を言う

- でる tell a **joke** (冗談 [ジョーク] を言う)
- でる play a practical **joke** on ~ (~に悪ふざけ [いたずら] をする)
- 熟 □ joking aside [apart] 冗談はさておき
- 派 □ joker **名** 冗談好きな人；(トランプの) ジョーカー

45 humor
[hjúːmər] 発
名 ユーモア；こっけいさ

- でる have a good sense of **humor** (ユーモアのセンスがある)
- 派 □ humorous [hjúːmərəs] 発 **形** ユーモアのある；こっけいな

> 「ユーモア」という日本語発音は誤りです。

46 lot
[lát] 発
名 用地、一区画；くじ；運命 **代** たくさん

- でる a vacant **lot** (空き地)
- でる by **lot** (くじ引きで、抽選で)
- 熟 □ a lot of ~ たくさんの~
- 類 □ lottery **名** 宝くじ

47 cousin
[kʌ́zn] 発
名 いとこ

でる Tom and I are **cousins**. (トムと私はいとこ同士だ)

> nephew [néfjuː] (おい) と niece [niːs] (めい) も覚えておきましょう。

48 plenty
[plénti]
名 たくさん、多量

でる eat **plenty** of fresh vegetables (新鮮な野菜をたっぷり取る)

派 □ plentiful 形 たくさんの、豊富な

> plenty of ~ (たくさんの~) の形で覚えておきましょう。

49 character
[kǽriktər]
名 性格；特徴；登場人物；文字

でる What is her **character** like?
(彼女の性格はどんな感じですか⇒彼女はどんな性格の人ですか)

でる the historical **character** of the city (その都市の歴史的特徴)

でる the main **character** (主人公)

でる Please write it in Chinese **characters**. (それを漢字で書いてください)

派 □ characteristic
　形 (~に) 特有の (of) 名 特徴、特色
　□ characterize 動 ~を特徴づける

> character は個人の内面的・道徳的な性格について、personality は対外的な人柄・個性・人格について言及する語です。

50 damage
[dǽmidʒ] 発
名 被害、損害　動 ~に被害 [損害] を及ぼす

でる There was no **damage** to the building.
(その建物への被害はまったくなかった)

でる Many houses were **damaged** by the tornado.
(多くの家屋が竜巻により被害を受けた)

🎧 65

51 habit
[hǽbit]
名 習慣、癖

でる healthy eating **habits** (健康的な食習慣)

熟 □ *be* in the habit of *doing*
　~する習慣 [癖] がある
　(= have a habit of *doing*)

派 □ habitual 形 常習的な、習慣的な

> habit は「個人の習慣」を、custom は「社会や集団の慣習」を表します。

サクッと復習テスト

❶ 宗教の自由　　　　　　　　　freedom of _____
❷ 重要な要因　　　　　　　　　a key _____
❸ 彼女はどんな性格の人ですか。　What is her _____ like?

答え　❶ religion　❷ factor　❸ character

---

52 custom
[kʌ́stəm]

名 **慣習、しきたり**；《~s》**税関**

- でる traditional **customs** (伝統的な慣習)
- でる go through **customs** (税関を通過する)

派 □ customary 形 慣習となっている、慣例の
　 □ accustom 動 ~に慣れさせる

53 manner
[mǽnər]

名 **方法、やり方**；《~s》**行儀、作法**；《~s》**風習**

- でる in a different [similar] **manner** (異なる[同様の]方法で)
- でる have good [bad] **manners** (マナーが良い[悪い])
- でる strict about table **manners** (テーブルマナーに厳しい)
- でる **manners** and customs (風俗習慣)

54 adventure
[ædvéntʃər]

名 **冒険**；冒険心

- でる Life is full of **adventures**. (人生は冒険に満ちている)

派 □ adventurous 形 冒険好きな；冒険的な
　 □ adventurer 名 冒険家

> venture（冒険的事業、投機；危険を冒して~する、思い切って~する）も覚えておきましょう。

55 master
[mǽstər]

名 **達人、名人**；**主人**；**修士（号）**　動 **~を習得する**

- でる become a **master** of [at] ~ (~の達人になる)
- でる the **master** of the house (家の主人、家長)
- でる earn a **master's** degree (修士号を取得する)
- でる **master** the English language (英語をマスターする[極める])

派 □ mastery 名 熟練；支配
反 □ servant 名 召使い、使用人

> master（男主人）に対して、「女主人」は mistress と言います。

56 conversation
[kànvərséiʃən] 名 会話、雑談

でる enjoy **conversation** with ~（~との会話を楽しむ）

派 □ conversational 形 会話の、対話の
□ converse 動 会話をする

57 level
[lévəl]
名 水準；水平（面）
形 平らな、水平な 動 ~を平らにする

でる show a high **level** of satisfaction（高い満足度を示す）

でる 500 meters above sea **level**（海抜500メートル）

類 □ flat 形 平らな
□ even 形 平らな；偶数の

58 schedule
[skédʒu:l]
名 予定、スケジュール、日程 動 ~を予定する

でる a tough **schedule**（きついスケジュール⇒ハードスケジュール）

でる The meeting has been **scheduled** for next Thursday.
（会議は来週の木曜日に予定されている）

> 「ハードスケジュール」は hard schedule とは言いません。正しくは、tough schedule や tight schedule、heavy schedule と言います。

59 novel
[návəl] 発
名 小説 形 斬新な、目新しい

でる a romantic [detective] **novel**（恋愛 [推理] 小説）

でる a **novel** idea（斬新なアイデア）

派 □ novelist 名 小説家
□ novelty 名 斬新さ、目新しさ

60 neighbor
[néibər]
名 隣人、近所の人

でる my next-door **neighbor**（うちの隣の人）

派 □ neighborhood 名 近所、近隣
□ neighboring 形 近くの；隣接した

61 crowd
[kráud]
名 群衆　動 ～に群がる

- a **crowd** of visitors [spectators]（多くの見学者 [観客]）
- Thousands of people **crowded** the beach.
  （何千人もの人々がそのビーチに押しかけた）
  [= The beach was crowded with thousands of people.]

派 □ crowded 動 混雑した、込み合った

62 traffic
[trǽfik]
名 交通

- get caught in a **traffic** jam（交通渋滞に巻き込まれる）
- ignore the **traffic** light（信号無視をする）

63 space
[spéis]
名 空間、余地、空き；宇宙（空間）

- There is enough **space** for ~（～に十分なスペースがある）
- **space** travel（宇宙旅行）

派 □ spacious 形 広々とした

64 matter
[mǽtər]
名 問題、事柄；物質　動 重要 [問題] である

- a **matter** of life and death（死活問題）
- It doesn't **matter** whether [if] ~（～かどうかは問題ではない）

熟 □ as a matter of fact 実は、実際のところ

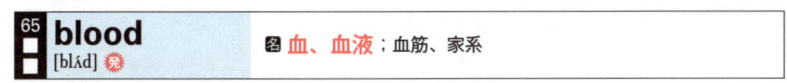

65 blood
[blʌ́d] 発
名 血、血液；血筋、家系

- have [take] a **blood** test（血液検査を受ける）
- What's your **blood** type?（あなたの血液型は何ですか）

派 □ bleed 動 出血する 名 出血
　□ bloody 形 血だらけの；ひどい

66 flood
[flʌ́d] 発
名 洪水；殺到　動 ～を水浸しにする；～に殺到する

- The bridge was destroyed by the **flood**.（その橋は洪水で破壊された）
- The office has been **flooded** with complaints from customers.
  （会社には顧客からの苦情が殺到している）

67 trouble
[trʌ́bl] 発

名 困難、苦労；面倒；故障　動 ～を悩ます

でる I had no **trouble** (in/with) making a reservation.
(難なく予約を取れた)

でる get into [in] **trouble** (面倒なことになる、窮地に陥る)

熟 □ in trouble　困って
□ take the trouble to *do*　わざわざ～する

派 □ troublesome　形 厄介な、面倒な

68 peace
[píːs]

名 平和、和平；安らぎ

でる live in **peace** (平和に暮らす)

派 □ peaceful　形 平和な；穏やかな

> 同音語の piece (一片；1個) と混同しないように注意しましょう。

69 weather
[wéðər]

名 (日々の) 天候　動 ～を乗り切る

でる the **weather** forecast [report] (天気予報)

でる **weather** an economic recession (景気後退を乗り切る)

> 同音語の whether (～かどうか) と混同しないように注意しましょう。

70 climate
[kláimit]

名 (年間を通じての) 気候；風潮、環境

でる a mild [severe] **climate** (温和な [厳しい] 気候)

でる **climate** change (気象変動)

でる the business **climate** (ビジネス環境)

派 □ climatic　形 気候 (上) の

🎧 67

71 storm
[stɔ́ːrm]

名 嵐、暴風

でる a severe **storm** (激しい嵐)

でる a snow **storm** (吹雪、暴風雪)

派 □ stormy　形 嵐の、荒れ模様の

サクッと復習テスト

1. 伝統的な慣習　　　traditional _____
2. 恋愛小説　　　　　a romantic _____
3. 死活問題　　　　　a _____ of life and death

答え： ① customs　② novel　③ matter

---

72 field
[fíːld]

名 野原、田畑；分野；競技場

- でる work in a rice **field**（田んぼで作業をする）
- でる He is an expert in the **field** of electronics.（彼は電子工学分野の専門家だ）
- でる a large soccer **field**（広いサッカー競技場）

73 ocean
[óuʃən]

名 大洋；海

- でる the Pacific [Atlantic] **Ocean**（太平洋[大西洋]）

派 □ oceanic **形** 大洋の
類 □ sea **名** 海

74 continent
[kάntənənt]

名 大陸

- でる on every **continent**（すべての大陸で）
- でる the African **continent**（アフリカ大陸）

派 □ continental **形** 大陸の、大陸性の

75 youth
[júːθ]

名 青春時代；若者；若さ

- でる in my **youth**（私が若い頃は）
- でる a promising **youth**（前途有望な若者）

派 □ young **形** 若い
　□ youngster **名** 子供、若者
　□ youthful **形** 若者の；若々しい

76 goods
[gúdz]

名 商品、品物；家財

- でる buy secondhand **goods**（中古品を買う）
- でる household **goods**（家庭用品、家財道具）

77 mankind
[mænkáind] **名 人類、人間**

- でる throughout the history of **mankind**（人類の歴史を通じて）

類 □ humankind **名 人類、人間**

78 clerk
[klə́ːrk] **名 事務員；販売員、店員**

- でる a bank [hotel] **clerk**（銀行員 [ホテル従業員]）
- でる a convenience store **clerk**（コンビニ店員）

79 labor
[léibər] **名 労働；労働者；陣痛**

- でる manual [physical] **labor**（肉体労働）
- でる **labor** and management（労働者と経営者側⇒労使）
- でる have **labor** pains（陣痛が起きる、陣痛を感じる）

派 □ laborer **名 労働者**
　□ laboratory **名 実験室；研究所**
　□ laborious **形 骨の折れる、困難な**

80 charm
[tʃáːrm] **名 魅力　動 〜を魅了する**

- でる the **charm** of this small town（この小さな町の持つ魅力）

派 □ charming **形 魅力的な**

🎧 68

81 accent
[ǽksent] **名 なまり；強勢；強調**

- でる speak English with a foreign **accent**（外国語なまりの英語を話す）
- でる speak with a strong southern **accent**（強い南部なまりで話す）

82 dialect
[dáiəlèkt] **名 方言**

- でる standard Japanese and local [regional] **dialects**
（標準日本語と地域方言）

83 track
[trǽk]

名 通った跡；小道；路線；(陸上競技の) **トラック**

- the **tracks** in the snow (雪の上の足跡)
- the railroad **tracks** (鉄道線路)
- a **track** and field meet (陸上競技会)

熟 □ keep [lose] track of ~　~の経過を追う [見失う]；~を把握する [理解できなくなる]

84 journey
[dʒə́ːrni]

名 (長距離の) 旅行、旅

- begin a ten-day train **journey** (10日間の列車の旅を始める)

> 「旅行」と言えば、すぐに travel が頭に浮かぶと思いますが、trip (休暇・ビジネスなどの短めの旅行) や voyage (船・飛行機での旅行) も合わせて覚えておきましょう。

85 passenger
[pǽsəndʒər]

名 乗客

- airline **passengers** (飛行機の乗客)
- a **passenger** seat (乗客席／〈自動車の運転席の隣の〉助手席)

86 check
[tʃék]

名 小切手；調査；(レストランの) **勘定書**
動 ~を調べる

- write a **check** (小切手を切る)
- do [run] a **check** on ~ (~の調査をする)
- I'd like the **check**, please. (お勘定をお願いします)

> checkup (検査、点検) も覚えておきましょう。have a medical [physical] checkup (健康診断を受ける) のように使います。

87 diet
[dáiət]

名 食事；**ダイエット**；《the D~》国会

- eat a healthy [balanced] **diet** (健康的な [バランスのとれた] 食事を取る)
- She is on a **diet**. (彼女はダイエット中だ)
- a **Diet** member (国会議員)

熟 □ go on a diet　ダイエットをする

> 日本やデンマークの国会・議会は the Diet と言いますが、アメリカ議会は the Congress、イギリス議会は the Parliament と言います。

88 meal
[míːl]
名 食事

- でる prepare a **meal**（食事の用意をする）
- でる eat between **meals**（間食をする）

89 opportunity
[ὰpərtjúːnəti]
名 機会、チャンス

- でる He has a lot of **opportunities** to meet new people.
（彼は新しい人に出会う機会が多い）
- でる job **opportunities**（雇用［就職］の機会）
- 類 □ chance 名 機会、チャンス

90 memory
[méməri]
名 記憶力；思い出、記憶；記念

- でる have a good [bad] **memory** for ~（~に対して記憶力が良い［悪い］）
- でる if my **memory** serves me correctly [right]（私の記憶が正しければ）
- でる have vivid **memories** of ~
（~を鮮明に覚えている、~の記憶が鮮やかに残っている）
- でる in **memory** of ~（~を記念して）
- 派 □ memorize 動 ~を暗記する、記憶する
  □ memorial 形 記念の、追悼の 名 記念碑

🎧 69

91 trade
[tréid]
名 貿易；取引；（手先を使う）職業
動 ~を交換する；~を取引する

- でる international **trade**（国際貿易／国際取引）
- でる **trade** seats with ~（~と席を交換する）
- 派 □ trader 名 商人、貿易業者
  □ trademark 名 （登録）商標；特徴

> trade A for B（A を B と交換する）の形もよく出ます。

92 rate
[réit]
名 割合、率；料金；速度 動 ~を評価する

- でる the unemployment [jobless] **rate**（失業率）
- でる the room **rate** per night（〈ホテルの〉一泊の宿泊料）
- でる increase at an alarming **rate**（驚くべき速さ［割合］で増加する）
- 熟 □ at the [a] rate of ~ ~の割合で；~の速度で
  □ at any rate とにかく、いずれにしても

サクッと復習テスト

① すべての大陸で　　　　　on every _____
② 標準日本語と地域方言　　standard Japanese and local _____
③ 食事の用意をする　　　　prepare a _____

答え　① continent　② dialects　③ meal

---

93 access
[ǽkses]

名 接近；アクセス；(入手・利用する) 機会
動 ～にアクセスする

- でる have easy **access** to shops and restaurants
  (店やレストランに簡単に行ける)
- でる have **access** to the Internet
  (インターネットにアクセスできる、インターネットを利用できる)
- でる **access** the library's database (図書館のデータベースにアクセスする)

派 □ accessible　形 行きやすい；入手しやすい

> access を名詞で使う時は、直後に前置詞 to (～への) を伴います。

94 project
[prάdʒekt]

名 事業計画、企画　動 [prədʒékt] ～を予測する；～を計画する；～を投影する

- でる work on a big **project** (大型プロジェクトに取り組む)
- でる **project** the effect of ～ (～の効果を予測する)

派 □ projection　名 予測；計画；投射
　□ projector　名 投影機、プロジェクター

95 influence
[ínfluəns]

名 (～への) 影響 (力) (on/upon)
動 ～に影響を与える

- でる have a good [bad] **influence** on [upon] ～
  (～に良い [悪い] 影響を及ぼす)

派 □ influential　形 影響力のある、有力な

96 effect
[ifékt]

名 (～への) 影響 (on/upon)；効果、作用；結果；発効　動 ～をもたらす

- でる have a great **effect** on [upon] ～ (～に大きな影響を与える)
- でる the greenhouse **effect** (温室効果)
- でる a side **effect** (副作用)
- でる cause and **effect** (原因と結果、因果 (関係))
- でる take **effect** (発効する、施行される) [= come [go] into effect]

熟 □ in effect　実施されて；実際は
派 □ effective　形 効果がある、有効な

Chapter 2 ● 名詞

167

97 impact
[ímpækt]
名 (〜への) 影響（力）(on/upon)；衝撃
動 [impækt] 〜に影響を及ぼす

- have a major **impact** on [upon] 〜 (〜に大きな影響を与える)
- the **impact** of the crash (衝突時の衝撃)

98 laughter
[læftər]
名 笑い

- **Laughter** is the best medicine. (笑いは百薬の長：諺)

熟 □ burst into laughter　どっと笑い出す
派 □ laugh　**動** (〜を) 笑う (at)

99 stress
[strés]
名 ストレス；圧力；強調；強勢　**動** 〜を強調する

- He's under a lot of **stress**. (彼は多くのストレスを受けている)
- **stress** the importance of 〜 (〜の重要性を強調する)

派 □ stressful　**形** ストレスの多い
類 □ emphasize　**動** 〜を強調する

100 crime
[kráim]
名 犯罪、罪

- the **crime** scene (犯罪現場)

派 □ criminal [krímənl]
形 犯罪の　**名** 犯罪者、犯人

> crime は「法律上の罪」、sin は「宗教・道徳上の罪」と覚えておきましょう。

🎧 70

101 murderer
[mə́ːrdərər]
名 殺人者、殺人犯

- arrest the **murderer** (殺人犯を逮捕する)

派 □ murder　**動** 〜を殺す (= kill)　**名** 殺人
類 □ killer　**名** 殺人者

102 brake
[bréik]
名 ブレーキ；抑制　**動** 〜にブレーキをかける

- hit [put on] the **brakes** (ブレーキをかける)
- put the **brakes** on 〜 (〜に歯止めをかける、〜を抑制する)

> 同音語の break (〜を壊す；休憩) と混同しないように注意しましょう。

103 fault
[fɔ́:lt]

名 責任、過失；欠点；**断層**

- でる It's not my fault. (それは私のせい[責任]ではない)
- でる an active fault (活断層)

- 熟 □ find fault with ~   ~のあら探しをする、~を非難する
- 派 □ faulty 形 欠陥のある、不完全な

104 role
[róul]

名 役割、任務；役

- でる play a key role (主要な役割を果たす)
- でる a leading role in the musical (ミュージカルの主役)

> 同音語の roll (回転する；~を転がす) と混同しないように注意しましょう。

105 insect
[ínsekt]

名 昆虫

- でる treatment for insect bites (虫刺されの治療)

- 類 □ bug 名 虫、昆虫

> worm [wə́:rm] (〈ミミズ、毛虫、いも虫のような〉足がなくて細長い虫) も覚えておきましょう。

106 discount
[dískaunt]
動 [diskáunt/dískaunt]

名 割引、値引き
動 ~を割引する

- でる That store gives a 15% discount on all items.
  (あの店は全商品を15％割引している)
  [= All items in that store are discounted by 15%.]
- でる at a discount price (割引価格で)

107 result
[rizʌ́lt]

名 結果 動 結果として生じる (from/in)

- でる wait for the test results (試験結果を待つ)

- 熟 □ as a result (of) ~   (~の) 結果として
  □ result from ~   ~から生じる、~に起因する
  □ result in ~   ~に終わる、~の結果になる

108 desire
[dizáiər]

名 (〜への) 欲望、願望 (for/to do)
動 〜を(強く)望む

でる have a strong **desire** for 〜 (〜に対して強い願望がある)

派 □ desirable 形 望ましい

> desire to do (〜することを強く望む) の形もよく出ます。

109 society
[səsáiəti]

名 社会；協会

でる in American **society** (アメリカ社会では)
でる a multicultural **society** (多文化社会)

派 □ social 形 社会の、社会的な；社交上の
　□ sociable 形 社交的な、愛想のよい

> さまざまな社会現象を研究する学問を sociology (社会学) と言います。

110 community
[kəmjúːnəti]

名 地域社会；共同社会；集団

でる support a local **community** (地域社会を支援する)
でる the large Japanese **community** in Los Angeles
(ロサンゼルスの大きな日本人社会)

🎧 71

111 safety
[séifti]

名 安全、無事

でる wear a **safety** belt (安全ベルトを着用する)

派 □ safe 形 安全な 名 金庫
　□ safely 副 安全に、無事に
反 □ danger 名 危機、危険

112 flight
[fláit]

名 飛行便、フライト；空の旅

でる a domestic [an international] **flight** (国内 [国際] 便)
でる Have a pleasant **flight**. (快適な空の旅を)

> fright [fráit] (恐怖) や freight [fréit] (貨物) と混同しないように注意しましょう。

サクッと復習テスト

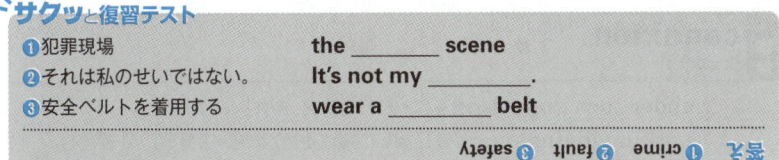

1. 犯罪現場 — the _____ scene
2. それは私のせいではない。— It's not my _____.
3. 安全ベルトを着用する — wear a _____ belt

答え ① crime ② fault ③ safety

---

113 research
[ríːsəːrtʃ]
名 研究、調査　**動** ～を研究する、調査する

- でる do [conduct] research on ~ （～について研究を行う）
- でる research the new market （新しい市場を調査する）

派 □ researcher **名** 研究者、研究員

114 possibility
[pàsəbíləti]
名 可能性

- でる There is no possibility of ~ （～の可能性はない）
- でる Is there a possibility that ~? （～である可能性はあるか）

派 □ possible **形** 達成可能な
　□ impossible **形** 不可能な
　□ possibly **副** もしかすると
反 □ impossibility **名** 不可能（性）

115 method
[méθəd]
名 方法、方式

- でる use traditional teaching methods （伝統的な教授法を用いる）

116 situation
[sìtʃuéiʃən]
名 （事の）状況、事態；（人の）立場、状態

- でる the economic situation （経済状況）
- でる If you were in my situation, what would you do?
（私の立場だったら、どうしますか）

派 □ situated **形** 位置して（= located）
類 □ condition **名** 状況、状態；条件

117 condition
[kəndíʃən] 名 状況、状態；条件

- でる under such **conditions** (このような状況 [条件] の下で)
- でる working [living] **conditions** (労働 [生活] 状況、労働 [生活] 環境)
- 熟 □ on (the) condition that ~　~という条件で
- 派 □ conditional 形 条件付きの

118 purpose
[pə́ːrpəs] 名 目的、意図

- でる What's the **purpose** of your visit? (入国目的は何ですか)
- 熟 □ on purpose　わざと、意図的に (= purposely)
- □ for the purpose of ~　~する目的で、~のために
- 派 □ purposely 副 わざと、意図的に

119 advantage
[ædvǽntidʒ] 名 利点、有利、長所

- でる have an **advantage** over ~ (~より有利である)
- 熟 □ take advantage of ~　~をうまく利用する、活用する
- □ to A's advantage　Aに有利に
- 派 □ advantageous 形 有利な
- 類 □ merit 名 利点、長所
- 反 □ disadvantage 名 不利、短所 (= demerit)

120 fear
[fíər] 名 恐怖；不安　動 ~を恐れる

- でる a **fear** of heights (高所恐怖症)
- でる Nothing in life is to be **feared**. (人生には恐れるものは何もない)
- 熟 □ for fear of [that] ~
  ~を恐れて、~しないように
- 派 □ fearful 形 恐ろしい；(~を) 恐れて (of)

> for fear of の後には名詞・動名詞が、for fear that の後には節が続きます。

🎧 72

121 pain
[péin] 名 痛み；苦痛

- でる relieve [ease] muscle **pain** (筋肉痛を和らげる)
- でる suffer emotional **pain** (精神的苦痛を受ける)
- 熟 □ take pains　骨を折る；努力する
- 派 □ painful 形 痛い；つらい

> 複数形の pains は「苦労、骨折り」の意味になります。

122 force
[fɔ́:rs]

名 力；《~s》軍隊
動 (〜に) 無理矢理〜させる (to do)

- でる the driving **force** behind ~ (〜を支える原動力、〜の推進力)
- でる the U.S. military **forces** (米国軍隊)
- でる They **forced** me to obey their rules.
(彼らは私に無理矢理彼らの規則に従わせた)

派 □ forced **形** 無理に作った；強制的な
　□ forceful **形** 力強い；強硬な

123 risk
[rísk]

名 危険(性)、恐れ　**動** 〜の危険をおかす

- でる take [run] the **risk** of ~ (〜の危険をおかす)
- でる a high [low] **risk** of ~ (〜の高い [低い] 危険性)

熟 □ *be* at risk (of/for ~) (〜の) 危険性がある、(〜の) 危険にさらされている
　□ at the risk of ~ 〜の危険を冒して、〜を犠牲にして
派 □ risky **形** 危険な、冒険的な

124 harm
[há:rm]

名 損害、害　**動** 〜を害する

- でる Smoking will do more **harm** than good. (喫煙は有害無益であろう)
- でる **harm** the environment (環境を阻害する)

派 □ harmful **形** 有害な
　□ harmless **形** 無害の

> 「〜に害を与える」は、do ~ harm と do harm to ~ の両方で表現できます。その反対は、do ~ good (〜のため [利益] になる) [= do good to ~] です。

125 period
[píəriəd]

名 期間；時代；終止符

- でる in a short **period** of time (短時間のうちに)
- でる the Edo **period** (江戸時代)
- でる put a **period** to ~ (〜に終止符を打つ)

派 □ periodical **形** 定期的な **名** 定期刊行物
類 □ era **名** 時代、時期

126 era
[íərə/érə] 発

名 時代、時期

- でる a new **era** of prosperity（新たな繁栄の時代）
- でる the beginning of the digital **era**（デジタル時代の幕開け）

> 「era は歴史上の特定の長い時代を、period は歴史に関係なくある時間の長さを言い表す」と辞書にありますが、一般的にはどちらも同じように使われています。「明治時代」なら、the Meiji era と the Meiji period の両方の言い方が可能です。

127 leisure
[líːʒər/léʒə] 発

名 余暇、暇

- でる How do you spend your **leisure** time?
（余暇はどのように過ごしていますか）

- 熟 □ at (*one's*) leisure　ゆっくりと、のんびりと

128 furniture
[fəːrnitʃər]

名 家具

- でる She bought some new pieces of **furniture**.
（彼女は何点かの新しい家具を購入した）

- 派 □ furnish 動 〜に家具を備え付ける
  □ furnished 形 家具付きの

> furniture は不可算名詞です。数える場合には a piece of furniture、two pieces of furniture…のようになります。

129 medicine
[médəsin]

名 薬；医学

- でる Take this **medicine** after each meal.（この薬を毎食後飲みなさい）
- でる alternative **medicine**（代替医療）

- 派 □ medicinal 形 薬効のある、薬の
  □ medical 形 医学の、医療の

130 wealth
[wélθ]

名 富、財産；富裕

- でる material **wealth**（物質的な富［豊かさ］）

- 派 □ wealthy 形 裕福な（= rich）

サクッと復習テスト

① ~について研究を行う　　　do _____ on ~
② 伝統的な教授法を用いる　　use traditional teaching _____
③ 高所恐怖症　　　　　　　　a _____ of heights

答え　① research　② methods　③ fear

🎧 73

131 poverty
[pάvərti]

名 貧困；欠乏

でる live in **poverty**（貧困の中に生きる、貧しい暮らしをする）

派 □ poor **形** 貧しい
反 □ wealth **名** 富裕；富

132 hunger
[hʌ́ŋgər]

名 飢え；渇望［切望］

でる die of **hunger**（飢え死にする、餓死する）
でる a **hunger** for knowledge（知識欲）[= a thirst for knowledge]

派 □ hungry　**形** 空腹の；(~を) 渇望［切望］して (for)

133 thirst
[θə́ːrst]

名 渇き；渇望［切望］

でる He quenched his **thirst** with a glass of water.
（彼はグラス一杯の水でのどの渇きを癒した）
でる a **thirst** for money [wealth]（金銭欲［財産欲］）

派 □ thirst **形** のどの渇いた；
(~を) 渇望［切望］して (for)

> quench は「~を癒す、和らげる」の意味を表す動詞です。

134 value
[vǽljuː]

名 値打ち；価値　**動** ~を尊重する、高く評価する

でる the **value** of the used car（その中古車の価値）
でる This dictionary is of great **value**.（この辞書は大変価値がある）
でる I **value** her opinion.（彼女の意見を尊重します）

派 □ valuable　**形** 貴重な；高価な　**名** 《~s》貴重品
□ valueless　**形** 無価値な、価値のない
□ invaluable　**形** 非常に貴重な、大いに役立つ

> 意味的には〈of value = valuable〉ですが、of value は valuable よりも堅い言い方です。

135 shadow
[ʃǽdou]

名 **(人・物の) 影**；暗がり；**暗い影**

でる the **shadow** of death（死の影）

でる cast a **shadow** on [over] ~（~に暗い影を落とす）

派 □ shadowy　形 陰の多い；謎に包まれた

136 shade
[ʃéid]

名 **日陰**；日よけ　動 **~を遮る、保護する**

でる sit in the **shade** of a tree（木陰に座る）

でる These sunglasses **shade** your eyes from the sun.
（このサングラスは日差しから目を守ってくれます）

派 □ shady　形 日陰の；怪しい、いかがわしい

137 mass
[mǽs]

名 **大量 [多量]；塊**；集団；質量　形 大量の；大衆の

でる a **mass** of documents（大量の書類）

でる a huge **mass** of rock（巨大な岩塊）

派 □ massive
形 巨大な；膨大な；激しい

> メディアを通じて大衆に大量の情報を伝達すること
> を日本語では「マスコミ (大衆伝達)」と言いますが、
> 英語では mass communication と言います。

138 disaster
[dizǽstər]

名 **災害、災難、大惨事**

でる the worst natural **disaster**（最悪の自然災害）

派 □ disastrous　形 悲惨な、破滅的な

139 task
[tǽsk]

名 **任務、職務；仕事、課題**

でる tackle a difficult **task**（難しい任務 [仕事] に取り組む）

でる It's no easy **task**.（それは容易なことではない）

類 □ mission　名 任務、使命
　□ work　名 仕事

140 duty
[djú:ti]
名 義務；職務、任務；関税

- a sense of **duty**（義務感）
- She performed her **duties** perfectly.
（彼女は完璧に職務［義務］を果たした）
- pay **duty**（関税を支払う）

類 □ responsibility **名** 義務、責任
　□ obligation **名** 義務、責任

形容詞の duty-free（免税の）も覚えておきましょう。a duty-free shop（免税店）のように使います。

🎧 74

141 attitude
[ǽtitjùːd]
名 態度、姿勢、考え方

- Have a positive **attitude** about everything.
（何事にも積極的な態度を取りなさい）
- show a negative **attitude** to [toward] ~
（~に対して消極的な態度を示す）

aptitude [ǽptətjùːd]（適性、才能）と混同しないように注意しましょう。

142 confidence
[kánfədəns]
名 自信；信用、信頼

- gain [lose] **confidence**（自信を得る［失う］）
- have **confidence** in ~（~を信頼している／~に自信を持つ）

派 □ confident **形** 自信のある；(~を) 確信して (of)
　□ confidential **形** 秘密の、内密の
　□ confide **動** ~を打ち明ける

143 courage
[kə́ːridʒ] ⚠

名 勇気、度胸

- He had the **courage** to say no.
（彼にはノーと言える勇気があった⇒彼は勇敢にもノーと言った）

派 □ courageous **形** 勇敢な（= brave）
　□ encourage **動** ~を励ます；奨励する

144 passion
[pǽʃən]
名 情熱；熱中

でる his **passion** for music（彼の音楽にかける情熱）

派 □ passionate 形 情熱的な、熱烈な
□ passionately 副 情熱的に、熱心に

145 temperature
[témpərətʃər]
名 温度；体温

でる The **temperature** rises [falls/drops].（温度が上がる[下がる]）
でる Take your **temperature**.（体温を測りなさい）

派 □ temperate 形 温暖な

humidity（湿度）と thermometer [θərmάmətər]（体温計、温度計）も覚えておきましょう。

146 border
[bɔ́ːrdər]
名 境界（線）、国境　動 ～に隣接する

でる the **border** between the two states（両州の境界線）
でる Many refugees crossed the **border** into the country.
（多くの難民が国境を越えてその国に入った）
でる Ecuador **borders** Peru.（エクアドルはペルーに隣接している）

派 □ borderline 名 境界線　形 境界線上の；ぎりぎりの
類 □ boundary 名 境界（線）；限界

147 district
[dístrikt]
名 地区、区域；地域、街

でる a school **district**（学区）
でる a financial **district**（金融街）

類 □ area 名 地区；地域；面積；分野
□ region 名 地域、地方

アメリカの首都 Washington, D.C. の D.C. は、District of Columbia（コロンビア特別区）の略語です。どの州にも属さない連邦議会直轄の特別行政区なのです。

148 region
[ríːdʒən]
名 地域、地方

でる a mountainous **region**（山岳地域）[= a mountain region]
でる a tropical **region**（熱帯地方）

派 □ regional 形 地域の、地方の

district は「行政上の地区・区域」、region は「地理的・文化的な特徴を意味する地域」を表します。area は大小に関係なく、「地域」を表す最も一般的な語です。

サクッと復習テスト

❶ その中古車の価値 — the _____ of the used car
❷ 最悪の自然災害 — the worst natural _____
❸ 学区 — a school _____

答え: ❶ value ❷ disaster ❸ district

---

149 practice
[præktis]

名 練習；実行、実践；実際；慣習
動 ～を練習する；～を実行[実践]する

- でる Practice makes perfect.（練習が完璧な技を作り上げる⇒習うより慣れろ：諺）
- でる put the plan into practice（計画を実行する[実行に移す]）
- でる in practice（実際には）
- でる This is a common practice in Japan.
  （これは日本では一般的な慣習[やり方]である）

派 □ practical **形** 実用的な；実際的な

150 experiment
[ikspérəmənt]

名 実験
動 （～に対して／～で）実験を行う（on/with）

- でる conduct [perform/do] an experiment on ～（～の実験を行う）
- でる experiment on animals（動物実験を行う）

派 □ experimental **形** 実験の、実験的な

🎧 75

151 instruction
[instrʌ́kʃən]

名 指示、指令；指導；《～s》(取扱・使用)説明書

- でる give clear instructions to ～（～に明確な指示を出す）
- でる read the instructions（説明書を読む）

派 □ instruct **動** ～に（～するよう）指示する (to do)
□ instructive **形** 有益な、ためになる
□ instructor **名** 講師、教官

152 response
[rispɑ́ns]

名 反応、反響；対応；返答

- でる a natural response to ～（～に対する自然な反応）
- でる get favorable responses（良い回答[返事]をもらう）

熟 □ in response to ～　～に応えて
派 □ respond **動** （～に）反応する、対応する (to)；（～に）答える、返事をする (to)
類 □ reaction **名** 反応、反響；反発、反動

Chapter 2 ● 名詞

179

153 means
[míːnz] 名 手段、方法;金、資産

でる a **means** of transportation(交通手段)

でる Don't live beyond your **means**.(収入以上の暮らしをするな)

熟 □ by means of ~　~によって、~を用いて
□ by no means　決して~でない
□ by all means　必ず;是非とも

> within *one's* means(~の収入の範囲内で)も覚えておきましょう。

154 stage
[stéidʒ] 名 時期、段階;舞台　動 ~を上演する

でる at the early **stage** of ~(~の初期(段階)に)

でる go on **stage**(舞台に上がる)[= take the stage]

155 technology
[teknálədʒi] 名 科学技術、テクノロジー

でる the latest medical **technology**(最新の医療技術)

派 □ technological　形 科学技術の、技術的な
□ technique　名 技術、技法
□ technical　形 技術的な;専門的な

> IT業界のITは、information technology(情報技術)の略語です。

156 theory
[θíːəri] 名 理論

でる **Theory** and practice are two different things.
(理論と実践[実際]はまったく別だ)

でる in **theory**(理論的には、理論上は)

派 □ theoretical　形 理論的な
反 □ practice　名 実践、実行;実際、現実

157 exception
[iksépʃən] 名 例外、除外

でる There is no rule without **exceptions**.(例外のない規則はない:諺)
[= Every rule has (its) exceptions.]

派 □ exceptional　形 例外的な;非常に優れた
□ except　前 ~を除いて、~以外は

158 principle
[prínsəpl] 名 原理、原則;主義;方針

でる scientific **principles**(科学的原理[法則])

熟 □ in principle　原則として;原則上は

> 同音語のprincipal(最も重要な;校長)と混同しないように注意しましょう。

159 evidence
[évədəns]
名 証拠、根拠；証言

- present scientific **evidence** to prove ~ (~を証明するために科学的証拠を示す)
- give **evidence** in court (法廷で証言する)

派 □ evident 形 明白な、明らかな
　□ evidently 副 明らかに
類 □ proof 名 証拠、証明

160 function
[fʌ́ŋkʃən]
名 機能、働き；任務；会合　動 機能する、作動する

- the **function** of the liver (肝臓の機能)
- a social **function** (社交的な集まり、社交の場)
- **function** properly (正常に機能する)

派 □ functional 形 機能的な
　□ functionally 副 機能上

🎧 76

161 agent
[éidʒənt]
名 代理人（業者）、職員；捜査官；化学物質

- a travel **agent** (旅行代理業者)
- an FBI **agent** (FBI捜査官)
- a cleaning **agent** (洗浄剤)

派 □ agency 名 代理店；機関

162 item
[áitəm]
名 項目、品目；事項；ニュース記事［項目］

- a luxury **item** (贅沢品、高級品)

熟 □ item by item 項目別に、一項目毎に
派 □ itemize 動 ~を項目別にする

163 pile
[páil]
名 積み重ね、山　動 積み重なる（up）；~を積み重ねる

- a **pile** of books (本の山)
- The snow **piled** up high. (雪がたくさん積もった)

164 tip
[típ]

名 先；頂点；助言、ヒント；(レストランなどでの) チップ　動 ～にチップを渡す；～を傾ける

- でる the eastern **tip** of the peninsula（半島の東端）
- でる the **tip** of the iceberg（氷山の一角）
- でる I gave him a **tip**.（彼に助言 [アドバイス] をした／彼にチップを渡した）

165 addition
[ədíʃən]

名 追加；足し算

- でる an **addition** to the building（建物の増築部分）
- 熟 □ in addition　さらに、その上
  □ in addition to ～　～に加えて、～の他に
- 派 □ add　動 ～を加える；(～を) 増やす (to)
  □ additional　形 追加の
  □ additionally　副 さらに、その上

> 足し算は addition、引き算は subtraction と言います。

166 pollution
[pəlúːʃən]

名 汚染、公害

- でる air [noise] **pollution**（大気汚染 [騒音公害]）
- 派 □ pollute　動 ～を汚染する
  □ pollutant　名 汚染物質

167 poison
[pɔ́izn]

名 毒；害になるもの　動 ～に毒を盛る；～を汚染する

- でる contain a deadly **poison**（猛毒を含んでいる）
- 派 □ poisonous　形 有毒な；有害な

168 trial
[tráiəl]

名 裁判；試み；試練

- でる a criminal [civil] **trial**（刑事 [民事] 裁判）
- でる by **trial** and error（試行錯誤で）
- 熟 □ on trial　公判中で；試しに
- 派 □ try　動 試みる；～を試す；～を審理する　名 試み

169 customer
[kʌ́stəmər]

名 (商店・企業・銀行などの) 客、顧客、取引先

- でる a regular **customer**（常連客）

> guest は「招待客」、visitor は「訪問客、観光客」、client は「弁護士などへの依頼人客」を意味します。

サクッと復習テスト

1. 良い回答をもらう　　　　get favorable _____
2. 交通手段　　　　　　　　a _____ of transportation
3. 氷山の一角　　　　　　　the _____ of the iceberg

答え ① responses ② means ③ tip

170 genius
[dʒíːnjəs]

名 **天才**；天賦の才能

でる **Genius** is one percent inspiration and 99 percent perspiration.
（天才とは1％のひらめきと99％の汗 [努力のたまもの] である：発明王トマス・エディソンの残した名言）

🎧 77

171 favor
[féivər]

名 **好意、親切**

でる May I ask you a **favor**? （お願いをしてよろしいでしょうか）
[= May I ask a favor of you? = Could you do me a favor?]

熟 □ in favor of ~　~に賛成して；~に有利に
派 □ favorite 形 お気に入りの　名 大好きな物 [人]
　□ favorable 形 好意的な

172 grade
[gréid]

名 **学年**；成績；等級　動 ~を採点する

でる What **grade** are you in?（何年生ですか）
でる I'm in the fifth **grade**.（5年生です）

> 「得点、評点；成績」を意味する score と mark も覚えておきましょう。「満点を取る」は通常アメリカでは get a perfect score、イギリスでは get full marks と言います。

173 miracle
[mírəkl]

名 **奇跡；奇跡的な出来事**

でる believe in **miracles**（奇跡を信じる）
でる It was a **miracle** (that) ~（~は奇跡だった）

派 □ miraculous 形 奇跡の、奇跡的な
　□ miraculously 副 奇跡的にも

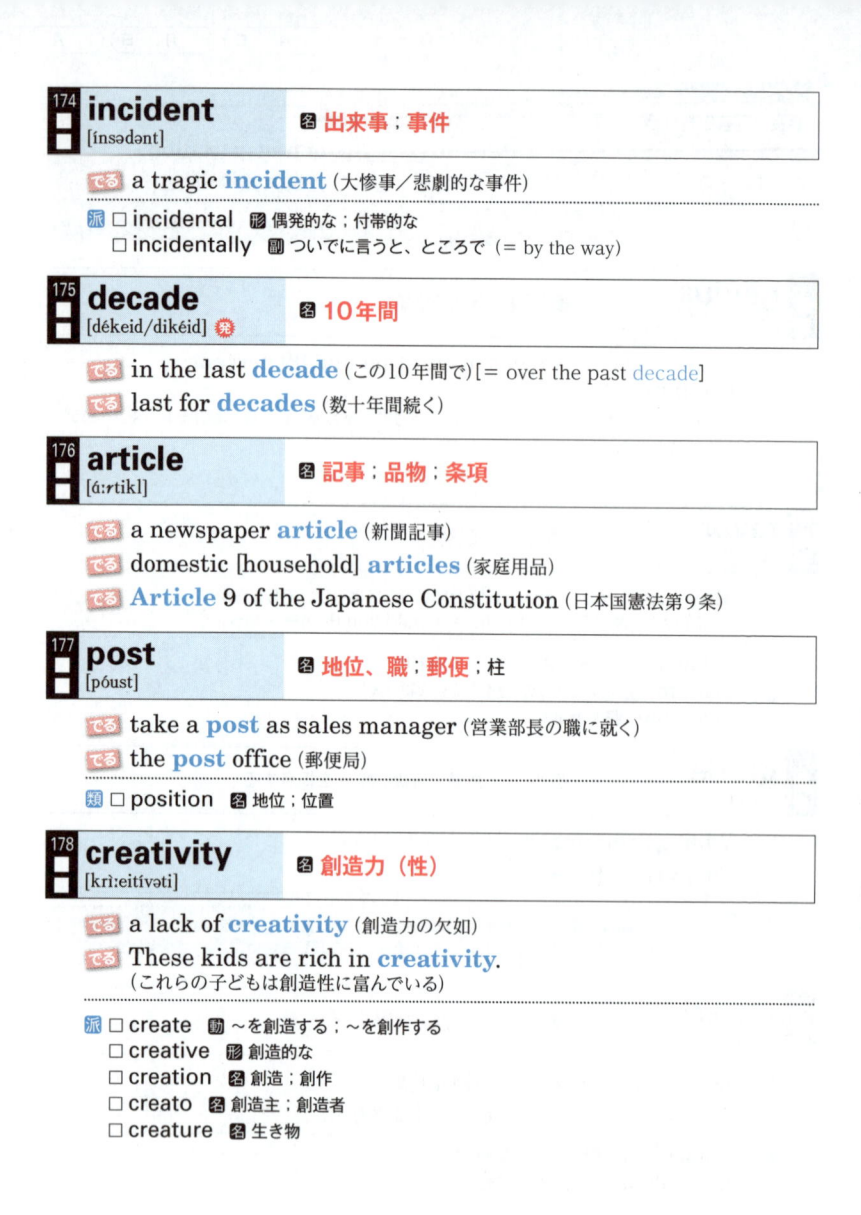

174 incident
[ínsədənt]

名 出来事；事件

- a tragic **incident**（大惨事／悲劇的な事件）
- 派 □ incidental **形** 偶発的な；付帯的な
  □ incidentally **副** ついでに言うと、ところで（= by the way）

175 decade
[dékeid/dikéid] 発

名 10年間

- in the last **decade**（この10年間で）[= over the past decade]
- last for **decades**（数十年間続く）

176 article
[á:rtikl]

名 記事；品物；条項

- a newspaper **article**（新聞記事）
- domestic [household] **articles**（家庭用品）
- **Article** 9 of the Japanese Constitution（日本国憲法第9条）

177 post
[póust]

名 地位、職；郵便；柱

- take a **post** as sales manager（営業部長の職に就く）
- the **post** office（郵便局）

類 □ position **名** 地位；位置

178 creativity
[krì:eitívəti]

名 創造力（性）

- a lack of **creativity**（創造力の欠如）
- These kids are rich in **creativity**.
  （これらの子どもは創造性に富んでいる）

派 □ create **動** ～を創造する；～を創作する
□ creative **形** 創造的な
□ creation **名** 創造；創作
□ creato **名** 創造主；創造者
□ creature **名** 生き物

179 subject
[sʌ́bdʒikt] 🎯
名 話題、主題；科目；主語　**形** 影響を受けやすい
動 [səbdʒékt] 🎯 ～を受けさせる；～を服従させる

- でる the **subject** of the discussion（討論の話題）
- でる the **subject** and the verb in the sentence（その文の主語と動詞）

- 熟 □ *be* subject to ～　～を受けやすい；～に従わなければならない
- 派 □ subjective **形** 主観的な
- 類 □ topic **名** 話題、主題、トピック
  □ theme **名** 話題、主題、テーマ

180 object
[ábdʒikt] 🎯
名 物；目的；対象　**動** [əbdʒékt] 🎯（～に）反対する（to）

- でる a small metal **object**（小さな金属製の物体）
- でる What's the **object** of the game?（そのゲームの目的は何ですか）
- でる an **object** of attention [admiration]（注目 [賞賛] の的）
- でる They **objected** to the new policy.（彼らは新政策に反対した）

- 派 □ objection **名** 反対（意見）、異議
  □ objective **形** 客観的な　**名** 目標、目的

🎧 78

181 freedom
[frí:dəm]
名 自由；解放；独立

- でる **freedom** of speech [expression]（言論 [表現] の自由）
- でる have the **freedom** to choose ～（～を選択する自由がある）

- 派 □ free **形** 自由な；暇な　**動** ～を解放する
  □ freely **副** 自由に
- 類 □ liberty **名** 自由

182 appointment
[əpɔ́intmənt]
名 予約、約束；任命

- でる make an **appointment**（予約をする、人と会う約束をする）
- でる his recent **appointment** as manager（この度の彼の部長への任命）

- 派 □ appoint **動** ～を指定する；～を任命する

183 strength
[stréŋkθ] 名 力、強さ；長所

- でる physical and mental **strength** (体力と精神力)
- でる **strengths** and weaknesses (強さと弱さ、長所と短所)

派 □ strengthen 動 ～を強くする
　□ strong 形 強い
　□ strongly 副 強力に
類 □ power 名 力、強さ；権力
反 □ weakness 名 弱さ；短所

184 measure
[méʒər] 🌟
名 対策、措置；基準、尺度；寸法
動 ～を測定する；～を評価する

- でる take safety **measures** (安全対策を取る)
- でる an accurate **measure** of ~ (～を測る正確な基準)
- でる The nurse **measured** my height. (看護師は私の身長を測った)

派 □ measurement 名 寸法；測定

> major [méidʒər] (大きな；専攻) と混同しないように注意しましょう。

185 process
[práses] 名 過程、経過；工程、手順
動 ～を加工する、処理する

- でる in the **process** of ~ (～の過程で、～の最中で)
- でる the whole **process** of ~ (～の全工程)
- でる **process** *A* into *B* (AをBに加工処理してBにする)

派 □ processed 形 加工処理された
　□ proceed 動 進行する；続行する 名《～s》収益、売上げ
　□ procedure 名 手順；手続き
　□ procession 名 行進；行列

186 deal
[díːl] 名 取引；扱い；量
動 （～に）対処する、対応する (with)；（～を）商う (in)

- でる make a **deal** with ~ (～と取引する)
- でる **deal** with various problems (さまざまな問題に対処する[取り組む])

派 □ dealer 名 業者、ディーラー
　□ dealing 名 取引、売買
熟 □ a good [great] deal of ~
　　かなりたくさんの～、多量の～

> deal の活用変化は deal-dealt-dealt です。

サクッと復習テスト

❶ お願いをしてよろしいでしょうか。 May I ask you a _____?
❷ 何年生ですか。 What _____ are you in?
❸ 予約する make an _____

答え ❶ favor ❷ grade ❸ appointment

---

187 **degree** [digríː]
名 程度；（温度・緯度などの）度；学位

でる to some **degree**（ある程度）[= to some extent]
でる minus 15 **degrees** Celsius（摂氏マイナス15度）
でる earn a **degree** in economics（経済学の学位を取得する）

熟 □ by degrees 徐々に、少しずつ（= gradually）
類 □ extent 程度；範囲

188 **range** [réindʒ]
名 範囲、領域；列、並び
動 及ぶ、わたる；〜を並べる

でる at a wide **range** of prices（幅広い価格帯で）
でる a mountain **range**（山脈）
でる Their ages **range** from 16 to 25.（彼らの年齢は16歳から25歳に及ぶ）

189 **figure** [fígjər]
名 数字；図表；姿；形 動 〜と考える

でる add up all **figures**（すべての数字を合計する）
でる as shown in the **figure** below（下記の図に示されるように）
でる I **figured** (that) 〜（〜だと思った）

熟 □ figure out 〜 〜を理解する；〜を考えつく

190 **talent** [tǽlənt]
名 才能、天分

でる have a natural **talent** for music（音楽に対する天賦の才能を持っている）

派 □ talented 形 才能のある、優れた
類 □ gift 名 才能；贈り物

「テレビタレント」はTV talentではなく、TV personality や TV performer と言います。

191 scene [síːn]
名 場面、シーン；景色、光景；現場

- the last **scene** in the movie（その映画の最後のシーン）
- a beautiful **scene**（美しい景色［光景］）

派 □ scenery 名 景色、風景
　□ scenic 形 景色の良い
類 □ landscape 名 景色、風景

192 sight [sáit]
名 光景；名所；視力　動 ～を見つける、見かける

- a magnificent **sight**（壮大な眺め）
- see [do] the **sights** of ～（～の観光をする）
- He lost his **sight**.（彼は視力を失った⇒彼は盲目になった）
- Dolphins can be **sighted** from the shore.
  （海岸からイルカを見ることができる）

熟 □ catch [lose] sight of ～
　　～を見つける［見失う］
　□ at the sight of ～　～を見て
　□ at first sight
　　一目見て、一見して（= at first glance）
　□ in sight　見えて；間近に
　□ out of sight　見えなくて

> sightseeing（観光）も覚えておきましょう。go sightseeing in ～（～へ観光に行く）の形でよく使われます。

193 site [sáit]
名 敷地、現場；跡地、遺跡

- a construction **site**（工事現場）
- a historic **site**（史跡、旧跡）

> 同音語の sight（光景；～を見つける）と混同しないように注意しましょう。

194 desert [dézərt]
名 砂漠　動 [dizə́ːrt] ～を見捨てる

- live in the **desert** area（砂漠地帯で暮らす）
- The man **deserted** his wife and children.（その男は妻子を捨てた）

派 □ desertification 名 砂漠化
　□ deserted 形 さびれた；放棄された

> dessert [dizə́ːrt]（デザート）と混同しないように注意しましょう。

195 aid
[éid]

名 助力、援助；救済　**動** ～を助ける、援助する

- でる humanitarian **aid**（人道支援）
- でる give [provide] first **aid** to ~（～に応急処置を施す）
- でる They **aided** me with money.（彼らは金銭面で支援してくれた）

> 同音語の aide（補佐官；助手）と混同しないように注意しましょう。

196 fame
[féim]

名 名声；評判

- でる achieve [gain/win] international **fame**
（世界的名声を得る、世界的に有名になる）

派 □ famous **形** 有名な
　□ infamous [ínfəməs] **発** **形** 悪名高い

197 wisdom
[wízdəm]

名 知恵、分別、良識

- でる Use your **wisdom**.（知恵 [英知] を用いよ）
- でる a **wisdom** tooth（知恵歯⇒智歯、親知らず）

派 □ wise **形** 賢い
　□ wisely **副** 賢明に

> wisdom は wise の名詞形なので「知恵」、knowledge は know の名詞形なので「知識」と覚えておきましょう。

198 audience
[ɔ́:diəns]

名 聴衆、観衆、観客

- でる There was a large [small] **audience**.（聴衆が多かった [少なかった]）

> audience は「劇・コンサート・映画などの聴衆、観客」、spectator は「野球・サッカーなどのスポーツ試合の観客」を意味します。

199 drug
[drʌ́g]

名 薬、医薬品；麻薬

- でる a **drug** company（製薬会社）
- でる do **drugs**（麻薬をやる）

類 □ medicine **名** 薬、医薬品

> drugstore は「麻薬を売っている店」ではなく、「薬局」（= pharmacy）のことです。

200 author
[ɔ́:θər]

名 著者、作家

- Who is your favorite **author**? (あなたのお気に入りの著者は誰ですか)
- a best-selling **author** (ベストセラー作家)

類 □ writer **名** 著者、作家

🎧 80

201 feature
[fí:tʃər]

名 特徴、特色；《~s》顔立ち；特集
動 ~を特集する；~を特徴とする

- the main **feature** of ~ (~の主な特徴)
- This topic will be **featured** in the next issue.
  (次号ではこの話題が特集される)

202 alarm
[əlá:rm]

名 警報器；目覚まし時計；不安、恐怖
動 ~を不安にさせる

- a fire [smoke] **alarm** (火災[煙]警報器)
- set the **alarm** (clock) (目覚まし時計をセットする)
- The spread of the disease **alarmed** people.
  (その病気の蔓延は人々を不安に陥れた)

派 □ alarming **形** 驚くべき；憂慮すべき

203 standard
[stǽndərd]

名 標準、水準；規格　**形** 標準の、基準となる

- the **standard** of living (生活水準) [= the living standard]
- above [below] **standard** (水準以上[以下]で)

派 □ standardize **動** ~を標準化[規格化]する、統一する
　□ standardized **形** 標準化[規格化]された

204 match
[mǽtʃ]

名 試合；競争相手；マッチ（棒）
動 ~と調和する；~に匹敵する

- a friendly soccer **match** between Japan and Brazil
  (日本対ブラジルのサッカー親善試合)
- He is no **match** for me at chess. (チェスでは彼は私の敵ではない)
- strike [light] a **match** (マッチを擦る)
- This tie **matches** your shirt. (このネクタイはあなたのシャツに合っている)

派 □ matching **形** よく似合う

サクッと復習テスト

① 幅広い価格帯で　　　　　　　　　at a wide _____ of prices
② すべての数字を合計する　　　　　add up all _____
③ 世界的名声を得る　　　　　　　　achive international _____

答え ① range ② figures ③ fame

205 quality
[kwáləti]

名 質；良質；特製

でる a question of **quality** and quantity（質と量の問題）
でる have a reputation for **quality**（品質の良さで定評がある）

派 □ qualify 動 ～に資格を与える
　 □ qualitative 形 質的な
反 □ quantity 名 量

206 quantity
[kwántəti]

名 量；分量

でる Quality matters more than **quantity**.（量より質が大切だ）
でる a small [large] **quantity** of water（少量 [大量] の水）

派 □ quantitative 形 量的な

207 disease
[dizíːz]

名 病気、疾患

でる a serious heart **disease**（重度の心疾患）

類 □ sickness 名 病気
　 □ illness 名 病気

disease は主に特定の病名の付く病気に用います。

208 cancer
[kǽnsər]

名 がん

でる die of lung [breast] **cancer**（肺がん [乳がん] で亡くなる）

派 □ cancerous 形 がんの

209 muscle
[mʌ́sl]

名 筋肉

でる **muscle** and fat（筋肉と脂肪）

派 □ muscular [mʌ́skjulər] 形 筋肉の

210 sweat
[swét]

名 汗　動 汗をかく

でる She wiped the **sweat** from [off] her face. (彼女は顔の汗をふいた)

派 □ sweaty 形 汗まみれの

> wipe は「～をふく、ぬぐう」の意味を表す動詞です。日本語の「セーター」は、英語で sweater [swétər] と言います。発音に注意しましょう。

🎧 81

211 garbage
[gá:rbidʒ] 発

名 (生) ゴミ；くだらないもの

でる a **garbage** bag [can] (ゴミ袋[箱])

でる take out the **garbage** (ゴミを出す)

> garbage (生ゴミ) と trash (乾いたゴミ) は主にアメリカで、rubbish (生ゴミ&乾いたゴミなどすべてのゴミ) は主にイギリスで用いられる語です。

212 bill
[bíl]

名 請求書；勘定（書）；紙幣；法案

でる pay the **bill** (請求額を支払う／勘定を払う)

でる a ten-dollar **bill** (10ドル札)

でる pass a **bill** (法案を可決する)

213 poet
[póuit] 発

名 詩人

でる This is a poetry book written by a famous Irish **poet**.
(これは有名なアイルランドの詩人によって書かれた詩集である)

派 □ poem 名 (一編の) 詩
　□ poetry 名 (集合的に) 詩、詩歌 (= poems)
　□ poetic 形 詩的な；詩の

214 pleasure
[pléʒər]

名 喜び、楽しみ、満足、光栄

でる take great **pleasure** in learning French
(フランス語を学ぶことに大きな喜びを感じる)

でる She accepted the offer with **pleasure**.
(彼女は快くその申し出を引き受けた)

派 □ pleasant [plézənt] 発 形 楽しい；心地良い
　□ unpleasant 形 不愉快な、嫌な
　□ please 動 ～を喜ばせる

215 joy
[dʒɔ́i]

名 **(非常な) 喜び、歓喜**；喜びの種

でる My heart danced for [with] **joy**. (喜びのあまり私の心は踊った)

熟 □ to A's joy 嬉しいことに
派 □ joyful 形 喜ばしい、嬉しい
　□ enjoy 動 ~を楽しむ

216 anger
[ǽŋgər]

名 **怒り、憤り**

でる shout in **anger** (怒って大声を出す)
でる He was filled with **anger**. (彼は怒りに満ちていた)

派 □ angry 形 怒った
　□ angrily 副 怒って

217 sorrow
[sárou]

名 **悲しみ、悲痛**

でる the joys and **sorrows** of life (人生の喜びと悲しみ⇒人生の悲喜)

派 □ sorrowful 形 悲しそうな；痛ましい
類 □ sadness 名 悲しみ

218 shame
[ʃéim]

名 **恥、恥ずかしさ；残念なこと**　動 ~を恥じ入らせる

でる a sense of **shame** (羞恥心)
でる What a **shame**! (それは残念だ!)

派 □ shameful 形 恥ずべき
　□ shameless 形 恥知らずの

219 pity
[píti]

名 **哀れみ、同情；残念なこと**
動 **~をかわいそうに思う、~に同情する**

でる feel **pity** for ~ (~を哀れむ、~に同情する)
でる It's a **pity** (that) ~ (~とは残念だ)

派 □ pitiful 形 哀れな、みじめな；気の毒な (= pitiable)
　□ pitiless 形 無慈悲な、情け容赦のない
類 □ sympathy 名 同情；共感

220 voice
[vɔ́is]

名 声；意見　動 ～を声に出す

でる speak in a loud [low] **voice**（大きな声 [小さな声／低い声] で話す）
でる She **voiced** her opinion.（彼女は自分の意見を述べた）

派 □ vocal　形 声の；主張する

🎧 82

221 harmony
[hɑ́ːrməni]

名 調和、一致、協調；ハーモニー [和声]

でる work in **harmony** with ～（～と協調 [調和] して働く）
でる sing in **harmony**（和声で歌う、ハモる）

派 □ harmonious　形 仲のよい；調和した；和声の
　 □ harmonize　動 調和 [一致] する；ハモる

222 generation
[dʒènəréiʃən]

名 世代；生成

でる the younger **generation**（若い世代）
でる for **generations**（何世代にもわたって）[= from generation to generation]

派 □ generate　動 ～を生み出す；～を発生させる
　 □ generator　名 発電機

> 今や日本語でも世代の差・世代間のずれを「ジェネレーション・ギャップ」(generation gap) と言います。

223 breath
[bréθ] 発

名 息；呼吸

でる have bad **breath**（口臭がある、息が臭い）
でる take a deep **breath**（深呼吸をする、大きく息を吸う）

熟 □ out of breath　息を切らして
　 □ hold *one's* breath　息を止める；かたずを飲む
派 □ breathe [bríːð] 発　動 呼吸する；～を吸い込む
　 □ breathing　名 呼吸

224 income
[ínkʌm]

名 収入、所得

でる a high [low] **income**（高 [低] 収入）

反 □ outgo　名 支出（= expense）

> 「高 [低] 収入」は high [low] の代わりに、large [small] を使うこともあります。income の反意語は outgo や expense であり、outcome（結果、結末）ではないので注意しましょう。

194

サクッと復習テスト

①肺がんで亡くなる　　die of lung _____
②彼女は顔の汗をふいた。　She wiped the _____ from her face.
③何世代にもわたって　　for _____

答え ① cancer ② sweat ③ generations

---

225 conference [kάnfərəns]
名 会議、協議

- でる an international **conference**（国際会議）
- でる a press **conference**（記者会見）
- 派 □ confer 動 協議する、相談する
- 類 □ meeting 名 会議

226 occasion [əkéiʒən]
名 時、場合；日、機会

- でる on many **occasions**（たびたび、何度も）
- でる for a special **occasion**（特別な日［機会］のために）
- 熟 □ on occasion 時折（= occasionally）
- 派 □ occasional 形 時折の、たまの
  □ occasionally 副 時折、たまに

227 cooperation [kouάpəréiʃən] 発
名 協力、協同

- でる We appreciate your **cooperation** in this matter.
  （本件に関するご協力に感謝致します）
- 熟 □ in cooperation with ~（～と）協力して
- 派 □ cooperate [kouάpərèit] 発
  動（～と）協力する（with）
  □ cooperative 形 協力的な、協同の

> 「生活協同組合、生協」のことをコープと言いますが、それはcooperative の略語で、co-op または coop と綴ります。

228 corporation [kɔ̀:rpəréiʃən] 発
名 企業；法人

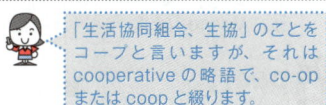

- でる a large [major] **corporation**（大企業）
- でる a multinational **corporation**（多国籍企業）
- 派 □ corporate [kɔ́:rpərət] 発
  形 会社の；法人の

> cooperation [kouάpəréiʃən]（協力、協同）と混同しないように注意しましょう。

Chapter 2 ● 名詞

195

229 citizen
[sítəzən]

名 国民；市民

でる a U.S. citizen（米国国民 [市民]）
でる a citizens' group（市民団体）

派 □ citizenship 名 市民権

230 grace
[gréis]

名 優雅さ、上品さ；優しさ；(神の) 恵み

でる Her behavior was full of grace.
（彼女の立ち振る舞いは優雅さ [気品] に満ちていた）

派 □ graceful 形 優雅な、上品な
　□ gracious 形 親切な、寛大な

🎧 83

231 portion
[pɔ́ːrʃən]

名 部分、一部；取り分

でる a large portion of the proceeds（収益 [売上げ] の大部分）
でる a portion of the land（その土地の一部）

232 edge
[édʒ]

名 端、ふち；刃；瀬戸際　動 じりじりと進む

でる the edge of the table（テーブルの端）
でる a knife with a sharp edge（鋭い刃のナイフ）

熟 □ on the edge of ～　～の危機に瀕して（= on the verge of ～）
派 □ edgy 形 いらいらした
類 □ verge 名 端、ふち；瀬戸際

233 peer
[píər]

名 仲間、同級生、同僚

でる feel peer pressure（周囲 [仲間] からの圧力を感じる）

234 branch
[bræntʃ]

名 枝；支店、支社；部門

でる a tree branch（木の枝）
でる open a new branch in Bangkok（バンコクに新支店を開設する）

> brunch [brʌ́ntʃ]（ブランチ、朝食を兼ねた昼食）と混同しないように注意しましょう。

235 fatigue
[fətíːg]
名 疲労、疲れ **動** ～をひどく疲れさせる

- feel heavy **fatigue**（ひどい疲労を感じる）
- She was **fatigued** with [from] her long journey.
  （彼女は長旅で疲れ切っていた）

類 □ weariness **名** 疲労、疲れ（= tiredness）

236 laboratory
[lǽbərətɔ̀ːri]
名 実験室；研究所

- enter the **laboratory**（実験室 [研究所] に入る）

> laboratory を略して lab と言います。lavatory [lǽvətɔ̀ːri]（洗面所、お手洗い）と混同しないように注意しましょう。

237 trace
[tréis]
名 跡、形跡；手がかり
動 ～の跡をたどる；～を捜し出す

- find a **trace** of ～（～の形跡を見つける）
- **trace** the origin of ～（～の起源をたどる [尋ねる]）

熟 □ **trace** back to ～　～にさかのぼる、由来する

238 clue
[klúː]
名 手がかり、糸口；ヒント

- a **clue** to the mystery of ～（～の謎を解く手がかり）

派 □ clueless
　 形 手がかりがない；まったく分からない
類 □ hint **名** 手がかり；ヒント

> crew [krúː]（乗組員；乗務員）と混同しないように注意しましょう。

239 trick
[trík]
名 いたずら；策略；手品 **動** ～をだます

- play a **trick** on ～（～にいたずら [悪ふざけ] をする）
- use a dirty **trick**（汚い策略を使う）

派 □ tricky **形** 面倒な；狡猾な

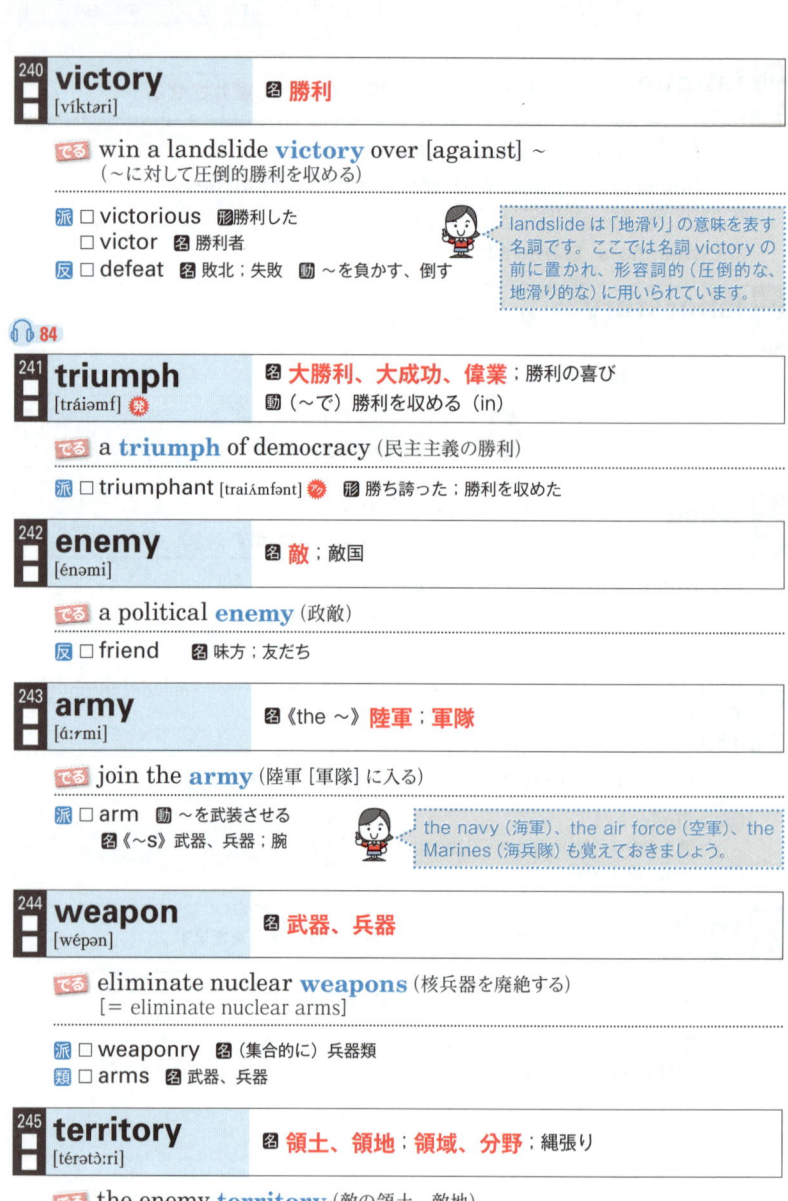

240 victory
[víktəri] 名 勝利

でる win a landslide **victory** over [against] ~
(〜に対して圧倒的勝利を収める)

派 □ victorious 形 勝利した
　□ victor 名 勝利者
反 □ defeat 名 敗北；失敗 動 〜を負かす、倒す

> landslide は「地滑り」の意味を表す名詞です。ここでは名詞 victory の前に置かれ、形容詞的（圧倒的な、地滑り的な）に用いられています。

🎧 84

241 triumph
[tráiəmf] 発 名 大勝利、大成功、偉業；勝利の喜び
動 （〜で）勝利を収める（in）

でる a **triumph** of democracy（民主主義の勝利）

派 □ triumphant [traiʌ́mfənt] アク 形 勝ち誇った；勝利を収めた

242 enemy
[énəmi] 名 敵；敵国

でる a political **enemy**（政敵）

反 □ friend 名 味方；友だち

243 army
[ɑ́ːrmi] 名《the 〜》陸軍；軍隊

でる join the **army**（陸軍[軍隊]に入る）

派 □ arm 動 〜を武装させる
　名《〜s》武器、兵器；腕

> the navy（海軍）、the air force（空軍）、the Marines（海兵隊）も覚えておきましょう。

244 weapon
[wépən] 名 武器、兵器

でる eliminate nuclear **weapons**（核兵器を廃絶する）
[= eliminate nuclear arms]

派 □ weaponry 名（集合的に）兵器類
類 □ arms 名 武器、兵器

245 territory
[térətɔ̀ːri] 名 領土、領地；領域、分野；縄張り

でる the enemy **territory**（敵の領土、敵地）
でる move into new **territory**（新しい領域[分野]に参入する）

派 □ territorial 形 領土の、領土に関する；縄張りを持つ

サクッと復習テスト

1. 国際会議 — an international _____
2. 彼女の立ち振る舞いは気品に満ちていた。 — Her behavior was full of _____.
3. 実験室に入る — enter the _____

答え：① conference　② grace　③ laboratory

---

246 stock [sták]
名 在庫品；株（式）；備蓄　**動** ～を仕入れる、置く

- in [out of] **stock**（在庫があって[品切れで]）
- the **stock** market（株式市場）
- The restaurant **stocks** a wide selection of wines.（そのレストランはワインの品揃えが充実している）

247 ash [ǽʃ]
名 灰；《～es》遺骨、遺灰

- cigarette **ashes**（たばこの灰）
- volcanic **ashes**（火山灰）

> 「灰皿」は ashtray と言います。

248 core [kɔ́ːr]
名 中心部、核心；（果物の）芯

- get to the **core** of the problem（問題の核心に迫る）
- an apple **core**（リンゴの芯）

249 literature [lítərətʃər]
名 文学（作品）；文献

- She's majoring in English **literature**.（彼女は英文学を専攻している）

派
- □ literary **形** 文学の
- □ literal **形** 文字通りの
- □ literally **副** 文字通り

250 career [kəríər] 発
名 仕事、職業；経歴

- pursue a **career** in acting（役者の仕事を志す、演劇の分野に進む）
- have a brilliant **career** as a lawyer（弁護士としての輝かしい経歴を持つ）

> career [kəríər] は「キャリア」とは発音しません。「キャリア」と発音すれば、むしろ carrier [kǽriər]（運送業者）の発音に近くなります。

251 colleague
[kɑ́liːg]
名 同僚、仲間

でる a reliable colleague (頼りになる同僚)

類 □ coworker 名 同僚、仲間；共働者

252 acquaintance
[əkwéintəns]
名 知り合い、知人；知識

でる an acquaintance of mine (私の知り合い)

派 □ acquaint
動 ～に（～を）精通させる（with）

> acquaintance は、friend（友達、友人）ほど親密な関係はないが、面識のある「知り合い、知人」のニュアンスを持つ語です。

253 rumor
[rúːmər]
名 うわさ、風説　動 ～をうわさする

でる I heard the rumor that ～ (～といううわさを聞いた)

でる Rumor has it that ～ (うわさでは～とのことだ)

でる It is rumored (that) ～ (～といううわさである)

254 usage
[júːsidʒ]
名 語法；用法；利用

でる the most common usage of the word (その語の最も一般的な語法[用法])

派 □ use 動 ～を使う　名 使用、利用
□ usable 形 使用可能な

255 status
[stǽtəs/stéitəs]
名 地位、身分；状況

でる social status (社会的地位)

でる the present status of ～ (～の現在の状況)

類 □ position 名 地位、身分

256 industry
[índəstri]
名 産業、工業；業界；勤勉

でる the automobile industry (自動車産業[業界])
[= the auto industry]

でる in this industry (この業界で)

派 □ industrial 形 産業の、工業の
□ industrious 形 勤勉な（= diligent）
□ industrialization 名 産業化、工業化

257 policy
[pάləsi]

名 政策、方針；主義、やり方

- an active foreign **policy**（積極的な外交政策）
- our company **policy**（当社の方針）
- Honesty is the best **policy**.（正直は最良の策なり：諺）

258 scholar
[skάlər]

名 学者、研究者；奨学生

- a distinguished legal **scholar**（著名な法学者）

派 □ scholarship 名 奨学金；学識
　□ scholarly 形 学術的な、学者の

259 surface
[sə́ːrfis] 発

名 表面；外見　形 表面の　動 表面化する；浮上する

- the road **surface**（路面）
- Many problems have **surfaced**.（多くの問題が表面化した）

熟 □ on the surface　表面上は、うわべは

260 material
[mətíəriəl]

名 原料、物質；《〜s》用具；題材　形 物質的な

- radioactive **materials**（放射性物質）
- useful reading **materials**（役に立つ読み物）
- **material** wealth（物質的な富［豊かさ］）

派 □ materialism 名 物質主義

> radioactive は「放射性の；放射能のある」の意味を表す形容詞です。

261 baggage
[bǽgidʒ]

名 手荷物

- a lot of **baggage**（多くの手荷物）

> baggage は不可算名詞です。数える場合には a piece of baggage, two pieces of baggage…のようになります。baggage はアメリカで、luggage はイギリスで主に用いられています。

262 caution
[kɔ́ːʃən]

名 注意、用心；警告　動 〜を警告する

- with extreme **caution**（非常に注意して⇒細心の注意を払って）

派 □ cautious 形 慎重な、用心深い

263 device [diváis]
名 (測定・記録などの) **装置、器具**；工夫

- でる a safety **device** (安全装置)
- 派 □ devise [diváiz] 発 **動** ～を工夫する、考案する

264 substance [sʌ́bstəns]
名 物質；本質、実質；内容、中身

- でる harmful **substances** (有害物質)
- でる the **substance** of the problem (その問題の本質)
- でる The speech lacked **substance**.
  (そのスピーチは内容が乏しかった [中身がなかった])
- 派 □ substantial **形** 実質的な；かなりの、相当の

265 structure [strʌ́ktʃər]
名 構造；**構成**；**建造物**

- でる the social [economic] **structure** (社会 [経済] 構造)
- でる the sentence **structure** (文の構造、構文)
- でる a pyramid-like **structure** (ピラミッドのような建造物)
- 派 □ structural **形** 構造上の；構成上の

「リストラ」「インフラ」は、英語で restructuring, infrastructure と言います。

266 atmosphere [ǽtməsfiər]
名 雰囲気；**大気、空気**

- でる a restaurant with a romantic **atmosphere**
  (ロマンチックな雰囲気のレストラン)
- でる release carbon dioxide into the **atmosphere**
  (二酸化炭素を大気中へ放出する)
- 派 □ atmospheric [ætməsférik] **形** 大気 [中] の；雰囲気のある

267 issue [íʃuː]
名 問題 (点)；**(雑誌などの) 号**；発行
動 ～を発行する；～を発する

- でる raise the **issue** of ～ (～の問題を提起する)
- でる the May **issue** of *Reader's Digest* (「リーダーズダイジェスト誌」の5月号)
- でる **issue** a certificate (証明書を発行 [交付] する)
- でる **issue** an official statement (公式声明を発表する)

サクッと復習テスト

❶ たばこの灰 — cigarette _____
❷ 問題の核心に迫る — get to the _____ of the problem
❸ 放射性物質 — radioactive _____

答え ❶ ashes ❷ core ❸ materials

---

268 faith [féiθ]
名 信頼、信用；信仰（心）

- have **faith** in her honesty（彼女の正直さ[誠実さ]を信頼する）
- have **faith** in God（神に対する信仰心を持つ）

派 □ faithful **形** 忠実な、誠実な

269 crisis [kráisis] 発
名 危機、難局

- an oil [energy] **crisis**（石油[エネルギー]危機）
- in **crisis**（危機的状態で）

派 □ critical **形** 危機的な、瀕死の；批判的な

> crisis の複数形は crises [kráisiːz] です。

270 profit [práfit]
名（金銭的）利益、収益

- make a **profit**（利益を得る）
- our company's **profits**（我が社の利益）

派 □ profitable **形** もうかる；有益な
類 □ benefit **名** 利益 **動** 利益を得る
反 □ loss **名** 損失

271 benefit [bénəfit]
名 利益；恩恵
動（～から）利益を得る (from)；～の利益になる

- for the **benefit** of ~（~の[利益の]ために）
- **benefit** from the course（その講座から利益を得る[恩恵を受ける]）

派 □ beneficial **形** 有益な、ためになる

272 agriculture [ǽgrikʌltʃər]
名 農業

- They are engaged in **agriculture**.（彼らは農業に従事している）

派 □ agricultural **形** 農業の

273 crop
[kráp]

名 (農) 作物；収穫 (高)

でる What are the main **crops** in this region?
(この地域の主要な農作物は何ですか)

でる We had a bumper rice **crop** last year. (昨年は米が大豊作だった)

> bumperは「非常に豊富な」の意味を表す形容詞です。

274 grain
[gréin]

名 穀物、穀類；一粒

でる import **grain** from other countries (穀物を他国から輸入する)

> grain (穀物) には rice (米)、wheat (小麦)、corn (トウモロコシ) の他、oats (オート麦)、barley (大麦)、rye (ライ麦)、millet (キビ) などがあります。

275 harvest
[há:rvist]

名 収穫高；収穫；成果　動 ～を収穫する

でる a good [poor] potato **harvest** (ジャガイモの豊作 [不作])

でる **harvest** the crops (作物を収穫する)

276 progress
[prágres]

名 進歩、発展、進展
動 [prəgrés] 進歩する；前進する

でる technological [economic] **progress** (技術的進歩 [経済発展])

でる make remarkable **progress** (著しく進歩する [上達する])

熟 □ in progress　進行中で
派 □ progressive
　　形 進歩的な；漸進的な

> make progress (進歩する) の基本形を覚えておけば、make no progress (まったく進歩しない)、make little progress (ほとんど進歩しない)、make much [a lot of] progress (かなり進歩する) などもすぐに理解できます。

277 notion
[nóuʃən]

名 考え、意見、観念、概念

でる have a vague **notion** that ~
(~という漠然とした考えを持つ、~のように漠然と考える)

でる a fixed **notion** (固定観念) [= a stereotype]

類 □ idea　名 アイデア、発想；意見、見解
　　□ concept　名 概念；発想

278 concept
[kánsept]
名 概念、観念；発想、考え方

- でる the basic **concept** of ~ (~の基本概念[コンセプト])
- でる an old-fashioned **concept** (時代遅れの考え方[概念])

派 □ conceive **動** ~を思いつく；~を想像する；妊娠する
　□ conception **名** 構想；概念；妊娠

279 revolution
[rèvəlúːʃən]
名 革命；大変革；公転；回転

- でる the Industrial [French] **Revolution** (産業[フランス]革命)
- でる a cultural [technological] **revolution** (文化[技術]革命)

派 □ revolutionary **形** 革命的な；革新的な
　□ revolutionize **動** ~に革命をもたらす；~を大改革する
　□ revolve **動** 回転する；公転する

280 civilization
[sìvəlizéiʃən]
名 文明

- でる Western **civilization** (西洋文明)

派 □ civilize **動** ~を文明化する
　□ civilized **形** 文明化した、文明的な
　□ civil **形** 市民の；民間の；民事の
類 □ culture **名** 文化

🎧 88

281 shortage
[ʃɔ́ːrtidʒ]
名 不足、欠乏

- でる a **shortage** of jobs (仕事不足)
- でる a housing **shortage** (住宅不足、住宅難)

派 □ short **形** 短い；(~が)不足して (of)
類 □ lack **名** 不足、欠乏
　□ want **名** 不足、欠乏

282 souvenir
[sùːvəníər]
名 土産、記念品

- でる a **souvenir** from the Philippines (フィリピンのお土産)

283 proportion
[prəpɔ́:rʃən]
名 比率、割合；釣り合い、バランス

でる the proportion of males to females（女性に対する男性の割合⇒男女比）
でる in [out of] proportion（釣り合いが取れて [不釣り合いで]）

熟 □ in proportion to ~　~に比例して
類 □ ratio　名 比率、割合

284 emphasis
[émfəsis] 発
名 (~の) 強調、重視、重点 (on)

でる put emphasis on ~（~を強調 [重視] する）

派 □ emphasize [émfəsàiz] 発　動 ~を強調する
　□ emphatic [imfǽtik] 発　形 強調された；断固たる
類 □ stress　名 強調；強勢　動 ~を強調する

> emphasis の複数形は emphases [émfəsi:z] です。

285 circumstance
[sə́:rkəmstæns]
名 《~s》状況、事情、環境

でる under [in] the circumstances（こういう状況では、現状では）
でる family circumstances（家庭の事情）

熟 □ under [in] no circumstances　いかなる場合でも~ない、決して~しない
類 □ situation　名 状況、状態

286 reputation
[rèpjutéiʃən]
名 評判；名声

でる have a good [bad] reputation（評判が良い [悪い]）

派 □ repute　名 評判；名声　動 ~を評する；~と見なす
類 □ fame　名 名声

287 source
[sɔ́:rs]
名 源、出所；原因

でる a source of energy（エネルギー源）[= an energy source]
でる the source of trouble（トラブルの原因）

> 同音語の sauce（ソース）と混同しないように注意しましょう。

288 resource
[rí:sɔ:rs] アク
名 《~s》資源；資料

でる natural resources（天然資源）
でる human resources（人的資源、人材）

サクッと復習テスト

❶ 石油危機　　　　　　　an oil _____
❷ 著しく進歩する　　　　make remarkable _____
❸ 仕事不足　　　　　　　a _____ of jobs

答え ❶ crisis ❷ progress ❸ shortage

289 detail
[díːteil/ditéil] 発

名 詳細、細部、細目　動 ～を詳しく述べる

でる For further [more] **details**, please visit our website.
（さらなる詳細については、弊社のウェブサイトをご覧ください）

でる in **detail** 詳しく、詳細に

派 □ detailed 形 詳細な

290 aspect
[ǽspekt]

名 側面、局面；様相；見方、角度；外観

でる an important **aspect** of ~ （～の重要な側面）

でる view issues from different **aspects**
（異なる角度から問題を見る [考察する]）

291 view
[vjúː]

名 見方、観点；眺め、景色

でる from a historical point of **view** （歴史的見地 [観点] から）
[= from a historical viewpoint]

でる a room with a **view** of the mountains [ocean]
（山 [海] の景色が見える部屋）

熟 □ in view of ~　～を考慮して （= in (the) light of ~）
派 □ viewpoint 名 観点、見方
類 □ opinion 名 見解、意見
　 □ scenery 名 眺め、景色

292 outlook
[áutlùk]

名 見通し、展望；考え方；見晴らし

でる the **outlook** for the world economy （世界経済の見通し）

類 □ prospect 名 見通し、予想；見込み；見晴らし

293 standpoint
[stǽndpɔ̀int] 名 観点、見地

でる look at things from a practical **standpoint**
（物事を現実的観点［実際的見地］から見る）

熟 □ from the standpoint of ~ ~の観点から、~という点では
類 □ viewpoint 名 観点、見方

294 perspective
[pərspéktiv] 名 観点、視点、見方；遠近法

でる view the problem from a different **perspective**
（その問題を別の視点［観点］から見る）

でる to put it into **perspective** （それを大局［総体］的に見れば）

類 □ viewpoint 名 観点、見方

prospective [prəspéktiv]（見込みのある、予想される）と混同しないように注意しましょう。

295 consequence
[kánsəkwèns] 名 結果、結末、成り行き；重要性

でる face serious **consequences** （重大な結果に直面する）

熟 □ as a consequence その結果（= in consequence = as a result）
派 □ consequent [kánsəkwènt] 形 結果として生じる
　□ consequently [kánsəkwèntli] 副 その結果、したがって
類 □ outcome 名 結果、結末、成り行き
　□ result 名 結果、結末、成り行き

296 category
[kǽtəgɔ̀ːri] 名 範疇、カテゴリー、部門

でる These movies fall into five **categories**.
（これらの映画は5つの種類［カテゴリー］に分類される）

派 □ categorize 動 ~を分類する
　□ categorically [kæ̀təgárikəli] 副 きっぱりと、絶対に
類 □ group 名 グループ、群、カテゴリー

297 debate
[dibéit] 名 議論、討論 動 ~を議論［討論］する

でる a public **debate** （公開討論）

でる **debate** the pros and cons of ~ （~の賛否両論について議論する）

派 □ debatable
　 形 議論の余地のある、異論のある

debate whether ~ （~かどうかを議論する）の形もよく出ます。

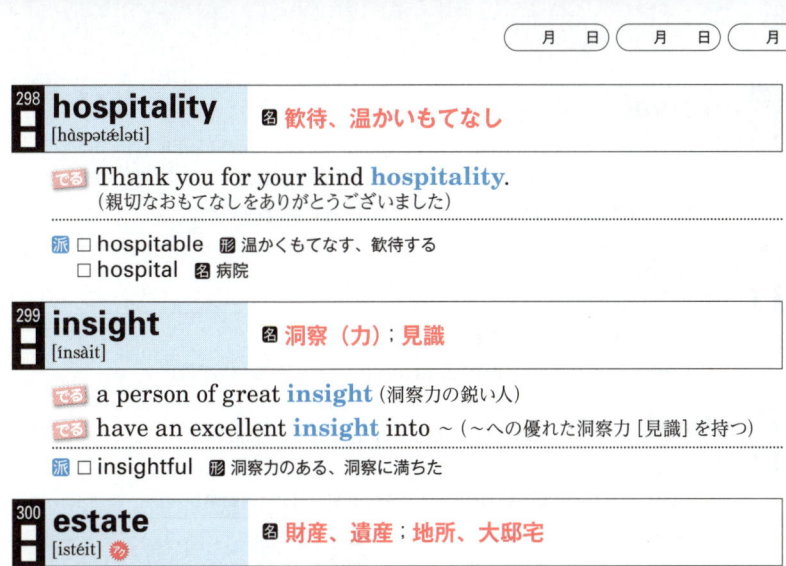

298 hospitality
[hὰspətǽləti] 名 歓待、温かいもてなし

でる Thank you for your kind **hospitality**.
(親切なおもてなしをありがとうございました)

派 □ hospitable 形 温かくもてなす、歓待する
　□ hospital 名 病院

299 insight
[ínsàit] 名 洞察（力）；見識

でる a person of great **insight**（洞察力の鋭い人）

でる have an excellent **insight** into ~（~への優れた洞察力［見識］を持つ）

派 □ insightful 形 洞察力のある、洞察に満ちた

300 estate
[istéit] 名 財産、遺産；地所、大邸宅

でる a real **estate** agency（不動産屋）

でる buy an **estate**（地所を購入する）

301 planet
[plǽnit] 名 惑星

でる **planets** of the solar system（太陽系の惑星）

派 □ planetarium [plæ̀nətέəriəm]
　名 プラネタリウム

映画「猿の惑星」の原タイトルは、Planet of the Apes でした。

302 satellite
[sǽtəlàit] 名 人工衛星；衛星

でる put a **satellite** into orbit（人工衛星を軌道に乗せる）

でる The concert will be broadcast by **satellite**.
(そのコンサートは衛星中継される)

303 architecture
[ά:rkətèktʃər] 名 建築（様式）；建築学

でる modern **architecture**（現代［近代］建築）

でる study **architecture**（建築学を学ぶ）

派 □ architect 名 建築家
　□ architectural 形 建築の；建築学の

304 interval
[íntərvəl] 発

名 間隔、隔たり

でる I visited there after five years' **interval**. (5年ぶりにそこを訪れた)
でる at hourly **intervals** (1時間ごとの間隔で⇒1時間おきに)

305 vehicle
[ví:ikl] 発

名 乗り物、車両；手段

でる a stolen **vehicle** (盗難車)
でる a **vehicle** for communication (コミュニケーション手段)

306 wheel
[hwí:l]

名 車輪；《the ～》(車の) ハンドル

でる a car with large **wheels** (大きな車輪の付いた自動車)
熟 □ behind [at] the wheel
　ハンドルを握って、運転席に座って

> 「四輪駆動(車)」は four-wheel drive (略して4WD) と言います。

307 span
[spǽn]

名 期間；長さ；範囲　**動** ～に及ぶ、わたる

でる in a short **span** of time (短期間に)
でる His professional career has **spanned** over 15 years.
　(彼のプロとしての経歴は15年以上に及ぶ)

> average life-span (平均寿命) も覚えておきましょう。

308 statistics
[stətístiks]

名 統計；統計学

でる **Statistics** show (that) ~
　(統計は～を表している⇒統計によると～ということである)

派 □ statistical **形** 統計の
　□ statistically **副** 統計的に

309 tragedy
[trǽdʒədi]

名 悲劇、惨事

でる a great **tragedy** of war (戦争の大きな悲劇)

派 □ tragic **形** 悲惨な；悲劇の
反 □ comedy **名** 喜劇

サクッと復習テスト

① 歴史的見地から　　　　　from a historical point of ＿＿＿＿
② 現代建築　　　　　　　　modern ＿＿＿＿
③ 大きな車輪の付いた自動車　a car with large ＿＿＿＿

答え：① view　② architecture　③ wheels

---

310 despair
[dispéər]

名 **絶望**　動 絶望する

でる **give up in despair**（絶望し投げ出す［断念する］⇒捨て鉢になる）

派 □ desperate 形 自暴自棄の；必死の；絶望的な
　□ desperately 副 必死に、死に物狂いで
反 □ hope 名 希望、期待　動 希望する、期待する

🎧 91

311 proverb
[prάvəːrb]

名 **諺、格言**

でる As the **proverb** goes [says], "Where there is a will, there is a way."
（諺にもある通り、「意志あるところに道あり（精神一到何事かならざらん）」だ）

類 □ saying 名 諺、格言

312 prosperity
[prɑspérəti]

名 **繁栄、繁盛**

でる the world's stability and **prosperity**（世界の安定と繁栄）

派 □ prosper 動 繁栄する、成功する
　□ prosperous 形 裕福な、繁栄している

313 root
[rúːt]

名 **根**；**根源**；起源；語根；累乗根　動 ～を根づかせる；応援する

でる tree **roots**（木の根）
でる The love of money is the **root** of all evil.
（金銭を愛することはすべての悪の根である⇒金銭欲は諸悪の根元：新約聖書）

熟 □ root for ～　～を応援する、～に声援を送る
派 □ rooted 形 （～に）根ざした、定着した（in）

> 同音語の route（道、経路；手段）と混同しないように注意しましょう。

Chapter 2 ● 名詞

314 shelter
[ʃéltər]

名 避難（所）；住まい 動 〜を保護する；避難する

- でる take [find/seek] **shelter** from rain（雨宿りをする）
- でる food, clothing and **shelter**（衣食住）
- 類 □ refuge 名 避難（所）

315 refuge
[réfju:dʒ] ⚠

名 避難（所）

- でる take [find/seek] **refuge** in a cave from a sudden storm
（突然の嵐のため小屋に避難する）
- 派 □ refugee [rèfjudʒí:] ⚠ 名 難民、亡命者

316 account
[əkáunt]

名 （預金）口座；報告、説明；考慮；記事；会計
動 説明する；占める

- でる open a bank **account**（銀行口座を開設する）
- でる give a detailed **account** of 〜（〜の詳細な説明をする）
- 熟 □ take 〜 into account 〜を考慮に入れる
  □ take account of 〜 〜を考慮に入れる
  □ on account of 〜 〜の理由で
  □ account for 〜 〜を説明する；〜の割合を占める
- 派 □ accountant 名 会計士

317 wage
[wéidʒ]

名 賃金 動 （戦争・闘争など）を行う

- でる work for the minimum **wage**（最低賃金で働く）
- でる **wage** war against 〜（〜と戦争をする[戦う]）

> wage はパート労働者への「賃金、時間給」、salary は常勤労働者への「給料、固定給」を意味します。

318 debt
[dét] ⚠

名 借金、負債；恩義

- でる He is deeply in **debt**.（彼は巨額の負債を抱えている）
- でる I owe her a **debt** of gratitude.（彼には感謝すべき恩義がある）
- 派 □ indebted 形 （〜に）借金がある（to）；（〜に）恩義がある（to）

319 sum
[sʌ́m]

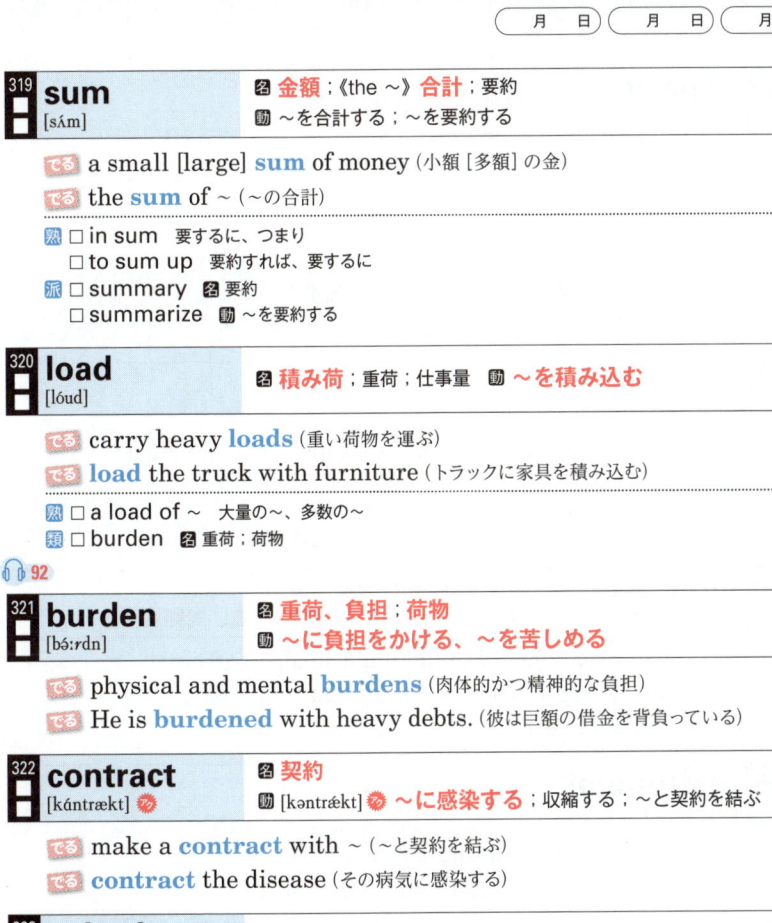

名 金額;《the ~》合計;要約
動 ~を合計する;~を要約する

- a small [large] **sum** of money (小額 [多額] の金)
- the **sum** of ~ (~の合計)

熟 □ in sum 要するに、つまり
　□ to sum up 要約すれば、要するに
派 □ summary **名** 要約
　□ summarize **動** ~を要約する

320 load
[lóud]

名 積み荷;重荷;仕事量　**動** ~を積み込む

- carry heavy **loads** (重い荷物を運ぶ)
- **load** the truck with furniture (トラックに家具を積み込む)

熟 □ a load of ~　大量の~、多数の~
類 □ burden **名** 重荷;荷物

321 burden
[bə́ːrdn]

名 重荷、負担;荷物
動 ~に負担をかける、~を苦しめる

- physical and mental **burdens** (肉体的かつ精神的な負担)
- He is **burdened** with heavy debts. (彼は巨額の借金を背負っている)

322 contract
[kɑ́ntrækt]

名 契約
動 [kəntrǽkt] ~に感染する;収縮する;~と契約を結ぶ

- make a **contract** with ~ (~と契約を結ぶ)
- **contract** the disease (その病気に感染する)

323 suburb
[sʌ́bəːrb]

名 郊外、(都市の) 近郊

- a **suburb** of Chicago (シカゴ郊外)
- It is located in the **suburbs** of Tokyo. (それは東京郊外にある)

派 □ suburban [səbə́ːrbən]　**形** 郊外の

324 budget
[bʌ́dʒit]

名 予算、経費

- stay within (a) budget (予算内に収まる [とどまる])
- the annual budget (年度 [年間] 予算)

派 □ budgetary **形** 予算 (上) の

325 capacity
[kəpǽsəti]

名 収容能力、容量；能力

でる The stadium has a **capacity** of 42,000.
（そのスタジアムは4万2千人を収容できる）

でる It's beyond my **capacity**. （それは私の能力[理解力]を超えている）

派 □ capable 形（〜が）できる（of）；有能な
　□ capability 名 能力
反 □ incapacity 名 無能力

日本語の「キャパが大きい[小さい]、キャパが広い[狭い]」の「キャパ」は capacity から来た言葉です。

326 symptom
[símptəm]

名 症状；兆候

でる common **symptoms** of depression （うつ病の一般的な症状）

派 □ symptomatic
　形（〜の）症状[兆候]を示す（of）

syndrome [síndroum]（症候群、シンドローム）と混同しないように注意しましょう。

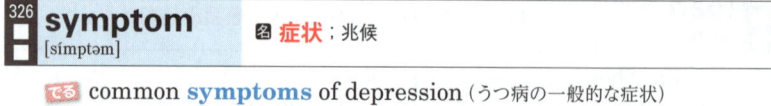

327 contrast
[kάntræst]
[kəntrǽst]

名 対比、対照；相違
動 〜を対比させる、対照させる

でる the **contrast** between light and shade （光と陰の対照）

でる in **contrast** to [with] 〜 （〜とは対照的に、〜に対比して）

でる **contrast** A with B （AとBを対比する）

328 instrument
[ínstrəmənt]

名 器具、機器；楽器

でる a medical **instrument** （医療機器）

でる play a musical **instrument** （楽器を演奏する）

派 □ instrumental
　形 役に立つ；器楽の

tool [túːl]（手に持って使う道具）と device [diváis]（測定・その他の目的で用いる装置）も覚えておきましょう。

329 institution
[ìnstətjúːʃən]

名 機関、団体、施設；制度

でる a financial **institution** （金融機関）

でる the **institution** of marriage （婚姻制度）

派 □ institutional 形 制度上の；組織の、機関の
　□ institute 名 研究所；学会 動 〜を設ける

サクッと復習テスト

1. 衣食住 — food, clothing and _____
2. 銀行口座を開設する — open a bank _____
3. シカゴ郊外 — a _____ of Chicago

答え： ① shelter ② account ③ suburb

---

330 facility
[fəsíləti]

名《~ies》**施設、設備**；容易さ

- でる day-care **facilities** (託児施設、保育施設)
- でる recreation **facilities** (娯楽設備[施設])

派 □ facilitate 動 ~を容易にする、促進する

🎧 93

331 award
[əwɔ́ːrd] 発

名 **賞** 動 **~を授与する**

- でる receive [win] an **award** (賞を受賞する)
- でる Dr. Yamanaka was **awarded** the Nobel Prize.
  (山中博士はノーベル賞を授与された[受賞した])

類 □ prize 名 賞、賞品；景品

332 reward
[riwɔ́ːrd] 発

名 **ほうび；報酬** 動 **~に報いる**；~に報酬を与える

- でる an unexpected **reward** (思いがけないほうび[報酬])
- でる Your efforts will be **rewarded** in the long run.
  (あなたの努力はいずれ報われるだろう)

派 □ rewarding 形 やりがいのある、報いのある

333 honor
[ánər] 発

名 **名誉、光栄**；尊敬 動 **~を尊敬する**

- でる It's a great **honor** for me to be here.
  (ここに出席できますことは私にとって大変名誉なことです)
- でる **Honor** your parents. (両親を敬いなさい)

熟 □ in honor of ~　~に敬意を表して
　□ have the honor of *doing*　~する光栄に浴する
派 □ honorable 形 名誉ある；尊敬すべき

334 candidate
[kǽndidèit]
名 候補者、立候補者；志願者、応募者

- a **candidate** for governor [mayor]（知事 [市長] 候補）
- screen all **candidates**（全志願者の選考を行う）

類 □ applicant **名** 志願者、応募者

335 context
[kάntekst]
名 文脈、前後関係；背景、状況

- guess the meaning of the word from the **context**
（文脈からその言葉の意味を推測する）
- in this **context**（このような文脈 [状況] では）

336 fuel
[fjúːəl] 発
名 燃料

- depend on fossil **fuels**（化石燃料に依存する）

> fossil fuels（化石燃料）とは石油（oil）、石炭（coal）、天然ガス（natural gas）など過去の生物に由来する有機質の燃料資源のことを言います。fuel は語呂合わせで「ふえる燃料」と覚えましょう。

337 enthusiasm
[inθúːziæzm] 発
名 熱中、熱意、熱狂

- study English with **enthusiasm**（熱心に [意欲的に] 英語を勉強する）

派 □ enthusiastic **形** 熱心な、熱狂的な
　□ enthusiastically **副** 熱心に、熱狂的に

338 prejudice
[prédʒudis]
名 偏見、先入観　**動** ～に偏見を抱かせる

- racial **prejudice**（人種的偏見）

派 □ prejudiced **形**（～に）偏見を持った（against）
類 □ bias **名** 偏見、先入観

339 discrimination
[diskrìmənéiʃən]
名 差別；区別

- eliminate racial **discrimination**（人種差別を撤廃する）

派 □ discriminate **動**（～を）差別する（against）；～を区別する
　□ discriminating **形** 識別力のある、目の肥えた

340 shore
[ʃɔ́:r]

名 (海・湖・川の) 岸

でる on the opposite **shore** (対岸に)

> beach (浜辺、ビーチ) と coast (沿岸、海岸) も覚えておきましょう。

341 harbor
[há:rbər]

名 港　動 ～を心に抱く

でる dock at the **harbor** (港に停泊する)
でる **harbor** a grudge against ～ (～に恨みを抱く)

類 □ port 名 港

> grudge [grʌ́dʒ] は「恨み」という意味の名詞です。

342 horizon
[həráizn]

名 地平線、水平線；視野、範囲

でる I saw the sun rise above [sink below] the **horizon**.
(太陽が地平線に昇る[地平線へ沈む]のを見た)

でる Living in a foreign country will broaden your **horizons**.
(外国で生活すると視野が広がる)

派 □ horizontal 形 水平な、横の；地 [水] 平線の

343 valley
[væli]

名 谷、峡谷

でる Gold was discovered in the **valley**. (金はその谷 [谷間] で発見された)

344 stream
[strí:m]

名 小川、流れ；連続　動 流れる

でる a mountain **stream** (山の小川)
でる a constant **stream** of e-mails
(絶え間なく続くEメール⇒次々と来るEメール)

345 inhabitant
[inhǽbətənt]

名 居住者、住民

でる a city of three million **inhabitants** (3百万の住民が住む都市)

派 □ inhabit 動 ～に住む

> habitat [hǽbitæt] (生息環境；居住環境) も覚えておきましょう。

346 **resident**
[rézədənt]

名 居住者、住民；研修医

でる a **resident** of the apartment（そのアパートの居住者）

でる local **residents**（地元住民）

派 □ residence
名 住宅、邸宅；居住

> inhabitant は「ある土地・地域に長く住んでいる住民」、resident は「ある建物に一時的に住んでいる住人」というニュアンスの違いがあります。

347 **steam**
[stíːm]

名 蒸気、湯気　**動** 蒸気を出す

でる a **steam** engine [locomotive]（蒸気エンジン[機関車]）

派 □ steamy **形** 蒸気の（ような）、湯気の立ち込める

348 **tongue**
[tʌ́ŋ] 発

名 舌；言語、言葉

でる His name is on the tip of my **tongue**.
（彼の名前はここ[口先]まで出かかっているのだが、思い出せない）

でる Her mother **tongue** is French.（彼女の母語はフランス語だ）
[= Her native language [tongue] is French.]

熟 □ hold *one's* tongue　口をつぐむ、黙っている

> 「牛タン」は牛の舌なので、ox tongue と言います。

349 **haste**
[héist]

名 大急ぎ；あわてること

でる **Haste** makes waste.（あわてるとやり損なう⇒急いては事をし損じる：諺）

熟 □ in haste　急いで、慌てて（= in a hurry [rush]）
□ make haste　急ぐ（= hurry）

350 **stuff**
[stʌ́f]

名 もの；こと；材料　**動** ～を詰め込む

でる What's that **stuff** on the desk?（机の上のものは何？）

派 □ stuffed **形** 満腹した；ぬいぐるみの

> staff [stǽf]（スタッフ、社員）と混同しないように注意しましょう。

サクッと復習テスト

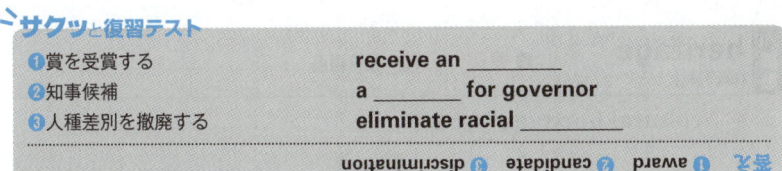

❶ 賞を受賞する　　　　　　receive an _____
❷ 知事候補　　　　　　　　a _____ for governor
❸ 人種差別を撤廃する　　　eliminate racial _____

答え：❶ award　❷ candidate　❸ discrimination

🎧 95

351 quarter
[kwɔ́:rtər]

名 **4分の1**；**15分**；《米》25セント硬貨；四半期

- three **quarters** of ~（~の4分の3）[= three-fourths of ~]
- It's **quarter** past nine.（9時15分です）

派 □ quarterly 形 年4回の 名 季刊誌

352 treasure
[tréʒər]

名 **財宝、宝物**　動 **~を大切にする**

- hidden [buried] **treasure**（隠された[埋蔵された]財宝）
- **treasure** the gift（贈り物を大切にする）

353 phase
[féiz] 発

名 **段階、局面**　動 ~を段階的に行う

- move (on) to the next **phase**（次の段階に進む）
- reach the final **phase**（最終段階に達する）

類 □ stage 名 段階、局面；舞台

354 affair
[əféər]

名《~s》**情勢、事態**；**事情、問題**；**出来事、事件**；浮気、不倫

- international **affairs**（国際情勢、国際問題）
- That's his personal [private] **affair**.（それは彼の私事だ）
- a minor **affair**（小さな出来事[事件]）
- have an **affair** with ~（~と浮気をする）

355 myth
[míθ]

名 **神話**；俗説

- ancient Greek **myths**（古代ギリシャ神話）

派 □ mythic 形 神話（上）の（= mythical）
　□ mythology 名（集合的に）神話

356 heritage
[héritidʒ]

名 遺産、伝統；相続財産

でる cultural **heritage**（文化遺産）

>「ユネスコの世界文化遺産」は UNESCO's World Heritage sites と言います。

357 fund
[fʌ́nd] 発

名 資金、基金；財源　動 ～に資金を提供する

でる an investment **fund**（投資資金）
でる a cancer research **fund**（がん研究基金）
でる **fund** the dam project（ダム計画に資金を提供する）

358 fur
[fə́ːr] 発

名 毛皮（製品）

でる a **fur** coat（毛皮のコート）

> far [fɑ́ːr]（遠い；遠く離れて）と混同しないように注意しましょう。

359 ancestor
[ǽnsestər] アク

名 先祖、祖先

でる My **ancestors** came from Spain.（私の祖先はスペインから来た）

派 □ ancestral 形 先祖の、先祖伝来の
反 □ descendant 名 子孫（= offspring）

360 victim
[víktim]

名 犠牲者、被害者

でる war **victims**（戦争犠牲者）
でる earthquake **victims**（地震の被災者、震災被害者）

熟 □ fall victim to ～（～の犠牲［えじき］となる）

361 witness
[wítnis]

名 目撃者；証人　動 ～を目撃する；～を証言する

でる a **witness** to the car accident（その自動車事故の目撃者）
でる **witness** the plane crash（飛行機墜落事故を目撃する）

362 column
[káləm]

名 柱、円柱；コラム（記事／欄）

でる the marble **columns** of the entrance hall（玄関ホールの大理石柱）

でる write a weekly **column**（週刊コラムを書く）

派 □ columnist 名 コラムニスト、コラム執筆者

363 slave
[sléiv]

名 奴隷 動 あくせく働く（away）

でる the **slave** trade（奴隷貿易）

派 □ slavery 名 奴隷制度

364 colony
[káləni]

名 植民地；居留地；（生物の）群生

でる a former **colony** of France（フランスの元植民地）

派 □ colonial 形 植民地の
  □ colonize 動 〜を植民地化する

365 draft
[dræft]

名 草稿、下書き、草案；すきま風
動 〜の草稿［下書き］を書く

でる submit a final **draft**（最終草案を提出する）

派 □ drafter 名 起草者、立案者

366 chaos
[kéiɑs] 発

名 混沌、大混乱

でる in the midst of **chaos**（混沌状態の中で、混乱のさなかに）

派 □ chaotic [keiátik] 発 形 混沌とした、無秩序な

「カオス」という日本語発音は誤りです。

367 obstacle
[ábstəkl] 発

名 （〜への）障害、妨げ（to）

でる a major **obstacle** to economic development（経済発展への大きな障害）

自然環境の中で、よじ登る・跳ぶ・走るなどを楽しめる「アスレチックコース」のことを、英語では obstacle course と言います。

368 biology
[baiálədʒi] 名 生物学

でる major in **biology**（生物学を専攻する）

派 □ biological 形 生物学の、生物学的な

> bio- は「生物の；生命の」の意味を表す接頭辞です。

369 philosophy
[filásəfi] アク 名 哲学；価値観、信条

でる It's my **philosophy** of life.（それは私の人生哲学[人生観]だ）

派 □ philosophical 形 哲学の、哲学的な；冷静な、達観した
□ philosopher 名 哲学者；思想家

370 psychology
[saikálədʒi] 発 名 心理学

でる a professor of **psychology**（心理学の教授）

でる social [educational] **psychology**（社会[教育]心理学）

派 □ psychological
形 心理的な、精神的な；心理学の
□ psychologist 名 心理学者

> -logy は「〜学・〜論」を意味する名詞を作る接尾辞です。biology（生物学）や geology（地質学）などもその例です。

🎧 97

371 geography
[dʒiágrəfi] 名 地理学；地形

でる take a **geography** class（地理学のクラスを取る[受ける]）

でる the **geography** of Chile（チリの地形）

派 □ geographical
形 地理的な、地理学上の（= geographic）
□ geographer 名 地理学者

> geo- は「地球；地理；土地の」の意味を表す接頭辞です。

372 astronomy
[əstránəmi] 名 天文学

でる a book on **astronomy**（天文学に関する本）

派 □ astronomical
形 天文学の；天文学的な、桁外れに大きな
□ astronomer 名 天文学者
□ astronaut 名 宇宙飛行士

> astrology [əstrálədʒi]（占星術、星占い）と混同しないように注意しましょう。astro- は「星の；宇宙の」の意味を表す接頭辞です。

サクッと復習テスト

① 9時15分です。 It's _____ past nine.
② その自動車事故の目撃者 a _____ to the car accident
③ 混沌状態の中で in the midst of _____

答え ① quarter ② witness ③ chaos

---

373 term [tə́ːrm]
名 **学期；用語；《~s》条件**；(観) 点；間柄

- でる When is the **term** paper due?（学期末レポートの提出期限はいつですか）
- でる use legal **terms**（法律用語を用いる）
- でる the **terms** of the contract（契約条件）

熟 □ in **terms** of ~ ～の観点から、～に関して
□ *be* on good [bad] **terms** with ~（～と仲がよい [悪い]）

派 □ terminal 形 末期の；学期の
　　名 終着 [始発] 駅、ターミナル；端末
□ terminate 動 ～を終わらせる

> 形容詞の long-term（長期の）と short-term（短期の）も覚えておきましょう。

374 household [háushòuld]
名 **家族、一家、世帯** 形 **家庭 (用) の**

- でる the average **household**（平均世帯）
- でる **household** expenses（家計費）

類 □ family 名 家族、一家、世帯 形 家庭 (用) の

375 justice [dʒʌ́stis]
名 **正義、公正、正当性**；裁判；司法

- でる social **justice**（社会正義）
- でる bring criminals to **justice**（犯罪者を法の裁きにかける）

熟 □ do ~ justice ～を正当に評価する；(写真が) ～を実物通りに表す
派 □ justify 動 ～を正当化する
□ justification 名 正当化
反 □ injustice 名 不公平、不当、不法 (行為)

376 bottom [bɑ́təm]
名 **最下部**；底；**(野球の回の) 裏**

- でる at the **bottom** of this page（このページの最後に）
- でる the **bottom** [top] of the ninth inning（《野球試合の》9回の裏 [表]）

派 □ bottomless 形 底なしの；無限の
反 □ top 名 最上部；頂点；(野球の回の) 表

> button [bʌ́tn]（ボタン）と混同しないように注意しましょう。

377 rear
[ríər]

名 後部、後方　形 後部の、後方の

- でる the **rear** of the airplane（飛行機の後部）
- でる the **rear** seat [door] of the car（車の後部座席[ドア]）

反 □ front
名 前面、前方；前線　形 正面の；最前部の

> 「バックミラー」は英語で、rearview mirror と言います。

378 controversy
[kántrəvə̀ːrsi] アク

名 論争、議論

- でる There is still some **controversy** surrounding this issue.
（この問題をめぐって依然論争[議論]がある）

派 □ controversial [kàntrəvə́ːrʃəl] アク　形 議論を引き起こす、物議をかもす

379 conscience
[kánʃəns] 発

名 良心

- でる Follow your **conscience**.（自分の良心に従いなさい）
- でる a guilty **conscience**（良心のとがめ、罪悪感）

派 □ conscientious [kànʃiénʃəs] アク
形 良心的な、誠実な

> conscious [kánʃəs]（気づいて；意識して）や consciousness [kánʃəsnis]（意識）と混同しないように注意しましょう。

380 evolution
[èvəlúːʃən]

名 進化（論）；発展、発達

- でる Darwin's theory of **evolution**（ダーウィンの進化論）
- でる economic **evolution**（経済発展）

派 □ evolve　動 進化する；（~に）発展する（into）
□ evolutionary　形 進化の；漸進的な
□ evolutionism　名 進化論
□ evolutionist　名 進化論者

> creation（創造）、creationism（創造論）、creationist（創造論者）も覚えておきましょう。

🎧 98

381 species
[spíːʃiːz] 発

名 （生物学上の）種；《the ~》人類

- でる endangered **species**（絶滅危惧種）

> species は単複同形です。

382 mammal
[mǽməl]
名 哺乳動物、哺乳類

でる Whales, dolphins, and bats are all <u>mammals</u>.
(鯨、イルカ、コウモリはすべて哺乳類だ)

383 extinction
[ikstíŋkʃən]
名 絶滅、消滅；消火

でる the <u>extinction</u> of dinosaurs (恐竜の絶滅)

でる These species are on the verge of <u>extinction</u>.
(これらの種は絶滅の危機に瀕している)

派 □ extinct **形** 絶滅した；死火山の
　□ extinguish **動** ～を消す、消火する
　□ extinguisher **名** 消化器

> dinosaur [dáinəsɔ̀ːr] は「恐竜」の意味を表す名詞です。

384 theme
[θíːm] **発**
名 テーマ、主題

でる What's the main <u>theme</u> of this film?
(この映画のメインテーマ [主題] は何ですか)

> theme park (テーマパーク) や theme restaurant (テーマレストラン) も正しく発音できるようにしておきましょう。

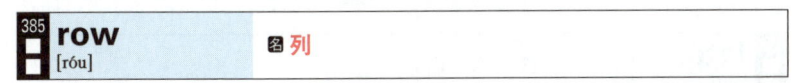

385 row
[róu]
名 列

でる sit in the front <u>row</u> (最前列に座る)

熟 □ in a row
　連続して；一列に (並んで)

> 「(船・ボート) を漕ぐ」の row [róu] と「口論する；口論」の row [ráu]、そして raw [rɔː]「生の；未加工の」と混同しないように注意しましょう。

386 forecast
[fɔ́ːrkæst]
名 予想、予測　**動** ～を予想する、予測する

でる the weather <u>forecast</u> for the next few days (今後数日間の天気予報)

でる The government <u>forecast</u> (that) ~ (政府は~だと予想した)

> forecast の活用変化は forecast-forecast(ed)-forecast(ed) です。

387 authority
[əθɔ́:rəti]
名 権力、権限、権威（者）;《~s》当局

でる have the **authority** to approve ~ (~を承認する権限を有する)
でる those in **authority** (権力者)

派 □ authorize 動 ~に権限を与える

388 discipline
[dísəplin]
名 しつけ、規律；訓練；自制心；（学問の）分野
動 ~をしつける；~を懲戒する；~を訓練する

でる strict **discipline** (厳しいしつけ [規律])
でる **discipline** a child (子供をしつける／子供を懲らしめる)

類 □ training 名 しつけ；訓練

> disciple [disáipl]（弟子）と混同しないように注意しましょう。

389 conflict
[kánflikt] アク
名 対立、衝突；紛争、闘争
動 [kənflíkt] アク （~と）対立する、矛盾する（with）

でる the **conflict** between A and B (AとBの対立 [衝突])
でる military **conflict** (軍事紛争 [衝突])

派 □ conflicting [kənflíktiŋ] アク
  形 相反する、矛盾する

> battle [bǽtl]（戦闘、戦い；闘争、争い）も覚えておきましょう。

390 fate
[féit]
名 運命、宿命

でる accept my **fate** (運命を受け入れる)

派 □ fateful 形 運命の
  □ fatal 形 致命的な
  □ fatally 副 致命的に
類 □ destiny 名 運命、宿命

🎧 99

391 destiny
[déstəni]
名 運命、宿命

でる an unavoidable **destiny** (避けられぬ運命)

派 □ destined 形 運命づけられた
  □ destination 名 目的地、行き先

> fate と destiny は通常同じように用いられますが、厳密には、fate の方が destiny よりも否定的な意味合いが強い語と言えます。

サクッと復習テスト

① 平均世帯　　　　　　the average _____
② ダーウィンの進化論　　Darwin's theory of _____
③ 最前列に座る　　　　　sit in the front _____

答え：① household　② evolution　③ row

---

392 **motive** [móutiv]
名 動機、思惑

でる the **motive** for the crime [murder]（犯行［殺人］の動機）

派 □ motivation 名 動機付け
　 □ motivate 動 〜に動機を与える

393 **merchant** [má:rtʃənt]
名 貿易商、商人　形 商業の、貿易の

でる a wine **merchant** in France（フランスのワイン商）
でる a **merchant** town（商業都市）[= a commercial town]

派 □ merchandise
　 名（集合的に）商品

> シェイクスピア (Shakespeare) の喜劇「ベニスの商人」は、The Merchant of Venice と言います。

394 **appetite** [ǽpətàit] 発
名 食欲；（〜への）欲求（for）

でる I have a poor **appetite** these days.（この頃食欲があまりない）
でる He has a great **appetite** for success.（彼は成功欲が旺盛だ）

派 □ appetizing 形 食欲をそそる
　 □ appetizer 名 前菜

395 **recipe** [résəpi] 発
名 料理［調理］法、レシピ；秘訣、コツ

でる a **recipe** for apple pie（アップルパイの作り方）
でる a **recipe** for success in business（ビジネスでの成功の秘訣）

396 **temper** [témpər]
名 短気、かんしゃく；機嫌、気分；気性
動 〜を和らげる

でる He has a bad [short] **temper**.（彼は短気だ、彼はすぐにカッとなる）

熟 □ lose [keep] *one's* temper　カッとなる［怒りを抑える］
　 □ *be* in a bad temper　機嫌が悪い（= *be* in a bad mood）
派 □ temperament 名 気性、気質

Chapter 2 ● 名詞

397 rage
[réidʒ]
名 激怒、憤怒　**動** 猛威を振るう

でる His hands were trembling with **rage**. (彼の両手は怒りで震えていた)

熟 □ fly into a rage (激怒する、カッとなる)

398 soil
[sɔ́il]
名 土、土壌

でる fertile [rich] **soil** (肥沃な土壌)

でる poor **soil** (やせた土壌)

> fertile は「肥沃な、肥えた」の意味を表す形容詞です。

399 sympathy
[símpəθi]
名 同情，共感；《~ies》悔やみ

でる He showed no **sympathy** for her.
(彼は彼女に同情の意をまったく示さなかった) [= He showed her no sympathy.]

でる Please accept my deepest **sympathies**. (心よりお悔やみ申し上げます)

派 □ sympathize **動** (~に) 同情する (with)；(~に) 共感する (with)
　□ sympathetic **形** (~に) 同情的な (to/toward)
反 □ antipathy **名** 反感、嫌悪

400 threat
[θrét]
名 脅し、脅迫；脅威

でる make a **threat** against ~ (~を脅す、威嚇する)

でる pose a **threat** to ~ (~に脅威を与える、~をおびやかす)

派 □ threaten **動** ~を脅す；~をおびやかす
　□ threatening **形** 脅迫の、威嚇的な

401 trap
[trǽp]
名 わな　**動** ~を閉じ込める；~をだます

でる fall into the **trap** of ~ (~のわなに陥る)

でる Some people were **trapped** underground.
(数名の人が地下に閉じ込められた)

402 sculpture
[skʌ́lptʃər]
名 彫刻（作品）

でる an exhibition of sand **sculptures**（砂彫刻の美術展）

派 □ sculptor 名 彫刻家
□ sculptural 形 彫刻の

> statue [stǽtʃuː]（彫像）も覚えておきましょう。

403 biography
[baiágrəfi]
名 伝記

でる write a **biography** of [on] ~（~の伝記を書く）

派 □ biographer 名 伝記作家

> autobiography [ɔ̀ːtəbaiágrəfi]（自叙伝）も覚えておきましょう。

404 masterpiece
[mǽstərpìːs]
名 (最高) 傑作、名作、代表作

でる This is the **masterpiece** of Chopin.
（これはショパンの最高傑作だ）

類 □ masterwork 名 (最高) 傑作、代表作

> masterpiece は [master(達人、名人)＋piece(作品)] から「(最高) 傑作、名作」の意味となります。

405 cabinet
[kǽbənit]
名 飾り戸棚；内閣、閣僚

でる a kitchen **cabinet**（食器棚）
でる a **cabinet** meeting（閣僚会議、閣議）

406 administration
[ædmìnəstréiʃən]
名 政権；運営、管理；行政；《~s》経営陣；（薬の）投与

でる the Kennedy **administration**（ケネディー政権）
でる the **administration** of the project（その事業の運営 [管理]）
でる local **administration**（地方行政）

派 □ administer 動 ~を管理する；~を実施する；~を投与する
□ administrator 名 管理者
□ administrative 形 管理の；経営の；行政の

407 faculty
[fǽkəlti]
名 **能力、才能**；機能；**教授陣**

でる have a great **faculty** for music（音楽に優れた才能がある）
でる all **faculty** members（すべての教授陣）

> facility [fəsíləti]（施設、設備）と混同しないように注意しましょう。

408 diversity
[divə́ːrsəti]
名 **多様性**

でる the cultural and ethnic **diversity** of ~（~の文化的かつ民族的多様性）

派 □ diverse 形 さまざまな、多様な
　□ diversion 名 気晴らし；流用；逸脱
　□ divert 動 ~をそらす

409 dignity
[dígnəti]
名 **威厳**；**尊厳**

でる speak with **dignity**（威厳を持って［堂々と］話をする）
でる death with **dignity**（尊厳死）

派 □ dignify 動 ~に威厳をつける
　□ dignitary 名 高位の人；高官

410 courtesy
[kə́ːrtəsi]
名 **礼儀正しさ、丁重さ、丁寧**；親切な行い、厚意

でる They treated me with **courtesy**.（彼らは私を丁重に扱ってくれた）

派 □ courteous [kə́ːrtiəs] 形 礼儀正しい；丁重な
類 □ politeness 名 礼儀正しさ、丁寧さ

🎧 101

411 athlete
[ǽθliːt]
名 **運動選手**；運動の得意な人

でる an Olympic **athlete**（オリンピック選手）

派 □ athletic [æθlétik] 形 運動が得意な；運動の
　□ athletics [æθlétiks] 名 運動競技

サクッと復習テスト

❶ この頃食欲があまりない。 I have a poor _____ these days.
❷ 砂彫刻の美術館 an exhibition of sand _____
❸ 威厳を持って話をする speak with _____

答え ❶ appetite ❷ sculptures ❸ dignity

412 cell
[sél]

名 **細胞**；**携帯電話**；小部屋

でる brain **cells** （脳細胞）
でる Call me on my **cell**. （私の携帯に電話して）
[= Call me on my cell phone.]

> 「iPS細胞」is induced pluripotent stem cells（人工多能性幹細胞；略して iPS cells）と言います。

413 gene
[dʒíːn] ⚠

名 **遺伝子**

でる carry [have] the **gene** for ~ （~の遺伝子を持っている）
でる **gene** therapy （遺伝子治療）

派 □ genetic 形 遺伝（学）の；遺伝子の
　 □ genetically 副 遺伝子によって；遺伝（学）的に

414 avenue
[ǽvənjùː]

名 **大通り、~街**：並木道

でる It is located between Fifth **Avenue** and Madison **Avenue**.
（それは5番街とマディソン街の間にあります）

> アメリカの New York 市などでは南北の通りを Avenue、東西の通りを Street と呼んでいます。

415 suicide
[súːəsàid]

名 **自殺（事件）、自殺行為**

でる commit **suicide** （自殺する）
でる a **suicide** bombing （自爆テロ）

派 □ suicidal 形 自殺願望の；自殺的な

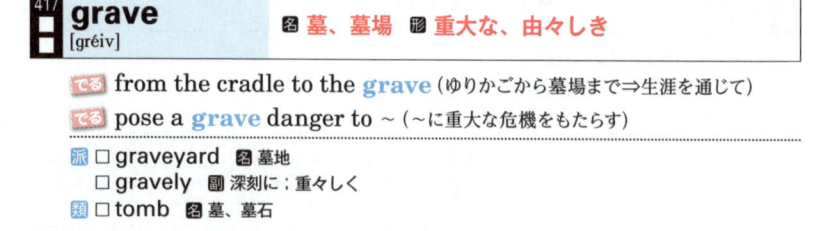

416 funeral
[fjú:nərəl]

名 葬式、葬儀

でる attend a funeral (葬儀に参列する)

「通夜」は wake と言います。

417 grave
[gréiv]

名 墓、墓場 **形** 重大な、由々しき

でる from the cradle to the grave (ゆりかごから墓場まで⇒生涯を通じて)
でる pose a grave danger to ~ (~に重大な危機をもたらす)

派 □ graveyard **名** 墓地
  □ gravely **副** 深刻に;重々しく
類 □ tomb **名** 墓、墓石

418 ritual
[rítʃuəl]

名 儀式、典礼;日常の習慣 **形** 儀式の;儀式的な

でる a religious ritual (宗教的儀式)
でる Swimming is her daily ritual. (水泳は彼女の毎日の習慣だ)

419 mechanic
[məkǽnik]

名 機械工、整備工、修理工

でる a seasoned car [auto] mechanic (経験豊かな自動車修理工)

派 □ mechanical **形** 機械の;機械的な
  □ mechanism **名** 機械(装置);仕組み

420 routine
[ru:tí:n]

名 決まりきった仕事、日課
形 日常的な、定期的な;マンネリ化した

でる It's part of my daily routine. (それは日常業務[日課]の一部です)
でる conduct a routine inspection (定期点検を行う)

派 □ routinely **副** 日常的に、定期的に;規定通りに

🎧 102

421 strategy
[strǽtədʒi]

名 戦略、策略、方略

でる a new business strategy (新しい事業戦略)

派 □ strategic **形** 戦略の、方策上の
類 □ scheme [skí:m] **名** 計画、構想;策略

422 surgery
[sə́ːrdʒəri]

名 (外科) 手術；外科

でる The surgery was performed by an experienced surgeon.
(手術は経験豊かな外科医によって行われた)

派 □ surgeon 名 外科医
類 □ operation 名 手術；操作；運営

> physician [fizíʃən] (医師；内科医) も覚えておきましょう。

423 gender
[dʒéndər]

名 性、性別

でる gender differences (性差)
でる regardless of nationality or gender (国籍・性別にかかわらず)

424 intersection
[ìntərsékʃən]

名 交差点

でる Please turn right at the next intersection.
(次の交差点を右に曲がってください)

> traffic light (信号機) や crosswalk [= pedestrian crossing] (横断歩道)、sidewalk (歩道) も覚えておきましょう。

425 tale
[téil] 発

名 物語、話

でる a fairy tale (おとぎ話)
でる tell a tale (話をする；意味ありげである)

類 □ story 名 物語、話；(建物の) 階

> 同音語の tail (尾、しっぽ) と混同しないように注意しましょう。

426 legend
[lédʒənd]

名 伝説、言い伝え；巨匠、伝説的人物

でる according to an old Egyptian legend
(エジプトの古い言い伝え [伝説] によると)

派 □ legendary 形 伝説的な；伝説上の

427 passage
[pǽsidʒ]

名 (文章の) 一節；通路；移動；(時間の) 経過

でる read aloud a passage from the book (その本からの一節を読み上げる)
でる walk down a narrow passage (狭い通路を歩いていく)

派 □ pass 動 (〜を) 通り過ぎる
□ passenger 名 乗客

428 carriage
[kǽridʒ]
名 馬車；台車

でる take a ride in a **carriage**（馬車に乗る）

派 □ carry 動 ～を運ぶ

> cabbage [kǽbidʒ]（キャベツ）と混同しないように注意しましょう。

429 monument
[mánjumənt]
名 記念碑、記念建造物

でる an enormous **monument** in the park（公園内の巨大な記念碑）

派 □ monumental 形 記念碑の；巨大な；不朽の

430 analysis
[ənǽləsis] ⓐ
名 分析

でる a detailed **analysis** of ～（～の詳しい分析）

派 □ analyze [ǽnəlàiz] ⓐ 動 ～を分析する
□ analyst [ǽnəlist] ⓐ 名 分析者、アナリスト
反 synthesis 名 統合、合成

> analysisの複数形はanalyses [ənǽləsi:z] です。

🎧 103

431 hypothesis
[haipάθəsis] ⓐ
名 仮説；仮定

でる formulate a **hypothesis** based on ～（～に基づいた仮説を立てる）

派 □ hypothetical [hàipəθétikəl] ⓐ
形 仮説の；仮定の

> hypothesisの複数形はhypotheses [haipά:θəsi:z] です。

432 phenomenon
[finάmənàn]
名 現象、事象

でる a mysterious natural **phenomenon**（不思議な[不可解な]自然現象）

派 □ phenomenal
形 驚くべき、驚異的な；現象の

> phenomenonの複数形はphenomena [finάmənə] です。

433 decay
[dikéi] ⓐ
名 腐敗；低下、堕落
動 腐る、腐敗する；低下する；衰える

でる the causes of tooth **decay**（虫歯の原因）

でる the moral **decay** of our society（我々の社会のモラル低下[道徳的堕落]）

派 □ decline 名 衰退、低落 動 低下する；衰える

サクッと復習テスト

❶ 葬儀に参列する　　　　　attend a _____
❷ 性差　　　　　　　　　　_____ differences
❸ エジプトの古い言い伝えによると　according to an old Egyptian _____

答え　❶ funeral　❷ gender　❸ legend

---

434 endeavor
[indévər]

名 努力；試み　**動**（〜しようと）努力する（to do）

- でる make every **endeavor** to achieve the goal
（その目標を達成するためにあらゆる努力をする）
- でる a risky **endeavor**（危険な試み）

> endeavor は effort よりも堅い語です。

435 welfare
[wélfèər]

名 福祉、福利；幸福、繁栄；生活保護

- でる social **welfare**（社会福祉）
- でる people on **welfare**（生活保護受給者）
- 類 □ well-being **名** 幸福、健康；繁栄

436 opponent
[əpóunənt]

名 対抗者、相手；反対者

- でる my **opponent** in the final match（決勝戦の相手）
- でる **opponents** of capital punishment（死刑制度反対派）
- 反 □ supporter **名** 支持者

437 dispute
[dispjúːt]

名 論争、言い争い；紛争
動 〜に反論する；（〜を）議論する

- でる a **dispute** about [over] the intellectual property rights
（知的所有権をめぐる論争）
- でる **dispute** the conclusion of 〜（〜の結論に反論する［異議を唱える］）
- 熟 □ in dispute　論争中で；係争中で

438 priority
[praió:rəti]

名 優先事項；優先権

- でる This is our top [first] **priority**.（これは我々の最優先事項である）
- でる give **priority** to 〜（〜を優先する、〜を優先的に扱う）
- 派 □ prior **形** 事前の；優先する
  □ prioritize [praió:rətàiz] **動** 〜に優先順位を付ける；〜を優先する

Chapter 2 ● 名詞

439 privilege
[prívəlidʒ]
名 特権、特典；名誉、光栄

- the privilege of young people (若者の特権)
- It was a privilege to work with him.
  (彼に一緒に仕事をするのは名誉なことだった)

派 □ privileged 形 特権的な

440 accord
[əkɔ́ːrd]
名 一致、調和；合意、協定
動 ～を（～と）一致させる（with）

- His action is not in accord with his words.
  (彼は言動が一致していない)
- reach an accord with ～ (～と合意に達する)

熟 □ of one's own accord 自発的に
派 □ according 前 (～に)よれば(to)；(～に)従って(to)
  □ accordingly 副 それに応じて；その結果
  □ accordance 名 一致、合致

🎧 104

441 mercy
[mə́ːrsi]
名 慈悲、情け 形 救済の、救援の

- show no mercy (情けをかけない、容赦しない)
- mercy killing (安楽死)

熟 □ at the mercy of ～ ～のなすがままに
派 □ merciful 形 慈悲深い、情け深い
  □ merciless 形 無慈悲な、情け容赦ない

442 mission
[míʃən]
名 任務；使命、目標；伝道（活動）

- The astronauts completed their 13-day mission in space.
  (宇宙飛行士は宇宙での13日間の任務を終えた)
- Her mission in life was to help the poor.
  (彼女の人生における使命は貧しい人々を助けることだった)

派 □ missionary 名 宣教師 形 伝道の、布教の

443 framework
[fréimwə̀ːrk]
名 枠組み、骨格；構成、基盤

- within the basic framework of ～ (～の基本的枠組みの中で)

派 □ frame 名 枠；骨組み；体格 動 ～を構成する；～を額に入れる

444 infant
[ínfənt]

名 (乳) 幼児

でる babysit an **infant** (乳幼児の子守 [ベビーシッター] をする)

派 □ infancy 名 (乳) 幼児期

> infantは「歩き始める前の赤ん坊」のことを言います。「よちよち歩きの幼児」はtoddlerと言います。

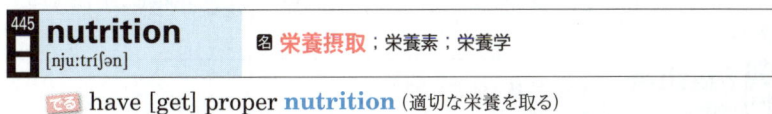

445 nutrition
[nju:tríʃən]

名 栄養摂取;栄養素;栄養学

でる have [get] proper **nutrition** (適切な栄養を取る)

派 □ nutritious 形 栄養のある
□ nutritional 形 栄養上の、栄養に関する
□ nutrient 名 栄養素 形 栄養になる
反 □ malnutrition 名 栄養不良、栄養失調

> 5大栄養素 [タンパク質 (proteins)、ビタミン (vitamins)、炭水化物 (carbohydrates)、脂質 (fats)、無機質 (minerals)] も覚えておきましょう。

446 instinct
[ínstiŋkt]

名 本能;直感

でる Animals act by **instinct**. (動物は本能によって [本能的に] 行動する)
[= Animals act instinctively.]

派 □ instinctive 形 本能的な;直感的な
□ instinctively 副 本能的に;直感的に

447 impulse
[ímpʌls]

名 衝動、強い欲求

でる He bought it on **impulse**. (彼はそれを衝動買いした)

派 □ impulsive 形 衝動的な

448 republic
[ripʌ́blik]

名 共和国

でる the Dominican **Republic** (ドミニカ共和国)

派 □ republican 形 共和国の;(R-) 共和党 (員)

449 council
[káunsəl]

名 (地方) 議会;会議、協議 (会)

でる the city **council** (市議会)
でる a **council** meeting (協議会、理事会)

> 同音語のcounsel (助言、相談;弁護士) と混同しないように注意しましょう。

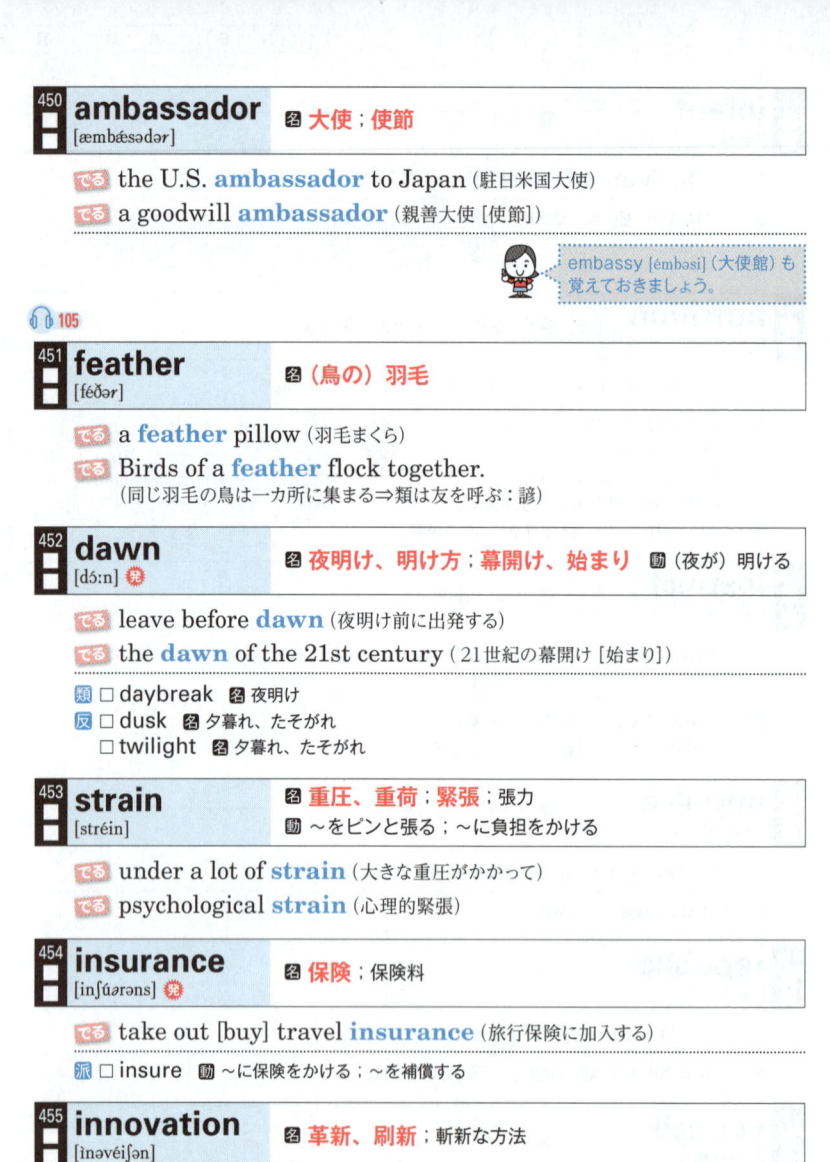

450 ambassador
[æmbǽsədər] 名 大使；使節

- でる the U.S. **ambassador** to Japan（駐日米国大使）
- でる a goodwill **ambassador**（親善大使 [使節]）

> embassy [émbəsi]（大使館）も覚えておきましょう。

🎧 105

451 feather
[féðər] 名 (鳥の) 羽毛

- でる a **feather** pillow（羽毛まくら）
- でる Birds of a **feather** flock together.
（同じ羽毛の鳥は一カ所に集まる⇒類は友を呼ぶ：諺）

452 dawn
[dɔ́:n] 発 名 夜明け、明け方；幕開け、始まり 動 (夜が) 明ける

- でる leave before **dawn**（夜明け前に出発する）
- でる the **dawn** of the 21st century（21世紀の幕開け [始まり]）

- 類 □ daybreak 名 夜明け
- 反 □ dusk 名 夕暮れ、たそがれ
  □ twilight 名 夕暮れ、たそがれ

453 strain
[stréin] 名 重圧、重荷；緊張；張力
動 ～をピンと張る；～に負担をかける

- でる under a lot of **strain**（大きな重圧がかかって）
- でる psychological **strain**（心理的緊張）

454 insurance
[inʃúərəns] 発 名 保険；保険料

- でる take out [buy] travel **insurance**（旅行保険に加入する）

- 派 □ insure 動 ～に保険をかける；～を補償する

455 innovation
[ìnəvéiʃən] 名 革新、刷新；斬新な方法

- でる a technological **innovation**（技術革新）

- 派 □ innovate 動 ～を革新する；～を導入する
  □ innovative 形 革新的な；独創的な

サクッと復習テスト

❶ これは我々の最優先事項である。　This is our top _____.
❷ 情けをかけない　show no _____
❸ 彼はそれを衝動買いした。　He bought it on _____.

答え：❶ priority　❷ mercy　❸ impulse

---

456 arithmetic
[əríθmətik]

名 算数　形 [ærɪθmétɪk] 算数の

でる Alice is good at **arithmetic**. (アリスは算数が得意だ)

「数学」は mathematics (略して math) と言います。

---

457 virtue
[vɚ́ːrtʃuː]

名 美徳；長所；効き目

でる **virtue** and vice (美徳と悪徳、善と悪)

熟 □ by virtue of ~　~のおかげで (= because of ~)
派 □ virtuous 形 徳の高い、高潔な
反 □ vice 名 悪徳；悪行

---

458 microscope
[máɪkrəskòʊp]

名 顕微鏡

でる examine the tissue under the **microscope**
(組織を顕微鏡で検査する)

派 □ microscopic
形 微視的な、微小の；顕微鏡的な

microscope は [micro(微小の) + scope(見る器械)] から「微小なものを観察する器機⇒顕微鏡」の意味となります。telescope (望遠鏡) も覚えておきましょう。

---

459 virus
[váɪərəs] 発

名 ウイルス

でる the HIV **virus** (HIVウイルス)

germ [dʒɚ́ːrm](細菌) も覚えておきましょう。

---

460 tribe
[tráɪb]

名 部族、種族

でる the chief of a **tribe** (部族の首長)

派 □ tribal 形 部族の

461 rebellion
[ribéljən]

名 反乱 反逆；反抗、反発

でる a **rebellion** against the government（政府に対する反乱）

派 □ rebel [ribél] 動（〜に対して）反乱を起こす、反逆する（against）
　　　　[rébəl] 名 反乱者、反逆者
　□ rebellious 形 反抗的な；反乱の

Chapter 3

形容詞・副詞

必修 400

Chapter 3では重要な形容詞・副詞を集めました。形容詞・副詞は、たとえば白い馬（a white horse）、速く走る（run fast）など、対象の様子をより具体的に示す役割を持ちます。そのため内容を正確に理解できているかを問う問題によく出題されます。

108 ～ 147

Chapter 3 形容詞・副詞

1 basic
[béisik]

形 **基本的な、基礎の** 名《~s》**基本、基礎**

- でる the **basic** principle of ~ (~の基本原則 [原理])
- でる have a **basic** understanding of ~ (~についての基本的理解がある)
- でる learn [teach] the **basics** (基本を学ぶ [教える])

派 □ base 名 土台；基礎；基盤；基地
　□ basis 名 基礎；原則；基準
　□ basically 副 基本的に；つまり

> basis [béisis] の複数形は bases [béisi:z] です。

2 correct
[kərékt]

形 **正しい、正確な** 動 **~を訂正する；~を是正する**

- でる speak with the **correct** pronunciation (正しい発音で話す)
- でる **correct** the misspellings (綴りミスを訂正する)
- でる **correct** the gap between A and B (AB間の格差を是正する)

派 □ correctly 副 正しく、正確に
　□ correction 名 訂正
反 □ incorrect 形 間違いの、誤った

> collect [kəlékt] (~を集める、収集する) と混同しないように注意しましょう。

3 funny
[fʌ́ni]

形 **おかしな、笑える；奇妙な**

- でる a **funny** joke (おもしろい [笑える] ジョーク)
- でる It's **funny** (that) ~ (~なのは変だ [おかしい])

派 □ fun 名 楽しみ、おもしろさ 形 愉快な

4 human
[hjú:mən]

形 **人間の**；人間的な 名 **人間**

- でる fundamental **human** rights (基本的人権)
- でる **human** errors (人為的ミス)
- でる **human** beings (〈総称として〉人類、人間)

派 □ humanity 名 人間性；人類

5 light
[láit]

形 軽い；量が少ない；明るい 名 光 動 〜に火をつける

- でる light materials（計量素材）
- でる have a light meal（軽い食事をする）
- でる bright light（明るい光）

派 □ lightly 副 軽く；明るく
□ lighten 動 〜を軽くする；〜を明るくする
□ lightness 名 軽さ；明るさ
反 □ heavy 形 重い
□ dark 形 暗い

6 dark
[dáːrk]

形 暗い；濃い 名 暗闇、暗がり

- でる It's getting dark.（暗くなってきた）
- でる What are you doing in the dark?（暗い所で何をしているの？）

派 □ darkness 名 暗闇；暗さ
□ darken 動 暗くなる；〜を暗くする

7 bright
[bráit]

形 明るい、輝いた；晴れた；聡明な、頭の良い

- でる a bright comet（明るい彗星）
- でる a bright young woman（聡明な若い女性）

派 □ brightly 副 明るく、輝いて
□ brighten 動 明るくなる；〜を明るくする
□ brightness 名 明るさ、輝き
反 □ dark 暗い；濃い

> a bright young woman は「明るい若い女性」ではなく、「聡明な若い女性」であることに注意しましょう。

8 wide
[wáid]

形 (幅の) 広い；範囲が広い 副 広く

- でる a wide street（広い通り）
- でる This table is three feet wide.（このテーブルは幅3フィートだ）
- でる have a wide variety of goods（幅広い品物を取り揃えている）

派 □ widely 副 広く；大きく
□ widen 動 〜を広げる；広がる
□ width 名 幅；広さ
反 □ narrow 形 狭い

> nationwide（全国的な）と worldwide（世界的な）も覚えておきましょう。

Chapter 3 ● 形容詞・副詞

9 narrow
[nǽrou]

形 **(幅の) 狭い；心の狭い**

- でる a **narrow** path（狭い小道）
- でる have [take] a **narrow** view of ~（~に対して偏狭な見方をする）

派 □ narrowly 副 かろうじて

> 「日本は狭い国だ」という場合には、「幅」ではなく「面積」についてなので、narrow ではなく small を使います。Japan is a small country. と言います。

10 deep
[dí:p]

形 **深い** 副 **深く**

- でる a **deep** cave（深い洞窟）
- でる have a **deep** meaning（深い [深遠なる] 意味を持つ）

派 □ deeply 副 深く；かなり、深刻に
　□ deepen 動 深まる；~を深める

11 shallow
[ʃǽlou]

形 **浅い；浅はかな**

- でる a **shallow** well（浅い井戸）
- でる a **shallow** understanding of ~（~の浅薄な理解）

反 □ deep 形 深い

12 weak
[wí:k]

形 **弱い；劣った、苦手な；もろい**

- でる He has a **weak** will.（彼は意志が弱い）
- でる She is **weak** in physics.（彼女は物理が苦手だ）

派 □ weaken 動 ~を弱める；弱まる
　□ weakness 名 弱さ；短所

反 □ strong 形 強い

13 absent
[ǽbsənt]

形 **(~に) 欠席して、不在の；ぼんやりした**

- でる He was **absent** from school today.（彼は今日学校を休んだ）

派 □ absence 名 不在；欠席
反 □ present 形 出席して；存在して

サクッと復習テスト

❶正しい発音で話す	speak with the _____ pronunciation
❷軽い食事をする	have a _____ meal
❸浅い井戸	a _____ well

答え ❶ correct ❷ light ❸ shallow

---

14 past
[pǽst]

形 過去の 名 過去 前 〜を過ぎて

でる for the **past** 50 years (過去50年間) [= for the last 50 years]
でる in the **past** (以前は、昔は)
でる It's ten (minutes) **past** six. (今6時10分です)

15 recent
[ríːsnt]

形 最近の；近頃の

でる her **recent** visit to Honduras (彼女の最近のホンジュラス訪問)
でる in **recent** years (近年)

派 □ recently 副 最近、近頃

16 silent
[sáilənt]

形 沈黙した；静かな

でる keep [stay/remain] **silent** (沈黙している)
でる a **silent** street (静かな通り)

派 □ silently 副 黙って；静かに
　□ silence 名 沈黙；静寂 動 〜を黙らせる
類 □ quiet 形 静かな；無口な 名 静寂；沈黙
　□ noisy 形 やかましい、騒々しい

17 shy
[ʃái]

形 内気な、恥ずかしがりの 動 〜をよける、避ける

でる a **shy** pupil (内気な児童 [生徒])

派 □ shyness
　名 内気、はにかみ

shy は尻込みして何かをするのを嫌がるニュアンスがありますから、camera-shy (写真嫌いの) や media-shy (マスコミ嫌いの) などの語の意味もすぐに理解できるはずです。

18 single
[síŋgl]

形 **たった一つ[一人]の**；**独身の**；単独[単一]の
名《~s》(テニスなどの) シングルス

でる She didn't say [utter] a **single** word. (彼女は一言も言わなかった)
でる He's still **single**. (彼はまだ独身だ)

熟 □ not a single ~
　　一つ(一人)の~もない

> 倍数詞の single、double (2倍[の])、triple (3倍[の]) はセットにして覚えておきましょう。

反 □ married 形 結婚した

19 several
[sévərəl]

形 **いくつかの、数個[数人]の**
代 **いくつか、数個[数人]**

でる stay for **several** days (数日間滞在する)
でる **several** of my friends (友達のうちの数人、何人かの友達)

> several は a few よりは多いけれども、many よりは少ない程度の「漠然とした数量」を表す形容詞・代名詞です。

20 pale
[péil]

形 **青白い、青ざめた**；薄い、淡い

でる What's wrong? You look **pale**. (どうしたの？顔色が悪いよ)

> 同音語の pail (手おけ、バケツ) と混同しないように注意しましょう。

🎧 110

21 lonely
[lóunli]

形 **寂しい、孤独な**；人里離れた

でる She was alone but not **lonely**. (彼女は一人だったが、寂しくはなかった)

派 □ loneliness
　　名 寂しさ、孤独感

> 場合によっては alone が「寂しい、孤独な」の意味を表すこともありますが、通常は単に「他の人と一緒にいない⇒ひとりで」の意味を表します。一方、lonely は「ひとりぼっちでいる⇒寂しい」の意味を表します。

22 round
[ráund]

形 **丸い、円形の** 前 ~の周りに 副 回って

でる sit around a **round** table (丸テーブルを囲んで座る)
　　[= sit round a round table]

類 □ around 名 ~の周りに 副 回って

> アメリカでは sit around ~、イギリスでは sit round ~ がよく使われます。

23 square
[skwéər]

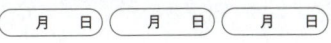

形 正方形の、四角の　**名** 正方形；広場

でる a **square** mirror（正方形の鏡）

類 □ squarely 副 真っ向から；公平に

24 straight
[stréit]

形 まっすぐな；連続した；率直な
副 まっすぐに；連続して

でる a **straight** road（まっすぐな道）

でる It rained for three **straight** days.（雨が3日連続して降った）
[= It rained for three days straight.]

派 □ straighten 動 ～をまっすぐにする

> 同音語の strait（海峡）と混同しないように注意しましょう。

25 friendly
[fréndli]

形 親しい、親切な；友好的な

でる She is **friendly** to [with] everybody.（彼女は誰に対しても愛想が良い）

でる maintain **friendly** relations with ～（～と友好関係を維持する）

派 □ friendliness
　名 親切、好意、親善
　□ friendship 名 友情；友好関係
反 □ unfriendly 形 無愛想な；非友好的な

> 接尾辞 -friendly（～に使いやすい；～に適した）付きの形容詞として、user-friendly（使いやすい）と eco-friendly [= environment-friendly]（環境に優しい）も覚えておきましょう。

26 proud
[práud]

形 （～を）誇りに思う（of）；誇らしげな

でる I'm **proud** of you.（あなたを誇りに思います）

でる the **proud** parents（誇らしげな両親）

派 □ pride 名 誇り；自尊心
　□ proudly 副 誇らしげに；自慢げに

27 necessary
[nésəsèri]

形 必要な、不可欠な；必然的な

でる Light and water are **necessary** for plants to grow.
（光と水は、植物が成長するのに必要である）

派 □ necessarily 副 必然的に
　□ necessity 名 必要（性）；必需品
　□ necessitate 動 ～を必要とする
反 □ unnecessary 形 不必要な

Chapter 3 ● 形容詞・副詞

28 national [nǽʃənl]
形 国家の、国内の；国民の

- a national election（国政選挙）
- national and international news（国内外のニュース）

派 □ nation 名 国家；《the ~》国民
□ nationality 名 国籍
□ international 形 国際的な

29 central [séntrəl]
形 中心の、中央の；主要な

- in the central area [part] of the city（市の中心部に、市の中心街で）

派 □ center 名 中心、中央；中心地
□ middle 形 中心の、中央の 名 中心、中央

30 average [ǽvəridʒ]
形 平均の；平均的な 名 平均

- the average salary（平均給与）
- the average American（平均的アメリカ人）
- at an average of 60 miles an hour（平均時速60マイルで）

熟 □ on (the) average 平均して、概して

🎧 111

31 total [tóutl]
形 まったくの；総計の 名 合計 動 合計で~となる

- show a total lack of ~（~の完全な欠如を示す）
- the total cost of ~（~の総費用）
- I ordered 10 books in total.（合計10冊の本を注文した）
- The damage totaled over 50 billion dollars.
（被害総額は500億ドル以上に及んだ）

派 □ totally 副 まったく、完全に

32 polite [pəláit]
形 礼儀正しい、丁重な

- The receptionist was polite to me.
（受付係は私に対して礼儀正しかった［丁重だった］）
- behave in a polite way（礼儀正しく振る舞う）

派 □ politely 副 礼儀正しく、丁重に
□ politeness 名 礼儀正しさ、丁寧さ
反 □ impolite 形 無礼な、失礼な
□ rude 形 無礼な、失礼な

サクッと復習テスト

❶ 彼はまだ独身だ。　　　　　　　　　He's still _____.
❷ どうしたの？ 顔色が悪いよ。　　　　What's wrong? You look _____.
❸ あなたを誇りに思います。　　　　　　I'm _____ of you.

答え　❶ single　❷ pale　❸ proud

---

33 rude
[rúːd]

形 無礼な、失礼な

でる It was **rude** of you to ask her her age.
（彼女に年齢を尋ねるなんて君は失礼だったよ）

派 □ rudely　副 失礼に、無作法に
　□ rudeness　名 無礼、失礼

34 brave
[bréiv]

形 勇敢な

でる a **brave** soldier（勇敢な兵士⇒勇士）

派 □ bravery　名 勇気、勇敢さ
類 □ courageous　形 勇敢な
反 □ cowardly　形 臆病な；ひきょうな

35 familiar
[fəmíljər]

形 （〜に）よく知られている（to）;（〜を）よく知っている（with）;聞き覚えのある;親しい

でる Your name is **familiar** to me.
（あなたの名前は存じ上げております⇒お名前はかねてからうかがっております）
[= I'm familiar with your name.]

でる The voice sounds **familiar**.（その声には聞き覚えがある）

派 □ familiarity　名 精通；親しさ
　□ familiarize　動 〜を慣れ親しませる
反 □ unfamiliar　形 不慣れな;よく知らない

〈事＋ be familiar to ＋人〉と
〈人＋ be familiar with ＋事〉
は区別して覚えておきましょう。

36 regular
[régjulər]

形 定期的な、規則的な；常連の；正規の
名 常連；レギュラー選手

でる on a **regular** basis（定期的に）[= regularly]
でる a **regular** customer（常連客）

派 □ regularly　副 定期的に；規則正しく
　□ regulate　動 〜を規制する
　□ regulation　名《〜s》規則、規定
反 □ irregular　形 不定期な、不規則な

Chapter 3 ● 形容詞・副詞

37 local
[lóukəl]

形 地元の、現地の；各駅停車の

- a **local** newspaper（地方紙）
- It's 2:00 a.m. **local** time.（現地時間は午前2時である）
- a **local** train（普通列車）

派 □ locally 副 地元で、現地で

38 global
[glóubəl]

形 世界的な、地球上の；全体的な

- on a **global** scale（世界的な規模で）
- **global** warming（地球温暖化）

派 □ globally 副 世界的に、地球規模で
□ globalization 名 グローバル化
□ globe [glóub] 発 名 地球；地球儀

> globe [glóub]（地球；地球儀）と glove [glʌ́v]（手袋）を混同しないように注意しましょう。

39 active
[ǽktiv]

形 積極的な；活動的な

- **active** participation in ~（~への積極的な参加）
- an **active** member（活動的なメンバー）

派 □ actively 副 積極的に；活発に
□ activity 名 活動
反 □ passive 形 受動的な；消極的な

40 passive
[pǽsiv]

形 受動的な；消極的な

- **passive** smoking（受動喫煙、間接喫煙）
- a **passive** attitude（消極的な態度）

派 □ passively 副 受動的に；消極的に

🎧 112

41 gentle
[dʒéntl]

形 優しい；穏やかな；上品な

- speak in a **gentle** voice（優しい声で話す）
- a **gentle** breeze（柔らかなそよ風）

派 □ gently 副 優しく；穏やかに
□ gentleness 名 優しさ；穏やかさ

> gentleman（紳士）は、本来「礼儀正しく、高潔で誠実な男性」という意味合いを持つ語です。

42 bold
[bóuld]

形 **大胆な、思い切った**；力強い

でる make a **bold** decision（大胆な[思い切った]決断をする）

派 □ boldly 副 大胆に、堂々と

> bald [bɔ́ːld]（はげ頭の；露骨な）と混同しないように注意しましょう。

43 aware
[əwéər]

形 **(〜に)気づいて** (of/that)；**(〜を)知って** (of/that)

でる become **aware** of the problem（問題に気づく）
でる Everyone is **aware** that 〜　（皆が〜ということを知っている）

派 □ awareness 名 意識、認識；自覚
類 □ conscious 形 気づいて、意識して
反 □ unaware 形 気づかない；知らない

44 scientific
[sàiəntífik]

形 **科学の；科学的な**

でる **scientific** principles（科学の原理）
でる the **scientific** study of 〜（〜の科学的研究[調査]）

派 □ scientifically 副 科学的に
　□ science 名 科学
　□ scientist 名 科学者

45 comfortable
[kʌ́mfərtəbl] 発

形 **快適な、心地よい；気楽な、くつろいだ**

でる sit in [on] a **comfortable** chair（座り心地のよい椅子に座る）
でる I felt **comfortable** working with them.（彼らとは気楽に仕事ができた）

派 □ comfort [kʌ́mfərt] 発 名 快適さ；慰め、安らぎ
　□ comfortably 副 心地よく、快適に
反 □ uncomfortable 形 不快な；心地よくない

46 convenient
[kənvíːnjənt]

形 **便利な、好都合の**

でる When would (it) be **convenient** for you?（いつご都合がよろしいですか）

派 □ convenience 名 便利(さ)、好都合
　□ conveniently 副 便利よく、都合よく
反 □ inconvenient 形 不便な、不都合な

> convenient は「人」を主語にして使うことができないので、When would you be convenient? とは言えません。

Chapter 3 ● 形容詞・副詞

47 original
[ərídʒənl]

形 **独創的な**；最初の　名 原物、原作

でる come up with an **original** idea（独創的なアイデアを思い付く）

派 □ originally 副 元来、もとは
□ origin 名 起源、由来；生まれ
□ originality 名 独創性、創造性
□ originate 動 起こる、生じる

48 thick
[θík]

形 **厚い；濃い；（～で）いっぱいである**（with）

でる wear **thick** glasses（分厚い眼鏡をかける）
でる a **thick** fog（濃霧、深い霧）
でる The table is **thick** with dust.（そのテーブルはほこりだらけだ）

派 □ thicken 動 ～を濃くする；～を厚くする
□ thickness 名 厚さ；濃さ
反 □ thin 形 薄い；やせている

49 thin
[θín]

形 **薄い；やせている**　動 ～を薄くする

でる have **thin** lips（唇が薄い）
でる He is tall and **thin**.（彼は背が高くてやせている）

派 □ thinness 名 薄さ；細さ
反 □ thick 形 厚い；濃い
□ fat 形 太った

50 fat
[fæt]

形 **太った、デブの**　名 脂肪

でる get [grow] **fat**（太る）
でる This dish is low [high] in **fat**.（この料理は脂肪分が少ない[多い]）

派 □ fatty 形 脂肪分の多い
反 □ thin 形 やせている；薄い
□ lean 形 やせた；脂肪分が少ない

> fat は面と向かって使うと大変失礼な語です。「太った」を表す一番無難な語は overweight です。

51 quick
[kwík]

形 **迅速な**；速い；頭の回転が速い

でる Thank you for your **quick** reply.（迅速な返事をありがとうございました）

派 □ quickly 副 速く；すぐに
反 □ slow 形 遅い

サクッと復習テスト

❶ お名前はかねてからうかがっております。
❷ 消極的な態度
❸ 大胆な決断をする

Your name is _____ to me.
a _____ attitude
make a _____ decision

答え： ❶ familiar ❷ passive ❸ bold

---

52 rapid
[rǽpid]

形 速い、急速な

でる **rapid** economic expansion（急速な経済拡大）

派 □ rapidly 副 速く、急速に
　 □ rapidity 名 速さ

> rapid は quick よりも堅い語です。

53 expensive
[ikspénsiv]

形 高価な

でる an **expensive** wristwatch（高価な腕時計）

派 □ expense 名 費用；経費
　 □ expend 動 ～を費やす
類 □ costly 形 高価な
反 □ inexpensive 形 安価な
　 □ cheap 形 安価な；安っぽい

54 cheap
[tʃíːp]

形 安価な；安っぽい

でる a **cheap** chair（安価な[安っぽい]椅子）

派 □ cheaply 副 安く、安上がりに

> cheap は「品質や見た目が悪くて安っぽい、ちゃちな」、inexpensive は「安いのに品質は高い」というニュアンスの違いがあります。

55 flat
[flǽt]

形 平らな；空気のぬけた；均一の；単調な

でる a **flat** surface（平面／平らな場所）
でる I've got a **flat** tire.（タイヤがパンクした）
でる at a **flat** rate（均一[定額]料金で）

派 □ flatly 副 きっぱりと
　 □ flatten 動 ～を平らにする、ぺちゃんこにする

56 patient
[péiʃənt] 🈁

形 (〜に) 我慢 [辛抱] 強い (with)　名 患者

でる Be **patient**. (辛抱しなさい)
でる a cancer **patient** (ガン患者)

派 □ patience 名 忍耐 (力)
　□ patiently 副 我慢強く
反 □ impatient 形 せっかちな、いらいらした

> The patient is patient. (その患者は我慢強い) と覚えておきましょう。

57 selfish
[sélfiʃ]

形 自己中心的な、わがままな

でる a **selfish** young man (自分本位の若者)
でる **selfish** behavior (わがままな振る舞い)

派 □ selfishness 名 身勝手さ、わがまま
　□ self 名 自分、自己

58 careful
[kέərfəl]

形 注意深い；綿密な

でる Be **careful** of what you say. (言葉遣い [発言] に気をつけなさい)

派 □ carefully 副 注意深く；綿密に
　□ care 名 世話；注意；心配　動 〜を気遣う
反 □ careless 形 不注意な

59 empty
[émpti]

形 からの；むなしい　動 〜をからにする

でる an **empty** space in the parking lot (駐車場の空きスペース)
でる feel **empty** (むなしさを感じる)

類 □ vacant 形 からの；空いている
反 □ full 形 いっぱいの；完全な

60 full
[fúl]

形 いっぱいの、満杯の；完全な

でる I'm **full**. (おなかがいっぱいです) [= I'm stuffed.]
でる Please give your **full** name and address.
(あなたの氏名と住所を教えてください)

派 □ fully 副 十分に；完全に
　□ fill 動 〜を満たす

61 hollow [hálou]
- 形 **(中が) 空洞の**；くぼんだ；むなしい
- 名 **空洞**；くぼみ；むなしさ

でる a **hollow** tree (中が空洞の木)
でる the **hollow** of a tree (木の洞)

62 sharp [ʃɑ́ːrp]
- 形 **鋭い**；**急激な**；**鋭敏な、頭の切れる**；辛らつな

でる a **sharp** knife (鋭利なナイフ)
でる a **sharp** increase [rise] in ~ (~の急激な上昇)
でる a **sharp** young lawyer (頭の切れる若手弁護士)

派 □ sharply 副 急激に、鋭く；厳しく
□ sharpen 動 ~を鋭くする、研ぐ
類 □ keen 形 鋭い、鋭敏な
□ acute 形 鋭い、鋭敏な；急性の
反 □ dull 形 鈍い；鈍感な

日本語の「シャーペン (シャープペンシル)」は、英語で mechanical pencil と言います。sharp pencil と言うと「先のとがった鉛筆」の意味になります。

63 dull [dʌ́l]
- 形 **退屈な**；**鈍感な、頭の回転が遅い**；鈍い

でる live a **dull** life (退屈な生活 [人生] を送る)
でる All work and no play makes Jack a **dull** boy.
(勉強ばかりで遊ばないと子供 [ジャック] は馬鹿になる⇒よく学びよく遊べ：諺)

派 □ boring 形 退屈な、面白くない

64 violent [váiələnt]
- 形 **暴力的な**；**激しい**

でる a **violent** crime (暴力犯罪)
でる a **violent** storm (激しい暴風雨)

派 □ violently 副 激しく；乱暴に
□ violence 名 暴力；激しさ

65 serious [síəriəs]
- 形 **深刻な、重大な**；**真面目な、真剣な**

でる cause **serious** damage to ~ (~に重大な被害をもたらす)
でる have a **serious** discussion about ~ (~について真剣な議論を交わす)

派 □ seriously 副 ひどく、深刻に；真剣に
□ seriousness 名 深刻さ、重大さ

66 million
[míljən]
形 百万の 名 百万

でる a **million** dollars（100万ドル）

派 □ millionaire 名 百万長者

> billion（10億の；10億）と trillion（1兆の；1兆）も覚えておきましょう。

67 increasing
[inkríːsiŋ]
形 増えつつある、高まりつつある

でる **increasing** demand for ~（~に対して増えつつある需要）

でる **increasing** public awareness about ~
（~について高まりつつある国民の意識）

派 □ increasingly 副 ますます、次第に
反 □ decreasing 形 減少しつつある

> 〈an increasing number of + 複数名詞〉（ますます多くの~）は複数扱いになります。

68 special
[spéʃəl]
形 特別な；大切な；専門の 名 特別な物・人

でる do something **special**（何か特別なことをする）

でる He is very **special** to me.（彼は私にとってとても大切な[特別な]人です）

派 □ specially 副 特別に、とりわけ
　□ specialist 名 専門家
　□ specialize 動 (~を) 専門にする (in)

69 huge
[hjúːdʒ]
形 巨大な；莫大な

でる a **huge** Christmas tree（巨大なクリスマスツリー）

でる a **huge** amount of debt（巨額の借金）

派 □ hugely 副 大いに、非常に
類 □ gigantic 形 巨大な
　□ enormous 形 巨大な；膨大な
反 □ tiny 形 とても小さい；ごくわずかの

70 enormous
[inɔ́ːrməs]
形 巨大な；膨大な

でる an **enormous** cave（巨大な洞窟）

でる an **enormous** amount of work（膨大な量の仕事）

派 □ enormously 副 非常に、大いに（= greatly）

サクッと復習テスト

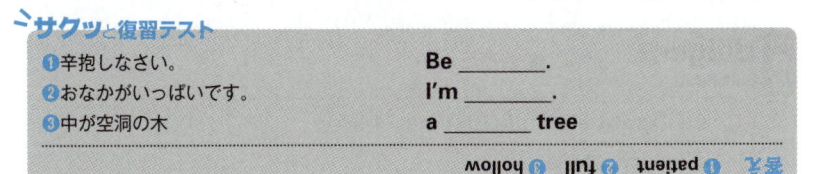

❶ 辛抱しなさい。　　　　　Be _____.
❷ おなかがいっぱいです。　I'm _____.
❸ 中が空洞の木　　　　　　a _____ tree

答え ❶ patient ❷ full ❸ hollow

🎧 115

71 tiny
[táini] 発

形 **とても小さい**；ごくわずかの

でる a **tiny** island in the Mediterranean (Sea)（地中海に浮かぶ小さな島）

> tiny は「とても小さい」という意味を表す口語的な語です。

72 certain
[sə́ːrtn]

形 **（～を）確信して**（of/that）；**必ず～する**（to *do*）；確かな；ある～

でる I'm **certain** of his success.（彼の成功は確かだ）
[= I'm certain (that) he will succeed.]

でる She is **certain** to come.（彼女は必ず来るはずだ）
[= It is certain (that) she will come.]

でる **certain** evidence（確かな証拠⇒確証）

でる a **certain** type of plant（ある種の植物）

熟 □ for certain　確実に、確かに（= for sure）
派 □ certainly　副 確かに；もちろん（= surely）
　 □ certainty　名 確実性、確実さ
　 □ ascertain [æsərtéin] 発　動 ～を確かめる、確認する
反 □ uncertain　形 不確かな；不安定な

73 sure
[ʃúər]

形 **（～を）確信して**（of/that）；**必ず～する**（to *do*）；確かな　副 もちろん

でる I'm **sure** of his success.（彼の成功は確かだ）
[= I'm sure (that) he will succeed.]

でる She is **sure** to come.（彼女は必ず来るはずだ）

でる a **sure** way to pass the test（その試験に合格するための確実な方法）

熟 □ to be sure　確かに、なるほど（= of course）
　 □ sure enough　思った通り、案の定
派 □ surely　副 確かに；もちろん（= sure）
　 □ sureness　名 確実さ、確信
反 □ unsure　形 不確かな；不安定な

> sure と certain は非常によく似た使い方をする語です。ただし、It is certain (that) ~ は言えても、It is sure (that) ~ とは言えないので注意しましょう。

74 diligent
[dílədʒənt] 形 勤勉な

でる a **diligent** student（勤勉な学生［生徒］）

派 □ diligence 名 勤勉
反 □ lazy 形 怠惰な

75 idle
[áidl] 形 怠惰な；稼働していない 動 怠ける、ぶらぶらする

でる lead [live] an **idle** life（怠惰な生活を送る）
でる The factory has long been **idle**.（その工場は長い間稼働していない）

派 □ idleness 名 怠惰（= laziness）
類 □ lazy 形 怠惰な

> 同音語の idol（偶像）と混同しないように注意しましょう。

76 complete
[kəmplíːt] 形 完全な；まったくの 動 ～を完成させる

でる the **complete** works of Shakespeare（シェイクスピア全集）
でる It's a **complete** waste of time.（それはまったく時間の無駄だ）
でる The building has been **completed**.（そのビルは完成した）

派 □ completely 副 完全に、まったく
　□ completion 名 完成、完了

77 entire
[intáiər] 形 全体の；まったくの

でる the **entire** family（家族全員）
でる the **entire** agreement（完全なる合意）

派 □ entirely 副 まったく（= completely）
類 □ whole 形 全体の

78 whole
[hóul] 形 全体の、すべての 名《the ～》全体、全部

でる for a **whole** month（丸 1 ヶ月）
でる the **whole** of society（社会全体）

熟 □ as a whole 全体として（の）
　□ on the whole 全体的［全般的］に、概して
派 □ wholly 副 まったく、完全に

79 general
[dʒénərəl]

形 **全体の**；**一般的な**；概略の　名 将軍

でる a **general** meeting（総会、全体会議）
でる a **general** principle（一般的な原則）

- 熟 □ in general 一般的に、概して
- 派 □ generally 副 一般的に
  □ generalize 動 ～を一般化する
  □ generalization 名 一般化

80 public
[páblik]

形 **公共の**；大衆の　名 **大衆、庶民**

でる the **public** welfare（公共の福祉）
でる the general **public**（一般大衆、一般市民）

- 熟 □ in public 人前で、公然と
- 派 □ publicly 副 公式に；公然と
- 反 □ private 形 個人の；私立の

116

81 private
[práivət]

形 **個人の、個人的な**；**私立の**

でる a **private** matter（私的な問題[事柄]）
でる a **private** school（私立学校）

- 熟 □ in private 内密に、ひそかに（= privately）
- 派 □ privacy 名 プライバシー

82 personal
[pə́ːrsənl]

形 **個人の、個人的な**

でる my **personal** opinion（私個人の意見）
でる ask **personal** questions（個人的な質問をする）

- 派 □ person 名 人
  □ personally 副 個人的には、私としては；個人的に
  □ personality 名 人格、人柄、個性
- 類 □ private 形 個人の；私立の

personnel [pə̀ːrsənél]（社員・職員；人事の）と混同しないように注意しましょう。

83 energetic
[ènərdʒétik]

形 **エネルギッシュな、活発な、精力的な**

でる an **energetic** instructor（エネルギッシュな講師）

- 派 □ energy 名 エネルギー；精力、元気
  □ energize 動 ～を活性化する、～を活気づける

日本語の「エネルギッシュな」はドイツ語（energisch）に由来する外来語であり、英語では energetic と言います。

84 naked
[néikid] 発
形 裸の；むき出しの；眼鏡の助けを借りない

- でる walk around **naked**（裸で歩き回る）
- でる These stars are visible to the **naked** eye.
（これらの星は裸眼［肉眼］で見える）

85 nervous
[nə́ːrvəs]
形 ドキドキして、緊張して；神経質な；神経の

- でる I'm a bit **nervous** about my presentation tomorrow.
（明日のプレゼンのことで少し緊張しています）
- でる have a **nervous** breakdown（神経衰弱［ノイローゼ］である）

派 □ nervously **副** ビクビクして、神経質に（なって）
　□ nerve **名** 神経

86 extra
[ékstrə] アク
形 余分な、追加の；別料金の
名（新聞の）号外　**副** 余分に

- でる at no **extra** charge [cost]（追加料金なしで）
- でる Drinks are **extra**.（飲み物は別料金である）

87 distant
[dístənt]
形 （距離的に・時間的に）遠い；よそよそしい

- でる in the not-too-**distant** future（あまり遠くない将来に⇒近い将来に）
- でる Don't be so **distant**.（よそよそしくしないで⇒水くさいぞ）

派 □ distance **名** 距離、遠方

88 fluent
[flúːənt]
形 流暢な、堪能な

- でる She is **fluent** in three languages besides English.
（彼女は英語の他に3カ国語を流暢に話せる）

派 □ fluently **副** 流暢に、ペラペラと
　□ fluency **名** 流暢さ

89 smart
[smáːrt]
形 頭の良い；賢明な

- でる He is quite a **smart** guy.（彼はなかなか頭のいいやつだ）
- でる make a **smart** choice（賢明な選択をする）

類 □ bright **形** 頭の良い；輝いている
反 □ stupid **形** 頭の悪い；愚かな
　□ dumb **形** 頭の悪い；間抜けな

> 日本語の「（すらりとして格好の良い）スマートな」は、英語では smart ではなく、slim や slender と言います。

サクッと復習テスト

1. 地中海に浮かぶ小さな島 — a _____ island in the Mediterranean
2. シェイクスピア全集 — the _____ works of Shakespeare
3. 水くさいぞ。 — Don't be so _____.

答え: ① tiny ② complete ③ distant

---

90 stupid
[stjú:pid] 形 愚かな；頭の悪い

- でる ask a **stupid** question（愚かな質問をする）
- でる He is not as **stupid** as you think (he is).（彼はあなたが思っているほど馬鹿ではない）

派 □ stupidity 名 愚かさ
類 □ foolish 形 愚かな；馬鹿げた
　 □ silly 形 愚かな；馬鹿げた

🎧 117

91 honest
[ánist] 発 形 正直な、誠実な；率直な

- でる an **honest** man（正直な男）
- でる give an **honest** answer（率直な[正直な]答えを返す）

派 □ honesty 名 正直、誠実さ；率直さ
　 □ honestly 副 正直に；正直なところ
反 □ dishonest 形 不正直な
熟 □ to be honest (with you) 正直に言うと

92 severe
[səvíər] 形 厳しい；深刻な、激しい

- でる a **severe** punishment（厳しい処罰[刑罰]）
- でる a **severe** drought（厳しい干ばつ）
- でる suffer from **severe** stress（ひどい[重度の]ストレスに悩まされる）

派 □ severely 副 厳しく、ひどく
　 □ severity 名 厳しさ、厳格
類 □ strict 形 厳しい、厳格な

93 ugly
[ágli] 形 醜い、見苦しい；不愉快な

- でる The design looks **ugly**.（そのデザインは見栄えが悪い）

派 □ ugliness 名 醜さ
反 □ beautiful 形 美しい

Chapter 3 ● 形容詞・副詞

261

94 evil
[íːvəl]

形 悪い、邪悪な　名 邪悪；《～s》害悪

でる **evil** intentions（悪意）
でる good and **evil**（善と悪、善悪）

> evil は bad よりも強い意味を持つ語です。

95 cruel
[krúːəl]

形 残酷な、無慈悲な

でる **cruel** behavior（残酷な行為［行動］）

派 □ cruelty 名 残酷、無慈悲さ；虐待

96 fair
[féər]

形 公正な；適正な；快晴の　名 博覧会、見本市

でる The law is not **fair** to women.（その法律は女性に対して公正を欠いている）
でる The weather will be **fair** tomorrow.（明日は晴天だろう）
でる an international trade **fair**（国際見本市）

派 □ fairly 副 公平に；かなり
　□ fairness 名 公正、公平
反 □ unfair 形 不公平な；卑劣な

> 同音語の fare（運賃）と混同しないように注意しましょう。

97 unique
[juːníːk]

形 独特の；特有な (to)；唯一の

でる a **unique** method [idea]（独特の手法［発想］）
でる This traditional event is **unique** to Sweden.
（この伝統行事はスウェーデン特有のものだ）

派 □ uniquely 副 比類無く；独自に
　□ uniqueness 名 独自性、ユニークさ

98 slight
[sláit]

形 わずかな、ちょっとした；ほっそりした

でる a **slight** improvement（わずかな改善［進歩］）
でる I have a **slight** headache.（軽い頭痛がする）

派 □ slightly 副 わずかに

99 plastic
[plǽstik]

形 **プラスチックの；ビニールの**

- でる a **plastic** toy（プラスチック製のおもちゃ）
- でる a **plastic** bag（ビニール袋）

100 stiff
[stíf]

形 **固い、硬い；凝った**；厳しい

- でる sit on [in] a **stiff** chair（固いイスに腰掛ける）
- でる have a **stiff** neck and shoulders（首と肩が凝っている）

派 □ stiffen 動 硬直する；～を強化する
　□ stiffness 名 凝り；硬さ；厳しさ

🎧 118

101 professional
[prəféʃənl]

形 **プロの；専門家の** 名 専門家

- でる a **professional** baseball player（プロ野球選手）
- でる seek **professional** advice（専門家の助言を求める）

派 □ professionally 副 専門的に；職業上
　□ profession 名 職業、専門職

102 formal
[fɔ́ːrməl]

形 **正式［公式］の；フォーマルな；改まった**

- でる make a **formal** announcement（正式発表する）
- でる wear **formal** clothes（正装を着用する）
- でる use **formal** language（改まった言葉遣いをする）

派 □ form 名 形；形式 動 ～を形作る
　□ formally 副 正式［公式］に；礼儀正しく
　□ formality 名 形式的なもの；手続き
　□ formalize 動 ～を正式なものにする；～を形式化する
反 □ informal 形 非公式の；形式張らない

103 proper
[prɑ́pər]

形 **適切な、ふさわしい；正式な；本土の**

- でる **proper** treatment（適切な治療［処置］）
- でる a **proper** work visa（正式な就労ビザ）
- でる Japan **proper**（日本本土）

派 □ properly 副 適切に、きちんと
　□ property 名 財産；不動産；特性
類 □ appropriate 形 適切な、ふさわしい

104 daily
[déili]

形 毎日の、日々の　名 毎日

- でる a **daily** paper [newspaper] (日刊紙)
- でる This blog is updated **daily**. (このブログは毎日更新されます)

> weekly (毎週の;毎週) と monthly (毎月の;毎月) も覚えておきましょう。

105 sudden
[sʌ́dn]

形 突然の、急な

- でる a **sudden** change in the weather (天候の急変)
- 熟 □ all of a sudden　突然、いきなり
- 派 □ suddenly　副 突然、いきなり

106 immediate
[imíːdiət]

形 即時の;差し迫った;直接の

- でる take **immediate** action (直ちに行動を取る)
- でる our **immediate** plans (我々の目下[当面]の計画)
- 派 □ immediately　副 すぐに、直ちに (= at once)

107 instant
[ínstənt]

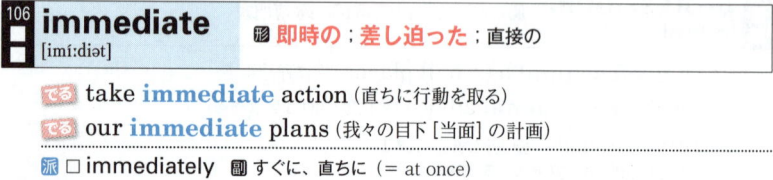

形 すぐの、即座の;即席の、インスタントの
名 瞬間、一瞬

- でる The TV show became an **instant** success.
  (そのテレビ番組はたちまち成功した)
- でる **instant** noodles (即席麺)
- 熟 □ in an instance　すぐに、即座に (= instantly)
- 派 □ instantly　副 すぐに、即座に

108 constant
[kánstənt]

形 絶え間ない、持続する;一定の、不変の

- でる provide **constant** support to 〜 (〜を絶えず支援する)
- でる maintain a **constant** speed (一定の速度を維持する)
- 派 □ constantly　副 絶えず
  □ constancy　名 不変、恒久性
- 反 □ inconstant　形 変わりやすい、不定の

サクッと復習テスト

1. 厳しい処罰 — a _____ punishment
2. 軽い頭痛がする。 — I have a _____ headache.
3. 日刊紙 — a _____ paper

答え ① severe ② slight ③ daily

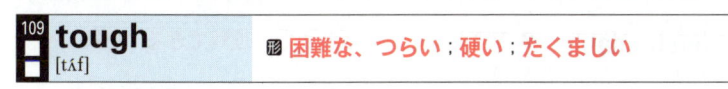

109 tough
[tʌ́f]
形 困難な、つらい；硬い；たくましい

- でる have a tough time (苦労する、つらい思いをする)
- でる This meat is too tough. (この肉は硬すぎる)
- でる a tough guy (頑健な男⇒タフガイ)

派 □ toughness **名** 強さ
　□ toughen **動** 〜を厳しくする、強化する

110 brief
[brí:f]
形 短時間の；簡潔な **名** 概要 **動** 〜に要点を伝える

- でる during my brief visit to London (ロンドンへの短期滞在中に)
- でる a brief summary of 〜 (〜の概要 [要約])

熟 □ in brief　要するに；手短に
派 □ briefly **副** 少しの間；手短に
　□ briefing **名** 状況説明(会)

🎧 119

111 broad
[brɔ́:d]
形 幅の広い；広範囲な；広々とした

- でる a broad river (広い川)
- でる a broad range of services (広範囲のサービス)

派 □ broadly **副** おおざっぱに；広く
　□ broaden **動** 〜を広げる
　□ breadth **名** 横幅；幅広さ

112 obvious
[ɑ́bviəs]
形 明らかな、明白な

- でる It is obvious (that) 〜 (〜であることは明らかだ)

派 □ obviously **副** 明らかに
類 □ apparent **形** 明らかな、明白な

113 excellent
[éksələnt]
形 優れた、卓越した

でる produce **excellent** results（優れた成果を挙げる）

派 □ excellence 名 優秀さ、卓越性
□ excel 動 優れている；〜に勝る

114 understandable
[ʌ̀ndərstǽndəbl]
形 無理もない、もっともな、理解できる；理解しやすい

でる It is **understandable** (that) 〜（〜というのも無理はない［当然だ］）

でる explain it in an **understandable** way
（それを理解しやすい方法で説明する⇒それを分かりやすく説明する）

派 □ understand 動 〜を理解する
□ understanding 形 理解［思いやり］のある；理解力がある 名 理解；合意；解釈

115 harsh
[háːrʃ]
形 厳しい、きつい；過酷な

でる receive **harsh** criticism（厳しい批判［酷評］を受ける）

でる the **harsh** realities of life（人生の厳しい現実）

派 □ harshly 副 厳しく
類 □ severe 形 厳しい；深刻な

116 fancy
[fǽnsi]
形 高級な；奇遇の 名 好み；空想 動 〜を想像する

でる a **fancy** restaurant（高級レストラン）

でる **Fancy** meeting you here!（こんな所でお会いするなんて奇遇ですね！）

熟 □ take a fancy to 〜（〜を好きになる、〜が気に入る）
派 □ fantastic 形 素晴しい
□ fantasy [fǽntəsi/fǽntəzi] ※ 名 空想、夢想

117 neat
[níːt]
形 きちんとした、整頓された；素晴しい

でる Her room was **neat** and tidy.（彼女の部屋はきれいに整頓されていた）

派 □ neatly 副 きちんと；巧みに
類 □ tidy 形 きちんとした、整頓された 動 〜を整頓する、片づける

> neat は「人」や「場所」の整然さ・清潔さを表現する際によく似た語と一緒に、neat and tidy や neat and clean のような形で用いられることがよくあります。

118 annual
[ǽnjuəl]
形 **年1回の、毎年の**；1年間の

- でる the **annual** meeting（年次総会）
- でる his **annual** income（彼の年収）

派 □ annually 副 毎年、年1回
類 □ yearly 形 年1回の；1年間の
　　　　　　副 年に一度；毎年

> anniversary [æ̀nəvə́ːrsəri]（〈毎年の〉記念日、記念祭）も覚えておきましょう。

119 casual
[kǽʒuəl]
形 **カジュアルな、形式ばらない**；**偶然の**；思いつきの

- でる wear **casual** clothes（カジュアルな服装をする、普段着を着る）
- でる a **casual** incident（偶然の出来事）

派 □ casually 副 何気なく、さりげなく
　□ casualty 名 死傷者、犠牲者
類 □ informal 形 形式張らない；非公式の

120 plain
[pléin]
形 **明白な**；質素な；率直な 名 **平原、平野**

- でる in **plain** language（わかりやすい[平易な]言葉で）
- でる a vast **plain**（広大な平原）

派 □ plainly 副 明白に、はっきりと

> 何も入っていないヨーグルトのことを「プレーン・ヨーグルト（plain yogurt）」と言いますが、それは「素材のままの単純[質素]なヨーグルト」という意味です。

121 practical
[prǽktikəl]
形 **実用的な**；実際的な

- でる **practical** applications of ~（~の実用的適用、~の実用化）
- でる a **practical** approach（実際的[実践的]なアプローチ）

派 □ practically 副 事実上、実質的に
　□ practice 名 練習；実行 動 ~を練習する；~を実行する
反 □ impractical 形 実用的でない；実行不可能な

122 extreme
[ikstríːm]
形 **極端な**；極度の 名 極端

- でる in **extreme** cases（極端な場合には）

熟 □ go to extremes 極端に走る、極端なことをする
派 □ extremely 副 極度に、非常に

123 precious
[préʃəs]
形 貴重な；高価な；重要な

- でる Don't waste your precious time. (貴重な時間を無駄にしてはいけない)
- でる precious jewels (高価な宝石)

類 □ valuable 形 貴重な；高価な；重要な

124 common
[kámən]
形 共通の；普通の、通常の　名 共通；共有地

- でる a common interest (共通の利害／共通の関心)
- でる common sense [knowledge] (常識)

熟 □ have ~ in common ～を共通して持つ
派 □ commonly 副 一般的に、通例
反 □ uncommon 形 珍しい、まれな

> common sense は人として分別ある行動・判断ができる常識、common knowledge は誰もが知っている一般常識のことを言います。

125 universal
[jùːnəvə́ːrsəl]
形 普遍的な；全世界の

- でる a universal truth [rule] (普遍的真理 [規則])
- でる a universal language (世界共通語)

派 □ universally 副 普遍的に、広く一般に
  □ universe 名 《the ～》宇宙；全世界

126 loose
[lúːs] 発
形 ゆるい；ぐらついた；解き放された

- でる loose pants (ゆるいズボン)
- でる a loose tooth (ぐらついた歯)

派 □ loosen 動 ～をゆるめる
  □ loosely 副 ゆるく；大まかに
反 □ tight 形 きつい

> 「ルーズ」という日本語発音は誤りです。

127 tight
[táit]
形 きつい；詰まった；厳しい

- でる tight socks (きつい靴下)
- でる a tight schedule (過密なスケジュール⇒ハードスケジュール)
- でる a tight budget (厳しい予算)

派 □ tightly 副 きつく；厳しく
  □ tighten 動 ～を引き締める；～を厳しくする

サクッと復習テスト

① 彼女の部屋はきれいに整頓されていた。　Her room was _____ and tidy.
② 彼の年収　his _____ income
③ 極端な場合には　in _____ cases

答え ① neat ② annual ③ extreme

---

128 equal
[íːkwəl] 発

形 (〜に) 等しい (to); (〜する) 能力がある (to); (〜に) 匹敵する (to)　動 〜に等しい

でる One foot is **equal** to 12 inches.（1フィートは12インチに等しい）
でる He is **equal** to the job.（彼にはその仕事をする能力がある）
でる Three plus two **equals** five.（3足す2は5）

派 □ equally 副 等しく
　□ equality 名 平等

---

129 rough
[rʌ́f] 発

形 **ざらざらした、粗い**；乱暴な；荒れた；苦しい

でる This cloth feels **rough**.（この布は手触りが粗い）

派 □ roughly 副 およそ；ざっと
反 □ smooth 形 なめらかな、つるつるした

---

130 smooth
[smúːð] 発

形 **なめらかな、つるつるした；円滑な**
動 〜をなめらかにする

でる a **smooth** surface（なめらかな表面）
でる the **smooth** operation of 〜（〜の円滑な運営）

派 □ smoothly 副 なめらかに；円滑に

「スムース」という日本語発音は誤りです。

🎧 121

---

131 male
[méil]

形 **男性の**；雄の　名 **男性**；雄

でる a **male** student（男子学生）
でる the differences between **males** and females（男女 [雄雌] 間の違い）

類 □ masculine 形 男らしい；男性の
反 □ female 形 女性の；雌の

同音語の mail（郵便物）と混同しないように注意しましょう。

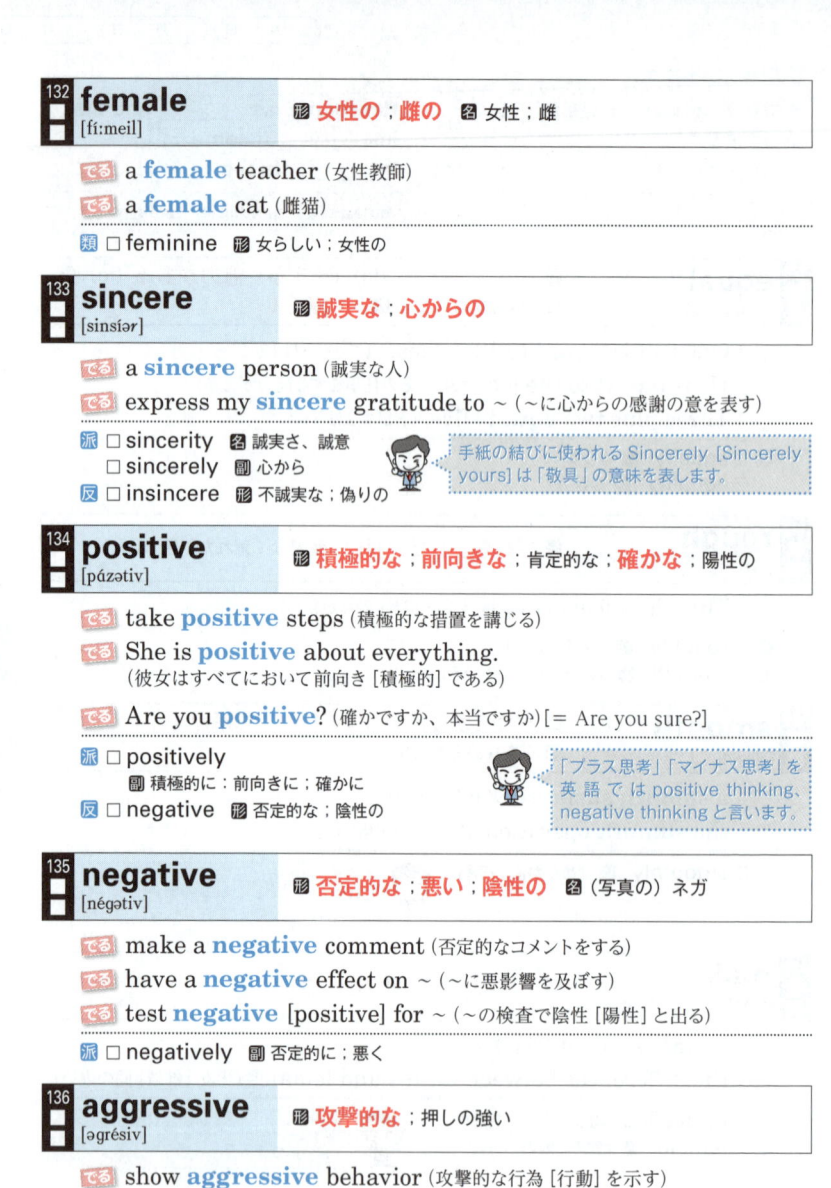

132 **female** [fíːmeil]
形 女性の；雌の　名 女性；雌

- a **female** teacher（女性教師）
- a **female** cat（雌猫）

類 □ feminine　形 女らしい；女性の

133 **sincere** [sinsíər]
形 誠実な；心からの

- a **sincere** person（誠実な人）
- express my **sincere** gratitude to ~（~に心からの感謝の意を表す）

派 □ sincerity　名 誠実さ、誠意
　□ sincerely　副 心から
反 □ insincere　形 不誠実な；偽りの

> 手紙の結びに使われる Sincerely [Sincerely yours] は「敬具」の意味を表します。

134 **positive** [pázətiv]
形 積極的な；前向きな；肯定的な；確かな；陽性の

- take **positive** steps（積極的な措置を講じる）
- She is **positive** about everything.（彼女はすべてにおいて前向き[積極的]である）
- Are you **positive**?（確かですか、本当ですか）[= Are you sure?]

派 □ positively
　副 積極的に；前向きに；確かに
反 □ negative　形 否定的な；陰性の

> 「プラス思考」「マイナス思考」を英語では positive thinking, negative thinking と言います。

135 **negative** [négətiv]
形 否定的な；悪い；陰性の　名（写真の）ネガ

- make a **negative** comment（否定的なコメントをする）
- have a **negative** effect on ~（~に悪影響を及ぼす）
- test **negative** [positive] for ~（~の検査で陰性[陽性]と出る）

派 □ negatively　副 否定的に；悪く

136 **aggressive** [əgrésiv]
形 攻撃的な；押しの強い

- show **aggressive** behavior（攻撃的な行為[行動]を示す）

派 □ aggression　名 侵略；攻撃（性）

137 odd
[ɑ́d]

形 奇妙な、変な；奇数の

でる There was something **odd** about the man.
(その男には一風変わったところがあった)

でる an **odd** [even] number (奇数 [偶数])

類 □ strange 形 奇妙な、変な
反 □ even 形 偶数の；平らな 副 ～でさえ；いっそう

138 normal
[nɔ́ːrməl]

形 普通の、標準の；正常な 名 標準

でる a **normal** life (普通の生活)

でる **normal** development (正常な発達)

派 □ normally 副 通常は；普通に
　　□ normalize 動 ～を正常化する
反 □ abnormal 形 異常な

139 typical
[típikəl]

形 (～に) 典型的な、代表的な (of)；(～に) 特有の (of)

でる **typical** American food (典型的なアメリカ料理)

でる a red wine **typical** of the region (その地域特有の赤ワイン)

派 □ typically 副 大抵は；典型的に
　　□ type 名 種類、タイプ、型

140 rare
[réər]

形 まれな；珍しい

でる a relatively **rare** case (比較的まれなケース [事例])

でる **rare** animals (希少動物)

派 □ rarely 副 めったに～しない
反 □ frequent 形 頻繁な

🎧 122

141 former
[fɔ́ːrmər]

形 前の；元の 名 《～s》前者

でる the **former** president (前社長／元大統領)

派 □ formerly 副 以前は、かつては
反 □ latter 形 後の 名 《～s》後者

142 latter [lǽtər]
形 後の；後半の 名《~s》後者

- でる in the latter half of the 1990s（1990年代後半に）
- でる The latter is easier than the former.（後の方が前のよりも簡単だ）

> ladder [lǽdər]（はしご）と混同しないように注意しましょう。

143 emotional [imóuʃənl]
形 感情の、情緒の；感情的な

- でる emotional development（情緒的発達）
- でる Don't get emotional over nothing.（つまらないことで感情的になるな）

派 □ emotion 名 感情；感動
　□ emotionally 副 感情的に

144 environmental [invàiərənméntl]
形 環境の

- でる environmental problems（環境問題）

派 □ environment 名 環境
　□ environmentalist 名 環境保護論者

145 similar [símələr]
形 (~に)よく似た、類似の (to)

- でる A is similar to B in many ways.（Aは多くの点でBに似ている）

派 □ similarly 副 同様に
　□ similarity 名 類似（点）

146 ideal [aidíːəl]
形 理想的な、申し分のない 名 理想

- でる an ideal lifestyle（理想的なライフスタイル）
- でる a gap between ideal and reality（理想と現実のギャップ）

派 □ idealize 動 ~を理想化する
　□ idealist 名 理想主義者
　□ idealism 名 理想主義

サクッと復習テスト

❶ 男女間の違い　　　the differences between males and _____
❷ 奇数　　　　　　　an _____ number
❸ 1990年代後半に　　in the _____ half of the 1990s

答え　❶ females　❷ odd　❸ latter

---

147 accidental
[ǽksədéntl]
形 偶然の

- **でる** an **accidental** encounter（偶然の出会い）

- 派 □ accidentally 副 偶然に、うっかり（= by accident）
  □ accident 名 事故；偶然
- 反 □ deliberate 形 故意の；慎重な

148 mutual
[mjúːtʃuəl]
形 相互の；共通の

- **でる** promote **mutual** understanding（相互理解を促す）
- **でる** for our **mutual** benefit（我々の相互利益[共通の利益]のために）
- **でる** She is our **mutual** friend.（彼女は我々の共通の友人です）

- 派 □ mutually 副 相互に；共通に

149 essential
[isénʃəl]
形 (～に) 不可欠な、必須の (to/for)；本質的な
名 《～s》必需品；要点

- **でる** Exercise is **essential** to our health.（運動は健康に不可欠だ）
- **でる** daily **essentials**（生活必需品）

- 派 □ essentially 副 本質的に、基本的に
  □ essence 名 本質；要点
- 類 □ vital 形 極めて重要な、不可欠な；活気のある
  □ indispensable 形 (～に) 不可欠な、必須の (to/for)

150 responsible
[rispάnsəbl]
形 (～に対して) 責任がある (for)

- **でる** Who was **responsible** for the accident?
  （その事故の責任は誰にあったのか）
- **でる** a **responsible** position（責任ある立場）

- 派 □ responsibly 副 責任を持って
  □ responsibility 名 責任、義務
- 反 □ irresponsible 形 無責任な

151 modern
[mádərn]

形 現代の；近代の；現代的な

でる **modern** art（現代[近代]美術）

派 □ modernize 動 ～を現代[近代]化する
類 □ contemporary 形 現代の、当代の
反 □ ancient 形 古代の

152 reliable
[riláiəbl]

形 信頼できる；確実な

でる a **reliable** leader（信頼できる指導者）
でる a **reliable** method（確実な方法）

派 □ rely 動（～に）頼る、依存する（on/upon）
　□ reliance 名 信頼；依存
　□ reliability 名 信頼性；信憑性（= dependability）
反 □ unreliable 形 信頼できない、当てにならない

153 suitable
[súːtəbl]

形（～に）適した、ふさわしい（for）

でる a **suitable** toy for young children（幼児に適したおもちゃ）

派 □ suit 動 ～に適する；～に似合う 名 スーツ；訴訟
　□ suitably 副 適切に、ふさわしく

154 legal
[líːgəl]

形 合法的な；法律上の

でる Marijuana is not **legal** in Japan.（マリファナは日本では合法ではない）
　　[= Marijuana is illegal in Japan.]

派 □ legally 副 法的に、法律上
　□ legalize 動 ～を合法化する
反 □ illegal 形 違法の、非合法の

> regal [ríːgəl]（王の；堂々とした）と混同しないように注意しましょう。

155 official
[əfíʃəl]

形 公式な；公的な 名 高官；公務員；職員

でる an **official** document（公式文書）
でる **official** duties（公務）
でる a high-ranking **official**（高級官僚）

派 □ officially 副 公式に、正式に
　□ officer 名 将校、士官
　□ office 名 事務所、職場

156 guilty
[gílti]

形 (〜で) 有罪の、(〜の) 罪を犯した (of); 後ろめたい

- He was found **guilty** of murder. (彼は殺人で有罪となった)
- I felt **guilty** about it. (そのことで気がとがめた、そのことを申し訳なく思った)

派 □ guilt 名 罪悪感;有罪
反 □ innocent 形 無実の;無邪気な

157 innocent
[ínəsənt]

形 無実の;無邪気な

- The suspect insisted that he was **innocent**. (容疑者は無実を訴えた)
- an **innocent** little girl (無邪気 [純真] な少女)

派 □ innocence 名 無罪;無邪気

158 concerned
[kənsə́ːrnd]

形 (〜について) 心配している、気にしている (about); (〜に) 関係している (with)

- I'm **concerned** about her illness. (彼女の病気のことが心配だ)
- His job is **concerned** with computer programs. (彼の仕事はコンピュータ・プログラムに関係している)

熟 □ as [so] far as 〜 be concerned 〜に関する限り
派 □ concern 動 〜に関係がある;〜を心配させる 名 関心;心配事;気遣い
□ concerning 前 〜に関して、〜について

159 political
[pəlítikəl]

形 政治 (上) の、政治的な;政党の

- a **political** campaign (政治運動)
- a **political** party (政党)

派 □ politics [pάlətiks] 名 政治;政治学
□ politician [pὰlətíʃən] 名 政治家
□ policy 名 政策;方針

160 financial
[finǽnʃəl/fainǽnʃəl]

形 財政の、金融の

- **financial** difficulties (財政難、資金難)
- **financial** assistance (財政 [金融] 支援、資金援助)

派 □ finance 名 財政、金融、財源
□ financially 副 財政的に、経済的に

161 **absolute** [ǽbsəlùːt/ǽbsəlúːt] 発
形 絶対の；完全な

でる an **absolute** majority（絶対多数）

派 □ absolutely 副 絶対に、まったく；きっぱりと
反 □ relative 形 相対的な

162 **probable** [prάbəbl]
形 ありそうな、起こりそうな

でる It is **probable** (that) ~（おそらく~だろう）

派 □ probably 副 おそらく、十中八九は
　□ probability 名 見込み、可能性

> 「たぶん、おそらく」の意味を表す副詞を可能性の高い順に並べると、probably ＞ likely ＞ maybe ＞ perhaps ＞ possibly となります。

163 **independent** [ìndipéndənt]
形 独立の；(~から) 自立した (of/from)

でる an **independent** state [nation]（独立国家）

でる He is **independent** of [from] his parents.
（彼は親から自立している⇒彼は親離れしている）

派 □ independence 名 独立；自立
　□ independently 副 独立して；自主的に
反 □ dependent 形 (~に) 依存して、頼って (on/upon)

164 **individual** [ìndəvídʒuəl]
形 個々の；個人の；独特の　名 個人

でる look at **individual** cases（個々のケースを見る [検討する]）

でる an **individual** opinion（個人的な意見）

派 □ individuality 名 個性、独自性
　□ individualism 名 個人主義
反 □ general 形 全体の；一般的な

165 **tender** [téndər]
形 優しい；敏感な；柔らかい

でる talk with a **tender** smile（優しい微笑みを浮かべて話す）

でる This meat is **tender**.（この肉は柔らかい）

派 □ tenderness 名 優しさ；柔らかさ

サクッと復習テスト

1. 相互理解を促す　　promote _____ understanding
2. 信頼できる指導者　a _____ leader
3. 絶対多数　　　　　an _____ majority

答え： ① mutual ② reliable ③ absolute

---

166 calm
[káːm]

形 **静かな；穏やかな**　動 **静まる**　名 **静けさ；平穏**

でる stay [keep/remain] **calm**（冷静さを保つ、静かにしている）

でる The sea was **calm**.（海は穏やかだった）

でる **Calm** down.（落ち着きなさい）

派 □ calmly 副 静かに；穏やかに

---

167 intense
[inténs]

形 **激しい、強烈な**

でる under **intense** pressure from ~
（~から強烈なプレッシャー［圧力］を受けて）

派 □ intensely 副 激しく、強烈に
□ intensity 名 激しさ；強さ
□ intensify 動 ~を強化する；増大する
□ intensive 形 集中的な、徹底的な

---

168 thoughtful
[θɔ́ːtfəl] 発

形 **思いやりのある、親切な**；思慮に富んだ

でる It was **thoughtful** of you to remember my birthday.
（親切にも私の誕生日を覚えていてくださいました⇒私の誕生日を覚えていてくださってありがとうございます）

派 □ thoughtfully 副 考え込んで；思いやり深く
□ thought 名 考え；思考力
類 □ considerate 形 思いやりのある

---

169 decent
[díːsnt] 発

形 **まともな；礼儀正しい**；常識的な

でる have a **decent** job（まともな仕事に就いている）

でる a **decent** young man（礼儀正しい［きちんとした］若者）

派 □ decency 名 礼儀；良識

Chapter 3 ● 形容詞・副詞

170 uneasy
[ʌníːzi]

形 **不安な、心配な**；落ち着かない

でる She seemed **uneasy** about something. (彼女は何かに不安そうだった)

派 □ uneasily 副 不安そうに；落ち着きなく
　□ unease 名 不安、心配 (= uneasiness)
類 □ anxious 形 不安な、心配な
　□ easy 形 気楽な；簡単な

🎧 125

171 flexible
[fléksəbl]

形 **柔軟な、融通の利く**；弾力性のある

でる show a **flexible** attitude (柔軟な態度を示す)

でる **flexible** working hours (柔軟な[融通の利く]勤務時間⇒フレックスタイム制)

派 □ flexibility 名 柔軟性
反 □ inflexible 形 柔軟性のない、融通の利かない

172 voluntary
[vάləntèri] ⚠

形 **自発的な；任意の**；随意の

でる **voluntary** retirement (自発的な退職⇒希望退職)

でる a **voluntary** organization (任意団体、ボランティア団体)

派 □ volunteer [vὰləntíər] ⚠ 名 ボランティア 動 進んで (〜しようと) 申し出る (to do)
反 □ compulsory 形 強制的な；必修の
　□ mandatory 形 強制的な；必修の
　□ involuntary 形 無意識の

173 domestic
[dəméstik]

形 **国内の；家庭の**；家庭的な

でる Japan's foreign and **domestic** policies (日本の内外政策)

でる **domestic** violence (家庭内暴力)

派 □ domestically 副 国内で；家庭的に
　□ domesticate 動 〜を飼いならす
反 □ foreign 形 外国の；外交の；異質の

174 likely
[láikli]

形 **〜しそうである** (to do/that 〜)；**ありそうな**
副 おそらく

でる He is **likely** to join our team. (彼は我々のチームに加入するだろう)

でる It is **likely** (that) 〜 (〜である可能性が高い、おそらく〜だろう)

でる the most **likely** cause of 〜 (〜の最も可能性の高い原因)

派 □ likelihood 名 見込み、可能性
反 □ unlikely 形 〜しそうにない、ありそうにない

175 chief
[tʃíːf]
形 **主要な、主な**；最高位の　名 **長、責任者**；首長

- でる the **chief** cause of ~ (~の主要な原因)
- でる the **chief** editor (編集長) [= the editor in chief]

派 □ chiefly 副 主として、主に

176 firm
[fə́ːrm]
形 **堅い**；しっかりした；**確固たる**　名 **会社、商会**

- でる a **firm** mattress (堅いマットレス)
- でる **firm** determination (確固たる決意)
- でる a printing **firm** (印刷会社)

> farm [fάːrm] (農場、農園) と混同しないように注意しましょう。

177 current
[kə́ːrənt] ⚡
形 **現在の、今の**　名 **流れ、潮流**；電流；風潮

- でる the **current** trend (現在の傾向、最新の動向)
- でる ocean **currents** (海流)

派 □ currently 副 現在は、目下
　□ currency 名 通貨；流通、普及

178 classical
[klǽsikəl]
形 **古典的な、伝統的な**；古典の

- listen to **classical** music (クラシック音楽を聞く)

派 □ classic
　　形 古典的な；一流の　名 古典；名作

> 「クラシック音楽」は classic music ではなく、classical music と言います。一方、「古典映画」は classical movie ではなく、classic movie と言います。

179 major
[méidʒər]
形 **大きな；主要な**　名 **専攻（科目）；専攻学生**
動 (~を) 専攻する (in)

- make a **major** change (大きな変化を起こす；大幅な変更を行う)
- a **major** tourist destination (主要な観光目的地)
- What's your **major**? (あなたの専攻は何ですか)
- I'm a psychology **major** (私は心理学の専攻学生です)
  [= My major is psychology. = I'm majoring in psychology.]

派 □ majority 名 大多数；過半数
反 □ minor 形 小さい；大したことのない

180 minor
[máinər]

形 小さな；大したことのない
名 副専攻（科目）；未成年者

でる cause some **minor** side effects（軽い副作用を引き起こす）

でる It was only a **minor** mistake.（それはほんの小さな間違いだった）

派 □ minority 名 少数（派）

🎧 126

181 eager
[íːgər]

形 しきりに～したがって、（～を）熱望して（to *do*/for）；熱心な

でる She is **eager** to go to Switzerland.（彼女はスイスに行きたがっている）

でる He is **eager** for success in business.（彼はビジネスで成功したがっている）

派 □ eagerly 副 しきりに；熱心に
□ eagerness 名 熱心；熱望

182 vast
[vǽst]

形 広大な、巨大な；膨大な、莫大な

でる **vast** areas of farmland（広大な農地）

でる a **vast** amount of money（巨額の金）

派 □ vastly 副 大いに、非常に

183 false
[fɔ́ːls]

形 事実と異なる、誤った；偽りの；偽造の

でる **false** information（事実に反する［誤った］情報／虚偽の情報）

でる a **false** passport（偽造パスポート）

派 □ falsehood 名 うそ；誤り
反 □ true 形 本当の、真実の

184 precise
[prisáis]

形 正確な、精密な

でる identify the **precise** location of ～（～の正確な位置を特定する）

熟 □ to be precise 正確に言うと
派 □ precisely 副 正確に
□ precision 名 正確さ、精密さ
類 □ exact 形 正確な、精密な
□ accurate 形 正確な、精密な

サクッと復習テスト

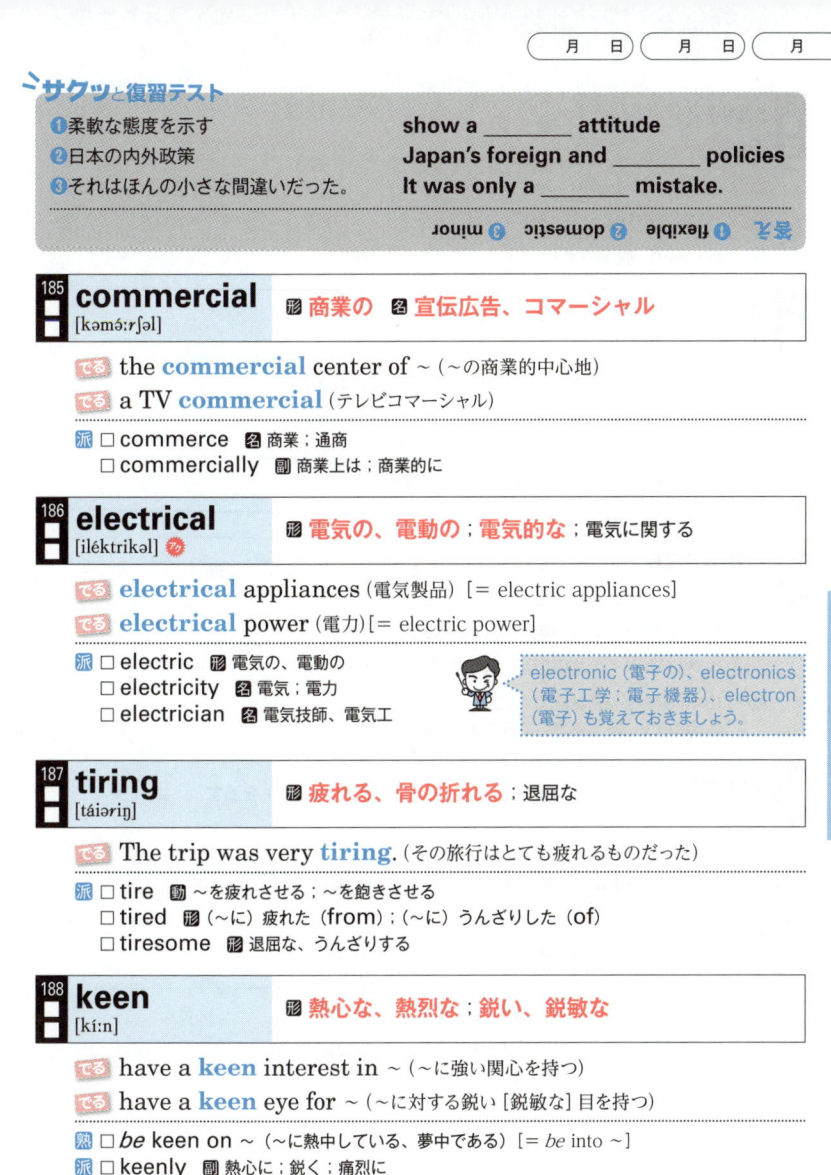

❶ 柔軟な態度を示す　　　　　　　　show a _____ attitude
❷ 日本の内外政策　　　　　　　　　Japan's foreign and _____ policies
❸ それはほんの小さな間違いだった。　It was only a _____ mistake.

答え　❶ flexible　❷ domestic　❸ minor

---

185 commercial
[kəmə́ːrʃəl]

形 **商業の**　名 **宣伝広告、コマーシャル**

- でる the **commercial** center of ~（~の商業的中心地）
- でる a TV **commercial**（テレビコマーシャル）

派 □ commerce　名 商業；通商
　□ commercially　副 商業上は；商業的に

---

186 electrical
[iléktrikəl]

形 **電気の、電動の**；**電気的な**；電気に関する

- でる **electrical** appliances（電気製品）[= electric appliances]
- でる **electrical** power（電力）[= electric power]

派 □ electric　形 電気の、電動の
　□ electricity　名 電気；電力
　□ electrician　名 電気技師、電工

> electronic（電子の）、electronics（電子工学；電子機器）、electron（電子）も覚えておきましょう。

---

187 tiring
[táiəriŋ]

形 **疲れる、骨の折れる**；退屈な

- でる The trip was very **tiring**.（その旅行はとても疲れるものだった）

派 □ tire　動 ~を疲れさせる；~を飽きさせる
　□ tired　形（~に）疲れた（from）；（~に）うんざりした（of）
　□ tiresome　形 退屈な、うんざりする

---

188 keen
[kíːn]

形 **熱心な、熱烈な**；**鋭い、鋭敏な**

- でる have a **keen** interest in ~（~に強い関心を持つ）
- でる have a **keen** eye for ~（~に対する鋭い[鋭敏な]目を持つ）

熟 □ *be* keen on ~（~に熱中している、夢中である）[= *be* into ~]
派 □ keenly　副 熱心に；鋭く；痛烈に

189 raw
[rɔ́ː] 発

形 生の；未加工の

でる **raw** fish（生魚）
でる **raw** materials（原料、原材料）

反 □ cooked 形 調理された

190 mere
[míər]

形 単なる、ほんの

でる It's a **mere** guess.（それは単なる推測に過ぎない）
でる The **mere** thought of it made me sick.
（そのことを考えただけで気分が悪くなった）

派 □ merely 副 ただ、単に（= only）

🎧 127

191 delicate
[délikət] アク

形 繊細な、壊れやすい；微妙な；虚弱な

でる **delicate** skin（繊細な肌、敏感肌）
でる a **delicate** diplomatic problem（微妙な [デリケートな] 外交問題）

派 □ delicately 副 繊細に；上品に
□ delicacy 名 繊細さ；ごちそう、珍味

192 steep
[stíːp]

形 険しい、急な；大幅な 動 ～を浸す

でる a **steep** slope [hill]（急な坂）
でる a **steep** rise in land prices（地価の高騰）

193 fierce
[fíərs]

形 どう猛な；激しい；厳しい

でる a **fierce** tiger（どう猛な虎、猛虎）
でる face **fierce** competition（激しい競争に直面する）

派 □ fiercely 副 激しく、猛烈に

(月 日)(月 日)(月 日)

194 capital
[kǽpətl]

- 形 **資本の**；主要な；**死刑に値する**；**大文字の**
- 名 **首都**；資本（金）；大文字

でる **capital** investment（資本投資、設備投資）
でる **capital** punishment（死刑、極刑）[= death penalty]
でる Please write your name in **capital** letters.
（お名前を大文字で書いてください）
でる Tokyo is the **capital** of Japan.（東京は日本の首都である）

派 □ capitalist 名 資本主義者；資本家
　 □ capitalism 名 資本主義
　 □ capitalize 動 ～を大文字で書く

> 同音語の Capitol（米国の国会議事堂）と混同しないように注意しましょう。

195 asleep
[əslíːp]

形 **（人が）眠って**

でる The baby is already **asleep**.（赤ちゃんはすでに眠っています）

熟 □ fall asleep 寝入る、眠りにつく
反 □ awake 形 目が覚めて

> asleep は補語として使う形容詞なので、名詞の前では sleeping を用います。「眠っている子供」は an asleep child ではなく、a sleeping child と言います。

196 awake
[əwéik]

形 **目が覚めて** 動 **目が覚める**

でる I was wide **awake** until 4 a.m.（午前4時まで目がさえて眠れなかった）
でる I **awoke** from a nightmare at midnight.（真夜中に悪夢で目が覚めた）

派 □ wake
　 動 ～を起こす（up）；目が覚める（up）

> awake の活用変化は awake-awoke-awoken です。

197 alive
[əláiv]

形 **生きた**；活発な

でる Is the bug **alive** or dead?（その虫は生きているのか、それとも死んでいるのか）

反 □ dead 形 死んだ

> alive も補語として使う形容詞なので、名詞の前では living や live [laiv] を用います。「生き物、生物」は alive creatures ではなく、living creatures や live creatures と言います。

198 alike
[əláik]
形 よく似た　副 同様に、一様に

でる The two brothers are **alike** in many ways.
(その二人の兄弟は多くの点でよく似ている)

でる young and old **alike** (老いも若きも⇒老若男女)

> Great minds think alike. (賢人はみな同じように考えるものだ：諺) は「私も君も同じ意見だ、我々は同じこと考えてたね」と言いたい時によく使います。

199 ashamed
[əʃéimd]
形 (〜を) 恥じて (of)

でる He was **ashamed** of the way he acted. (彼は自分の振る舞いを恥じた)

> be ashamed to do (〜するのが恥ずかしい、〜するのは気が引ける) の形もよく出ます。

200 nearby
[nìərbái]
形 近くの　副 近くに [で]

でる take a walk in the **nearby** park (近くの公園を散歩する)

でる Do you live **nearby**? (この近くにお住まいですか)
[= Do you live near here?]

> 形容詞の nearby は、名詞の前でのみ使うことができます。

🎧 128

201 brilliant
[bríljənt]
形 輝かしい、見事な；優秀な；光り輝く

でる have a **brilliant** future (輝かしい未来がある、前途有望である)

でる a **brilliant** violinist (優れたバイオリン奏者)

でる a **brilliant** light (まばゆい光)

派 □ brilliantly 副 素晴らしく；きらきらと
　□ brilliance 名 輝かしさ；優れた才能
類 □ bright 形 光り輝く；頭の切れる

202 fundamental
[fʌ̀ndəméntl]
形 基本的な、基礎の、根本的な；必須の
名 《〜s》基本、基礎

でる a **fundamental** mistake (基本的 [根本的] な間違い)

でる the **fundamentals** of 〜 (〜の基本 [基礎])

派 □ fundamentally 副 根本的に、基本的に
類 □ basic 形 基本的な、基礎の　名《〜s》基本、基礎

サクッと復習テスト

① 電気製品　　　　　　　　　　　　　　　　 _____ appliances
② 午前4時まで目がさえて眠れなかった　　 I was wide _____ until 4 a.m.
③ 老若男女　　　　　　　　　　　　　　　　 young and old _____

答え： ① electrical　② awake　③ alike

---

203 **initial** [iníʃəl]
形 **最初の、初めの；頭文字の**　名 頭文字

- でる the **initial** stage [phase]（初期段階）
- でる an **initial** letter（頭文字）

派 □ initially 副 最初は、当初は
　 □ initiative 名 率先、自発性；主導権

---

204 **genuine** [dʒénjuin]
形 **本物の；心からの**；誠実な

- でる a **genuine** leather jacket（本革ジャケット）
- でる make a **genuine** apology（心からの謝罪をする）

類 □ real 形 本物の；本当の
反 □ fake 形 偽造の、偽物の（= false）

---

205 **senior** [sí:njər]
形 **(～より) 年上の (to)；高齢者の；上級の**
名 年長者；高齢者；大学4年生

- でる He is **senior** to me by five years.（彼は私より5歳年上だ）
- でる a **senior** citizen（65歳以上の高齢者）
- でる a **senior** manager（上級管理者）

派 □ seniority 名 年長；年功（序列）
反 □ junior 形 (～より) 年下の (to)；下級の　名 年少者

> 大学の freshman（1年生）、sophomore（2年生）、junior（3年生）、senior（4年生）はまとめて覚えておきましょう。

---

206 **junior** [dʒú:njər]
形 **(～より) 年下の (to)；下級の**
名 年少者；大学3年生

- でる She is three years **junior** to me.（彼女は私より3歳年下だ）
- でる a **junior** officer（下級将校）

> senior と junior は、than ではなく to を使う点に注意しましょう。

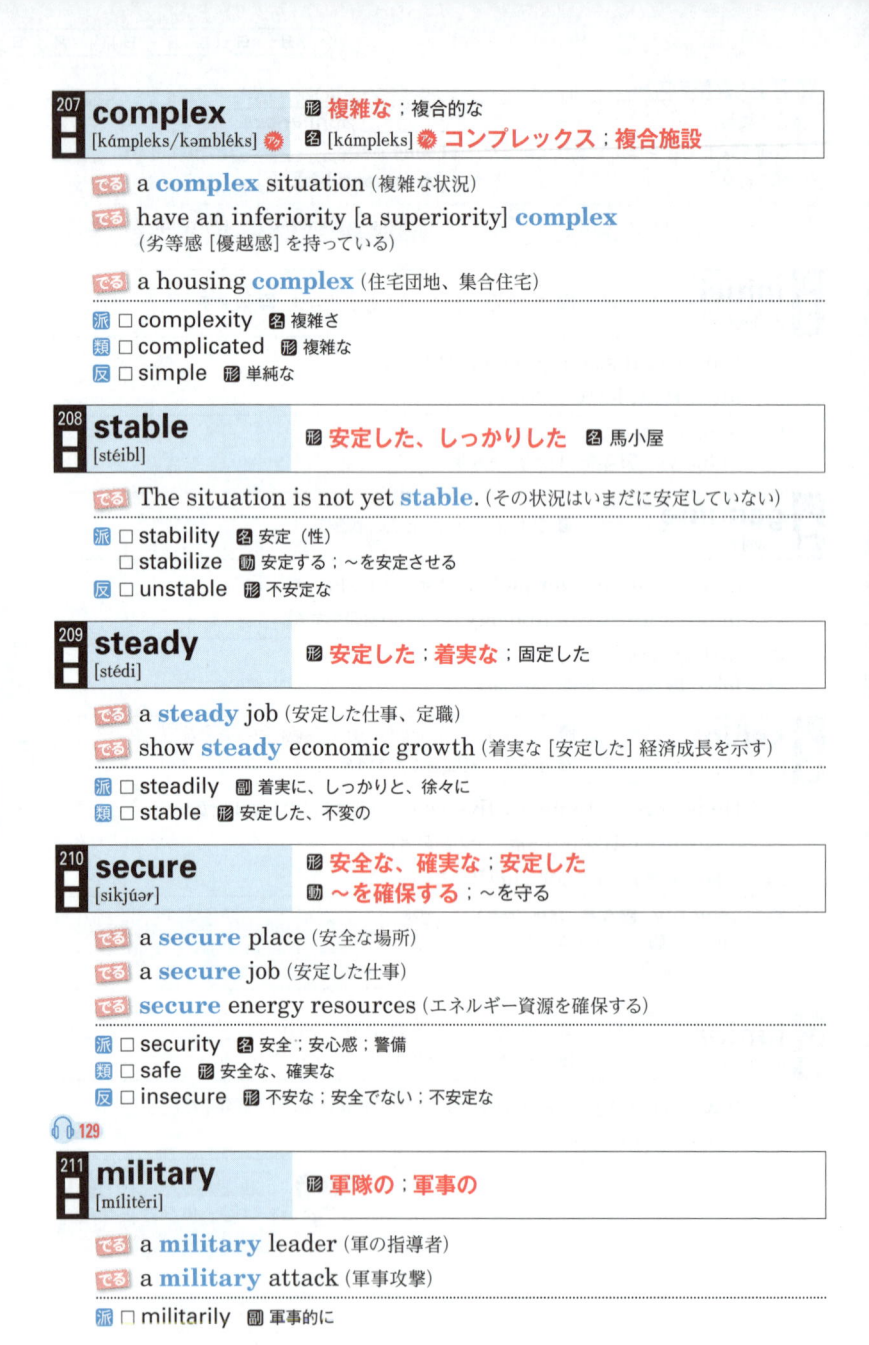

207 complex
[kámpleks/kəmbléks] 形 **複雑な**；複合的な
名 [kámpleks] **コンプレックス**；**複合施設**

- でる a **complex** situation（複雑な状況）
- でる have an inferiority [a superiority] **complex**
  （劣等感 [優越感] を持っている）
- でる a housing **complex**（住宅団地、集合住宅）

派 □ complexity 名 複雑さ
類 □ complicated 形 複雑な
反 □ simple 形 単純な

208 stable
[stéibl] 形 **安定した、しっかりした** 名 馬小屋

- でる The situation is not yet **stable**.（その状況はいまだに安定していない）

派 □ stability 名 安定（性）
　□ stabilize 動 安定する；～を安定させる
反 □ unstable 形 不安定な

209 steady
[stédi] 形 **安定した**；**着実な**；固定した

- でる a **steady** job（安定した仕事、定職）
- でる show **steady** economic growth（着実な [安定した] 経済成長を示す）

派 □ steadily 副 着実に、しっかりと、徐々に
類 □ stable 形 安定した、不変の

210 secure
[sikjúər] 形 **安全な、確実な**；**安定した**
動 **～を確保する**；～を守る

- でる a **secure** place（安全な場所）
- でる a **secure** job（安定した仕事）
- でる **secure** energy resources（エネルギー資源を確保する）

派 □ security 名 安全；安心感；警備
類 □ safe 形 安全な、確実な
反 □ insecure 形 不安な；安全でない；不安定な

🎧 129

211 military
[mílitèri] 形 **軍隊の**；**軍事の**

- でる a **military** leader（軍の指導者）
- でる a **military** attack（軍事攻撃）

派 □ militarily 副 軍事的に

212 accurate
[ækjurət]

形 正確な、精密な

でる an **accurate** description of ~(~の正確な描写［説明］)

派 □ accuracy 名 正確さ、精度
　□ accurately 副 正確に
反 □ inaccurate 形 不正確な

213 upper
[ʌ́pər]

形 上の方の、上部の；上位の

でる the **upper** part of the mountain (山の上部)
でる people of the **upper** class (上流階級の人々)

反 □ lower 形 下の方の、下部の 動 ~を下げる

214 inner
[ínər]

形 内部の、内側の；心の中の

でる an **inner** layer (内側の層、内層)
でる an **inner** struggle (心の中の［内面の］葛藤)

反 □ outer 形 外側の；外面的な

innermost (最も奥の、最も内部の) も覚えておきましょう。

215 concrete
[kɑnkríːt/káŋkriːt]

形 具体的な；コンクリート製の
名 [káŋkriːt] コンクリート

でる set a **concrete** goal (具体的な目標を設定する)
でる a **concrete** wall (コンクリートの壁)

反 □ abstract 形 抽象的な

216 abstract
[ǽbstrækt/æbstrǽkt]

形 抽象的な 名 [ǽbstrækt] 要約、要旨
動 [æbstrǽkt] ~を要約する

でる an **abstract** concept (抽象的概念)
でる an **abstract** of the presentation (プレゼンの要約、口頭発表の要旨)

派 □ abstraction 名 抽象化；抽象的概念

217 reasonable
[ríːzənəbl]
形 筋の通った；分別のある；適当な

- でる a **reasonable** explanation（筋の通った説明）
- でる a **reasonable** man（分別のある男）
- でる at a **reasonable** price（手頃な値段で）

派 □ reason 名 理由；根拠
反 □ unreasonable 形 理にかなわない、不合理な

218 particular
[pərtíkjulər]
形 特別の、特定の；（〜について）好みがうるさい（about）

- でる for no **particular** reason（特にこれといった理由もなく）
- でる She is **particular** about her clothes.
（彼女は服の好みがうるさい⇒彼女は着るものにうるさい）

熟 □ in particular 特に、とりわけ（= particularly）
派 □ particularly 副 特に、とりわけ
　□ particularity 名 特性、特徴

219 principal
[prínsəpəl]
形 最も重要な、主要な、第一の　名 校長

- でる a **principal** source of information（主要な情報源）
- でる the **principal** of a high school（高校の校長）

派 □ principally 副 主に

> 同音語の principle（原理、原則）と混同しないように注意しましょう。

220 forgetful
[fərgétfəl]
形 忘れっぽい、忘れやすい

- でる My mother has been **forgetful** these days.（母は近頃物忘れが多い）

派 □ forget 動 〜を忘れる
　□ forgettable 形 記憶に残らない、忘れてもよい
　□ unforgettable 形 忘れられない

221 hostile
[hástl / hóstail]
形 （〜に）敵意のある（to/toward）；非友好的な

- でる He is **hostile** to us.（彼は我々に対して敵意を抱いている）

派 □ hostility 名 敵意、反感
反 □ friendly 形 親しい、親切な；友好的な

サクッと復習テスト

① 頭文字 — an _____ letter
② 彼は私より5歳年上だ。 — He is _____ to me by five years.
③ 具体的な目標を設定する — set a _____ goal

答え： ① initial ② senior ③ concrete

---

222 mysterious
[místiəriəs] 形 神秘的な；不可解な

でる Mona Lisa's **mysterious** smile（モナリザの神秘的な微笑）
でる a **mysterious** sudden death（不可解な突然死）

派 □ mystery 名 神秘；謎；ミステリー

223 physical
[fízikəl] 形 肉体の；物理的な

でる **physical** exercise（身体運動、体操）
でる a **physical** phenomenon（物理的現象）

派 □ physically 副 肉体的に、物理的に
　□ physics 名 物理学
反 □ mental 形 精神の；精神的な

> 学校の科目の一つである「体育」のことをよくPEと言いますが、それは physical education の略語です。

224 mental
[méntl] 形 精神の、知能の；精神的な

でる **mental** age（精神年齢）
でる **mental** illness（精神疾患）

派 □ mentally 副 精神的に、知的に
　□ mentality 名 物の考え方、心的傾向

225 spiritual
[spíritʃuəl] 形 霊的な、精神的な

でる material and **spiritual** welfare（物質的および霊的［精神的］幸福）

派 □ spirit 名 霊；精神、心
反 □ material 形 物質的な

> body（肉体）、soul（魂）、spirit（霊）はセットにして覚えておきましょう。

226 ordinary
[ɔ́ːrdəneri] 形 普通の、一般的な；平凡な

でる **ordinary** people（普通の人々、一般人）

派 □ ordinarily 副 普通は、通例
反 □ extraordinary 形 並外れた；異常な

Chapter 3 ● 形容詞・副詞

227 primary
[práimeri]

形 最も重要な、主要な；最初の、初歩の

- でる the **primary** purpose of ~ (~の主要目的)
- でる a **primary** school (小学校；英) [= an elementary school；米]

派 □ primarily 副 主に；本来
類 □ prime 形 最も重要な；最上の

228 prime
[práim]

形 最も重要な、主要な；最上の 名《the ~》全盛期

- でる a **prime** concern (最大の関心事)
- でる the **prime** minister (総理大臣)
- でる in the **prime** of life (人生の全盛期 [真っ盛り] に)

229 curious
[kjúəriəs]

形 好奇心の強い；奇妙な

- でる He is **curious** about everything.
  (彼は何にでも好奇心が強い⇒彼は好奇心旺盛だ)

派 □ curiosity 名 好奇心
□ curiously 副 奇妙な [不思議な] ことに；好奇心に駆られて

> Curiosity killed the cat. (好奇心が猫を殺した⇒好奇心もほどほどに) は有名な諺です。

230 worth
[wə́ːrθ]

形 (~の) 価値がある、(~に) 値する 名 価値

- でる It's **worth** the effort. (それは努力する [骨折れる] だけの価値がある)
- でる 20 dollars' **worth** of gasoline (20ドル分のガソリン)

熟 □ *be* worth *doing* ~する価値がある
□ It is worth while *doing* [*to do*] ~するだけの価値がある
派 □ worthy 形 (~に) 値する (of)；立派な
□ worthwhile 形 価値のある、やりがいのある
反 □ worthless 形 価値のない

🎧 131

231 prompt
[prámpt]

形 迅速な、即座の 動 ~を促す、刺激する

- でる Thank you for your **prompt** reply.
  (早速の [迅速な] ご返信をありがとうございました)
- でる His advice **prompted** me to find a new job.
  (彼の助言は私を促して新しい仕事を探させた⇒彼の助言がきっかけで新しい仕事を探した)

派 □ promptly 副 迅速に、即刻
□ promptness 名 迅速さ、機敏

232 mature
[mətjúər]

形 成熟した、しっかりした；熟成した　**動** 成熟する

- でる a **mature** young man（しっかりした [分別のある] 若者）
- でる a **mature** wine [cheese]（熟成したワイン [チーズ]）

派 □ maturity **名** 成熟；熟成；満期
反 □ immature **形** 未熟な、大人げない

233 dramatic
[drəmǽtik]

形 劇的な；感動的な；劇の

- でる a **dramatic** change [improvement]（劇的な変化 [改善]）

派 □ dramatically **副** 劇的に
　□ drama **名** 劇；ドラマ

234 extraordinary
[ikstrɔ́ːrdənèri]

形 並外れた、非凡な；異常な、驚くべき

- でる an **extraordinary** ability（並外れた [驚くべき] 能力）
- でる an **extraordinary** case（異常な事態）

派 □ extraordinarily **副** 非常に；並外れて
反 □ ordinary **形** 普通の；平凡な

235 excessive
[iksésiv]

形 過度の、法外な

- でる **excessive** use of ～（～の過剰使用）
- でる make **excessive** demands（法外 [不当] な要求をする）

派 □ excess **名** 過度；余分
　□ exceed **動** ～を超える；～をしのぐ
反 □ moderate **形** 適度な；穏やかな

236 moderate
[mɑ́dərət]

形 適度な；穏やかな；並の

- でる do [get] **moderate** exercise（適度な運動をする）
- でる a **moderate** climate（温暖な気候）

派 □ moderately **副** 適度に；控えめに
　□ moderation **名** 適度、中庸；緩和

237 modest
[mɑ́dist]

形 **謙虚な、謙遜な**；控えめな；質素な

でる He was **modest** about his own achievements.
（彼は自分の業績について謙虚だった）

派 □ modesty 名 謙虚さ、謙遜、慎み深さ
反 □ immodest 形 慎みのない、高慢な

238 grand
[grǽnd]

形 **壮大な**；威厳のある；偉大な

でる enjoy the **grand** scenery（壮大な景色を楽しむ）

> grand piano は大きくて立派なピアノだから「グランドピアノ」と呼ばれますし、grandparents（祖父母）も「偉大で重要だから」こそ、そのように呼ばれるようになりました。

239 amazing
[əméiziŋ]

形 **驚くべき；素晴しい**

でる It is **amazing** (that) ~（~は驚くべきことだ）
でる an **amazing** discovery（驚くべき [すごい] 発見）

派 □ amaze 動 ~をびっくりさせる、仰天させる
□ amazed 形 (人が) 驚く、仰天する
□ amazingly 副 驚くほど
□ amazement 名 驚嘆、仰天

> Amazing Grace（驚くばかりの恵み）は有名な賛美歌です。

240 vital
[váitl]

形 **(~に) 極めて重要な、不可欠な** (to/for)；活気のある；生命の

でる a **vital** part of ~（~の極めて重要な部分）
でる A good night's sleep is **vital** to maintaining good health.
（夜の健やかな睡眠は良好な健康を維持するのに不可欠である）

派 □ vitality 名 活力、バイタリティー
□ vitalize 動 ~を活性化する

241 potential
[pəténʃəl]

形 **潜在的な**；可能性がある 名 **(~する) 可能性** (to *do*)；(~する) 潜在能力 (to *do*)

でる a **potential** risk（潜在的な危険性、潜在的リスク）
でる have the **potential** to succeed（成功する可能性 [見込み] がある）

派 □ potentially 副 潜在的に

サクッと復習テスト

1. 普通の人々　　　　　　　　　　　_____ people
2. それは努力するだけの価値がある。　It's _____ the effort.
3. 熟成したワイン　　　　　　　　　　a _____ wine

答え ① ordinary ② worth ③ mature

242 significant
[signífikənt]
形 重要な、意義深い；著しい、顕著な

でる a significant relationship between *A* and *B*
（AとBの間の重要な関係）

でる a significant change（著しい変化／重大な変化［変更］）

派 □ significantly 副 著しく、大いに
　□ significance 名 重要性；意義；有意性
　□ signify 動 ～を意味する、表す、示す
反 □ insignificant 形 重要でない、取るに足らない

243 challenging
[tʃǽlindʒiŋ]
形（困難だが）やり甲斐のある

でる a challenging job（やりがいのある仕事）

派 □ challenge 動 ～に挑む 名 挑戦
　□ challenger [tʃǽlindʒər] 名 挑戦者

244 generous
[dʒénərəs]
形 気前のよい；寛大な

でる It was generous of my aunt to buy me a bicycle.
（おばは気前よく自転車を買ってくれた）

でる She is generous to [with] her students.（彼女は生徒に寛大だ）

派 □ generously 副 気前よく
　□ generosity 名 気前の良さ；寛大さ

245 grateful
[gréitfəl]
形 感謝している

でる I'm grateful to her for her help.（手伝ってくれた彼女に感謝しています）

派 □ gratitude 名 感謝
類 □ thankful 形 感謝している

> grateful to *A* for *B*（Aに B のことで感謝している）[= thankful to *A* for *B*] の形で覚えておきましょう。

Chapter 3 ● 形容詞・副詞

246 dynamic
[dainǽmik]

形 活動的な、活発な、力強い；動力の、動的な
名 原動力；《~s》人間［力］関係

でる He is a **dynamic** character [figure]. (彼は活発な人だ)

派 □ dynamically 副 活動的に；動的に
反 □ static 形 静的な、静止の

247 automatic
[ɔ̀:təmǽtik]

形 自動の、自動的な；無意識の

でる an **automatic** door (自動ドア)
でる an **automatic** reaction (無意識の反応)

派 □ automatically 副 自動的に、必然的に
□ automation 名 自動化
□ automated 形 オートメーション化した、自動の

> auto- は「自己の、自身の；自動の」の意味を表す接頭辞です。

248 artificial
[ɑ̀:rtəfíʃəl] ⚠

形 人工の、人工的な

でる **artificial** intelligence (人工知能) [略称 AI]
でる **artificial** colors [flavors] (人工着色料 [香料])

派 □ artificially 副 人工的に
反 □ natural 形 自然の

249 ancient
[éinʃənt] ⚠

形 古代の；古来の

でる in **ancient** times (古代には)

派 □ anciently 副 昔は
反 □ modern 形 現代の；近代の

250 elderly
[éldərli]

形 年老いた、年配の

でる an **elderly** couple (老夫婦)
でる the **elderly** (高齢者) [= elderly people]

派 □ elder 形 年上の (= older)

> ＜the ＋形容詞＞=複数名詞になります（例: the rich「裕福な人々」）。アメリカでは「高齢者」を表す言葉として、the elderly よりも senior citizens の方が好んで使われます。

251 ignorant
[íɡnərənt]

形 (〜について) 無知な、知らない (of/about)

でる He is **ignorant** of the world. (彼は世間知らずだ、彼は世事に疎い)

派 □ ignorance 名 無知
□ ignorantly 副 無知に、知らずに

252 permanent
[pə́:rmənənt]

形 永久の、永遠の、永続的な　名 パーマ

でる obtain a **permanent** visa (永住ビザ [永住権] を取得する)

派 □ permanently 副 永久に、恒久的に (= forever)
□ eternal 形 永遠の、永久の
反 □ temporary 形 一時的な、臨時の

髪にかけるパーマ (perm) は、permanent (wave) のくだけた形 (略形) です。

253 objective
[əbdʒéktiv]

形 客観的な　名 目標、目的

でる an **objective** evaluation [standard] (客観的評価 [基準])
でる achieve [meet] the **objective** of 〜 (〜の目的を達成する)

派 □ objectively 副 客観的に
□ objectivity 名 客観性
反 □ subjective 形 主観的な

254 opposite
[ápəzit]

形 (〜に対して) 反対側の、正反対の (to)；反対の、逆の　名 反対の物

でる The hotel stands **opposite** to the bank.
(そのホテルは銀行の反対側に立っている)

でる My opinion is **opposite** to yours. (私の意見はあなたのと正反対だ)

でる in the **opposite** direction (反対方向に)

でる the **opposite** [same] sex (異性 [同性])

派 □ oppose 動 〜に反対する
□ opposition 名 反対；抵抗

255 contrary
[kántreri]

形 (〜と) 反対の、逆の (to)　名《the 〜》反対、逆

でる The results were **contrary** to my expectations.
(結果は予想に反したものだった)

熟 □ on the contrary それどころか、むしろ
□ to the contrary それとは反対に [の]

256 **urban** [ə́ːrbən]
形 都会の、都市の

でる enjoy **urban** life（都会生活を楽しむ）

反 □ rural 形 田舎の、田園の

257 **rural** [rúərəl]
形 田舎の、田園の

でる live in a **rural** area（田舎に住む）

類 □ country 形 田舎の、田園の 名 国；田舎（= countryside）
□ rustic 形 田舎の、田園の

258 **remote** [rimóut]
形 人里離れた、辺ぴな；遠方の；遠隔操作の

でる a **remote** mountain village（人里離れた山村）
でる by **remote** control（遠隔操作 [リモコン] で）

259 **unusual** [ʌnjúːʒuəl]
形 普通でない、珍しい

でる **unusual** weather（異常気象）
でる an **unusual** family name（珍しい姓 [名字]）

派 □ unusually 副 珍しく、いつになく
反 □ usual 形 通常の、いつもの

> It is unusual for A to do（A が〜するのは珍しい）の形もよく出ます。

260 **solid** [sɑ́lid]
形 固体の、硬い；しっかりした；頼りになる 名 固体

でる in a **solid** state（固体状で [の]）
でる a **solid** foundation（しっかりした基礎）

派 □ solidify 動 〜を凝固する；〜を強固にする

261 **liquid** [líkwid]
形 液体の、液状の；流動性の 名 液体

でる **liquid** soap（液体石鹸）

派 □ liquefy 動 液体になる；〜を液化する

> 「気体」は gas と言います。

サクッと復習テスト

1. やりがいのある仕事 — a _____ job
2. 私の意見はあなたのと正反対だ。 — My opinion is _____ to yours.
3. 人里離れた山村 — a _____ mountain village

答え ① challenging ② opposite ③ remote

262 stuck [stʌ́k]
形 動きが取れない；行き詰まった

でる We were **stuck** in traffic. (我々は渋滞に巻き込まれた)
でる I'm really **stuck** with my homework. (宿題で本当に行き詰まっている)

派 □ stick 動 〜を突き刺す；〜を動けなくさせる

263 elementary [èləméntəri]
形 初歩的な、基本の；初等の

でる have an **elementary** knowledge of 〜 (〜の初歩的な知識を持っている)
でる an **elementary** school (小学校)

派 □ element 名 要因、要素；元素
反 □ advanced 形 先進的な；上級の

264 chemical [kémikəl]
形 化学の、化学的な　名 化学物質［薬品］

でる **chemical** changes [reactions] (化学変化 [化学反応])
でる toxic **chemicals** (有毒化学物質)

派 □ chemically 副 化学的に
□ chemistry 名 化学
□ chemist 名 化学者

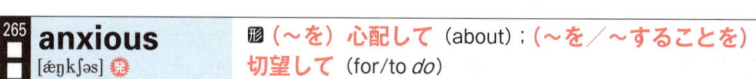

265 anxious [ǽŋkʃəs]
形 (〜を) 心配して (about)；(〜を／〜することを) 切望して (for/to do)

でる I'm **anxious** about his health. (彼の健康を心配している)
でる Everyone is **anxious** for world peace. (皆が世界平和を切望している)
でる I'm **anxious** to see her again. (彼女との再会を切望している)

派 □ anxiously 副 心配そうに；切望して
□ anxiety [æŋzáiəti] 名 心配；切望

266 content
[kəntént]
形 (〜に) 満足している (with)
名 [kάntent] 中身；内容 動 〜を満足させる

でる He is **content** with his job. (彼は自分の仕事に満足している)
[= He is contented with his job.]

でる What are the **contents** of the package? (小包の中身は何ですか)

派 □ contentment 名 満足
類 □ contented
　形 (〜に) 満足している (with)

> be satisfied with 〜は「〜に十分満足している、かなり満足している」、be content [contented] with 〜は「〜に一応満足している、甘んじている」というニュアンスの違いがあります。

267 willing
[wíliŋ]
形 快く〜する、〜しても構わない (to do)

でる She was **willing** to accept our offer.
(彼女は快く我々の申し出を受け入れてくれた)

派 □ willingly 副 快く、進んで
　□ will 名 意志；遺言(状)
反 □ unwilling
　形 気が進まない (= reluctant)；不本意な

> be willing to do には、be glad [happy/delighted] to do (喜んで〜する) のような積極さはありません。

268 conscious
[kάnʃəs]
形 (〜に) 気づいて (of/that)；(〜を) 意識して

でる He became **conscious** that 〜 (彼は〜ということに気がついた)
でる She is very **conscious** of her appearance.
(彼女は自分の外見を非常に意識している)

派 □ consciously 副 意識的に；故意に
　□ consciousness 名 意識
類 □ aware 形 気づいて

> self-conscious (自意識過剰の、人目を気にする) も覚えておきましょう。

269 frequent
[frí:kwənt]
形 頻繁な、度々の 動 〜に頻繁に行く

でる take **frequent** breaks (頻繁に休憩を取る)
でる The castle is **frequented** by tourists.
(その城には観光客が頻繁に訪れる)

派 □ frequently 副 頻繁に、度々
　□ frequency 名 頻度；頻繁
反 □ infrequent 形 めったに起こらない、まれな

270 **effective** [iféktiv]
形 効果がある、有効な

でる a highly **effective** medicine for ~ (~に非常に効果的な薬)

派 □ effectively 副 効果的に、有効に
□ effectiveness 名 有効性、効力
反 □ ineffective 形 効果のない、無効な

135

271 **efficient** [ifíʃənt] ア
形 効率的な、能率的な；有能な

でる an **efficient** system (効率的なシステム)

でる an **efficient** secretary (有能な秘書)

派 □ efficiency 名 効率、能率
□ efficiently 副 効率的に
反 □ inefficient 形 非効率的な

efficient (効率的な) は「うまく省エネ」、effective (効果がある) は「良く効く」のイメージで覚えておきましょう。

272 **sufficient** [səfíʃənt] ア
形 十分な

でる provide **sufficient** data on ~ (~に関する十分なデータを提供する)

派 □ sufficiently 副 十分に、たっぷり
□ sufficiency 名 十分(性)、十分な量[数]
類 □ enough 形 十分な 副 十分に
反 □ insufficient 形 不十分な

273 **nuclear** [njúːkliər]
形 核の、原子力の；核兵器の

でる use **nuclear** energy (核エネルギーを利用する)

でる a **nuclear** power plant (原子力発電所)

でる a **nuclear** bomb (核爆弾)

派 □ nucleus 名 原子核；中心

「原子爆弾」は atomic [atom] bomb と言います。

274 **useless** [júːslis]
形 役に立たない；無駄な

でる **useless** knowledge [information] (役に立たない知識[情報])

でる It's **useless** to try to persuade her. (彼女を説得しようとしても無駄だ)

派 □ uselessly 副 無駄に
反 □ useful 形 役に立つ、有益な (= helpful)

275 terrible
[térəbl]
形 **ひどい、最悪の**；恐ろしい

でる a **terrible** accident（ひどい事故）

派 □ terribly 副 ひどく；恐ろしく
□ terror 名 恐怖；テロ（行為）
□ terrify 動 ～を怖がらせる
類 □ awful 形 ひどい、最悪の；恐ろしい

> terrific [tərífik]（素晴しい）と混同しないように注意しましょう。

276 horrible
[hɔ́:rəbl]
形 **恐ろしい；ひどい**；薄情な

でる a **horrible** experience（恐ろしい体験）

でる say **horrible** things about ～（～の悪口を言う、～についてひどいことを言う）

派 □ horror 名 恐怖、戦慄 形 ホラーの
□ horribly 副 恐ろしく；ひどく

277 awful
[ɔ́:fəl] 発
形 **ひどい、最悪の**；恐ろしい；ものすごい

でる That restaurant was **awful**.（あのレストランはひどかった）

派 □ awfully 副 非常に、ひどく

> awesome [ɔ́:səm]（素晴しい、最高の）と混同しないように注意しましょう。

278 visible
[vízəbl]
形 **目に見える**；明らかな

でる Mt. Fuji is **visible** from my house on a clear day.
（晴れた日にはうちから富士山が見える）

派 □ vision 名 見通し、展望；視力
□ visual 形 視覚的な
反 □ invisible 形 目に見えない

279 distinct
[distíŋkt]
形 **はっきりした、鮮明な**；（～と）**まったく異なった**
(from)

でる a **distinct** lack of ～（～の明らかな欠如）

でる two **distinct** types（2つのまったく異なる形式）

派 □ distinction 名 区別、違い；特徴
□ distinctive 形 独特［特有］の、特徴的な

サクッと復習テスト

① 我々は渋滞に巻き込まれた　　We were _____ in traffic.
② 核エネルギーを利用する　　　use _____ energy
③ 役に立たない知識　　　　　　_____ knowledge

解答　① stuck　② nuclear　③ useless

---

280 previous
[príːviəs]

形 **先の、前の、以前の**

でる the **previous** year（前年）

でる **previous** experience（以前の経験）

熟 □ previous to ~　~の前に、~に先立って（= prior to ~）
派 □ previously　副 以前に；前もって
反 □ following　形 次の

281 available
[əvéiləbl]

形 **利用［入手］できる；都合がつく、時間がある**

でる Room service is **available** 24 hours a day.
（ルームサービスは1日24時間ご利用いただけます）

でる I'm not **available** next Wednesday.（来週の水曜日は都合がつかない）

派 □ avail　動 ~を利用する；~に役立つ　名 利益；効用
　□ availability　名 利用［入手］の可能性；都合
反 □ unavailable　形 利用［入手］できない；都合がつかない

282 bound
[báund]

形 **束縛された；確かな；~行きの**

でる They are legally **bound** to do it.
（彼らは法的にそうすることを義務付けられている）

でる a train **bound** for Toronto（トロント行きの電車）

熟 □ *be* bound to *do*　きっと~する（= *be* sure to *do*）；~しなければならない
派 □ bind　動 ~を縛る；~を団結させる；~を束縛する

283 due
[djúː]

形 到着するはずで；生まれる予定で；返済［返却］期日の来た **名** 《～s》会費、料金

- The plane is **due** in an hour.（飛行機はあと1時間で到着の予定だ）
- When is your baby **due**?（出産予定日はいつですか）
- The next payment is **due** on March 20.
  （次回の支払い期日は3月20日です）
- pay the membership **dues**（会費を支払う）

熟 □ due to ～　～のために、～のせいで
　□ in due course [time]　そのうち、やがて

284 momentary
[móuməntèri]

形 瞬間の、つかの間の

- after a **momentary** hesitation（一瞬ためらった後）

派 □ moment **名** 瞬間；時期
　□ momentarily **副** 一瞬、一時的に；すぐに

285 ambitious
[æmbíʃəs]

形 大志を抱いた、野心的な

- Boys, be **ambitious**!
  （少年よ、大志を抱け！：ウィリアム・クラーク博士が残した名言）

派 □ ambition **名** 野心、大志

> クラーク博士が実際に発した言葉は、Boys, be ambitious in Christ!（少年よ、キリストにあって大志を抱け！）または Boys, be ambitious for Christ!（少年よ、キリストのために大志を抱け！）のいずれかであったと言われています。

286 vivid
[vívid]

形 鮮明な、鮮やかな；生き生きとした

- The scene is still **vivid** in my memory.
  （その情景は今なお記憶に新しい［鮮やかだ］）
- give a **vivid** description of ～（～を生き生きと［鮮やかに］描写する）

派 □ vividly **副** 鮮明に；生き生きと

287 adequate
[ǽdikwət]

形 (〜に) 十分な (for/to do); 適切な

でる This computer is **adequate** for my needs.
(このコンピュータは私の必要を満たすのに十分だ)

でる an **adequate** explanation (適切な [十分な] 説明)

派 □ adequately 副 十分に、適切に
　□ adequacy 名 適切な、適性
類 □ sufficient 形 十分な
　□ proper 形 適切な
　□ appropriate 形 適切な
反 □ inadequate 形 不十分な、不適切な

288 profound
[prəfáund]

形 深みのある、深遠な；重大な、多大な

でる a **profound** remark (深みのある [奥深い] 意見)

でる have a **profound** impact [effect/influence] on 〜
(〜に多大な [重大な] 影響を及ぼす)

派 □ profoundly 副 大いに；深く
　□ profundity [prəfʌ́ndəti] 発 名 (奥) 深さ；深刻さ

289 outstanding
[àutstǽndiŋ]

形 目立った；傑出した

でる an **outstanding** feature (顕著な特徴)

でる an **outstanding** player (傑出した選手)

派 □ outstandingly 副 著しく；傑出して

290 indifferent
[indífərənt]

形 (〜に) 無関心な、無頓着な (to)

でる He is **indifferent** to what's happening in the world.
(彼は世界情勢に [世界で何が起きているのかについて] 関心がない)

派 □ indifference 名 無関心
類 □ uninterested 形 (〜に) 無関心な (in)
　□ unconcerned 形 (〜に) 無関心な (with)
反 □ interested 形 関心 [興味] があって

291 tense
[téns]

形 緊張した；張り詰めた　動 〜を緊張させる　名 時制

- でる She was a little **tense**. (彼女は少し緊張していた)
- でる the present [past] **tense** (現在 [過去] 時制)

派 □ tension 名 緊張（状態）；張力
反 □ relaxed 形 くつろいだ、リラックスした

292 sensitive
[sénsətiv]

形 （〜に）敏感な（to）；（〜に）神経質な（about）；慎重に扱うべき

- でる I'm **sensitive** to the cold. (私は寒さに敏感だ⇒私は寒がりだ)
- でる She's **sensitive** about her weight. (彼女は体重を気にしている)
- でる a **sensitive** issue to discuss
  (討論するのにデリケートな [慎重を要する] 問題)

派 □ sensitively 副 敏感に；繊細に
　□ sensitivity 名 感受性
反 □ insensitive 形 無神経な；無関心な

293 sensible
[sénsəbl]

形 分別のある、賢明な

- でる a **sensible** person (分別のある人)
- でる make a **sensible** decision (賢明な決断をする)

派 □ sensibly 副 賢明に、分別よく
　□ sensibility 名 感性、感覚

> sensitive（敏感な）と混同しないように注意しましょう。

294 temporary
[témpərèri]

形 一時的な、臨時の

- でる a **temporary** job (臨時の [短期の] 仕事)

派 □ temporarily 副 一時的に、少しの間
反 □ permanent 形 永久の、永続的な

295 contemporary
[kəntémpərèri]

形 現代の、当代の；同時代の　名 同時代 [同時期] の人

- でる **contemporary** music (現代音楽)

> contemporary は「con（共に）＋ temporary（時）を過ごす」」から、それが今であれば「現代の」の意味となるわけです。

サクッと復習テスト

1. 来週の水曜日は都合がつかない。　I'm not _____ next Wednesday.
2. 出産予定日はいつですか。　When is your baby _____?
3. 私は寒がりだ。　I'm _____ to the cold.

答え ① available ② due ③ sensitive

---

296 vain
[véin]

形 **無駄な、無益な**；うぬぼれの強い

でる make a **vain** attempt（無駄な試みをする）

- 熟 □ in vain 努力の甲斐もなく、むなしく（= vainly）
- 派 □ vainly 副 無駄に；うぬぼれて
  □ vanity 名 虚栄心、うぬぼれ
- 類 □ useless 形 無駄な

> 同音語の vein（静脈）と混同しないように注意しましょう。

---

297 superior
[səpíəriər] 発

形 **（～より）優れた**（to）；上質の　名 上司、目上の人

でる He is **superior** to me in mathematics.
（彼は数学において私より優れている）

- 派 □ superiority 名 優越
- 反 □ inferior 形 （～より）劣った（to）

---

298 inferior
[infíəriər] 発

形 **（～より）劣った**（to）；粗悪な　名 下の者

でる My car is **inferior** to yours.（私の車はあなたのよりも劣っている）

- 派 □ inferiority 名 劣等

> superior と inferior は、than ではなく to を使う点に注意しましょう。

---

299 appropriate
[əpróupriət] ア

形 **（～に）適切な、ふさわしい**（for/to）

でる This book is **appropriate** for children to read.
（この本は子供が読むのにふさわしい）

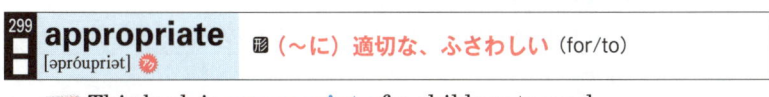

- 派 □ inappropriate 形 不適切な
- 類 □ proper 形 適切な、ふさわしい
  □ suitable 形 適切な、ふさわしい

300 vague
[véig] 形 **曖昧な、はっきりしない**；漠然とした

でる give a **vague** answer（曖昧な [いい加減な] 返事をする）

派 □ vaguely 副 曖昧に；漠然と
類 □ obscure 形 曖昧な、はっきりしない；無名の
反 □ apparent 形 明らかな、明白な

🎧 138

301 consistent
[kənsístənt] 形 **首尾一貫した；一致した、矛盾のない**；堅実な

でる She is **consistent** in her actions.（彼女の行動は首尾一貫している）
でる The results were **consistent** with his theory.
（結果は彼の理論と一致していた）

派 □ consistently 副 一貫して
　□ consistency 名 一貫性
　□ consist 動 (〜から) 構成される (of)；(〜に) 存する (in)
反 □ inconsistent 形 一貫性のない；矛盾した

302 earnest
[ə́ːrnist] 形 **真剣な；熱心な** 名 本気；熱心

でる speak in an **earnest** tone（真剣な口調で話す）
でる He is **earnest** about his work.（彼は仕事熱心だ）

熟 □ in earnest 真剣に、本格的に

303 logical
[ládʒikəl] 形 **論理的な；筋の通った**

でる a **logical** analysis of 〜（〜の論理的分析）
でる a **logical** explanation（納得のいく説明／論理的な説明）

派 □ logic 名 論理；論理学
　□ logically 副 論理的に

304 radical
[rǽdikəl] 形 **抜本的な、根本的な；過激な、急進的な**
名 過激派

でる a **radical** structural reform（抜本的な構造改革）
でる a **radical** ideology（過激な思想 [イデオロギー]）

派 □ radically 副 根本的に、がらりと
反 □ conservative 形 保守的な

305 identical
[aidéntikəl]

形 (〜と) 同一の、そっくりの (to);一卵性の

でる Your camera looks almost **identical** to mine. (あなたのカメラは私のとほとんど同じように見える)

でる a pair [set] of **identical** twins (一組の一卵性双生児)

派 □ identify 動 〜を特定する、見分ける
□ identity 名 独自性、個性;身元;同一性
□ identification 名 身分証明(書);識別

「二卵性双生児」は fraternal twins、「三つ子」は triplets と言います。

306 organic
[ɔːrgǽnik]

形 **有機農法の、無農薬の**;有機物の;器官の

でる **organic** farming (有機農法)

でる **organic** food (無農薬食品、自然食品)

派 □ organism 名 有機体、生命体
□ organ 器官;組織

307 reluctant
[rilʌ́ktənt]

形 (〜することに) 気が進まない、しぶしぶの (to do)

でる I'm **reluctant** to do anything today. (今日は何もする気がしない)

派 □ reluctance 名 気が進まないこと

308 democratic
[dèməkrǽtik]

形 **民主主義の**;民主的な

でる a **democratic** society [country] (民主主義社会 [民主主義国家])

派 □ democracy [dimάkrəsi]
名 民主主義 (国家)
□ democrat 名 民主主義者;(D-) 民主党 (員)

反 □ undemocratic 形 非民主的な

アメリカでは Democrat は「民主(員)」、Republican は「共和党(員)」を意味します。

309 loyal
[lɔ́iəl]

形 (〜に) 忠実な (to);誠実な

でる He is **loyal** to his company. (彼は会社に対して忠実である)

でる **loyal** customers (忠実な顧客⇒得意客)

royal [rɔ́iəl] (王室の、王立の) と混同しないように注意しましょう。

310 valid
[vǽlid] 形 **正当な、妥当な、もっともな；有効な**

- でる a **valid** reason（正当な [もっともな] 理由）
- でる This ticket is no longer **valid**.（このチケットはもはや有効ではありません）

- 派 □ validity 名 正当性、妥当性；有効性
- 反 □ invalid [invǽlid] 形 無効な、根拠のない
  [ínvəlid] 名 病人

🎧 139

311 moral
[mɔ́:rəl] 形 **道徳的な、道徳上の**；教訓的な
名 道徳、モラル；**教訓**

- でる **moral** values（道徳的価値観、倫理観）
- でる the **moral** of the story（その話の教訓）

- 派 □ morally 副 道徳的に
  □ morality 名 道徳（律）
- 反 □ immoral 形 不道徳な、モラルに反する

312 intelligent
[intélədʒənt] 形 **知能の高い、聡明な**；知的な

- でる an **intelligent** person（聡明な [知能の高い] 人）

- 派 □ intelligence 名 知能

「知能指数」のことを IQ と言いますが、それは intelligence quotient の略語です。

313 intellectual
[ìntəléktʃuəl] 形 **知的な、知性の**；理知的な　名 **知識人、有識者**

- でる **intellectual** development（知的発達）
- でる a group of young **intellectuals**（若い知識人のグループ）

- 派 □ intellect
  名 知性、知力

intellectual（知的な）は「生まれつきではなく、学習によって得られた頭の良さ」を、intelligent（知能の高い）は「生まれつき備わっている頭の良さ」と覚えておけばよいでしょう。

314 linguistic
[liŋgwístik] 形 **言語の**；言語学の

- でる children's **linguistic** development（子供の言語発達）

- 派 □ linguistically 副 言語的に；言語学的に
  □ linguistics 名 言語学
  □ linguist 名 言語学者

サクッと復習テスト

❶ 私の車はあなたのよりも劣っている。　My car is _____ to yours.
❷ 今日は何もする気がしない。　I'm _____ to do anything today.
❸ このチケットはもはや有効ではありません。　This ticket is no longer _____.

答え ❶ inferior ❷ reluctant ❸ valid

---

315 abundant
[əbʌ́ndənt]

形 豊富な、豊かな、十分な

でる Australia is **abundant** [rich] in natural gas.
（オーストラリアは天然ガスが豊富だ）[= Natural gas is abundant in Australia.]

派 □ abundantly 副 豊富に、たくさん
　□ abundance 名 豊富、多数［多量］
　□ abound 動 (～が) 豊富である (in)
類 □ rich 形 豊富な、豊かな
反 □ scarce 形 乏しい、不十分な

316 primitive
[prímətiv]

形 原始（時代）の、太古の；原始的な、未開の
名 原始人

でる in **primitive** times（原始時代に）
でる a **primitive** society（原始社会、未開社会）

反 □ civilized 形 文明化した、文明的な

317 overall
[òuvərɔ́ːl]

形 全体的な、全般的な　名 [óuvərɔːl]《～s》オーバーオール　副 全体的［全般的］に、概して

でる What is your **overall** impression of the movie?
（その映画に対するあなたの全体的な印象はどんなものですか）

でる the **overall** cost of ~（～の総費用）

318 oral
[ɔ́ːrəl]

形 口頭の、口述の；口の

でる take a written and **oral** test（筆記試験と口頭試験を受ける）

派 □ orally 副 口頭で；口で

同音語の aural（聴覚の、耳の）と混同しないように注意しましょう。

319 scarce
[skéərs]

形 乏しい、不十分な

でる Water is **scarce** in the region.（その地域では水が不足している）

派 □ scarcity 名 不足、欠乏
　□ scarcely 副 ほとんど～ない (= hardly)

320 thorough
[θə́ːrou]
形 徹底的な、完全な；まったくの

でる conduct a **thorough** investigation into ~（~を徹底的に調査する）

派 □ thoroughly 副 徹底的に、完全に

through [θrúː]（~を通って；~の間ずっと）と混同しないように注意しましょう。

🎧 140

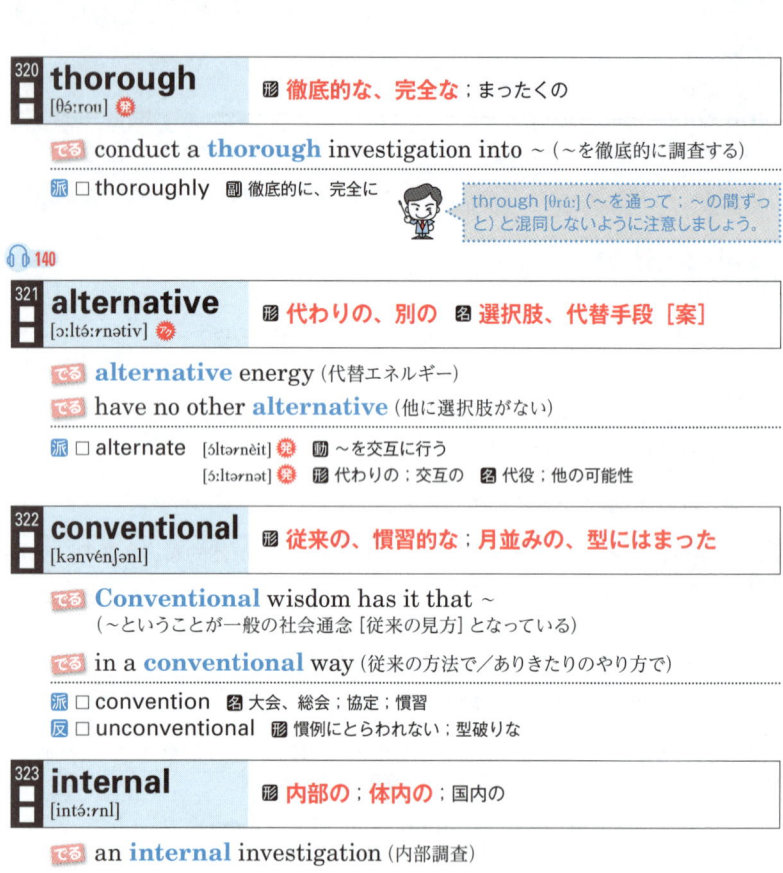

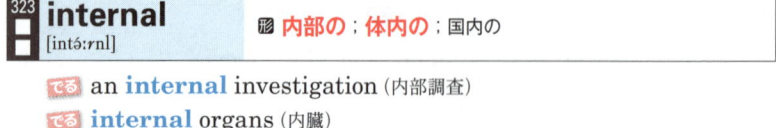

321 alternative
[ɔːltə́ːrnətiv]
形 代わりの、別の 名 選択肢、代替手段［案］

でる **alternative** energy（代替エネルギー）
でる have no other **alternative**（他に選択肢がない）

派 □ alternate [ɔ́ltərnèit] 動 ~を交互に行う
　　　　　　　　[ɔ́ːltərnət] 形 代わりの；交互の 名 代役；他の可能性

322 conventional
[kənvénʃənl]
形 従来の、慣習的な；月並みの、型にはまった

でる **Conventional** wisdom has it that ~
（~ということが一般の社会通念［従来の見方］となっている）

でる in a **conventional** way（従来の方法で／ありきたりのやり方で）

派 □ convention 名 大会、総会；協定；慣習
反 □ unconventional 形 慣例にとらわれない；型破りな

323 internal
[intə́ːrnl]
形 内部の；体内の；国内の

でる an **internal** investigation（内部調査）
でる **internal** organs（内臓）

反 □ external 形 外部の；外国の

324 external
[ikstə́ːrnl]
形 外部の；外国の

でる information from internal and **external** sources（内外からの情報）
でる **external** pressure（外圧、外部［外国］からの圧力）

325 maximum
[mǽksəməm]
形 最大（限）の、上限の　名 最大限度、最大値

- でる the maximum speed（最高速度）
- でる the maximum capacity of ~
  （~の最大容量［能力］／~の最大定員数［乗客数］）

派 □ maximize 動 ~を最大にする；~を最大限に生かす
反 □ minimum 形 最小（限）の　名 最小限度

326 minimum
[mínəməm]
形 最小（限）の、最低の　名 最小限度、最小値

- でる the minimum requirements for ~（~の最低条件）

派 □ minimize 動 ~を最小限にする

327 medium
[míːdiəm] 発
形 中間の；ミディアムの　名 媒体；手段；中間

- でる a middle-aged man of medium height（中背の中年男性）
- でる I'd like my steak medium, please.（ステーキはミディアムでお願いします）
- でる a powerful medium for education（教育の強力な媒体）

> media（マスメディア）は medium の複数形です。

328 numerous
[njúːmərəs] 発
形 多数の、非常に多くの

- でる on numerous occasions（数多くの機会に、何度も）
- でる They are too numerous to count.（それらは多すぎて数え切れない）

派 □ numerously 副 おびただしく、非常に多く

329 competent
[kámpətənt] 発
形 有能な、力量がある；満足のいく

- でる a competent engineer（有能なエンジニア）

派 □ competence 名 能力、力量（= competency）
類 □ efficient 形 有能な；効率的な
反 □ incompetent 形 無能な、役に立たない

330 optimistic
[ὰptəmístik]

形 楽観［楽天］的な、楽観主義の

でる She is **optimistic** about her future.
（彼女は自分の将来について楽観的である［気楽に考えている］）

派 □ optimism 名 楽観［楽天］主義
　□ optimist 名 楽天家、楽観主義者
反 □ pessimistic 形 悲観的な、厭世的な

🎧 141

331 pessimistic
[pèsəmístik]

形 悲観的な、厭世的な

でる have a **pessimistic** outlook about ~（~について悲観的な見方をする）

派 □ pessimism 名 悲観主義、厭世主義
　□ pessimist 名 悲観主義者

332 glorious
[glɔ́ːriəs]

形 輝かしい、名誉となる、素晴しい；壮大な、美しい

でる a **glorious** history（輝かしい歴史）

でる a **glorious** sunset（壮大な日の入り）

派 □ glory 名 栄光、名誉；偉業
　□ glorify 動（神）を賛美する；~を美化する

「アサガオ」は morning glory と言います。

333 noble
[nóubl] ⚡

形 気高い、高潔な；貴族の；壮大な

でる a **noble** goal [aim]（気高い目標）

でる come from a **noble** family（貴族の家の出である）

派 □ nobly 副 気高く、立派に
　□ nobility 名 気高さ、崇高さ
反 □ ignoble 形 下品な、下劣な

novel [nάvəl]（小説；目新しい）や Nobel [noubél]（ノーベル）と混同しないように注意しましょう。

334 luxurious
[lʌɡʒúəriəs] ⚡

形 贅沢な、豪華な

でる run a **luxurious** restaurant（豪華なレストランを経営する）

派 □ luxuriously 副 贅沢に、豪華に；くつろいで
　□ luxury [lʌ́ɡʒəri/lʌ́kʃəri] ⚡ 名 贅沢；贅沢品

サクッと復習テスト

1. 代替エネルギー　　　　　　　　＿＿＿＿＿＿ energy
2. 有能なエンジニア　　　　　　　a ＿＿＿＿＿＿ engineer
3. 彼女は自分の将来について楽観的である。　She is ＿＿＿＿＿＿ about her future.

答え　① alternative　② competent　③ optimistic

---

335 **neutral**
[njúːtrəl]

形 **中立の**；中間の

でる take a **neutral** position（中立の立場を取る）

派 □ neutrality 名 中立(性)

336 **mobile**
[móubəl/móubail] 発

形 **可動［移動・携帯］の**；流動［移動］性のある

でる a **mobile** phone（携帯電話）[= a cell phone]
でる a **mobile** society（流動社会）

337 **sentimental**
[sèntəméntl]

形 **感傷的な**；お涙頂戴の

でる for **sentimental** reasons（感傷［感情］的な理由で）
でる an overly **sentimental** movie
（あまりに感傷的な映画、お涙ちょうだいものの映画）

派 □ sentiment 名 感傷、感情

338 **multiple**
[mʌ́ltəpl]

形 **多数の、多様な、多重の**；多発性の

でる suffer **multiple** injuries（多数の傷を負う）
でる **multiple** options（多数の選択肢）

派 □ multiply 動 ~を増加させる；繁殖する；~を掛ける
　□ multiplication 名 増加；繁殖；掛け算

> 掛け算は multiplication、割り算は division と言います。

339 **ridiculous**
[ridíkjuləs]

形 **ばかげた、とんでもない**

でる make a **ridiculous** suggestion（ばかげた提案をする）

派 □ ridicule [rídikjùːl] 動 ~をあざける 名 あざけり、嘲笑

340 incredible
[inkrédəbl]
形 信じられない、驚くべき；すごい、途轍もない

- でる It is **incredible** (that) ~ （~だとは信じられない）
- でる make an **incredible** discovery
  （ものすごい [信じれないほど素晴らしい] 発見をする）

派 □ incredibly 副 信じられないほど；ものすごく
類 □ unbelievable 形 信じられない；すごい
反 □ credible 形 信じられる、確かな

🎧 142

341 diplomatic
[dìpləmǽtik]
形 外交（上）の、外交的な；如才ない、人の扱いがうまい

- でる improve **diplomatic** relations with ~ （~との外交関係を改善する）
- でる give a **diplomatic** reply （そつのない [如才ない] 返事をする）

派 □ diplomatically 副 そつなく、如才なく
　□ diplomacy 名 外交；外交手腕
　□ diplomat 名 外交官

342 prominent
[prámənənt]
形 著名な、卓越した；注目すべき、目立つ

- でる a **prominent** historian （著名な [高名な] 歴史学者）

派 □ prominence 名 著名；卓越性；隆起

343 overwhelming
[òuvərhwélmiŋ] 発
形 圧倒的な、強烈な；決定的な

- でる **overwhelming** popularity （圧倒的な人気）
- でる **overwhelming** evidence （決定的な [確かな] 証拠）

類 □ overwhelm 動 ~を圧倒する、打ちのめす
　□ overwhelmingly 副 圧倒的に

344 inclined
[inkláind]
形 ~する傾向がある（to do）；~したい気がする（to do）

- でる He is **inclined** to act hastily. （彼は軽率に行動する傾向がある）
- でる I'm **inclined** to stay here longer. （ここにもう少し滞在したいと思っている）

派 □ inclination
　名 傾向；好み；傾き

> *be* inclined to *do* （~する傾向がある；~したいと思っている）の形で覚えておきましょう。

345 miserable
[mízərəbl]
形 みじめな、悲惨な；ひどい

でる a **miserable** life（みじめな [悲惨な] 生活）

派 □ miserably **副** みじめなほど；ひどく
□ misery **名** 悲惨、苦悩、窮状

346 splendid
[spléndid]
形 素晴しい、優れた；壮大な

でる a **splendid** idea（素晴しい考え）

でる a **splendid** view of ~（~の壮大な景色）

派 □ splendor **名** 壮麗さ；見事さ

347 awkward
[ɔ́:kwərd] 発
形 気まずい、ばつの悪い；ぎこちない；厄介な

でる I felt **awkward** about ~（~について気まずい思いがした）

でる He was **awkward** in [with] using chopsticks.
（彼ははしの使い方がぎこちなかった）

派 □ awkwardly **副** 気まずく；ぎこちなく
□ awkwardness **名** 気まずさ；ぎこちなさ

348 peculiar
[pikjú:ljər]
形 風変わりな、奇妙な；(~に) 特有な、独特な (to)

でる It is **peculiar** (that) ~（~なのは妙だ）

でる This custom is **peculiar** to Scotland.
（この習慣はスコットランド特有のものだ）

派 □ peculiarity **名** 奇妙さ、特異性；特性

349 liberal
[líbərəl]
形 自由主義の、進歩的な、リベラルな；寛大な、寛容な

でる have a **liberal** view of [on] ~
（~について自由主義的な考えを持つ）

派 □ liberality **名** 寛大さ、寛容さ
□ liberty **名** 自由
類 □ progressive **形** 進歩的な、進歩主義の
□ conservative **形** 保守的な、保守主義の

> ニューヨーク港内のリバティ島にある「自由の女神」は、英語で the Statue of Liberty と言います。

350 tremendous
[triméndəs]
形 とても大きい、ものすごい；素晴らしい

でる a **tremendous** amount of potential（とても大きな潜在力 [可能性]）

派 □ tremendously **副** 非常に、大いに

351 vertical
[vɚ́ːrtikəl]
形 垂直な、縦の　名 垂直線

でる in a **vertical** direction（垂直方向に）

派 □ vertically　副 垂直に
反 □ horizontal　形 水平な、横の

parallel [pǽrəlèl]（平行な、並行の；平行線）も覚えておきましょう。

352 equivalent
[ikwívələnt] アク
形 （～と）同等の、（～に）相当する (to)
名 同等のもの

でる One dollar is roughly **equivalent** to 95 yen.
（1ドルはほぼ95円に等しい）

でる There is no English **equivalent** for this Japanese word.
（この日本語に相当する英語はない）

類 □ equal　形 （～に）等しい (to)
　□ counterpart　名 同等のもの

353 indispensable
[ìndispénsəbl]
形 （～に）不可欠な、必須の (to/for)

でる Water and air are **indispensable** to life.
（水と空気は生命に不可欠である）

派 □ dispense　動 （～）なしで済ます (with)
類 □ essential　形 （～に）不可欠な、必須の (to/for)
反 □ dispensable　形 なくても済む、重要でない

354 inevitable
[inévətəbl]
形 避けられない、防げない；必然的な、当然の

でる Conflict is **inevitable**.（衝突は避けられない）

でる an **inevitable** consequence [outcome]（必然的な結果）

派 □ inevitably　副 必然的に、いや応なく

355 subtle
[sʌ́tl] 発
形 微妙な、かすかな；繊細な；巧妙な

でる There is a **subtle** difference in nuance between the two words.
（その2つの語の間には微妙なニュアンスの違いがある）

でる notice a **subtle** change in ～（～の微妙な [かすかな] 変化に気づく）

派 □ subtly　副 微妙に、かすかに；巧妙に
　□ subtlety　名 微妙さ；繊細さ；巧妙さ

サクッと復習テスト

❶ ~との外交関係を改善する　　improve _____ relations with ~
❷ 圧倒的な人気　　　　　　　　_____ popularity
❸ 衝突は避けられない。　　　　Conflict is _____.

答え　❶ diplomatic　❷ overwhelming　❸ inevitable

---

356 ethnic
[éθnik]

形 民族の、民族的な

でる people from different **ethnic** backgrounds (民族的背景の異なる人々)

派 □ ethnicity 名 民族性、民族意識

> ethic [éθik] (倫理、道徳観)と混同しないように注意しましょう。

---

357 ultimate
[ʌ́ltəmət]

形 最終的な；究極の

でる assume **ultimate** responsibility for ~ (~に対する最終的な責任を負う)
でる the **ultimate** goal [end] (究極の目的、最終目的)

派 □ ultimately 副 最終的に；究極的には

---

358 magnificent
[mæɡnífəsnt]

形 壮大な、雄大な；素晴らしい、見事な

でる a **magnificent** palace (壮大な宮殿)

派 □ magnificence 名 壮大さ、壮麗さ
類 □ splendid 形 素晴らしい；壮大な

---

359 ironic
[airɑ́nik]

形 皮肉な、風刺的な (= ironical)

でる It is **ironic** (that) ~ (~とは皮肉なことだ)

類 □ ironically 副 皮肉にも
□ irony [áiərəni] 名 皮肉、風刺

---

360 workable
[wə́ːrkəbl]

形 実行可能な；有効な

でる a **workable** scheme (実行可能な計画)

派 □ work 動 働く；作動する；うまくいく 名 仕事；作業；作品
類 □ doable 形 実行可能な、することのできる

361 gross
[gróus]
形 総計の、全体の；気持ち悪い；粗野な

でる the **gross** income（総所得、総利益）

派 □ grossly 副 大いに、著しく

362 prestigious
[prestídʒəs]
形 一流の、名門の、権威ある

でる a **prestigious** university（一流大学、名門大学）

派 □ prestige [prestíːʒ] 名 威信、名声

363 metropolitan
[mètrəpálitən]
形 大都市の；首都の

でる a **metropolitan** area（大都市圏）

派 □ metropolis 名 大都市、大都会；首都

cosmopolitan [kàzməpálətn]（世界的な；国際的な；国際人）と混同しないように注意しましょう。

364 finally
[fáinəli]
副 遂に、とうとう；最後に；最終的に

でる He **finally** found a new job.（彼は遂に新しい仕事を見つけた）

派 □ final 形 最後の；最終的な 名 決勝戦；期末試験
□ finalize 動 ～を仕上げる、終わらせる

365 badly
[bǽdli]
副 悪く；ひどく；大変

でる do **badly** on the exam（試験で失敗する）
でる He was **badly** injured in the accident.（彼は事故で重傷を負った）
でる I **badly** need your help.（あなたの援助を大いに必要としています）

派 □ bad 形 悪い

366 forever
[fɔːrévər]
副 永久に、永遠に

でる Lost time is gone **forever**.（失われた時間は永久に取り戻せない）

熟 □ eternally 副 永久に、永遠に

367 however
[hauévər]
副 **しかしながら；どんなに～でも**

- **However**, the plan failed. (しかしながら、計画は失敗した)
- **However** hard I tried, I wasn't able do it.
  (どんなに一生懸命やっても、それをすることができなかった)

368 abroad
[əbrɔ́ːd] 発
副 **海外に［へ］、外国に［へ］**

- go [travel] **abroad** (海外へ行く)
- study **abroad** (留学する)

類 □ overseas 副 海外に［へ］、外国に［へ］

> abroad は副詞なので、to や in などの前置詞は不要です。

369 overseas
[òuvərsíːz]
副 **海外に［へ］、外国に［へ］** 形 **海外の**

- live **overseas** (海外に住む)
- students from **overseas** (留学生)
- go on an **overseas** trip (海外旅行に行く)

> oversee (～を監督する、監視する)と混同しないように注意しましょう。

370 actually
[æktʃuəli]
副 **実は；実際に**

- **Actually**, I can't make it tonight.
  (実は、今夜は都合がつかないんだ［行けないんだ］)

派 □ actual 形 実際の、現実の

🎧 145

371 simply
[símpli]
副 **単に、ただ（～のみ）；簡単に；まったく**

- I **simply** did what I was told to do. (言われたことをただやっただけです)
- to put it **simply** (簡単に言えば) [= simply put]

派 □ simple 形 簡単な；質素な
　□ simplicity 名 単純、平易；質素

372 sometime
[sʌ́mtaim]
副 いつか、そのうち

でる I hope to see you again **sometime** in the near future.
（近いうちにまたお目にかかりたいと思います）

熟 □ sometime soon
　　近いうちに、いずれそのうち
類 □ someday 副 いつか、そのうち

> sometimes（時々）と混同しないように注意しましょう。

373 lately
[léitli]
副 最近、この頃

でる I haven't seen her **lately**.
（最近、彼女には会っていない）[= I haven't seen her recently.]

派 □ late 副 遅く；遅れて 形 遅刻した；遅い
　　□ lateness 名 遅れ、遅刻
類 □ recently 副 最近、この頃

374 gradually
[grǽdʒuəli]
副 徐々に、次第に、だんだんと

でる increase [decrease] **gradually**（徐々に増加[減少]する）

派 □ gradual 形 徐々の、漸次的な、ゆるやかな
反 □ suddenly 副 突然、いきなり

375 exactly
[igzǽktli]
副 ちょうど；正確に

でる That's **exactly** what I wanted to ask you about.
（それはまさに私がお聞きしたかったことです）

派 □ exact 形 正確な、厳密な、精密な

376 indeed
[indíːd]
副 本当に、実に

でる A friend in need is a friend **indeed**.（まさかの時の友こそ真の友：諺）

熟 □ Indeed ~ , but ...　確かに～だが、しかし…
類 □ really 副 本当に、実に

サクッと復習テスト

1. 究極の目的 — the _____ goal
2. 一流大学 — a _____ university
3. 簡単に言えば — to put it _____

答え ① ultimate ② prestigious ③ simply

---

377 highly
[háili]
副 非常に；高度に；高く（評価して）

- This book is **highly** recommended.（この本は特にお勧めです）
- **highly** advanced technologies（高度先進技術）
- think [speak] **highly** of ~（~を高く評価する [~を大いに賞賛する]）

派 □ high 形 高い 副 高く

> 程度を表す副詞 highly はかなり形式張った語です。通常は really や extremely を用います。

378 shortly
[ʃɔ́ːrtli]
副 間もなく、すぐに；手短に、簡単に

- He is leaving for San Francisco **shortly**.
（彼はもうすぐサンフランシスコに向けて出発する）
- **shortly** after the earthquake occurred（地震が起きた直後）
- to put it **shortly**（手短に言うと）

379 afterward(s)
[ǽftərwərd(z)]
副 あとで、その後

- He died shortly **afterward**.（彼はその後間もなく亡くなった）
- three weeks **afterwards**（3週間後）[= three weeks later]

> イギリスでは主に afterwards を用います。

380 fortunately
[fɔ́ːrtʃənətli]
副 幸運にも、ありがたいことに

- **Fortunately** no one was hurt.（幸い、誰もけがをしなかった）
- **fortunately** or unfortunately（幸か不幸か）

派 □ fortunate 形 幸運な、ラッキーな
  □ fortune 名 運、幸運；富、財産
類 □ luckily 副 幸運にも、運良く
反 □ unfortunately 副 不幸にも、あいにく

> misfortune [misfɔ́ːrtʃən]（不運、不幸）も覚えておきましょう。

381 hardly
[háːrdli]
副 ほとんど〜ない

でる He **hardly** studies.（彼はほとんど勉強しない）

類 □ scarcely 副 ほとんど〜ない

> He studies hard.（彼は一生懸命勉強する）の hard と混同しないように注意しましょう。

382 barely
[béərli]
副 かろうじて；わずかに；ほとんど〜ない

でる I **barely** made it to the train.（電車にかろうじて［ぎりぎり］間に合った）

派 □ bare 形 露出した；むき出しの；ありのままの

383 seldom
[séldəm]
副 めったに〜しない

でる He **seldom** eats out.（彼はめったに外食をしない）

類 □ rarely 副 めったに〜しない

384 rarely
[réərli]
副 めったに〜しない；珍しいほど

でる She **rarely** takes a nap.（彼女はめったに昼寝をしない）

派 □ rare 形 まれな；珍しい

> 「めったに〜しない」の意味では、seldom よりも rarely の方がよく使われます。seldom の方が堅い語だからです。

385 nowadays
[náuədèiz]
副 今日では、最近では

でる **Nowadays** young people seldom read books.
（近頃、若者はめったに本を読まない）

派 □ these days 今日では、最近では

386 especially
[ispéʃəli]
副 特に、とりわけ

でる It is **especially** common in Europe.
（それはヨーロッパで特によく見られる）

派 □ particularly 副 特に、とりわけ
　□ specially 副 特別に、特に

387 largely
[láːrdʒli]
副 主として、大部分は

でる Is global warming **largely** caused by humans?
(地球温暖化は主に人間によって引き起こされるのだろうか)

派 □ large 形 大きい
類 □ mainly 副 主として

388 somehow
[sʌ́mhau]
副 何とかして；どういうわけか

でる **Somehow** I must get a job. (何とかして職を得なければならない)

でる **Somehow** I don't trust him. (どういうわけか [なぜか] 彼は信用できない)

389 somewhat
[sʌ́mhwʌ̀t]
副 いくらか、若干

でる It was **somewhat** different from what I had imagined.
(それは私が想像していたものと若干違っていた)

390 therefore
[ðéərfɔ̀ːr]
副 したがって、それゆえに

でる He's still a minor. **Therefore**, he can't drink.
(彼はまだ未成年です。ですから、お酒は飲めません)

類 □ thus 副 したがって、それゆえに；このように
□ hence 副 したがって、それゆえに

> therefore は so よりも堅い語です。

391 otherwise
[ʌ́ðərwàiz]
副 さもないと、そうでなければ；別の方法で

でる He ran to the station; **otherwise** he would have missed the train.
(彼は駅まで走った、さもなければ電車に乗り遅れていただろう)

> 仮定法を用いると、If he hadn't run to the station, he would have missed the train. と書き換え可能です。

392 closely
[klóusli]
副 密接に；綿密に；近くに

でる They are **closely** related. (それらには密接な関係がある)

でる observe a patient **closely** (患者を綿密 [厳重] に観察する)

派 □ close [klóus] 形 近い；綿密な
　　　　　 [klóuz] 動 〜を閉じる 名 終わり
　□ closeness 名 近さ；親密さ

393 apart
[əpá:rt] 副 離れて、別れて

- They are 15 years **apart** (in age). (彼らは年齢が15歳離れている)
- He lives **apart** from his parents. (彼は親と離れて暮らしている)

熟 □ apart from ~ 　~の他に；~を除いては

394 altogether
[ɔ̀:ltəgéðər] 副 まったく；全体で

- That is not **altogether** false. (それはまったく嘘というわけではない)
- How much is it **altogether**? (《買い物》全部でいくらになりますか)

> altogether を否定文で使うと、not always, not necessarily, not exactly, not entirely と同じく、部分否定の「まったく~というわけではない」という意味になります。

395 relatively
[rélətivli] 副 比較的、割合に；相対的に

- This camera is **relatively** easy to use. (このカメラは比較的使いやすい)
- **relatively** speaking (比較して言えば/相対的に言えば)

派 □ relative 形 相対的な 名 親戚

396 apparently
[əpǽrəntli] 副 たぶん、どうも~らしい

- **Apparently**, they misunderstood each other. (どうやら彼らは互いを誤解したようだ)

派 □ apparent 形 明らかな、明白な

> apparently を「明らかに」の意味で使うことはほとんどありません。

397 virtually
[vɔ́:rtʃuəli] 副 事実上、実質的には

- It's **virtually** impossible. (それは事実上不可能だ)

派 □ virtual 形 事実上の、実質的な；仮想の

> 「仮想現実」のことを、英語では virtual reality と言います。

398 respectively
[rispéktivli] 副 それぞれ、おのおの

- Ben and Tim won first and second place **respectively**. (ベンとティムがそれぞれ1位と2位を獲得した)

派 □ respective 形 それぞれの、各自の

サクッと復習テスト

① 幸い、誰もけがをしなかった。　　　　　_____ no one was hurt.
② 電車にかろうじて間に合った。　　　　　I _____ made it to the train.
③ なんとかして職を得なければならない。　_____ I must get a job.

答え： ① Fortunately　② barely　③ Somehow

399 deliberately
[dilíbərətli]
副 **わざと、故意に、意図的に**

でる **deliberately** ignore the fact（事実を故意に無視する⇒事実を黙殺する）

派 □ deliberate 形 故意の；慎重な　動 〜を熟考する
類 □ intentionally　わざと、意図的に（= by intention）
　 □ on purpose　わざと、意図的に
反 □ accidentally　副 偶然に、うっかり（= by accident）

400 nevertheless
[nèvərðəlés]
副 **それにもかかわらず、それでも**

でる **Nevertheless**, she never gave up.
（それでも、彼女は決してあきらめなかった）

類 □ nonetheless　副 それにもかかわらず、それでも

単語はネットワークで覚える！

　文系・理系を問わず、どの科目にも共通して言えることですが、効率よく学習するためには個々の事項・概念を頭の中でうまく整理しながら、体系的に覚えることが重要です。それは英単語の暗記にもしかりで、単語は他の語との関連性を考えずにバラバラに覚えては駄目なのです。

　そこで、皆さんにお勧めしたいのが「ネットワークで覚える」方法です。ここでは、3つのやり方を簡単にご紹介します。

(A) 派生語はまとめて覚える！
(B) 語源を基にまとめて覚える！
(C) テーマ別・ジャンル別にまとめて覚える！

Aタイプ
例えば、動詞の imagine（〜を想像する）を覚える時には…
　名詞の image（イメージ）、imagination（想像力）、形容詞の imaginative（想像力に富む）、imaginary（想像上の）、imaginable（想像できる）なども一緒に、ちょっと欲張ってまとめて覚えます。

Bタイプ
例えば、-logy や -ology が「〜学、〜論、〜研究」を意味する接尾辞だと言うことが分かれば…
　anthropology [anthropo（人）+ logy ＝人類学]、archaeology [archaeo（古代の、原始の）+ logy ＝考古学]、biology [bio（生命）+ logy ＝生物学]、geology [geo（地球、土地）+ logy ＝地学]、psycology [psycho（心理、精神）+ logy ＝心理学]、zoology [zoo（動物）+ logy ＝動物学] のように、語根も意識しながら、できるだけたくさんまとめて覚えます。

Cタイプ
例えば、accountant（会計士）という語を覚える時には…
　銀行員（bank clerk）、弁護士（lawyer）、医師（doctor）、歯科医（dentist）、薬剤師（pharmacist）、警察官（police officer）、消防士（firefighter）、通訳者（interpreter）、翻訳家（translator）、電気技師（electrician）、配管工（plumber）のように、思いつく職業名をまとめて覚えます。

　これらの覚え方は一見どれも大変な作業に見えますが、実際には単語を個々に覚えていくよりもずっと早く習得することができます。さらに、関連する語を頭の中でネットワークのようにつなげてくれるため、長期記憶に定着しやすいのです。本書もこれら3つの覚え方を意識した工夫が随所に施されています。皆さんも本書の利用に加えて、自分ならではの「英単語ネットワークノート」を作成してみるといいですよ！

Chapter 4

前置詞・接続詞

必修 10

Chapter 4では要注意の前置詞・接続詞を確認しておきましょう。on や in は馴染みがあっても、besides や beneath はなかなか難しいと言う人もいるでしょう。ここでしっかり押さえておけば、本番で焦ることもないはず！

🎧 149

Chapter 4 前置詞・接続詞

🎧 149

1 behind
[biháind]

前 ～の後ろに；～に遅れて **副** 後ろに；遅れて

- A palm tree is right **behind** you. (ヤシの木があなたの真後ろにあります)
- The project is three months **behind** schedule.
（そのプロジェクトは予定より3ヵ月遅れている）
- She left her umbrella **behind** on [in] the train.
（彼女は電車に傘を置き忘れた）

熟 □ behind A's back　Aのいないところで、Aの陰で
反 □ ahead of ～　～の前方に；～より早く

2 toward(s)
[tɔ́:rd / təwɔ́:rdz] 発

前 ～の方へ；～に向けて

- walk **toward** the station (駅に向かって歩く)
- the first step **towards** success (成功への第一歩)

> アメリカでは toward、イギリスでは towards がよく使われます。

3 besides
[bisáidz]

前 ～に加えて、～の他に　**副** その上、さらに

- Who is going bowling **besides** you?
（あなたの他に誰がボーリングに行くの？）

類 □ in addition to ～　～に加えて、～の他に
　□ moreover **副** その上、さらに
　□ furthermore **副** その上、さらに

> beside (～のそばに；～と比べると) と混同しないように注意しましょう。

4 despite
[dispáit]

前 ～にもかかわらず

- **despite** all our efforts (我々の懸命の努力にもかかわらず)
- **despite** the fact that ～ (～という事実にもかかわらず)

類 □ in spite of ～　～にもかかわらず

5 unlike
[ʌnláik]

前 ～とは違って　**形** 似ていない

- **Unlike** her sister, she likes cooking. (姉とは違って、彼女は料理が好きだ)

> unlikely (～しそうにない、ありそうにないと混同しないように注意しましょう。

サクッと復習テスト

1. あなたの他に誰がボーリングに行くの？ Who is going bowling _____ you?
2. 我々の懸命の努力にもかかわらず _____ all our efforts
3. 私の犬はどこへ行くにもついてくる。 My dog follows me _____ I go.

答え ① besides ② despite ③ wherever

---

6 beneath
[biníːθ]
前 〜の下［真下］に；〜にふさわしくなくて

でる **beneath** the earth's surface（地球の表面の下で）

派 □ underneath 前 〜の下［真下］に
反 □ above 前 〜の上に

7 although
[ɔːlðóu]
接 〜ではあるが、〜だけれども

でる **Although** it was raining, he went out.
（雨が降っていたが、彼は外出した）

although は though よりも堅い語です。

8 wherever
[hwɛərévər]
接 どこへ〜しても、〜する所はどこでも

でる My dog follows me **wherever** I go.（私の犬はどこへ行くにもついてくる）

whenever（〜する時はいつも）も覚えておきましょう。

9 whereas
[hwɛəræz]
接 〜であるのに対して、〜である一方で

でる My wife likes winter, **whereas** I don't.
（妻は冬が好きだが、私はそうではない）

whereas は while よりも堅い語です。

10 unless
[ənlés]
接 〜でない限り、もし〜でなければ

でる We'll go on a hike **unless** it rains tomorrow.
（明日雨が降らない限り、私たちはハイキングに行くつもりです）

でる They should arrive on Monday **unless** I'm mistaken.
（私が間違えていなければ、彼らは月曜日に到着するはずです）

前のページ（p.328～p.329）には大学入試で最もよく出題される前置詞・接続詞10個を載せておきましたが、ここでは基礎事項を簡単におさらいしておきたいと思います。ほとんどが中学レベル・高校1年レベルなので、サクッと説明するだけにとどめておきます。

前置詞のベーシックス

1 基本的な前置詞：前置詞は時間、場所、目的、手段、状況等を表します。前置詞は意味だけを覚えても仕方がないので、以下の例のように簡単なコロケーションで覚えておくようにしましょう。

- **at** 8 a.m.（午前8時に）
- **on** October 20（10月20日に）
- **in** April（4月に）
- **for** 20 years（20年間）
- **since** 2012（2012年以来）
- **during** my stay in London（ロンドン滞在中に）
- **within** five years（5年以内に）
- **from** Monday **to** Friday（月曜日から金曜日まで）
- **in** the park（公園で）
- **on** the desk（机の上に）
- **at** the airport（空港で）
- **by** the lake（湖のそばに）

2 間違いやすい前置詞：次の2つに注意しましょう。

❶ by と until：by は「～までに」の意味で動作・状態の完了を、until/till は「～まで」の意味で動作・状態の継続を表します。

- Finish this **by** tomorrow.（明日までにこれを終えなさい）
- Wait **until [till]** tomorrow.（明日まで待ちなさい）

❷ beside と besides：p.328 にも載せましたが、再度復習です。beside は「～の横［そば・脇］に」、besides は「～に加えて」（= in addition to ～）の意味を表します。

- **beside** the bed（ベッドの脇に）
- **besides** that（それに加えて）

3 重要な群前置詞： 2 語以上がまとまって 1 つの前置詞の働きをする語句を群前置詞と言います。

- **according to ～**（～によれば；～に従って）
- **because of ～**（～のために、～のせいで）
- **in case of ～**（～の場合には）
- **in spite of ～**（～にもかかわらず）
- **instead of ～**（～の代わりに；～しないで）
- **prior to ～**（～の前に、～に先立って）
- **thanks to ～**（～のおかげで）

これら以外にも、入試頻出の群前置詞はすべて Chapter 5 および Chapter 1 ～ Chapter 4 の熟の部分に収録していますので、一つずつしっかりと覚えましょう。

4 熟語の中の前置詞： 前置詞は動詞や形容詞と連結してさまざまな熟語を作ります。**carry out ～**（～を実施する、実行［遂行］する）、**object to ～**（～に反対する）や *be* **familiar with ～**（～をよく知っている）、*be* **responsible for ～**（～に対して責任がある）などがそうです。入試問題では個々の前置詞の働きを問われる問題は非常に少なく、大抵は熟語として出題されますから、本書に収録された熟語は完璧にマスターしましょう。

接続詞のベーシックス

1 等位接続詞：対等の関係にある語、句、節を結び付けます。

- **and**（そして） ● **but**（しかし） ● **or**（もしくは） ● **so**（だから） など

2 従位接続詞：主節と従属節を結び付けます。

❶ 名詞節を導くもの：次の3つしかありません。

- **that**（〜ということ）　● **if/whether**（〜かどうか）

- I think **that** he likes you.（彼はあなたのことを好きだと思う）
- I'm not sure **if [whether]** the plan will work.
  （その計画がうまく行くかどうかは分からない）

❷ 副詞節を導くもの：基本的な意味だけをリストしておきますので、すべて知っているかどうか自分でチェックしてみましょう。

(1)「時」を表す
- **when**（〜する時） ● **while**（〜する間） ● **as**（〜するとき、〜しながら）
- **after**（〜する後で） ● **before**（〜する前に） ● **until/till**（〜するまで）
- **as soon as** 〜（〜するとすぐに） ● **once**（いったん〜すると）

(2)「理由」を表す
- **because**（〜なので、〜だから） ● **since/as**（〜なので、〜だから）
- **now that**（今や〜なので、〜であるからには）

(3)「条件」を表す
- **if**（もし〜ならば） ● **unless**（〜でない限り）
- **as long as** 〜（〜さえすれば）

(4)「譲歩」を表す

- **though/although**（〜だけれども）
- **even though**（〜なのに、〜であるけれども） ●**even if**（たとえ〜でも）
- **while**（〜している一方で） ●**however**（たとえどんなに〜しても）

3 相関接続詞：前後2つの要素が組になって使われる接続詞のことを言います。これらは慣用表現として入試によく出ます。本書でも重要なものはすべて Chapter 5 に収録しています。

- **both A and B**（AもBも両方） ●**either A or B**（AかBのどちらか）
- **neither A nor B**（AもBも〜ない）
- **not only A but (also) B**（AだけでなくBも）
- **not A but B**（AではなくてB） ●**A as well as B**（BはもちろんAも）

これら以外にも、入試頻出の群前置詞はすべて Chapter 5 および Chapter 1 〜 Chapter 4 の 熟 の部分に収録していますので、一つずつしっかりと覚えましょう。

> 最後にもう1つ、入試における重要ポイントを説明しておきます。

前置詞と接続詞の判別方法

入試には「空所に前置詞と接続詞のどちらを入れるか？」というタイプの問題がよく出題されます。前置詞か接続詞かを判別するポイントは「空所の直後に名詞［相当語句］しかなければ前置詞を、直後に文（S + V）があれば接続詞を入れる！」です。名詞［相当語句］とは名詞の他、名詞の機能を果たす語句すべてのことを言います。名詞（句）、代名詞、動名詞、名詞節などが代表的な例です。

次の例文の（　）に入るのは、Although と Despite のどちらでしょうか？

例：(　　) he is wealthy, he is not happy.
（彼は裕福だけれども、幸せではない）

空所の直後の he is wealthy は節（文）になっています。よって、空所には接続詞の Although を入れるのが正解です。Despite は前置詞ですから、Despite his wealth, he is not happy. となるはずです。

前置詞と接続詞の判別問題で、最も出題頻度の高い選択肢の組み合わせは以下の3パターンです。違いをしっかりと頭の中で整理しておきましょう。

- 「～だけれども、～にもかかわらず」：前置詞の **despite/in spite of** か、それとも接続詞の **although/though** か？
- 「～なので、～のため」：前置詞の **because of** か、それとも接続詞の **because** か？
- 「～の間」：前置詞の **during** か、それとも接続詞の **while** か？

Chapter 5

熟語

必修 447

Chapter 5 では大学入試で毎年必ずでる熟語をマスターしましょう。ここで紹介する 447 の熟語を押さえておけば、大学入試センター試験、中堅私大、中堅国公立大（二次）の試験に十分対応できます。

🎧 151 〜 🎧 195

Chapter 5 熟語

🎧 151

1 each other　　互いに

でる They love **each other**. (彼らは互いに愛し合っている)

類 □ one another　互いに

> 現在では each other と one another は同じように使われます。ただし、each other の方がよく使われます。

2 on *one's* way　　途中で

でる **On my way** home I did some shopping. (家に帰る途中、買い物をした)

> way の後に to や from が続いて、on *one's* way to [from] ~(~へ行く[~から帰る]途中で)の形でもよく使われます。on my way home の home(家に[へ])は副詞なので、前置詞は付きません。on the way (to/from) ~も同じ意味です。

3 for example　　たとえば

でる I like to vacation on islands ― **for example**, Guam and Saipan.
(私はたとえばグアムやサイパンのような島で休暇を過ごすのが好きだ)

類 □ for instance　たとえば

4 at last　　ついに、とうとう

でる We got to our destination **at last**. (我々はついに目的地に到着した)

類 □ finally　**副** ついに、とうとう

> at last は通常、良いこと・望ましいことに用います。

5 after all　　結局(は);何しろ

でる **After all**, he didn't pass the test. (結局彼はその試験に合格しなかった)

でる John speaks Spanish fluently. **After all**, he lived in Mexico for five years.
(ジョンはスペイン語を流暢に話せる。何しろ、メキシコに5年間住んでいたんだから)

類 □ in the end　結局、最後には

> after all は期待・予想などに反して「結局」の意味を表しますが、in the end は良いことにも悪いことにも使えます。

6 in those days
当時は、その頃は

- We were very poor **in those days**. （我々は当時非常に貧乏だった）

> 「この頃、近頃は」は these days と言います。these days の場合は in を付けません。

7 in the middle of ~
~の最中で；~の真ん中で

- He was using a cell phone **in the middle** of class.
  （彼は授業中に携帯電話を使用していた）
- He was standing **in the middle of** the road.
  （彼は道路の真ん中に立っていた）

類 □ in the midst of ~
~の最中で；~の真ん中で

> in the middle [midst] of ~の後には名詞または動名詞が来ます。

8 on time
時間通りに

- They arrived at the station **on time**. （彼らは時間通りに駅に着いた）

類 □ punctually 副 時間通りに

9 in time for ~
~に間に合って

- Be sure to come home **in time for** dinner.
  （必ず夕食に間に合うように帰って来なさい）

> in time（間に合って）だけで使うこともあります。I arrived there in time.（そこに間に合うように到着した）のように使います。

10 on business
商用で、仕事で

- He went to Singapore **on business**. （彼は商用でシンガポールに行った）

> 「休暇で」であれば、on vacation と言います。

11. think of [about] ~ 〜しようかと考える；〜のことを考える

でる I'm **thinking of** studying abroad next year.
（来年留学しようかと考えている）

でる I was just **thinking about** you earlier.
（さっきあなたのことを考えていたばかりだ）

12. think over ~ 〜をよく考える、熟考する

でる Please let me **think** it **over** for a few days.
（それについては2、3日考えさせてください）

類 □ consider **動** 〜をよく考える、熟考する

> think over ~ は、think ~ over の語順になることもあります。例えば、「その問題についてじっくり考える」であれば、think over the matter と think the matter over の両方の言い方が可能です。

13. give up ~ 〜をあきらめる；〜をやめる

でる She easily **gave up** her dream.（彼女は簡単に夢をあきらめた）

でる He **gave up** smoking.（彼はタバコをやめた）

類 □ abandon **動** 〜をあきらめる

> give up ~ の後には名詞または動名詞が来ます。give up ~ は、give ~ up の語順になることもあります。

14. give off ~ 〜を発する、出す、放つ

でる This flower **gives off** a pleasant scent.
（この花は心地良い香りを放つ⇒この花はいい匂いがする）

類 □ give out ~ 〜を発する、出す、放つ
□ emit **動** 〜を発する、出す、放つ

> give off ~ は、give ~ off の語順になることもあります。

15. hear from ~ 〜から便り[電話]をもらう

でる I haven't **heard from** her for so long.
（長い間彼女から連絡をもらっていない）

> hear of [about] ~ （〜について聞く、〜を耳にする）と混同しないように注意しましょう。

サクッと復習テスト

❶ 我々はついに目的地に到着した。　We got to our destination ___ ___.
❷ 我々は当時非常に貧乏だった。　We were very poor ___ ___ ___.
❸ 必ず夕食に間に合うように帰って来なさい。
　　　　　　　　　　　　　　Be sure to come home ___ ___ ___ dinner.

答え ❶ at last ❷ in those days ❸ in time for

---

16 help *A* with *B*
A を B で助ける、A の B を手伝う

でる Will you **help** me **with** my homework?（宿題を手伝ってくれる?）

> 「皿洗いを手伝ってくれる?」であれば、Will you help me with the dishes? となります。

---

17 ask for 〜
〜を求める

でる She **asked for** my help [advice].（彼女は私の助け [助言] を求めた）
[= She asked me for help [advice].]

> ask *A* for *B* なら「A に B を求める」(= turn to *A* for *B*) の意味になります。

---

18 look forward to 〜
〜を楽しみに待つ

でる I'm **looking forward to** seeing you again.
（あなたに再会できるのを楽しみにしています）

> look forward to 〜のto は前置詞です。よって、to の後には名詞または動名詞が来ます。

---

19 look up 〜
〜を調べる；〜を訪ねる

でる I **looked up** the word in the dictionary.（辞書でその単語を調べた）
でる If you're ever in Boston, please **look** me **up**.
（ボストンに寄ることがあれば、訪ねて来てください）

> look up 〜 は、look 〜 up の語順になることもあります。

Chapter 5 ● 熟語

339

20. look into ~ : ~を調査する、調べる

でる The police are **looking into** the cause of the fire.
(警察はその火事の原因を調査している)

類 □ investigate 動 ~を調査する、調べる

> look into ~ は「~を突き止めようとして調査する、~を掘り下げて調べる」というニュアンスです。

🎧 153

21. look over ~ : ~をざっと調べる、~に一通り目を通す

でる She **looked over** the documents. (彼女は書類にざっと目を通した)

> look over ~ は「何か問題がないかを見るために~をざっと調べる」というニュアンスです。look over ~は、look ~ over の語順になることもあります。

22. turn on ~ : ~をつける

でる Will you **turn on** the light? (明かり [電気] をつけてくれる?)

反 □ turn off ~ ~を消す

> turn on [off] ~は、電気、ガス、水道、テレビ、ラジオなどのようにスイッチやつまみのあるものを付けたり、消したりする場合に使います。turn on [off] ~は、turn ~ on [off] の語順になることもあります。

23. put out ~ : ~を消す、消火する

でる Be sure to **put out** the campfire before you leave.
(立ち去る前に必ずたき火を消しておくように)

類 □ extinguish 動 ~を消す、消火する

> put out ~は、火やタバコなどを消す時に使います。put out ~は、put ~ out の語順になることもあります。

24. *be* tired from ~ : ~で疲れている

でる He **is tired from** working all day. (彼は一日中働いて疲れている)

25. *be* tired of ～

～に飽き飽きしている、うんざりしている

でる I'm tired of his complaining. （彼の不平には飽き飽き［うんざり］している）

類 □ *be* sick of ～　～に飽き飽きしている、うんざりしている
□ *be* fed up with ～　～に飽き飽きしている、うんざりしている

26. in fact

実は、実際には

でる In fact, they got engaged last month. （実は、彼らは先月婚約をした）

類 □ actually　副　実は、実際には
□ in reality　実は、実際には

27. for the first time

初めて

でる She went skiing for the first time in her life.
（彼女は生まれて初めてスキーに行った）

at first（最初は）と混同しないように注意しましょう。for the second [third] time（2 [3] 度目に）と for the last time（最後に）も覚えておきましょう。

28. to begin with

まず第一に

でる To begin with, please let me introduce myself.
（まず第一に、自己紹介をさせて頂きます）

類 □ to start with　まず第一に
□ first of all　まず第一に
□ in the first place　まず第一に

29. after a while

しばらくして、しばらくすると

でる After a while she got tired and went to bed.
（しばらくして彼女は疲れてしまい、床についた）

for a while（しばらくの間）と混同しないように注意しましょう。

Chapter 5 ● 熟語

30 at home
自宅に［で］、在宅して；くつろいで

- He likes to stay **at home**. (彼は家にいるのが好きだ)
- Please make yourself **at home**. (どうぞおくつろぎください)
  [= Please feel at home.]

> Please make yourself at home. (= Please feel at home.) は、訪問客などに対して用いる決まり文句です。

🎧 154

31 at the age of ~
~歳の時に

- She opened a boutique **at the age of** 25.
  (彼女は25歳の時にブティックを開業した)

> 「20代の時に」であれば、in *one's* twenties を使って、She opened a boutique in her twenties. となります。

32 at the foot of ~
~のふもとに［で］

- The village lies **at the foot of** the mountain.
  (その村は山のふもとにある)

33 on schedule
予定通りに

- The airplane arrived **on schedule**. (飛行機は予定通りに到着した)

> behind schedule (予定より遅れて) と ahead of schedule (予定より早く) も覚えておきましょう。

34 ahead of ~
~の前方に；~より早く

- He was walking **ahead of** us. (彼は我々の前を歩いていた)
- I arrived there 30 minutes **ahead of** time. (30分早くそこに到着した)

35 in the long run
長い目で見れば、長期的には、結局は

- This will help you save more money **in the long run**.
  (長い目で見れば、これによりあなたはお金をより節約できるでしょう)

類 □ in the long term　長い目で見れば、長期的には、結局は
反 □ in the short run [term]　短期的には、短期間のうちに

サクッと復習テスト

1. 彼女は私の助けを求めた。　She _____ _____ my help.
2. 彼女は書類にざっと目を通した。　She _____ _____ the documents.
3. 彼の不平にはうんざりしている。　I'm _____ _____ his complaining.

答え： 1 asked for　2 looked over　3 tired of

---

36 one after another　次々に、次から次へと

でる In the downtown area new shops have opened **one after another**.
(繁華街では新しい店が次々とオープンしている)

> downtown は「(市・街の)中心街、繁華街」のことであり、日本語で言う「下町」ではありません。

---

37 find out ～　～が分かる；～を発見する、見いだす

でる Later I **found out** that he was a lawyer.
(後になって彼が弁護士だということを知った)

でる Scientists **found out** the cause of the disease.
(科学者たちはその病気の原因を発見した)

> find out ～ は、find ～ out の語順になることもあります。

---

38 try on ～　～を試着する

でる May I **try** this **on** in the fitting room?
(これを試着室で試着してもよろしいですか)

> try out ～ (～を試してみる) と混同しないように注意しましょう。try on ～は、try ～ on の語順になることもあります。

---

39 grow up　(人が) 成長する、育つ

でる She **grew up** in a small town. (彼女は小さな町で育った)

類 □ *be* brought up　成長する、育つ
　　□ *be* raised　成長する、育つ

> She grew up ～は、She was brought up ～や She was raised ～ (共に受動態になっていることに注意) に書き換えることができます。

40. bring up ～

～を育てる；～を持ち出す、提起する

She **brought up** five children all by herself.
(彼女は5人の子供を女手一つで育てた)

None of us **brought up** the topic at the meeting.
(会議では誰一人としてその話題を持ち出さなかった)

類 □ raise 動 ～を育てる

> bring up ～は、bring ～ up の語順になることもあります。

41. stay with ～

～の家に泊まる

She **stayed with** us for two nights. (彼女は我が家に2泊した)
[= She stayed at our house for two nights.]

> stay with ～の後には「人」が来ます。「場所」の場合は、stay at [in] ～となります。

42. go by (～)

(時が) 過ぎる；～の名で通っている

The summer vacation **went by** very quickly.
(夏休みはアッと言う間に過ぎ去った)

He **goes by** the nickname Rocky.
(彼はロッキーというニックネームで通っている)

43. go off

出かける；爆発する；鳴る

He **went off** on his own after dark.(彼は日が暮れてから一人で出かけた)

A bomb **went off** in the city center. (市の中心部で爆弾が爆発した)

My alarm clock didn't **go off.** (目覚ましが鳴らなかった)

類 □ explode 動 爆発する
　□ blow up 爆発する

44 go over ~
~を詳しく調べる；~をおさらいする、復習する

- You should go over the contract carefully.
  (その契約書は注意深く調べたほうがいいです)
- She went over her notes the night before the test.
  (彼女は試験の前夜、ノートを復習した)

類 □ examine 動 ~を詳しく調べる
類 □ review 動 ~をおさらいする、復習する

45 go through ~
~を経験［体験］する；~を通過する

- They went through many hardships. (彼らは多くの苦難を経験した)
- The train is going through the tunnel.
  (電車はトンネルを通過している)

類 □ experience 動 ~を経験［体験］する

46 get through ~
~をやり終える；~を乗り切る；(~に) 連絡がつく (to)

- We got through a lot of work today.
  (我々は今日たくさんの仕事をやり終えた)
- He's gotten through a difficult time. (彼は困難な時期を乗り切った)
- I couldn't get through to her on the phone.
  (彼女には電話連絡がつかなかった)

> We got through a lot of work today. は with を付けて、We got through with a lot of work today. ということも可能です。

47 get together
集まる、寄り合う；会う

- Why don't we get together sometime soon?
  (近いうちに集まらない？／近いうちに会わない？)

> get together はグループで会う時も、二人だけで会う時にも使います。

48 come up with ~ 　　～を思い付く、考え出す

でる What made you **come up with** that idea?
（どうやってそのアイデアを思いついたのですか）

> 〈What made you +動詞の原形?〉は「何があなたを～させましたか⇒どうして～しましたか」の意味を表します。make が使役動詞として使われる例です。

49 look back on ~ 　　～を振り返る、回顧する

でる He often **looks back on** his college days.
（彼はよく大学時代のことを振り返る）

類 □ think back on ~ 　～を振り返る、回顧する

50 look up to ~ 　　～を尊敬する

でる A lot of children **look up to** the baseball player.
（多くの子供がその野球選手を尊敬している）

類 □ respect **動** ～を尊敬する
反 □ look down on ~
　　～を軽蔑する、見下す（= despise）

> 上を見上げるから up は尊敬する、下を見下ろすから down は軽蔑する、というイメージが生まれます。

🎧 156

51 put away ~ 　　～を片付ける

でる The mother told her child to **put away** his toys.
（母親は子供におもちゃを片付けるように言った）

> put away ~ は、put ~ away の語順になることもあります。

52 give away ~ 　　～をただであげる；～を明かす、漏らす

でる He **gave away** his old car to a friend.
（彼は中古車を友達にただであげた）

でる Don't **give** your password **away** to anyone.
（パスワードは誰にも漏らさないように）

> give away ~ は、give ~ away の語順になることもあります。

サクッと復習テスト

❶ これを試着室で試着してもよろしいですか。 May I ___ this ___ in the fitting room?
❷ 彼はロッキーというニックネームで通っている。 He ___ ___ the nickname Rocky.
❸ 彼はよく大学時代のことを振り返る。 He often ___ ___ ___ his college days.

答え ❶ try / on ❷ goes by ❸ looks back on

---

53 throw away ～ 　　～を捨てる

でる Why don't you **throw** them **away**?（それらを捨てたらどう？）

類 □ discard 動 ～を捨てる

> throw away ～は、throw ～ away の語順になることもあります。

54 throw up (～) 　　(～を)吐く

でる He suddenly felt sick and **threw up**.（彼は突然気分が悪くなり、吐いた）

類 □ vomit 動 (～を)吐く

55 care for ～ 　　～を好む；～の世話する、面倒を見る

でる Would you **care for** another cup of coffee?
（コーヒーをもう1杯いかがですか）

でる She **cares for** her aging parents.
（彼女は年老いた両親の世話をしている）

> care about ～（～を気にする；～に関心がある）と混同しないように注意しましょう。

56 spend A on B 　　AをBに費やす

でる She **spends** a lot of money **on** clothes.
（彼女は衣服に多額の金をかける）

> spend A on B の A には「金」を表す語が来ます。on の代わりに for を使うことも可能です。さらに、「～(時間・時など)を…して過ごす」の意味を表す spend ～ doing も覚えておきましょう。She spent all day cleaning up the house.（彼女は家の掃除をして一日を過ごした）のように使います。

Chapter 5 ● 熟語

57 call off ~
~を中止する、取り消す

でる The referee **called off** the soccer game because of the rain.
(審判は雨のためにサッカーの試合を中止した)

類 □ cancel 動 ~を中止する、取り消す

> call off ~は、call ~ off の語順になることもあります。

58 come by ~
~を手に入れる

でる Good jobs are hard to **come by** these days.
(近頃は良い仕事はなかなか手に入らない)

類 □ get 動 ~を手に入れる
　□ obtain 動 ~を手に入れる

59 come about
起こる、生じる

でる His success didn't **come about** by accident.
(彼の成功は偶然起きたものではない)

類 □ happen 動 起こる、生じる
　□ occur 動 起こる、生じる

60 bring about ~
~をもたらす、引き起こす

でる What will this new technology **bring about**?
(この新しいテクノロジーは何をもたらすだろうか)

類 □ cause 動 ~をもたらす、引き起こす

> bring about ~は他動詞的に、come about (起こる、生じる) は自動詞的に使うことを覚えておきましょう。

🎧 157

61 *be* fond of ~
~が好きである、~を好む

でる She **is fond of** traveling. (彼女は旅行が好きだ) [= She is fond of travel.]

類 □ like 動 ~が好きである、~を好む

62 be filled with ～

～でいっぱいである、満たされている

The living room **was filled with** flowers.（居間は花でいっぱいだった）
[= The living room was full of flowers.]

類 □ *be* full of ～　～でいっぱいである、満たされている

63 from now on

今後は、これからは

From now on I will study harder.
（今後はもっと本気で勉強するつもりだ）

> now の部分を代えて、from then on（それ以降［以来］）や from today on（今日からは）のようにも表現できます。

64 according to ～

～によれば；～に従って［応じて］

According to today's paper, the prime minister may resign soon.
（今日の新聞によれば、首相はもうすぐ辞任するかもしれない）

Your salary will be determined **according to** your experience.
（あなたの給料は経験に応じて決定されます）

類 □ in accordance with ～　～に従って［応じて］

65 because of ～

～のために、～のせいで

The event was canceled **because of** bad weather.
（悪天候のために、そのイベントは中止された）

類 □ due to ～　～のために、～のせいで
　□ owing to ～　～のために、～のせいで
　□ on account of ～　～のために、～のせいで

> because of ～、due to ～、owing to ～、on account of ～は文脈によっては、「～のおかげで」の意味になることもあります。

66 for hours

何時間も

The blackout lasted **for hours**.（停電は何時間も続いた）

> for months（何ヶ月も）、for years（何年も）、for ages（ずいぶん長い間）も覚えておきましょう。

67 for nothing — 無料で、ただで；無駄に

- You can use the Internet **for nothing**.
  (インターネットは無料でご利用いただけます)
- All his effort went **for nothing**. (彼の努力はすべて無駄に終わった)

類 □ for free　無料で、ただで
　□ free of charge　無料で、ただで
類 □ in vain　無駄に（= vainly）

68 at once — すぐに、直ちに；同時に、一度に

- Do it **at once.** (すぐにそれをやりなさい)
- She was doing two things **at once.**
  (彼女は同時に2つのことをやっていた)

類 □ immediately　副 すぐに、直ちに
　□ right away　すぐに、直ちに
類 □ at the same time　同時に、一度に

> all を付けて all at once とすれば、「突然；みな一斉に」の意味になります。

69 here and there — あちこちに［で］

- As a youth he traveled **here and there** throughout Europe.
  (彼は若い頃、ヨーロッパ中をあちこち旅行した)

類 □ from place to place　あちこちに［へ］

70 to A's surprise — 驚いたことに

- **To my surprise**, he was walking around in the snow with just a few clothes on.
  (驚いたことに、彼はほんの少しだけ服を身にまとい、雪の中を歩き回っていた)

類 □ surprisingly　副 驚いたことに
　□ to A's astonishment　驚いたことに

> to A's joy [delight]（嬉しいことに）、to A's disappointment（がっかりしたことに）、to A's relief（ほっとしたことに）、to A's regret（残念なことに）、to A's sorrow（悲しいことに）なども覚えておきましょう。

サクッと復習テスト

❶ それらを捨てたらどう？　　　　　　　**Why don't you ___ them ___ ?**
❷ 審判は雨のためにサッカーの試合を中止した。
　　　　　　　The referee ___ ___ the soccer game because of the rain.
❸ 彼女は同時に２つのことをやっていた。**She was doing two things ___ ___.**

答え　❶ throw / away　❷ called off　❸ at once

71 year by year

〈物事の変化が〉**年々徐々に、年を追うごとに**

でる The natural environment is getting worse **year by year**.
（自然環境は年々悪化している）

> year after year（毎年〈同じように〉、来る年も来る年も）と混同しないように注意しましょう。day by day（〈物事の変化が〉日ごとに）と day after day（毎日〈同じように〉、来る日も来る日も）も覚えておきましょう。

72 get on (〜)

（乗り物）に乗る；うまくやる

でる She **got on** the wrong bus.（彼女は間違ったバスに乗った）
でる How are you **getting on** at school?（学校ではうまくやっていますか）
[= How are you getting along at school?]

反 □ get off 〜　（乗り物）から降りる
類 □ get along　うまくやる

> 「うまくやる」の意味では、get on は主にイギリスで、get along はアメリカ、イギリス共に用いられます。

73 get along with 〜

〜とうまくやっていく、仲良くやる

でる She is **getting along** well **with** her roommate.
（彼女はルームメイトとうまくやっている）
[= She is getting on well with her roommate.]

> get along with 〜はアメリカ、イギリス共に、get on with 〜は主にイギリスで用いられます。

74 get across ～　　～を理解させる、伝える；～を横断する

でる I couldn't **get** my message **across** to him.
(彼に自分のメッセージ[真意]を分からせることができなかった⇒彼に自分の思いを伝えることができなかった)

でる He **got across** the street before the light turned red.
(彼は信号が赤になる前に道の反対側へ渡った)

> get across ～を「～を理解させる、伝える」の意味で用いる場合は、get ～ across の語順になることもあります。

75 take care of ～　　～を世話する；～を引き受ける

でる Who will **take care of** the cat while you are gone?
(留守中は誰がネコの世話をするの？)

でる I'll **take care of** the rest. (後は私がやっておきます)

類 □ care for ～　～の世話をする
　　□ look after ～　～の世話をする

> Take care of yourself. (体に気をつけてね、無理しないでね)という決まり文句も覚えておきましょう。

76 die of ～　　～で死ぬ

でる He **died of** a heart attack last year. (彼は昨年心臓発作で亡くなった)

類 □ die from ～　～で死ぬ

> 「die of ～は病気などによる内的要因[直接死因]による死、die from ～は怪我・飢餓などによる外的要因[間接死因]による死」などという説明がたいていの辞書や文法書に載っていますが、現在ではその区別は非常にあいまいになっており、die of ～が好んで使われています。

77 die out　　絶滅する；廃れる

でる When did the dinosaurs **die out**? (恐竜はいつ絶滅したのですか)

でる The new fashion will **die out** within the year.
(その新しいファッションは年内に廃れるだろう)

類 □ become extinct　絶滅する

78. get lost — 道に迷う、迷子になる

でる I **got lost** in downtown Los Angeles.
(ロサンゼルスの中心街で道に迷った)
[= I lost my way in downtown Los Angeles.]

類 □ lose *one's* way 道に迷う、迷子になる

> be lost の場合は「道に迷っている」という状態を表します。

79. go on *doing* — ～し続ける

でる She wants to **go on working** there.
(彼女はそこで働き続けたいと思っている)

類 □ keep (on) *doing* ～し続ける

> go の後には on は必ず要りますが、keep の場合は、keep *doing* と keep on *doing* の2つの言い方が可能です。

80. break down — 故障する、壊れる；泣き出す、気落ちする

でる My car has **broken down**. (車が故障してしまった)
でる She **broke down** in tears. (彼女は泣き崩れた)

🎧 159

81. break up (～) — 解散する；別れる；～を壊す

でる The jazz band **broke up** last year. (そのジャズバンドは昨年解散した)
でる My boyfriend and I **broke up** yesterday. (彼氏と私は昨日別れた)
でる They **broke up** the ice into small pieces. (彼らは氷を小さく砕いた)

> break up ～ (～を壊す) を他動詞的に用いる場合は、break ～ up の語順になることもあります。

82. break out — （突然）起きる；勃発する

でる A fire **broke out** in our neighborhood the other day.
(先日近所で火事が起きた)

でる World War II **broke out** in Europe in 1939.
(第二次世界大戦は1939年にヨーロッパで勃発した)

83 break in (～)　　押し入る；～を履き慣らす

- A thief **broke in** through a window.（泥棒は窓から侵入した）
- It takes some time to **break in** new shoes.
（新しい靴を履き慣らすにはしばらく時間がかかる）

> break in ~（～を履き慣らす）を他動詞的に用いる場合は、break ~ in の語順になることもあります。break into ~（～に侵入する；急に～し出す）も覚えておきましょう。

84 leave for ～　　～に向けて出発する

- He will **leave for** Tokyo tomorrow.（彼は明日東京に向けて出発する）

> 「彼は明日東京に向けて大阪を出発する」なら、He will leave Osaka for Tokyo tomorrow. となります。

85 make up *one's* mind　　決心する

- She **made up her mind** to study in Canada.
（彼女はカナダに留学することを決心した）

類 □ decide 動（～することを）決心する（to *do*）
　 □ determine 動（～することを）決心する（to *do*）

> change *one's* mind（気が変わる、考えを変える）も覚えておきましょう。

86 believe in ～　　～の存在を信じる；～を信頼する

- Do you **believe in** God?（あなたは神の存在を信じますか）
- I **believe in** his ability.（私は彼の能力を信じている）

> I believe you. であれば、「君の言うことを信じるよ」の意味になります。

87 make believe (that) ～　　～であるふりをする、～であるように見せかける

- The boy **made believe that** he was sick.（少年は病気のふりをした）

類 □ pretend 動 ～のふりをする、～のように見せかける

サクッと復習テスト

1. 彼女は間違ったバスに乗った。 She ___ ___ the wrong bus.
2. 車が故障してしまった。 My car has ___ ___.
3. 彼は明日東京に向けて出発する。 He will ___ ___ Tokyo tomorrow.

答え ① got on ② broken down ③ leave for

---

88 keep off ～
～に近づかない、立ち入らない；～を避ける、控える

でる Thank you for **keeping off** the grass.
(芝生内への立ち入りはご遠慮願います)

でる He tried to **keep off** the subject. (彼はその話題を避けようとした)

> keep off ～は、keep ～ off の語順になることもあります。

89 keep away from ～
～に近づかない；～を避ける、控える

でる Please **keep away from** the dog. (その犬には近づかないでください)
でる I try to **keep away from** sweets. (甘いものは控えるようにしている)

類 □ keep off ～ ～に近づかない、立ち入らない；～を避ける、控える

90 catch up with ～
～に追いつく

でる The developing countries are trying to **catch up with** the advanced countries.
(発展途上国は先進国に追いつこうと努力している)

類 □ overtake 動 ～に追いつく；～を追い越す

> keep up with ～ (～に遅れずについて行く) と混同しないように注意しましょう。

91 turn away (～)
(～を) 背ける、向きを変える

でる She **turned away** and began to cry. (彼女は顔を背けて泣き始めた)

92 pick up ～
～を拾う、拾い上げる；～を買う；～を車で迎えに行く

- He **picked up** a coin from the floor.（彼は硬貨を床から拾い上げた）
- She **picked up** some vegetables on her way home.
（彼女は帰宅途中に野菜を買った）
- I'll **pick** you **up** at the station.（駅まで車で迎えに行きますね）

類 □ buy 動 ～を買う

93 pick out ～
～を選ぶ、選び出す

- She **picked out** a souvenir to take back to her family.
（彼女は家族に持って帰るお土産を選んだ）

類 □ choose 動 ～を選ぶ、選び出す
　□ select 動 ～を選ぶ、選び出す

> 日本語では「選ぶ、選び出す」という意味でピックアップという言葉が使われますが、英語では pick up ～ではなく、pick out ～を使います。

94 give ～ a ride
～を車で送る、～を車に乗せてあげる

- Could you **give** me **a ride** to the station?
（駅まで車で送ってもらえますか）

類 □ give ～ a lift
　～を車で送る、～を車に乗せてあげる

> get a ride であれば、「車に乗せてもらう」の意味になります。Can I get a ride?（車に乗せてもらえる？）のように使います。

95 work out (～)
うまくいく；（ジムなどで）運動する；～を考え出す、考案する

- Everything will **work out** in the end.（すべて最後にはうまく行くだろう）
- She **works out** at the gym three times a week.
（彼女は週3回ジムで運動をしている）
- We have to **work out** ways to solve these problems.
（我々はこれらの問題を解決する方法を考え出さなければならない）

類 □ devise 動 ～を考え出す、考案する

> work out ～（～を考え出す）を他動詞的に用いる場合は、work ～ out の語順になることもあります。

96 come to *do* ～するようになる

They **came to understand** the cultural differences.
(彼らは文化の違いが分かるようになってきた)

類 □ get to *do*
～するようになる；
～できるようになる

「～するようになる」は直訳調に become to *do* とは言えないので、注意しましょう。なお、come to だけで「意識が戻る」という意味もあります。

97 learn to *do* ～する[できる]ようになる；～することを身につける[学ぶ]

You will **learn to do** it in a few hours.
(数時間でそれをできるようになるでしょう)

He has **learned to speak** English better.
(彼は英語を前よりもうまく話せるようになった)
[= He has learned how to speak English better.]

類 □ learn how to *do*
～の仕方を身につける[学ぶ]

learn to *do* は「自分の努力の結果、～する[できる]ようになる」というニュアンスを含みます。come to *do* の場合は、「自然にだんだん～するようになる」というニュアンスです。

98 get to *do* ～するようになる；～できる機会を得る；～することを始める

We **got to know** each other through our mutual friend.
(我々は共通の友人を通してお互いを知るようになった⇒我々は共通の友人を通して知り合った)

I **got to travel** to Italy last year. (昨年イタリアに旅行することができた)

I'll **get to work** on it immediately. (早速それに取りかかることにします)

類 □ come to *do* ～するようになる

get to ～だけなら「～に着く；～を始める」という意味です。

99 *be* proud of ～ ～を誇りに思う、自慢に思う

As a father, he **is proud of** his son.
(彼は父親として息子を誇りに思っている)[=As a father, he takes pride in his son. = As a father, he prides himself on his son.]

類 □ take pride in ～
～を誇りに思う、自慢に思う
□ pride *oneself* on ～
～を誇りに思う、自慢に思う

「～を誇りに思う」の熟語3つについては、それぞれどの前置詞が使われるのかに注意して覚えるようにしましょう。

100 *be* pleased with ～ 　　～を喜んでいる、～に満足している

She **was** very **pleased with** the results.
(彼女はその結果にとても喜んだ[満足した])

101 *be* covered with ～ 　　～でおおわれている

The top of the mountain **was covered with** snow.
(その山の頂上は雪でおおわれていた)

102 and so on 　　～など

The shop sells computers, televisions, cameras, **and so on**.
(その店はコンピュータ、テレビ、カメラなどを売っている)

類 □ and so forth　～など

103 as ～ as *S* can 　　できる限り～

Please repair my bicycle **as** quickly **as you can**.
(できるだけ早く自転車を修理してください)
[= Please repair my bicycle as quickly as possible.]

類 □ as ～ as possible　できる限り～

104 at present 　　現在、目下

At present the item is out of stock.
(現在、その商品は在庫がございません)

類 □ at the moment　現在、目下

105 as usual 　　いつものように、相変わらず

The drugstore is open for business today **as usual**.
(その薬局はいつも通り、今日も営業している)

類 □ as always　いつものように、相変わらず

「いつもより～」なら〈比較級 + than usual〉となります。

サクッと復習テスト

1. 彼女は顔を背けて泣き始めた。 She _____ _____ and began to cry.
2. すべて最後にはうまく行くだろう。 Everything will _____ _____ in the end.
3. 彼は父親として息子を誇りに思っている。 As a father, he _____ _____ _____ his son.

答え ① turned away ② work out ③ is proud of

---

106 later on — 後になって、後で

He realized **later on** how important she was to him.
(彼は後になって彼女が彼にとっていかに大切な人なのかが分かった)

反 □ early [earlier] on ［もっと］早くから、［もっと］前に

107 except for 〜 — 〜以外は

They all liked my proposal, **except for** Ted.
(テッド以外は彼ら全員が私の提案を気に入ってくれた)

108 a couple of 〜 — いくつかの、2, 3の

I've been there **a couple of** times. (そこは数回行ったことがある)

類 □ a few いくつかの、2, 3の

109 thousands of 〜 — 何千もの〜

Thousands of people ran in the charity marathon.
(何千もの人がチャリティーマラソンを走った)

> 「何百もの〜」は hundreds of 〜、「何万もの〜」は tens of thousands of 〜、「何百万もの〜」は millions of 〜 と言います。

110 a number of 〜 — 多くの〜；いくつかの〜；さまざまな〜

A number of passengers were injured in the accident.
(多くの乗客がその事故で負傷した)

I've been to Hawaii **a number of** times.
(ハワイには何度か行ったことがある)

> a number of 〜の後には必ず可算名詞の複数形が来ます。意味は、文脈の中で many (多くの) か some (いくつかの) か various (さまざまな) かを判断する必要があります。また、number の前に形容詞の large, great, good などが置かれることもあります。

Chapter 5 ● 熟語

111 a good [great] deal of ~ かなりたくさんの~、多量の~

でる We had **a good deal of** snow last winter.
（去年の冬は雪がたくさん降った）

> a good [great] deal of ~の後には必ず不可算名詞が来ます。

112 plenty of ~ たくさんの~

でる You still have **plenty of** time before the deadline.
（締め切りまでにまだ時間はたっぷりあります）

類 □ a lot of ~　たくさんの~

> plenty of ~は a lot of ~と同じく、「量」と「数」のどちらにも使える表現です。よって、ofの後には不可算名詞、可算名詞の複数形のどちらも来ます。

113 dozens of ~ 何十もの~、何ダースもの

でる He receives **dozens of** phone calls from his clients every day.
（彼のところには毎日顧客から数十件の電話がかかってくる）

> dozen だけであれば、「12」を表します。

114 quite a few かなりの数の、かなり多くの

でる This event attracts **quite a few** visitors.
（このイベントにはかなりの数の来訪客が集まる）

類 □ not a few　かなりの数の、かなり多くの

> quite a few は数えられるものに対して「(数が)かなり多い」、quite few は「(数が)極めて少ない」の意味です。一方、quite a little は数えられないものに対して「(量が)かなり多い」、quite little は「(量が)が極めて少ない」の意味です。

115 close to ~ 〜の近くに；ほぼ、大体

She often studies in the library **close to** her house.
（彼女は家の近くの図書館でよく勉強をする）

Close to 20% of them are unemployed.
（彼らのほぼ20％が失業中である）

類 □ near 前 〜の近く（に）
類 □ almost 副 ほぼ、大体

116 thanks to ~ 〜のおかげで

Thanks to his help, I could finish painting the wall.
（彼が手伝ってくれたおかげで、壁のペンキ塗りを終えることができた）

117 every other 一つおきの

He takes a bath **every other** day. （彼は1日おきに入浴する）

Write your answers on **every other** line.
（答えは1行おきに［1行ずつ空けて］書きなさい）

> every other week（1週間おきに、隔週に）や every other year（1年おきに、隔年に）などの言い方にも慣れておきましょう。

118 in a way ある意味では

In a way, what she says is true.
（ある意味では、彼女の言っていることは本当です）

類 □ in a sense ある意味では

119 in A's opinion Aの意見では、Aの考えでは

In my opinion, this is the best measure to be taken.
（私の意見では、これが取るべき最善の策だと思います）

類 □ in A's view Aの意見では、Aの考えでは

120 out of order 　　故障して

でる The elevator is **out of order**. (そのエレベーターは故障している)

反 □ in order　正常な状態で、調子よく；整理されて

121 not always 　　いつも〜とは限らない、必ずしも〜とは限らない

でる Life does **not always** turn out the way you plan.
(人生は、いつも計画通りにいくとは限らない)

> not always と同じく、部分否定を用いた表現の not necessarily (必ずしも〜とは限らない) も覚えておきましょう。

122 the same *A* as *B* 　　B と同じ（型・種類の）A

でる She bought **the same** computer **as** yours.
(彼女はあなたと同じ (型の) コンピュータを買った)

でる This looks like **the same** computer **as** mine.
(これは私のと同じ (種類の) コンピュータのように見える)
[= This computer looks the same as mine.]

> the same *A* that 〜 (〜と同一物の A) も覚えておきましょう。This is the same bag that I lost last week. (これは先週なくしたのと同じ鞄だ⇒これは先週なくしたまさにその鞄だ) のように使います。

123 the last 〜 to *do* 　　最も…しそうにない〜

でる He is **the last** person **to tell** a lie.
(彼は最も嘘をつきそうにない人である⇒彼は嘘をつくような人ではない、彼に限って嘘はつかないはずだ) [= He is the last person that [who] would tell a lie.]

124 show up 　　現れる、姿を見せる

でる She **showed up** an hour late. (彼女は1時間遅れて来た)

類 □ turn up　現れる、姿を見せる
　□ appear　現れる、姿を見せる

サクッと復習テスト

❶ テッド以外は彼ら全員が私の提案を気に入ってくれた。
They all liked my proposal, ___ ___ Ted.

❷ このイベントにはかなりの数の来訪客が集まる。 This event attracts ___ ___ ___ visitors.

❸ そのエレベーターは故障している。 The elevator is ___ ___ ___.

答え ❶ except for ❷ quite a few ❸ out of order

---

125 consist of ~   ~から成る

The United States **consists of** 50 states.
(アメリカ合衆国は50州から成る) [= The United States is composed [comprised] of 50 states. = The Unites States is made up of 50 states.]

類
- *be* composed of ~   ~から成る
- *be* comprised of ~   ~から成る
- *be* made up of ~   ~から成る

consist in ~ (~に存在する、~にある)[= lie in ~]と混同しないように注意しましょう。

126 go with ~   ~によく合う、似合う

The tie **goes with** your jacket.
(そのネクタイはあなたの上着によく合っている)

127 go bad   腐る

The eggs in the refrigerator **went bad**. (冷蔵庫の卵は腐ってしまった)

go wrong (失敗する)、go well [right] (うまくいく)、go sour (腐って酸っぱくなる)、go flat (パンクする)、go wild (狂乱する)、go mad (怒る) などのように〈go +形容詞・副詞〉のパターンはよく使われるので、慣れておきましょう。

128 set up ~   ~を設立する、創設する

The institute was **set up** 15 years ago.
(その研究所は15年前に設立された)

類 □ establish 動 ~を設立する、創設する

set up ~は、set ~ up の語順になることもあります。

129 set out (～)

出発する；～し始める (to *do*)

- They **set out** on a trip for Germany. (彼らはドイツに向けて旅立った)
- He **set out** to write short stories. (彼は短編小説を書き始めた)

類 □ set off 出発する

> set out on ~は「(旅)に出る」、set out for ~は「~に出掛ける」の意味です。例文の set out on a trip for ~は、その2つが合わさった形です。

130 come across ～

～に出くわす；～を偶然見つける

- If you **come across** Nancy, please tell her to call me.
  (ナンシーに出くわしたら、私に電話するように伝えてください)
- I **came across** this old photo in my closet.
  (古い写真をクロゼットの中で偶然見つけた)

類 □ run across ～ ～に出くわす
　□ run [bump] into ～ ～に出くわす

131 happen to *do*

偶然［たまたま］～する

- I **happened to meet** her at the bookstore.
  (書店でたまたま彼女に出会った)

> by accident [chance] (偶然に) を用いれば、I met her by accident at the bookstore. と書き換えることができます。

132 get over ～

～を乗り越える、克服する；～が治る、～から回復する

- He's **gotten over** many difficulties. (彼は多くの困難を乗り越えてきた)
- Did you **get over** your cold? (風邪は治りましたか)

類 □ overcome 動 ～を乗り越える、克服する
類 □ recover from ～ ～が治る、～から回復する

133 bring back ~
〜を思い出させる；〜を持ち帰る、返却する

This song **brings back** sweet memories of my youth.
(この歌は私の青春の懐かしい思い出をよみがえらせる⇒この歌を聞くと私の青春の心地よい思い出が込み上げてくる)

She **brought** some fruit **back** from her trip to Mexico.
(彼女はメキシコ旅行から果物を少し買って帰った)

> bring back ~は、bring ~ back の語順になることもあります。

134 use up ~
〜を使い尽くす

He **used up** all his money so quickly.
(彼はあっという間に有り金を使い尽くした)

類 □ exhaust 動 〜を使い尽くす

> use up ~は、use ~ up の語順になることもあります。この場合の up は「すっかり、残さず」の意味を表します。eat up ~ (〜を食べ尽くす) や drink up ~ (〜を飲み尽くす) も同じ用例です。

135 help *oneself* to ~
〜を自由に取って食べる

Please **help yourself to** anything on the table.
(テーブルの上にあるものは何でも自由に召し上がってください)

> 目の前にあるものを指して「どうぞ」という場合には、to 以下を省略して、Please help yourself. (遠慮なく召し上がってください) ということもあります。

136 *be* capable of ~
〜ができる、〜の能力がある

She **is capable of** speaking three languages.
(彼女は3カ国語を話す事ことができる)

類 □ *be* able to *do*
  〜することができる、〜する能力がある
反 □ *be* incapable of ~
  〜ができない、〜をする能力がない

> *be* capable of ~の of の後には名詞または動名詞が来ます。

137 *be* based on [upon] ~ 　　～に基づいている

This movie **is based on** a true story. (この映画は実話に基づいている)

> base *A* on [upon] *B* (A を B に基づかせる) が元の形です。

138 in a hurry 　　急いで、慌てて

What are you **in** such **a hurry** for? (何をそんなに急いでいるの?)

類 □ in a rush　急いで、慌てて
　□ in haste　急いで、慌てて

> 〈What + for〉は「何のために」(= Why) の意味です。

139 in order to *do* 　　～するために

She called a travel agency **in order to reserve** airplane tickets. (彼女は飛行機のチケットを予約するために旅行社に電話をした)

類 □ so as to *do*　～するために

> 否定形「～しないために」は、in order not to *do* (= so as not to *do*) となります。that 節を用いた in order that ~ (～するために) も覚えておきましょう。

140 in short 　　要するに、手短に言えば

In short, this item is way too expensive.
(要するに、この商品はあまりにも値段が高すぎるのだ)

類 □ in brief　要するに、手短に言えば
　□ in a word　要するに、手短に言えば

🎧 165

141 for short 　　略して

Rebecca is called Becky **for short**. (レベッカは略してベッキーと呼ばれる)

142 on the whole 　　全体的 [全般的] に、概して

On the whole, the seminar was very informative.
(全体的に、そのセミナーはとても有益だった)

類 □ overall　副　全体的 [全般的] に、概して
　□ by and large　全体的 [全般的] に、概して
　□ all in all　全体的 [全般的] に、概して

サクッと復習テスト

1. そのネクタイはあなたの上着によく合っている。 The tie ___ ___ your jacket.
2. 風邪は治りましたか。 Did you ___ ___ your cold?
3. 彼はあっという間に有り金を使い尽くした。 He ___ ___ all his money so quickly.

答え ❶ goes with ❷ get over ❸ used up

---

143 as a whole
全体として（の）

でる The new tax law will affect the country **as a whole**.
（新しい税法は国全体に影響を与えるだろう）

類 □ at large 全体として（の）

on the whole（全体的［全般的］に、概して）と混同しないように注意しましょう。

---

144 hope for ～
～を望む、期待する

でる Let's **hope for** the best. （最善の結果を期待しよう）

類 □ wish for ～ ～を望む、願う

hope for ～は、wish for ～よりも実現の可能性が高い時に用います。

---

145 long for ～
～を切望する、～に思いこがれる

でる They simply **long for** religious freedom.
（彼らは宗教の自由を切望しているだけだ）

類 □ yearn for ～
～を切望する、～に思いこがれる

long [yearn] for ～の後には名詞が続きますが、動詞が続く時には、long [yearn] to do（～したがる）の形になります。

---

146 become of ～
～はどうなるのか、～に何が起きるのか

でる What has **become of** Judy? （ジュディーはどうなったんだろう？）

でる I don't know whatever **became of** him.
（彼がどうなったのかは知らない）

become of ～は、what や whatever と一緒に用いられます。

Chapter 5 ● 熟語

147 write down ~ — ~を書き留める

でる I **wrote down** her phone number in my notebook.
(彼女の電話番号をノートに書き留めた)

類
- put down ~　~を書き留める
- take down ~　~を書き留める
- jot down ~　~を書き留める

> write [put/take/jot] down ~は、write [put/take/jot] ~ down の語順になることもあります。

148 tend to *do* — ~する傾向がある、~しがちである

でる He **tends to neglect** his work.（彼は仕事を怠ける傾向がある）

類
- *be* inclined to *do*　~する傾向がある、~しがちである
- *be* apt to *do*　~する傾向がある、~しがちである

149 take over ~ — ~を引き継ぐ

でる He had his son **take over** his business.
(彼は息子に仕事を引き継がせた)

類
- succeed to ~　~を引き継ぐ

> take over ~は、take ~ over の語順になることもあります。例文には〈have ＋目的語＋動詞の原形〉(~に…させる) の形が使われています。

150 say to *oneself* — 独り言を言う；心の中で思う［考える］

でる He **said to himself**, "That can't be true."
(「そんなはずはない」と彼は独り言を言った［彼は思った］)

類
- think to *oneself*　心の中で思う［考える］

🎧 166

151 check out (~) — (~を) チェックアウトする (of)；~を調べる、じっくり見る；~を借り出す

でる We **checked out** of the hotel after having breakfast.
(我々は朝食後ホテルをチェックアウトした)

でる For more information, please **check out** our website.
(詳しくは、当社のウェブサイトを調べてください⇒見てください)

でる I'd like to **check out** this book. (この本を借りたいのですが)

反
- check in
  チェックインする；搭乗手続きをする

> check out ~ (~を調べる；~を借り出す) を他動詞的に用いる場合は、check ~ out の語順になることもあります。

152 get rid of ~ ～を取り除く；～を処分する

でる How can I **get rid of** stress? (どうすればストレスを取り除けますか)

でる She **got rid of** her old bicycle. (彼女は古い自転車を処分した)

類 □ remove 動 ～を取り除く、除去する
　□ eliminate 動 ～を取り除く、除去する
類 □ discard 動 ～を処分する

153 fall in love with ~ ～と恋に落ちる、～を大好きになる

でる He **fell in love with** her at first sight. (彼は彼女にひと目惚れした)

> at first sight は「ひと目で、直ちに」の意味の熟語です。

154 learn ~ by heart ～を暗記する、記憶する

でる She **learned** the entire poem **by heart**.
(彼女はその詩を全部暗記した)

類 □ memorize 動 ～を暗記する、記憶する

155 remember *doing* ～したのを覚えている

でる I **remember seeing** her somewhere.
(彼女に以前どこかで会った覚えがある)

> remember to *do* は「忘れずに～する」の意味を表します。Please remember to mail my letter. (忘れずに私の手紙を投函してください) のように使います。

156 forget to *do* ～するのを忘れる

でる I **forgot to do** my homework. (宿題をするのを忘れた)

> forget *doing* は「～したのを忘れる」の意味を表します。I will never forget visiting Israel. (イスラエルを訪れたことを決して忘れないでしょう) のように使います。

157 drop out — 中途退学する；脱落する

- A month after he entered college, he **dropped out**.
  (大学に入学して1ヶ月後、彼は中退した)
- After three laps, the runner **dropped out**.
  (3周した後で、そのランナーは脱落[棄権]した)

> drop out of ~ とすれば「~を中途退学する；~から脱落する」の意味になります。He dropped out of high school.（彼は高校を中退した）のように使います。

158 speak ill of ~ — ~の悪口を言う、~をけなす

- She doesn't like to **speak ill of** others.
  (彼女は人の悪口を言うのが好きではない)

反 □ speak well [highly] of ~　~のことをよく言う、~を賞賛する

159 fill out ~ — ~に記入する、書き込む

- Please **fill out** the application form.（申し込み用紙に記入してください）

類 □ fill in ~　~に記入する、書き込む

> fill out ~ は「書類全体のすべての必要事項にしっかりと書き込む」、fill in ~ は「氏名や住所を記入するほか、空欄にチェックを入れたりして簡単に書き込む」というニュアンスの違いがあります。しかし実際には、ほとんど同じように使われています。

160 feel like *doing* — ~したい気がする

- I don't **feel like going** to work today.（今日は仕事に行く気がしない）

> like の後には動名詞だけでなく、名詞が来ることもあります。〈feel like ＋名詞〉の場合は「~が欲しい」の意味を表します。I feel like a steak tonight.（今晩はステーキが食べたいな）のように使います。

サクッと復習テスト

1. 彼女の電話番号をノートに書き留めた。 I ___ ___ her phone number in my notebook.
2. 彼女はその詩を全部暗記した。 She learned the entire poem ___ ___.
3. 彼女に以前どこかで会った覚えがある。 I ___ ___ her somewhere.

答え ① **wrote down** ② **by heart** ③ **remember seeing**

🎧 167

161 cannot help *doing* ～せざるを得ない、～せずにはいられない

でる I **couldn't help feeling** sorry for them.
(彼らを気の毒に思わざるをえなかった) [= I couldn't but feel sorry for them.]

類 □ cannot help but *do*
　～せざるを得ない、～せずにはいられない
□ cannot but *do*
　～せざるを得ない、～せずにはいられない

> cannot help の後は動名詞、cannot help but と cannot but の後は動詞の原形が来ると覚えておきましょう。これら3つの表現のうち、cannot but *do* は最も堅い文語体なので、使用頻度はかなり低いです。

162 *be* worth *doing* ～する価値がある

でる This book **is** well **worth reading**. (この本は十分読む価値がある)

> worth の後には reading, seeing, visiting, trying などの動名詞がよく用いられます。

163 *be* worthy of ～ ～に値する、～にふさわしい

でる This point **is worthy of** our attention [notice].
(この点は我々にとって注目に値する)

類 □ deserve 動 ～に値する、～にふさわしい

164 for good 永久に、永遠に

でる She has returned to Canada **for good**.
(彼女は永久にカナダに戻ってしまった)

類 □ forever 副 永久に、永遠に (= for ever)

165 with ease　　容易に、簡単に

でる The mayor won the election **with ease**.
（市長は選挙に容易に勝った⇒市長は選挙に楽勝した）

類 □ easily 副 容易に、簡単に
　□ without difficulty　容易に、簡単に
反 □ with difficulty　苦労して、かろうじて

166 at ease　　くつろいで、安心して

でる I always feel **at ease** with him.（彼といるといつも心がなごむ）

反 □ ill at ease　落ち着かない、不安で

167 behind A's back　　A のいない所で、A の陰で

でる You shouldn't speak ill of others **behind their back**.
（陰で人の悪口を言うべきではない）

反 □ to A's face　A に面と向かって、A の面前で

168 in public　　人前で、公然と

でる He seldom lets his feelings show **in public**.
（彼はめったに自分の感情を人前で出さない）

類 □ publicly 副 人前で、公然と
反 □ in private　内密に、こっそりと
　□ privately 副 内密に、こっそりと

169 in A's presence　　A の目の前で、A のいる所で

でる He expressed his anger **in our presence**.
（彼は我々の面前で怒りを表した）

反 □ in A's absence
　　A がいない時に、
　　A が不在中に（= in the absence of ～）

> in the presence of ～の形で使われることもあります。

170 in person　　本人が直接、自分で

でる I will talk to him **in person**.（彼と直接会って話をしてみます）

171 in all — 全部で、合計で

This series contains 12 books **in all**.
（このシリーズは全部で12冊あります）

類 □ altogether 副 全部で、合計で

172 in danger of ~ — ～の危険があって、～の危機にあって

Many wild animals are **in danger of** extinction.
（多くの野生動物が絶滅の危機にある）

of を取って in danger（危険［危機］に瀕して）の形で使うこともあります。その反対が out of danger（危険［危機］を脱して）です。

173 in advance — 前もって、あらかじめ

If you need my help, please let me know **in advance**.
（私の助けが必要であれば、事前に知らせてください）

類 □ beforehand 副 前もって、あらかじめ

in advance of ~（～に先立って、～より前に）[= prior to ~] も覚えておきましょう。

174 in fashion — 流行して

These boots are **in fashion** among young women.
（これらのブーツは若い女性の間で流行している）

反 □ out of fashion 流行遅れで

175 in the way (of ~) — （～の）道をふさいで；（～の）邪魔になって

There was a dump truck **in the way**.（ダンプカーが道をふさいでいた）

Nothing stands **in the way of** his success.
（彼の成功を妨害するものは何もない）

in the way の前には be 動詞の他、get や stand がよく用いられます。in A's way の形で使われることもあります。

176 on duty
勤務時間中で［に］

でる He is **on duty** now.（彼は今勤務中だ）

反 □ off duty　勤務時間外で［に］、非番で

177 see ~ off
~を見送る

でる I went to the airport to **see** my uncle **off**.
（叔父を見送りに、空港まで行った）
[= I went to the airport to see off my uncle.]

> see ~ off は、see off ~ の語順になることもあります。

178 show off (~)
~を見せびらかす、ひけらかす；目立とうとする、見栄を張る

でる That stupid young man always **shows off** his muscles.
（あの間抜けな若者はいつも自分の筋肉を自慢げに見せびらかしている）

でる She's just **showing off** in front of her friends.
（彼女は友達の前で目立とうとしているだけだ）

> show off ~（~を見せびらかす、ひけらかす）を他動詞的に用いる場合は、show ~ off の語順になることもあります。

179 have difficulty (in) *doing*
~するのに苦労する

でる I **had a lot of difficulty finding** his house.
（彼の家を見つけるのにすごく苦労した）

類 □ have trouble (in) *doing*
　~するのに苦労する

> difficulty と trouble の後に in を付けると動名詞だけが続きますが、with を付けると動名詞または名詞が続きます。

180 make a difference
違いが生じる、影響［変化］をもたらす、重要である

でる Little things **make a** big **difference**.
（ちょっとしたことが大きな違いを生む⇒ちりも積もれば山となる）

でる Exercise can **make a** great **difference** to your health.
（運動は健康改善に大きな効果がある）

> make no difference（違いがない、重要ではない）、make little difference（ほとんど違いがない）、make a lot of difference（大きな違いを生む）も覚えておきましょう。

サクッと復習テスト

❶ この本は十分読む価値がある。 This book is well ___ ___.
❷ 彼と直接会って話をしてみます。 I will talk to him ___ ___.
❸ 多くの野生動物が絶滅の危機にある。 Many wild animals are ___ ___ ___ extinction.

答え: ❶ worth reading ❷ in person ❸ in danger of

🎧 169

181 make sure (that) ～
～ということを確認する；必ず～になるようにする

でる **Make sure (that)** the machine is on.
（機械の電源が入っていることを確認してください）

でる **Make sure (that)** you lock the doors.
（必ずドアに鍵をかけるようにしてください）
[= Make sure to lock the doors. = Be sure to lock the doors.]

> make sure to *do* は、「必ず［確実に］～する」の意味を表します。

182 make a living
生計を立てる

でる It's hard to **make a living** as an artist.
（芸術家として生計を立てていくのは難しい）

類 □ earn a living
生計を立てる

> living には「生計；生計の手段」という意味があります。会話での決まり文句の What do you do for a living?（お仕事は何をされていますか）にも、同じ living が使われています。

183 make *oneself* understood
自分の話［考え］を相手に理解してもらう

でる He couldn't **make himself understood** in English.
（彼は自分の言いたいことを英語で理解してもらえなかった⇒彼の英語は通じなかった）

> make *oneself* heard なら「自分の話［考え］を聞いてもらう」という意味になります。It was so noisy that I couldn't make myself heard.（とてもうるさかったので、私の声は通らなかった）のように使います。

184 call up ～
～に電話をかける

でる I had to **call up** my client late last night.
（昨夜遅くにクライアントに電話をかけなければならなかった）

> call up ～ は、call ～ up の語順になることもあります。

185 call for ~ 　～を要求する；～を必要とする

でる The union **called for** a 3% pay increase.
（組合は3パーセントの賃上げを要求した）

でる The trip to Switzerland from Japan **calls for** a lot of money.
（日本からスイスへ旅行するには多くの金が必要だ）

類 □ demand 動 ～を要求する
類 □ require 動 ～を必要とする

186 call on ~ 　～を訪問する；～に要求する；～に発言を求める

でる Please **call on** me if you have time. （時間があればお訪ねください）

でる They **called on** the government to lower income taxes.
（彼らは政府に所得税を下げるよう要求した）

でる The teacher **called on** her to answer the question.
（先生は彼女を当てて答えを言わせた）

> 「～を訪問する」の意味を表す場合、call on ~ は、～に「人」が来ます。call at ~（～を訪問する）は～に「場所」が来るので、I called at his house.（彼の家を訪問した）のようになります。

187 cope with ~ 　～にうまく対処する、～を切り抜ける；～に耐える

でる She was able to **cope with** the difficult situation.
（彼女はその困難な状況に対処できた）

でる I can't **cope with** this pressure any more.
（このプレッシャーにはもう耐えられない）

188 deal with ~ 　～を処理［処置］する；～に対処［対応］する

でる This matter should be **dealt with** immediately.
（この問題は直ちに処理すべきだ）

でる What is the best way to **deal with** such problems?
（このような問題に対処する最善の方法は何か）

類 □ treat 動 ～を処理する、取り扱う

> deal with ~ は「単に～を扱う・～に対処する」、cope with ~ は「うまく～を扱う・～に対処する」というニュアンスの違いがあります。

189 deal in ~ — ~を商う、扱う

The store **deals in** computer software.
(その店はコンピュータソフトウェアを扱っている)

190 feel free to *do* — 遠慮なく~する

Please **feel free to ask** me any question.
(どんな質問でも私に遠慮なく尋ねてください)

191 *be* free to *do* — 自由に~できる

You **are free to use** it. (それは自由に使っていいですよ)

192 had better *do* — ~した方がよい、~すべきだ

I **had better stay** at home and study tonight.
(今夜は家にいて勉強した方がいい)

> had better は二人称を使って You had better *do* とすると「~しないと困ったことになるぞ」という忠告になり、かなり強制的・命令的な言い方になるので、目上の人に向かっては使わない方が無難な表現です。そんな時には、You should *do* や You might want to *do* などを使って、よりソフトにアドバイスや提案をしましょう。had better *do* の否定形は、had better not *do* となります。

193 use to *do* — かつてはよく~した；以前は~であった

He **used to play** golf with us. (彼はかつてよく我々とゴルフをしたものだ)

There **used to be** a Chinese restaurant at the corner.
(そのかどには以前中華レストランがあった)

194 *be* used to ~ — ~に慣れている

He **is used to** speaking in public. (彼は人前で話をするのに慣れている)

類 □ *be* accustomed to ~
~に慣れている

> be use to ~の to の後には名詞または動名詞が来ます。used to *do* と混同しないように注意しましょう。be の代わりに get を使えば、get used to ~（~に慣れる）となります。

195 *be* known to ~ — ~に知られている

Mickey Mouse **is** well **known to** children around the world.
(ミッキーマウスは世界中の子供たちによく知られている)
[= Mickey Mouse is familiar to children around the world.]

類 □ *be* familiar to ~　~によく知られている

> *be* known for ~（~で知られている）や *be* known as ~（~として知られている）と混同しないように注意しましょう。

196 *be* caught in ~ — （嵐・渋滞などに）遭う、巻き込まれる

I **was caught in** a shower on my way home.
(家に帰る途中で、にわか雨に遭った)

We **were caught in** heavy traffic. (我々はひどい交通渋滞につかまった)

197 *be* true of ~ — ~に当てはまる、~についても言える

The same **is true of** everybody else.
(同じことは他の誰にでも当てはまる)

> of の代わりに with や for、about を使うことも可能です。*be* true to ~（~に忠実である）と混同しないように注意しましょう。

198 as well — ~もまた、その上~も

Did your sister go to the party **as well**?
(あなたの妹もパーティーに行ったの？)

類 □ too　副　~もまた、その上~も

199 no longer — もはや~ない

The shop is **no longer** in business. (その店はもう営業していません)
[= The shop isn't in business any longer.]

類 □ no more　もはや~ない
　□ not any longer [more]　もはや~ない

サクッと復習テスト

1. 彼の英語は通じなかった。　　　　　　He couldn't ____ ____ ____ in English.
2. 彼はかつてよく我々とゴルフをしたものだ。He ____ ____ ____ golf with us.
3. 同じことは他の誰にでも当てはまる。　The same ____ ____ ____ everybody else.

答え ① make himself understood　② used to play　③ is true of

---

200 not ~ in the least
少しも[まったく]～ない

でる She did**n't** like my comment **in the least**.
(彼女は私の意見をまったく気に入らなかった)

類 □ not ~ at all　少しも[まったく]～ない

🎧 171

201 at (the) least
少なくとも、最低でも

でる We need **at least** five people to lift this sailboat.
(このヨットを持ち上げるには少なくとも5人は必要だ)

類 □ not less than　少なくとも、最低でも
反 □ at (the) most　多くても、せいぜい

202 at (the) most
多くても、せいぜい

でる If you walk to the post office, it'll take 10 minutes **at most**.
(郵便局までなら、歩いてもせいぜい10分です)

類 □ not more than　多くても、せいぜい
反 □ at (the) least　少なくとも、最低でも

> at (the) most と at (the) least は、強調して at the very most [least] で使われることもあります。

203 for sure
確実に、確かに

でる Nobody knows **for sure** why it happened.
(なぜそういうことになったのか誰にも確かなことは分からない)

類 □ for certain　確実に、確かに

> for sure [certain] は一語で言うと、surely [certainly] となります。

Chapter 5 ● 熟語

204 all the way — はるばる；ずっと

- They drove **all the way** to Florida.
  (彼らははるばるフロリダ州まで運転した)
- We had to stand **all the way** on the train.
  (我々は電車でずっと立ちっぱなしでいなければならなかった)

205 all of a sudden — 突然、いきなり

- **All of a sudden**, a great idea occurred to me.
  (突然、名案が頭に浮かんだ)

類 □ suddenly 副 突然、いきなり
　 □ all at once 突然；みな一斉に

206 at the latest — 遅くとも

- Please send it by April 14 **at the latest**.
  (遅くとも4月14日までにはそれをお送りください)

> no later than (遅くとも〜までに) を用いれば、Please send it no later than April 14. と書き換えることができます。

207 kind of 〜 — ちょっと〜、やや〜

- I'm **kind of** busy now. (今はちょっと忙しい) [= I'm sort of busy now.]

類 □ sort of 〜
　　ちょっと〜、やや〜

> a を付けて a kind [sort] of 〜 とすると、「〜の一種、〜のようなもの」の意味になるので注意しましょう。It's a kind of vegetable soup. (それは野菜スープの一種だ) のように使います。

208 a bit of 〜 — 少しの〜、ちょっとの〜

- **A bit of** help would be appreciated.
  (少しでも助けてもらえるとありがたいです)

> a bit of 〜の場合は不可算名詞が用いられます。一方、a bit of a 〜の場合は可算名詞 (単数形) が用いられ、「ちょとした〜」の意味になります。I have a bit of a cold. (ちょっとした風邪を引いています⇒風邪気味です) のように使います。

209 every time ~ 〜するたびに、〜するときはいつでも

でる Every time I call her, the answering machine picks up.
(彼女に電話するたびに、留守番電話につながってしまう)

類 □ each time ~ 〜するたびに、〜するときはいつでも
□ whenever 接 〜するたびに、〜するときはいつでも

210 by the time ~ 〜する時［頃］までには

でる By the time she got to the party, most people had already left.
(彼女がパーティーに着いた時には、ほとんどの人はすでに帰ってしまっていた)

> by the time 〜 の文は、かならず主節の行動が副詞節の行動より前になるため、この文では主節が過去完了になっているわけです。

211 in addition to ~ 〜に加えて、〜の他に

でる In addition to being a singer, he was an actor.
(彼は歌手だけでなく、俳優でもあった)

類 □ besides
前 〜に加えて、〜の他に

> in addition だけなら「さらに、その上」(= besides = what is more) という意味です。

212 on purpose わざと、意図的に

でる The child broke the vase on purpose. (その子供はわざと花瓶を割った)

類 □ purposely 副 わざと、意図的に
□ intentionally 副 わざと、意図的に
□ deliberately 副 わざと、意図的に
□ by intention わざと、意図的に
反 □ by accident [chance] 偶然に、うっかり

213 for the purpose of ~ 〜する目的で、〜のために

でる She went to Germany for the purpose of studying music.
(彼女は音楽を学ぶ目的でドイツに行った)

類 □ with a view to ~ 〜する目的で、〜のために
□ in order to *do* 〜する目的で、〜のために
□ in an effort to *do* 〜する目的で、〜のために

> for the purpose of 〜と with a view to 〜は、後に名詞・動名詞が続くことを覚えておきましょう。

214 by far
はるかに、ずっと、断然

でる This is **by far** the better of the two.
（2つのうちではこちらの方がずっと良い）

でる He is **by far** the tallest in the class.
（彼はクラスの中で断然背が一番高い）

> by far は比較級・最上級を強調する副詞です。

215 face to face
面と向かって、直面して

でる I talked with her **face to face**.
（彼女と直接会って話し合った⇒彼女と二人きりで話し合った）

反 □ back to back　背中合わせに

216 over and over again
何度も繰り返して

でる The doctor warned the patient **over and over again** to quit drinking.
（医師はその患者に禁酒するように何度も繰り返し警告した）

類 □ repeatedly　副 何度も繰り返して
□ again and again　何度も繰り返して
□ time and again　何度も繰り返して
□ time after time　何度も繰り返して

> again を省略して、over and over と言うこともあります。

217 on the other hand
他方では

でる It was a painful experience for me, but **on the other hand** I learned a lot from it.
（それは私にとってつらい経験だったが、他方でそれから多くのことを学んだ）

> On (the) one hand ~, but on the other hand … （一方では~、他方では…）の形でよく使われます。

218 in the distance
遠くに、遠方に

でる I saw some mountains **in the distance**.（遠くに山々が見えた）

> at a distance（少し離れて、ある距離を置いて）と from a distance（遠くから）も覚えておきましょう。

サクッと復習テスト

❶ 郵便局までなら、歩いてもせいぜい10分です。
If you walk to the post office, it'll take 10 minutes _____ _____.

❷ 遅くとも4月14日までにはそれをお送りください。
Please send it by April 14 _____ _____ _____.

❸ その子供はわざと花瓶を割った。 **The child broke the vase _____ _____.**

答え ❶ at most ❷ at the latest ❸ on purpose

---

219 so much for ～ 〜はこれで終わりです

So much for today. (今日はここまでにしておきましょう)

> クラスが終わる時に先生が言う決まり文句です。

220 under construction 建築中で、建設中で

The new bridge is **under construction**. (その新しい橋は建築中だ)

> under repair (修繕中で、修理中で) も覚えておきましょう。The road is under repair. (その道路は改修中だ) のように使います。

🎧 173

221 take off (～) 離陸する；〜を脱ぐ

The plane **took off** only 10 minutes ago.
(その飛行機はたった10分前に離陸した)

He **took off** his sweater. (彼はセーターを脱いだ)

反 □ land 動 着陸する
反 □ put on ～ 〜を身につける、着る

222 take ～ off 〜を休みとして取る

I **took** the day **off** yesterday. (昨日休みを取った)

223 send for ～ 〜を呼びにやる；〜を取り寄せる

Send for the doctor at once. (すぐに医者を呼びにやりなさい)

Please **send for** your free guide today.
(本日無料ガイドをお取り寄せ [お申し込み] ください)

224 put off ~ 　　～を延期する、後回しにする

でる The meeting was **put off** until next week.
（会議は来週まで延期された）

でる He often **puts off** doing his homework until the last minute.
（彼は大抵宿題を最後まで先延ばしにする⇒宿題をぎりぎりまでやらない）

類 □ postpone 動 ～を延期する

> put off ～の後は、必ず名詞・動名詞が来ます。

225 do *one's* best 　　最善［全力］を尽くす

でる If you **do your best**, you'll be just fine.
（ベストを尽くせば、君は大丈夫だ）

類 □ try *one's* best　最善［全力］を尽くす

226 lay off ~ 　　～を一時解雇する

でる The factory **laid off** more than 200 workers.
（その工場は200人以上の従業員を一時解雇した）

> lay off ～は、lay ～ off の語順になることもあります。layの活用変化はlay-laid-laidです。なお、layoffは名詞で「一時解雇」の意味を表します。

227 lay out ~ 　　～を並べる；～を設計する

でる Thanksgiving dinner was **laid out** beautifully on the table.
（感謝祭のディナーがテーブルの上に並べられていた）

でる They haven't **laid out** the whole plan yet.
（彼らはまだ計画全体を立ててはいない）

> lay out ～は、lay ～ out の語順になることもあります。

228 fall asleep 　　寝入る、眠りにつく

でる He **fell asleep** as he was watching TV.
（彼はテレビを見ながら寝てしまった）

類 □ go to sleep　寝入る、眠りにつく

229 make it
うまくいく、成功する；間に合う

- He **made it** on the third try. (彼は3度目にうまく成し遂げた [成功した])
- If you hurry, you can still **make it**. (急げばまだ間に合うよ)

230 come true
実現する、かなう

- Her dream finally **came true**. (彼女の夢は遂に実現した)

> realize (〜を実現する) を使うと、Her dream was finally realized. となります。

231 come to an end
終わる、終結する

- The American Civil War finally **came to an end** in 1865.
(アメリカ南北戦争は1865年遂に終結した)

> put [bring] 〜 to an end (〜を終わらせる、〜に終止符を打つ) も覚えておきましょう。put [bring] an end to 〜 とも言います。

232 come into use
使われるようになる、使用され始める

- The term **came into use** during World War II.
(その言葉は第二次世界大戦中に使われ始めた)

> in use (使われて、使用されて) も覚えておきましょう。The meeting room is in use now. (会議室は現在使用中です) のように使います。

233 stand out
目立つ、際立つ

- Mt. Fuji **stands out** against the blue sky.
(富士山は青空を背景にして目立っている⇒富士山は青空にくっきりそびえ立っている)

> outstanding は形容詞で「目立った；傑出した」の意味を表します。

234 carry on 〜
〜を続ける

- She will **carry on** working after marriage.
(彼女は結婚後も仕事を続けるつもりだ)

類 □ continue 動 〜を続ける
  □ go [keep] on *doing* 〜を続ける

> carry on 〜 は、carry 〜 on の語順になることもあります。

235 carry out ~ 〜を実施する、実行［遂行］する

They will **carry out** the research soon.
（彼らは間もなくその調査を実施する予定だ）

- 類 □ implement 動 〜を実施する、実行［遂行］する
  □ perform 動 〜を実施する、実行［遂行］する

> carry out 〜 は、carry 〜 out の語順になることもあります。

236 stay up 寝ないで起きている、夜更かしする

He **stayed up** until after midnight.（彼は夜中まで起きていた）

- 類 □ sit up 寝ないで起きている；姿勢正しく座る

237 hand in ~ 〜を提出する

I have to **hand in** my term paper tomorrow.
（明日学期末レポートを提出しなければならない）

- 類 □ turn in 〜 〜を提出する
  □ submit 動 〜を提出する

> hand [turn] in 〜 は、hand [turn] 〜 in の語順になることもあります。

238 turn down ~ 〜を断る；（音量など）を下げる

He **turned down** my invitation.（彼は私の誘いを断った）
Will you **turn down** the stereo?
（ステレオのボリューム［音量］を下げてくれる?）

- 類 □ decline 〜を断る
- 反 □ turn up 〜 （音量など）を上げる

> turn down 〜 は、turn 〜 down の語順になることもあります。

239 head for ~ 〜へ向かう、〜の方に進む

The police were **heading for** the accident scene.
（警察は事故現場に向かっていた）

- 類 □ make for 〜 〜へ向かう、〜の方に進む

> for の代わりに to を使って、head to 〜 と言うことも可能です。同じことを be headed for [to] 〜と表現することもできます。

サクッと復習テスト

1. 昨日休みを取った。　　　　　I _____ the day _____ yesterday.
2. ベストを尽くせば、君は大丈夫だ。　If you _____ _____ _____ , you'll be just fine.
3. 彼女の夢は遂に実現した。　　Her dream finally _____ _____.

答え　① took / off　② do your best　③ came true

---

240 pay off — 実を結ぶ、うまくいく

でる I'm glad your efforts finally **paid off**.
（遂にあなたの努力が報われて嬉しいです）

🎧 175

241 take *one's* time — ゆっくりやる、じっくりやる

でる Please **take your time** to decide.
（じっくり時間をかけて決めてください⇒焦らずに決めてください）

242 take it easy — のんびりする、気楽に構える

でる Please **take it easy** and relax. （無理しないでリラックスしてくださいね）

> Take it easy. は別れ際の挨拶としても用いられ、日本語の「じゃあね、またね」に相当します

243 give in (to 〜) — （〜に）屈する

でる The politician **gave in to** the temptation to take a bribe.
（その政治家は賄賂を受け取るという誘惑に負けてしまった）

類 □ surrender (to 〜)　（〜に）屈する
□ yield (to 〜)　（〜に）屈する
□ give way (to 〜)　（〜に）屈する；（〜に）道を譲る

244 hand out 〜 — 〜を配る、配布する

でる They **handed out** leaflets at the mall.
（彼らはショッピングモールでチラシを配布した）

類 □ give out 〜　〜を配る、配布する
□ distribute 動　〜を配る、配布する

> hand out 〜は、hand 〜 out の語順になることもあります。leaflet は「チラシ」の意味です。なお、handout は名詞で「資料、プリント、印刷物」の意味を表します。

245 find fault with ～
～のあら探しをする、～を非難する

He is always **finding fault with** others.
(彼は他人のあら探しばかりしている)

類 □ criticize 動 ～のあら探しをする、～を非難する

246 regard *A* as *B*
A を B と見なす [考える]

Many people **regard** him **as** the best soccer player in the world.
(多くの人が彼を世界一のサッカー選手だと思っている)

類 □ see *A* as *B* AをBと見なす [考える]
□ view *A* as *B* AをBと見なす [考える]
□ think of *A* as *B* AをBと見なす [考える]
□ look on [upon] *A* as *B* AをBと見なす [考える]

> think of *A* as *B* と look on [upon] *A* as *B* は、特に前置詞に気をつけて覚えておきましょう。

247 hit on [upon] ～
～を思い付く、～がふと心に浮かぶ

She **hit on** a great idea. (彼女は名案を思い付いた)
[= A great idea occurred to her. = A great idea struck [hit] her.]

類 □ strike on [upon] ～
　～を思い付く、～がふと心に浮かぶ
□ occur to ～
　～を思い付く、～がふと心に浮かぶ

> hit on [upon] ～ と strike on [upon] ～の主語は「人」、occur to ～の主語は「物」なので、区別して覚えておきましょう。

248 pass by (～)
(～のそばを) 通り過ぎる；(時が) 過ぎ去る

I **pass by** the hotel on my way to work every day.
(毎日出勤途中にそのホテルのそばを通る)

Time **passed by** so quickly. (あっと言う間に時が過ぎた)

249 pass away
亡くなる、死ぬ

He **passed away** peacefully in his sleep.
(彼は眠っている間に安らかに亡くなった)

類 □ die 動 死ぬ

> pass away は die の婉曲的な言い方です。die が「死ぬ」なら、pass away は「亡くなる」というニュアンスです。

250 pass for ~   〜として通る、〜で通用する

You look so young that you could **pass for** 18 years old.
(君はとても若く見えるので、18歳で通るだろう)

類 □ pass as ~   〜として通る、〜で通用する

251 pass on ~   〜を伝える

This tradition needs to be **passed on** to the next generation.
(この伝統は次世代に伝える必要がある)

[= We need to pass on this tradition to the next generation.]

類 □ pass down ~   〜を伝える

> pass on ~は、pass ~ on の語順になることもあります。pass on ~は、pass down ~と同じく、受動態で用いられることが多いです。

252 make fun of ~   〜をからかう、馬鹿にする

He always **makes fun of** others. (彼はいつも人をからかってばかりいる)

類 □ ridicule 動 〜をからかう、馬鹿にする
　 □ tease 動 〜をからかう、馬鹿にする

253 make out ~   〜を理解する；〜を作成する

I couldn't **make out** what he was saying.
(彼の言っていることが理解できなかった)

Who **made out** this report? (この報告書は誰が作成しましたか)

類 □ understand 動 〜を理解する
　 □ figure out ~   〜を理解する
類 □ draw up ~   〜を作成する

> make out ~は、make ~ out の語順になることもあります。

254 take after ~ 〜に似ている

Everyone says I **take after** my mother.
(みんなに母親に似ていると言われる)

類 □ resemble
動 〜に似ている

> take after 〜は血縁関係のある人の間〈例：子や孫が親や祖父母に似ている〉で使います。つまり、「〜の後（after）に生まれて、遺伝的特徴を取り込む（take）」というわけです。一方、resembleは親族のみならず、他人同士の場合でも使えます。

255 take A for B　AをBと間違える；AをBとみなす

To hear her speak English, you would **take** her **for** an American.
(彼女が英語を話すのを聞けば、あなたは彼女をアメリカ人だと思うだろう)

Many people **take** him **for** a coward.
(多くの人が彼のことを臆病者だと思っている)

類 □ mistake A for B　AをBと間違える
類 □ regard [see] A as B　AをBとみなす

256 inform A of B　AにBを知らせる

We will **inform** you **of** the results in a few days.
(結果については数日中にお知らせいたします)

類 □ notify A of B　AにBを知らせる

> of の代わりに about を使って、inform A about B と言うことも可能です。なお、that節が来る時には、inform A that 〜となります。

257 respond to ~ 〜に対応［対処］する、反応する；〜に返信［応答］する

The government quickly **responded to** the disaster.
(政府はその災害に迅速に対応した)

Please **respond to** this e-mail as soon as possible.
(この電子メールにできるだけ早くご返信ください)

類 □ react to ~　〜に対応［対処］する、反応する
類 □ reply to ~　〜に返信［応答］する

サクッと復習テスト

1. 無理しないでリラックスしてくださいね。　Please _____ _____ _____ and relax.
2. 彼女は名案を思い付いた。　She _____ _____ a great idea.
3. 彼はいつも人をからかってばかりいる。　He always _____ _____ _____ others.

答え ① take it easy　② hit on　③ makes fun of

258 refer to ～
～に言及する；～を参照する

でる He avoided **referring to** the problem.（彼はその問題への言及を避けた）

でる Please **refer to** our website for more information.
（詳しくは当社のホームページをご覧ください）

refer to A as B (A を B と言う[呼ぶ])も覚えておきましょう。She referred to her brother as "real genius."（彼女は兄のことを「本当の天才」と呼んだ）のように使います。

259 get one's (own) way
思い通りにする、やりたいようにやる

でる He always tries to **get his way**.
（彼はいつも自分の思い通りにしようとする）

get の代わり have を使って、have one's (own) way と言うこともあります。

260 make one's way
進む

でる She **made her way** into the kitchen.
（彼女は台所に向かって進んだ⇒向かった）

feel one's way（手探りで進む）も覚えておきましょう。He was feeling his way upstairs.（彼は手探りで階段を上っていった）のように使います。

261 make use of ～
～を利用する、活用する

でる You should **make use of** every opportunity to realize your dream.（夢を実現させるために、あなたはあらゆる機会を利用すべきだ）

類 □ utilize
動 ～を利用する、活用する

use の前に形容詞を置けば、make good use of ～（～をうまく利用する）、make bad use of ～（～を悪用する）、make the best use of ～（～を最大限利用する）などと表現できます。

262 make up (〜) 〜をでっち上げる；〜を構成する；（〜と）仲直りをする (with)

- Somebody must have **made up** the story.
  （誰かがその話をでっち上げたに違いない）
- Christians **make up** about 70% of the population in the country.（その国ではキリスト教徒が約70％を占めている）
- Jack **made up** with Jill.（ジャックはジルと仲直りした）

> make up 〜（〜をでっち上げる；〜を構成する）を他動詞的に用いる場合は、make 〜 up の語順になることもあります。

263 make up for 〜 〜の埋め合わせをする、〜を補う

- We have to **make up for** the financial loss.
  （我々はその財政的損失の埋め合わせをしなければならない）

類 □ compensate for 〜　〜の埋め合わせをする、〜を補う

264 shake hands with 〜 〜と握手する

- I **shook hands with** her.（彼女と握手をした）
- We **shook hands with** each other.（我々はお互いに握手をした）

> 握手は相手とするものなので、hands は必ず複数形になります。change trains（列車を乗り換える）や make friends with 〜（〜と友達になる）の trains、friends が複数形になるとの同じ考えです。

265 prevent A from doing Aが〜するのを邪魔する［妨げる］

- The bad weather **prevented** us **from going** cycling.
  （悪天候のために我々はサイクリングに行くことができなかった）

> prevent を keep や stop に変えて、keep [stop] A from doing としても同じ意味を表します。

266 name A after B Bにちなんで A に名前をつける

- Her parents **named** her **after** her grandmother.
  （彼女の両親は祖母の名を取って命名した）

  [= She was named after her grandmother by her parents.]

- The college was **named after** its founder.
  （その大学名は創始者にちなんで付けられた）

267 leave ~ alone
~をそっとしておく、一人にして[放って]おく

Just **leave** her **alone** for now. (彼女のことは今はそっとしておいてあげて)

268 leave out ~
~を除外する；~を省く

She was **left out** of the group and felt alone.
(彼女はグループから仲間はずれにされ、孤独感を感じた)

Don't **leave** anything **out**. (何も省かないで全部話しなさい)

> leave out ~ は、leave ~ out の語順になることもあります。

269 set in
（季節・病気などが）始まる

The rainy season has **set in**. (梅雨が始まった⇒梅雨入りした)

類 □ begin 動 始まる
　□ start 動 始まる

270 set about ~
~を始める、~に取りかかる

We will **set about** the task as soon as possible.
(我々はその仕事をできるだけ早く始める[取りかかる]つもりだ)

類 □ begin 動 ~を始める
　□ start 動 ~を始める

271 set aside ~
~を取っておく、蓄えておく；~を無視する

He has **set aside** enough money for retirement.
(彼は退職用に十分なお金を蓄えている)

Let's **set aside** the minor differences. (わずかな違いは無視しましょう)

類 □ put aside ~
　~を取っておく、蓄えておく；~を無視する

> set [put] aside ~ は、set [put] ~ aside の語順になることもあります。

272 make light of ～ — ～を軽んじる、軽視する

でる Don't **make light of** his warning. (彼の警告を軽んじてはいけない)

類 □ make little of ～ ～を軽んじる、軽視する
反 □ make much of ～ ～を重んじる；～を甘やかす

273 accuse *A* of *B* — AをBの理由で責める［非難する、告訴する］

でる They **accused** me **of** causing the problem.
(彼らはその問題を引き起こしたとして私を責めた)

類 □ blame *A* for *B*
  AをBのことで責める（= blame *B* on *A*）
□ criticize *A* for *B*　AをBのことで責める

「～を責める」の熟語については、それぞれどの前置詞が使われるのかに注意して覚えるようにしましょう。

274 stand by (～) — 傍観する；待機する；～を支持する、擁護する

でる We can't **stand by** doing nothing.
(我々は何もしないで傍観するわけにはいかない)

でる Please **stand by** until they arrive.
(彼らが到着するまで待機してください)

でる He always **stood by** me. (彼はいつも私を支えてくれた)

275 stand for ～ — ～を表す、象徴する；～を支持する、擁護する

でる EU **stands for** European Union. (EUは欧州連合を表す)
でる The organization **stands for** human rights around the world.
(その団体は世界中の人権を擁護している)

類 □ represent 動 ～を表す、象徴する
類 □ stand by ～ ～を支持する、擁護する
□ support 動 ～を支持する、擁護する

276 live on ～ — ～を常食とする；～に頼って生活する

でる Japanese people **live mainly on** rice.
(日本人は主に米を常食とする)

でる He **lives on** only 100 dollars a month.
(彼は1ヵ月たった100ドルで生活している)

サクッと復習テスト

❶ 彼はその問題への言及を避けた。　　He avoided ____ ____ the problem.
❷ 彼女のことは今はそっとしておいてあげて。　Just ____ her ____ for now.
❸ EUは欧州連合を表す。　　　　　　EU ____ ____ European Union.

答え　❶ referring to　❷ leave / alone　❸ stands for

---

277 result from 〜　　〜から生じる、〜に起因する

でる The fire **resulted from** an electrical short circuit.
(その火事は電気的短絡によって生じた [引き起こされた])

---

278 result in 〜　　〜に終わる、〜の結果になる

でる The hurricane has **resulted in** great damage.
(そのハリケーンは大きな被害をもたらした)

類 □ end in 〜　〜に終わる、〜の結果になる

---

279 take in 〜　　〜を理解する；〜をだます；〜を見物する

でる I couldn't **take in** what was happening.
(何が起こっているのか理解できなかった)

でる Many people were **taken in** by the false claims. (多くの人が虚偽請求にだまされた)

でる We **took in** a magic show. (我々はマジックショーを見に行った)

類 □ absorb　動　〜を理解する、吸収する
類 □ deceive　動　〜をだます

> take in 〜は、take 〜 in の語順になることもあります。

---

280 take on 〜　　〜を引き受ける；〜を雇う；〜を帯びる

でる He **took on** a new responsibility at work.
(彼は職場で新しい責務を引き受けた)

でる We will **take on** 50 new workers this year.
(当社は今年新入社員を50名採用する予定です)

でる The maple trees have **taken on** some amazing colors.
(カエデの木が見事な色を帯びてきた)

類 □ undertake　動　〜を引き受ける
類 □ employ　動　〜を雇う

> take on 〜が「〜を引き受ける」の意味で使われる場合は、take 〜 on の語順になることもあります。

Chapter 5 ● 熟語

281 take up ～
（空間・場所）を占める；（時間）を取る；（趣味・仕事など）を始める

- The double bed **takes up** about two-thirds of the room.
  (そのダブルベッドは、部屋の約3分の2を占めている)
- I'm afraid I've **taken up** a lot of your time.
  (多くの時間を取らせてしまい、すみませんでした)
- He **took up** golf after retirement. (彼は退職後、ゴルフを始めた)

類 □ occupy
動 (空間・場所・時間) を占める；～を占領する

> take up ～ は、take ～ up の語順になることもあります。

282 look to A for B
AのBを当てにする、AにBを頼る

- The people **look to** the new president **for** strong leadership.
  (国民は新大統領の強い指導力を当てにしている⇒国民は新大統領に強い指導力を期待している)

> look to ～ だけなら「～の方を見る、～に注意を払う」という意味です。

283 take ～ into account
～を考慮に入れる

- You should **take** her age **into account**.
  (あなたは彼女の歳を考慮に入れるべきだ)

類 □ take ～ into consideration
　　～を考慮に入れる
□ take account of ～
　　～を考慮に入れる

> You should take into account her age. と言うこともあります。～の部分に長い語句が来る場合は、大抵 take into account ～ の形になります。

284 wait on ～
～に仕える

- A friendly waitress **waited on** us.
  (愛想のいいウエイトレスが私たちに給仕してくれた)

> wait for ～ (～を待つ) と混同しないように注意しましょう。

285 *be* supposed to *do*
～することになっている；～しなければならない

- We **are supposed to attend** the meeting.
  (我々はその会議に出席することになっている)
- What **am I supposed to do**? (何をすればよいのでしょうか)

286 *be* to *do*
～することになっている；～すべきである；～できる

- I **am to meet** him this afternoon. (午後彼に会うことになっている)
- You **are to follow** these rules. (あなたはこれらの規則に従うべきだ)
- Not a soul **was to be seen** on the street.
  (通りには人っ子ひとり見えなかった)

> *be* to *do* は予定・運命・命令・義務・可能などを表す表現です。

287 before long
まもなく、やがて

- It will start snowing **before long**. (まもなく雪が降り始めるでしょう)

類 □ soon 副 まもなく、やがて

> long before ～（～よりずっと以前に）と混同しないように注意しましょう。

288 sooner or later
遅かれ早かれ

- The truth will come out **sooner or later**.
  (遅かれ早かれ、真相は明らかになるだろう)

> sooner or later は「遅かれ早かれ」という日本語の言い回しと語順が逆になることに注意しましょう。

289 to be frank (with you)
率直に言うと、はっきり言うと

- **To be frank with you**, I'm not interested in that job.
  (率直に言うと、その仕事には興味がないんだ)

類 □ frankly speaking
率直に言うと、はっきり言うと

> to be honest (with you)（正直に言うと）も覚えておきましょう。

290 generally speaking — 一般的に言えば

Generally speaking, things in Japan are expensive.
(一般的に言えば、日本の物価は高い)

> frankly speaking（率直に言えば）、strictly speaking（厳密に言えば）、roughly speaking（大雑把に言えば）、broadly speaking（大まかに言えば）などは、すべて〈副詞＋ speaking〉の形を取る独立分詞構文です。

291 speaking of ～ — ～と言えば、～について言えば

Speaking of birthdays, yours is coming soon.
(誕生日と言えば、君のはもうすぐだね)

題 □ talking of ～　～と言えば、～について言えば

> speaking [talking] of ～ は独立分詞構文の慣用句です。

292 weather permitting — 天気［天候］がよければ

Weather permitting, I'll go fishing at the river tomorrow.
(天気がよければ、明日川に魚釣りにに行きます)

> weather permitting は独立分詞構文の慣用句です。節で表すと冠詞が付いて、if the weather permits となります。

293 hand in hand (with ～) — （～と）手を取り合って；（～と）協力して

The couple were walking **hand in hand**.
(カップルは手をつないで歩いていた)

Both companies are working **hand in hand**.
(両社は提携し取り組んでいる)

> arm in arm（腕を組み合って）と side by side（並んで、隣り合って；共存して）も覚えておきましょう。

294 step by step — 一歩一歩、着実に

They are learning to draw **step by step**.
(彼らは絵の描き方を段階的に［少しずつ］学んでいる)

> little by little（少しずつ）、one by one（一つずつ、一人ずつ）、piece by piece（一つ一つ）も覚えておきましょう。

サクッと復習テスト

1. 何が起こっているのか理解できなかった。　I couldn't ___ ___ what was happening.
2. あなたは彼女の歳を考慮に入れるべきだ。　You should take her age ___ ___.
3. まもなく雪が降り始めるでしょう。　It will start snowing ___ ___.

答え　① take in　② into account　③ before long

295 to tell (you) the truth　実を言うと、実は

でる **To tell the truth**, I still haven't told him the facts.
（実を言うと、彼にはまだ事実を話していません）

296 at random　無作為に、手当り次第に

でる The class was divided into five groups **at random**.
（クラスは無作為に5つのグループに分けられた）

類 □ randomly　副 無作為に、手当り次第に

297 at times　時々、時折

でる **At times**, she feels lonely and homesick.
（時に彼女は寂しく感じ、ホームシックになる）

類 □ sometimes　副 時々
□ (every) now and then　時々、時折
□ once in a while　時々、時折
□ on occasion　時折（= occasionally）
□ from time to time　時々、時折

at a time（一度に）や at one time（かつて、昔）と混同しないように注意しましょう。一般的に、sometimes（ときどき）は50％くらいの頻度、occasionally（たまに）は30％くらいの頻度を表すと言われています。

298 of importance　重要な

でる A passport is **of importance** on any trip abroad.
（パスポートはいかなる海外旅行にも重要だ）

of importance は〈of ＋抽象名詞〉の形で形容詞（= important）の意味を表します。of interest（興味のある= interesting）、of value（価値のある= valuable）、of benefit（有益な= beneficial）、of use（役に立つ= useful）、of no use（まったく役に立たない= useless）、of great importance（非常に重要な= very important）などはすべて同じ用例で、非常に堅い表現です。

299 so far これまでのところ、今まで

でる They have done a great job **so far**.
(彼らはこれまでのところ大変よくやっている)

類 □ thus far これまでのところ、今まで
□ up until now これまでのところ、今まで（= up to now）

300 in need of ～ ～を必要として

でる They are badly **in need of** our help.
(彼らは我々の助けをとても必要としている)

類 □ in want of ～
～を必要として

> need の前には、urgent〈緊急の〉、desperate〈切実な〉、dire〈極度の〉などの形容詞がよく用いられます。in need だけなら「困って、困窮して」という意味です。

🎧 181

301 on earth いったい全体

でる What **on earth** did you do? (いったいあなたは何をしたの?)

類 □ in the world いったい全体

> on earth と in the world は疑問詞を強調するために、その直後に置き、「いったい全体」の意味を表します。

302 for the most part ほとんど、大部分は

でる His friends are, **for the most part**, college students.
(彼の友達はほとんど大学生だ)

類 □ mostly 副 ほとんど、大部分は

303 as a rule 一般的に、概して

でる **As a rule**, women live longer than men.
(一般的に、女性は男性よりも長生きする)

類 □ generally 一般的に、概して

> general を付けて、as a general rule と言うこともあります。

304 in place of ~ 〜の代わりに

You can use margarine **in place of** butter for this recipe.
（この調理法ではバターの代わりに、マーガリンを使うことができる）

> in *one's* place 〜の形で使われることもあります。

305 out of the question 問題にならない；不可能で

It's **out of the question**. （それは問題外だ／それはまったく不可能だ）

類 □ impossible 形 不可能な

306 out of control 手に負えない、収拾がつかない

Those kids are completely **out of control**.
（あの子どもたちはまったく手に負えない）

類 □ beyond control 手に負えない、収拾がつかない
　　□ out of hand 手に負えない、収拾がつかない
反 □ under control うまくいって、制御されて

307 out of place 場違いで

I felt a little **out of place**. （少し場違いな気がした）

308 out of season 季節はずれで；シーズンオフで［に］

Peaches are **out of season** now. （桃は今季節はずれだ）

The tourist spot is very quiet **out of season**.
（その観光地はシーズンオフはとても静かだ）

反 □ in season 食べ頃の、旬で；かき入れ時で

309 at *one's* best 最高の状態で、絶好調で、最盛期で

The pitcher is almost **at his best**. （そのピッチャーはほぼ最高の状態だ）

Cherry blossoms are **at their best** now.
（桜の花は今が満開［見頃］だ）

反 □ at *one's* worst 最悪の状態で

310 at (the) worst
最悪の場合でも、最悪の場合は

I want to get a C **at worst** on my physics exam.
（物理学の試験は最悪の場合でもCは欲しい）

反 □ at (the) best　よくても、せいぜい

> at (the) best も at (the) worst も、the を取って使うことの方が多いです。

311 no matter how ～
どんなに～であろうとも、たとえどんなに～でも

No matter how hard we tried, nothing worked.
（我々がどんなに頑張ってみても、何もうまくいかなかった）
[= However hard we tried, nothing worked.]

> no matter what ～（どんな～があろうとも／何が～しようとも）や no matter who ～（だれが～しようとも）、no matter when ～（いつ～しようとも）、no matter where ～（どこで～しようとも）、no matter which ～（どちらを～しようとも）など譲歩を表す構文に慣れておきましょう。

312 as [so] long as ～
～する間［限り］は；～さえすれば

You can stay here **as long as** you like.
（好きなだけここにいてもいいですよ）

You can go out with your friends **as long as** you come home before 9 o'clock.
（9時までに帰って来るのなら、友達と遊びに行ってもいいわよ）

313 as far as ～
～する限り（では）；～まで（も）

As far as I know, he used to live in Paris.
（私の知っている限りでは、彼は以前パリに住んでいた）

We went for a walk **as far as** the lake.（我々は湖まで散歩した）

類 □ so far as ～　～する限り

> as [so] far as I (can) remember [tell/see]（私の覚えている［分かる／言える］限りでは）も覚えておきましょう。

314 as follows
次［以下］の通り

The details are **as follows**.（詳細は以下の通りです）

サクッと復習テスト

❶ パスポートはいかなる海外旅行にも重要だ。 A passport is ___ ___ on any trip abroad.
❷ あの子どもたちはまったく手に負えない。 Those kids are completely ___ ___ ___.
❸ 好きなだけここにいてもいいですよ。 You can stay here ___ ___ ___ you like.

答え ❶ of importance ❷ out of control ❸ as long as

---

315 by any chance
もしかして、ひょっとして

でる Are you Mr. Anderson **by any chance**?
(もしかしてアンダーソンさんではありませんか)

> by chance（偶然）と混同しないように注意しましょう。

---

316 when it comes to 〜
〜のことになると、〜に関して言えば

でる **When it comes to** chess, no one can beat [match] him.
(チェスのことになると、彼にかなう者はいない)

> when it comes to 〜の to は前置詞です。よって、to の後には名詞または動名詞が来ます。

---

317 *be* free from 〜
〜がない、存在しない

でる These **are free from** artificial additives.
(これらには人工添加物が含まれていない)

> from の代わりに of を使って、be free of 〜と言うことも可能です。

---

318 *be* to blame
〜に責任がある、〜が悪い

でる They **are to blame** for this loss. (この損失は彼らに責任がある)

---

319 *be* forced to *do*
〜を余儀なくする、〜せざるを得ない

でる He **was forced to work** overtime. (彼は無理やり残業させられた)

類 □ *be* compelled to *do*
　〜を余儀なくする、〜せざるを得ない
　□ *be* obliged to *do*
　〜を余儀なくする、〜せざるを得ない

> 強制の度合いは、obliged → compelled → forced の順に強くなります。

320 be due to 〜
〜が原因である、〜のせいである；〜する予定である（do）

でる The accident **was due to** the driver's carelessness.
（その事故は運転手の不注意によるものだった）

でる He **is due to** return to China next month.
（彼は来月中国に帰る予定です）

> 前置詞句の due to 〜は「〜のために、〜のせいで」(= because of) の意味を表し、The flight was delayed due to bad weather. (その便は悪天候のため遅れた) のように使います。

🎧 183

321 be badly off 〜
貧乏である、暮らし向きが悪い

でる He **was badly off** in his younger days.（彼は若い頃貧乏だった）

類 □ poor 形 貧乏な、貧しい
反 □ be well off
　　裕福である、暮らし向きが良い

> be badly off は、be worse off（比較級）、be worst off（最上級）と変化します。be well off は、be better off（比較級）、be best off（最上級）と変化します。

322 no doubt
きっと、疑いなく

でる **No doubt** she will get a good job.
（きっと彼女はよい仕事を手に入れるだろう）

> No doubt about it [that]. (それは確かだ、それについては疑いの余地がない) という決まり文句も覚えておきましょう。

323 between you and me
ここだけの話だが、内緒だが

でる Just **between you and me**, he was fired last week.
（ここだけの話だが、彼は先週首になったんだ）

類 □ between ourselves
　　ここだけの話だが、内緒だが

> between you and me と between ourselves は just を付けて、just between you and me、just between ourselves でよく使います。

324 in a moment
すぐに、即座に

でる The doctor will be with you in a moment. (医師はすぐに参ります)

類 □ in a minute　すぐに、即座に

325 for the moment
今のところ（は）、差し当たり、当分の間

でる I don't need to go there for the moment.
（今のところ［当分の間］、そこに行く必要はない）

類 □ for the present　今のところ（は）、差し当たり、当分の間
　□ for now　今のところ（は）、差し当たり、当分の間
　□ for the time being　今のところ（は）、差し当たり、当分の間

326 at a loss
困って、途方に暮れて

でる He was at a loss (for / as to) what to do.
（彼は何をすべきか分からず困っていた）

類 □ in trouble　困って、途方に暮れて

> at a loss は、at a loss for [as to] ～や at a loss to do の形で使われることが多いです。

327 in other words
言い換えれば、言わば

でる He is selfish. In other words, he only cares about himself.
（彼は利己主義だ。すなわち、彼は自分のことしか考えないのだ）

328 too ～ to *do*
あまりに～なので…できない

でる It's too cold to stay outside. (あまりに寒すぎて外にいることはできない)

> so ～ that ... を使えば、It's so cold that we can't stay outside. となります。

329 so that ～
～するために、～できるように

でる He gave me his e-mail address so that I could contact him anytime.
（いつでも連絡できるように、彼は私にEメールアドレスをくれた）

> that 節内には必ず can/could や will/would、may/might などの助動詞を使います。so ～ that ...（とても～なので…）と混同しないように注意しましょう。

330 such ～ that ... — とても～なので…

He is **such** a nice man **that** everybody likes him.
(彼はとてもいい人なので、みんな彼のことが好きだ)

> such ～ that ... の such の後には名詞が、so ～ that ... の so の後には形容詞または副詞が続くことを覚えておきましょう。

331 instead of ～ — ～の代わりに；～しないで

I will attend the meeting **instead of** Alex.
(アレックスの代わりに、私が会議に出ます)

He stayed in bed all day **instead of** going to work.
(彼は仕事に行かずに、一日中寝ていた)

> instead of ～の後には名詞または動名詞が来ます。

332 in spite of ～ — ～にもかかわらず

In spite of all our efforts, the plan ended in failure.
(我々の懸命の努力にもかかわらず、その計画は失敗に終わった)

類 □ despite 前 ～にもかかわらず
□ for [with] all ～ ～にもかかわらず

> despite は in spite of ～よりも堅い語です。in spite of *oneself*（思わず、我知らず）も覚えておきましょう。

333 in part — 一つには、部分的には、いくぶん

Due **in part** to this misunderstanding, a little problem became a big problem.
(一つにはこのような誤解もあって、小さな問題が大きな問題になってしまった)

類 □ partly 副 一つには、部分的に、いくぶん

> due in part to ～は、due to ～（～のために、～のせいで）の間に in part が組み込まれたものです。

334 out of breath — 息を切らして

She was **out of breath** from running up the stairs.
(彼女は階段を駆け上がって、息を切らせていた)

サクッと復習テスト

① これらには人工添加物が含まれていない。 These are ___ ___ artificial additives.
② きっと彼女はよい仕事を手に入れるだろう。 ___ ___ she will get a good job.
③ 彼は何をすべきか分からず困っていた。 He was ___ ___ ___ what to do.

答え ① free from ② No doubt ③ at a loss

---

335 in turn
今度は、次は；順番に

でる This may **in turn** lead to another problem.
（今度はそれが別の問題につながるかもしれない）

でる The teacher called on the students **in turn**.
（先生は順番に生徒に当てた）

336 both *A* and *B*
A も B もどちらも

でる **Both** he **and** his wife are athletic.
（彼も彼の奥さんもどちらも運動が得意だ）

337 either *A* or *B*
A か B のどちらか

でる You can have **either** rice **or** bread.
（ライスかパンのどちらかを選べます⇒お選びください）

338 neither *A* nor *B*
A と B のどちらも〜ない、A でも B でもない

でる **Neither** he **nor** his brother is interested in music.
（彼も彼の弟も音楽には興味がない）

でる He **neither** drinks **nor** smokes.（彼は酒も飲まないしタバコも吸わない）

339 *A* as well as *B*
B だけでなく A も、B はもちろん A も

でる She plays the violin **as well as** the piano.
（彼女はピアノだけでなくバイオリンも弾く）

> *A* as well as *B* では、B よりも A の方に意味上の重点が置かれます。

340 not only *A* but (also) *B* Aだけでなく Bも

She is **not only** an interpreter **but also** a translator.
（彼女は通訳者だけでなく、翻訳家でもある）

> also はよく省略されます。not only *A* but (also) *B* は、*B* as well as *A* と同じ意味を表します。

🎧 185

341 not *A* but *B* AではなくB

He is doing it **not** because he wants to make money **but** because he wants to help people.
（彼がそれをやっているのは金を儲けたいからではなく、人々を助けたいからである）

> *A* と *B* には名詞だけでなく、to 不定詞や動名詞、that 節など、さまざまな語・句・節が使われます。

342 *A* rather than *B* BよりもむしろA

I like winter sports **rather than** summer sports.
（サマースポーツよりもウインタースポーツの方が好きです）

She is cute **rather than** beautiful.
（彼女は美人というよりもむしろ可愛い）

類 □ rather *A* than *B* BよりもむしろA

> *A* と *B* は文法上同じ形の物（例：名詞、動名詞、to 不定詞）が来ます。

343 as a matter of fact 実は、実際のところ

As a matter of fact, his wife is 10 years older than him.
（実は、彼女の奥さんは彼よりも10歳年上です）

類 □ actually 副 実は、実際のところ
□ in fact 実は、実際のところ

> as a matter of course（当然のこととして、もちろん）と混同しないように注意しましょう。

344 as if まるで〜であるかのように

He always talks **as if** he knew [knows] everything.
（彼は常に何でも知っているかのように話をする）

類 □ as though
まるで〜であるかのように

> as if の方が as though よりもよく使われます。どちらも仮定法（knew）だけでなく、直接法（knows）でも使われます。

345 even if — たとえ〜でも

Even if I knew the truth, I wouldn't tell them.
(たとえ真実を知っていたとしても、彼らに言うつもりはない)

> even if は仮定法だけでなく、直接法でも使われます。

346 even though — 〜なのに、〜であるけれども

Even though he is in college, he sometimes acts like a child.
(彼は大学生なのに、子供のように振る舞うことがある)

> even though は though/although の強意表現です。

347 if only — 〜でさえあればいいのだが

If only I had more time and money.
(もっと時間と金さえあればなあ)

> if only の後には仮定法過去または仮定法過去完了が用いられます。

348 not to mention 〜 — 〜は言うまでもなく

She can speak Spanish, **not to mention** English.
(彼女は英語は言うまでもなく、スペイン語も話せる)
[= She can speak Spanish, to say nothing of English.]

類 □ to say nothing of 〜　〜は言うまでもなく

349 more or less — 多かれ少なかれ；約、およそ

We are all **more or less** self-centered.
(我々は皆多かれ少なかれ自己中心的である)

There were 20 passengers on the bus, **more or less**.
(バスには約20人の乗客が乗っていた)

類 □ about　副 約、およそ

350 the more ~, the more ... 　〜すればするほどますます…

- **でる** **The more** you have, **the more** you want.
  (持てば持つほどますます欲しくなる⇒人は持てば持つほど欲が出る)
- **でる** **The sooner**, **the better**. （早ければ早いほどよい）

> the の後は必ずしも more と言うわけではありません。この比較表現の基本形は〈the ＋比較級 , the ＋比較級〉（〜すればするほどますます…）です。

🎧 186

351 on end 　連続して、続けて；直立して

- **でる** It has rained for three days **on end**. （3日間雨が降り続いている）
  [= It has rained for three days in a row.]
- **でる** Her hair stood **on end** with horror when she saw the scene.
  (彼女はその光景を見て、彼女の髪は恐怖で逆立った⇒恐ろしさに総毛立った)

類 □ in a row　連続して、続けて

352 above all (things) 　とりわけ、特に

- **でる** **Above all**, her performance was outstanding.
  (とりわけ、彼女の演技は見事だった)

類 □ especially　副 とりわけ、特に
□ in particular　とりわけ、特に（= particularly）

353 out of date 　時代遅れで［の］；期限切れの

- **でる** His way of thinking is **out of date**. （彼の考え方は時代遅れだ）
- **でる** This medicine is **out of date**. （この薬は期限が切れている）

反 □ up to date　最新（式）の、今どきの

354 on *one's* own 　一人で、独力で

- **でる** She handled the situation **on her own**.
  (彼女はその事態に一人で対処した)

類 □ alone　副 一人で、独力で
□ by *oneself*　一人で、独力で

サクッと復習テスト

❶ ライスかパンのどちらかをお選びください。
You can have ___ rice ___ bread.

❷ もっと時間と金があればいいのだが。
___ ___ I had more time and money.

❸ 早ければ早いほどよい。
The ___ , the ___ .

答え ❶ either / or ❷ If only ❸ sooner / better

---

355 of *one's* own — 自分自身の

でる Do you have a house **of your own**?
(あなたは自分の家をお持ちですか)[= Do you have your own house?]

---

356 as good as — ～も同然で、ほとんど

でる The job is **as good as** finished. (その仕事は終わったも同然だ)
[= The job is almost [nearly] finished.]

類 □ almost 副 ～も同然で、ほとんど
□ nearly 副 ～も同然で、ほとんど

---

357 as many as — ～もの数の、～ほども多くの

でる **As many as** 20,000 people came to see the game.
(2万もの人々がその試合を見に訪れた)

類 □ no less than ～もの数の、～ほども多くの

> as many as は可算名詞と共に「数」に対して用います。「量」の場合は、不可算名詞と共に as much as (～もの量の) を用います。例えば、as much as 100 dollars や as much as 20% のように用います。

---

358 no more than — たった～、わずか～だけ

でる It takes **no more than** five minutes to get there.
(そこへはたった5分で行ける)

類 □ only 副 たった～、わずか～
反 □ no less than ～もの数の、～ほども多くの

> not more than (多くても、せいぜい) や not less than (少なくとも、最低でも) と混同しないように注意しましょう。

Chapter 5 ● 熟語

359 nothing but ~ 〜にすぎない；〜だけ

- It's **nothing but** a rumor. (それは噂にすぎない)
- It will cause **nothing but** trouble.
  (それはトラブルの原因になるだけだろう)

類 □ only 副 〜にすぎない；〜だけ

> anything but 〜（決して〜でない、〜とはほど遠い）と混同しないように注意しましょう。

360 that is (to say) つまり、すなわち

- He was hospitalized two weeks ago, **that is**, on September 24th.
  (彼は2週間前、つまり9月24日に入院した)

類 □ namely 副 つまり、すなわち

361 judging from ~ 〜から判断すると

- **Judging from** the looks of the sky, it will rain this afternoon.
  (空模様から判断すると、午後は雨が降るだろう)

> from の代わりに by を使って、judging by 〜と言うこともあります。

362 but for ~ 〜がないならば、〜がなかったならば

- **But for** water, no creature could live.
  (水がなければ、いかなる生物も生きることはできないだろう)［= Without water, no creature could live. = If it were not for water, no creature could live.］

- **But for** his help, I could not have done it.
  (彼の助けがなかったなら、それをすることができなかっただろう)
  ［= Without his help, I could not have done it. = If it had not been for his help, I could not have done it.］

類 □ without 前 〜がないならば、〜がなかったならば

> but for 〜は、仮定法過去または仮定法過去完了の文で用いられます。

363 date back to 〜　　〜にさかのぼる

でる This church **dates back to** the 14th century.
（この教会は14世紀にさかのぼる⇒14世紀からのものだ）
[= This church dates from the 14th century.]

類 □ go back to 〜　〜にさかのぼる
□ date from 〜　〜から始まる

364 hold on　　電話を切らないで待つ；（〜に）しっかりつかまる (to)

でる **Hold on** a minute, please.（《電話》ちょっとお待ち下さい）

でる **Hold on** to the strap.（《バス・電車》つり革につかまりなさい）

類 □ hang on　電話を切らないで待つ；（〜に）しっかりつかまる (to)

365 hold back (〜)　　〜を抑える、こらえる；思いとどまる

でる She was unable to **hold back** her tears.
（彼女は涙をこらえきれなかった）

でる He wanted to complain to his boss but **held back**.
（彼は上司に文句を言いたかったが、思いとどまった）

類 □ keep back 〜　〜を抑える、こらえる

> hold [keep] back 〜 は、hold [keep] 〜 back の語順になることもあります。

366 hold up 〜　　〜を遅らせる；〜に強盗に入る

でる Traffic was **held up** by an accident.（交通は事故で停滞した）

でる The bank was **held up** last night.（昨夜その銀行に強盗が入った）

> hold up 〜 は、hold 〜 up の語順になることもあります。

367 run over 〜　　（車が）〜をひく；〜をおさらいする、復習する

でる A friend of mine was **run over** by a truck.
（友達がトラックにひかれた）

でる Let's **run over** the main points again.
（重要な点をもう一度おさらいしておきましょう）

類 □ review 動　〜をおさらいする、復習する
□ go over 〜　〜をおさらいする、復習する

368 run for ~
~に立候補する

でる He might **run for** governor of New York.
(彼はニューヨーク知事に立候補するかもしれない)

369 run out of ~
~を使い果たす；(時間などが) なくなる

でる We are **running out of** toilet paper.
(トイレットペーパーがなくなりかけてきた)

でる It looks like we're **running out of** time.
(もうあまり時間がなさそうですね、時間切れになりそうですね)

類 □ exhaust 動 ~を使い果たす

> of を取って、The toilet paper [Time] is running out. と言うこともできます。よく似た表現の run short of ~（~が足りなくなる、不足する）も覚えておきましょう。

370 put up with ~
~に耐える、~を我慢する

でる I can't **put up with** his attitude any more.
(彼の態度にはもう我慢できない)

類 □ tolerate 動 ~に耐える、~を我慢する
□ endure 動 ~に耐える、~を我慢する
□ stand 動 ~に耐える、~を我慢する

371 put up at ~
~に泊まる

でる You can **put up at** our house tonight.
(今晩うちに泊まってもいいですよ)[= We can put you up at our house tonight.]

> put up ~ だけであれば、「~を掲げる；~を建てる」の意味を表します。put up with ~（~に耐える、~を我慢する）とも混同しないように注意しましょう。

372 put ~ to use
~を利用する、役立てる

でる She wants to **put** her language skills **to** full **use** in international business.
(彼女は国際ビジネスにおいて語学力をフルに活用したいと思っている)

> 名詞 use の前には形容詞 full の他、good、practical、personal などを用いて、put ~ to good use（~を大いに利用する）、put ~ to practical use（~を実用化する）、put ~ to personal use（~を個人的に利用する）のように言うことがあります。

サクッと復習テスト

❶ そこへはたったの5分で行ける。　It takes ___ ___ ___ five minutes to get there.
❷ それは噂にすぎない。　It's ___ ___ a rumor.
❸ 友達がトラックにひかれた。　A friend of mine was ___ ___ by a truck.

答え ❶ no more than ❷ nothing but ❸ run over

---

373 take place　起こる；行われる

でる The incident **took place** right over there.
（その事件はすぐそこで起こった）

でる The outdoor concert will **take place** next Saturday.
（野外演奏会は来週の土曜日に行われる）

374 take the place of ~　~の代わりをする、~に取って代わる

でる Mr. Lee is going to **take the place of** Mr. Clark.
（リー氏がクラーク氏の代理を務めることになる）
[= Mr. Lee is going to take Mr. Clark's place.]

> take *one's* place の形で使われることもあります。

375 pay attention to ~　~に注意を払う、注意を向ける

でる **Pay** more **attention to** your teacher.（もっと先生に注意を払いなさい）

> 会話の中では pay の代わりに give を用いて、よりくだけた give attention to ~ がよく使われます。

376 rely on [upon] ~　~に頼る、~を当てにする

でる Japan **relies** heavily **on** imports for its food supply.
（日本は食糧供給をかなり輸入に頼っている）

類 □ depend on [upon] ~　~に頼る；~次第だ

377 make sense　意味をなす、つじつまが合う

でる It doesn't **make** any **sense**.
（それでは話が通じない⇒それはまったくおかしい）[= It makes no sense.]

> make sense of ~（~を理解する）も覚えておきましょう。

378 make the most of ~ — ~を最大限に利用する

You should make the most of your opportunities.
(あなたは機会を最大限に利用すべきだ)

類 □ make the best of ~
　　~を最大限に利用する

> make the most of ~は「有利な状況（好機）を利用して~を最大限に活用する」、make the best of ~の方は「不利な状況であっても~を最大限に利用する」というニュアンスがあります。

379 tell A from B — AとBを見分ける、AとBを区別する

It's difficult to tell a genuine diamond from a fake one.
(本物のダイヤモンドと偽物のそれを見分けるのは難しい)

類 □ know A from B　　AとBを見分ける、AとBを区別する
　　□ distinguish A from B　　AとBを見分ける、AとBを区別する

380 point out ~ — ~を指摘する

He pointed out some errors in the method.
(彼はその方法の誤りをいくつか指摘した)

類 □ indicate　動 ~を指摘する

> point out ~は、point ~ out の語順になることもあります。

🎧 189

381 keep ~ in mind — ~を覚えておく、心に留めておく

I'll keep your advice in mind. (あなたのアドバイスを心に留めておきます)

Please keep in mind that you need to finish it by five.
(5時までにそれを終える必要があることを覚えておいてください)

類 □ remember
　　動 ~を覚えておく、心に留めておく

> keep の代わりに bear を使って、bear ~ in mindと言うこともあります。~の部分に節が来る場合には、keep [bear] in mind (that) ~の形になります。

382 have ~ in mind — ~を考えている、考慮している

That's what I have in mind.
(それが私の考えていることです⇒それが私の考えです)

What price range do you have in mind?
(どのような価格帯を考慮しておられますか⇒ご予算はおいくらですか)

383 have ~ on *one's* mind
~が気にかかっている；~を考えている

- Recently I have **had** a lot **on my mind**.
  (最近私には気がかりなことがたくさんある／最近私はいろいろと考えることがある)
- I don't know what she **has on her mind**.
  (彼女が何を考えているか私には分からない)
  [= I don't know what she has in mind.]

> have ~ on *one's* mind は、have ~ in mind と同じ意味で使われることもあります。

384 have to do with ~
~と関係がある、かかわりがある

- What does that **have to do with** me?
  (それが私と何の関わりがあるのですか)

385 have nothing to do with ~
~とはまったく関係がない

- It **has nothing to do with** me. (それは私とはまったく関係がない)

> have something to do with ~ (~と何か関係がある)、have little to do with ~ (~とほとんど関係がない)、have much to do with ~ (~と大いに関係がある) も覚えておきましょう。

386 do without ~
~なしで済ます

- We can **do without** a computer during summer vacation.
  (夏休みの間、我々はコンピュータがなくても大丈夫だ)

類 □ go without ~　~なしで済ます
反 □ do with ~　~で済ませる

387 do with ~
~を処理する、扱う；~で済ませる

- What did you **do with** your old car?
  (あなたの古い車はどう処理しましたか⇒あなたの古い車はどうしましたか)
- I **did with** sandwiches for lunch. (昼食はサンドイッチで済ませた)

反 □ do without ~　~なしで済ます

388 take part in ～ 〜に参加する、出場する

でる We **took part in** a fund-raising campaign to save the rainforests.
（我々は熱帯雨林を守るための募金運動に参加した）

類 □ participate in ～　〜に参加する、出場する

389 turn out (to be) ～ 〜であることが分かる

でる The rumor **turned out to be** false.
（その噂は間違っていたことが分かった）

類 □ prove
動 〜であることが分かる

> to be を省略して、The rumor turned out false. と言ってもOKです。なお、turn out ～には「〜を生産する」(= produce) の意味もあります。

390 take turns (at/in) *doing* 交替で〜する

でる We **took turns driving** on the way to Boston.
（我々はボストンまで交替で運転した）

> in [by] turns（交替で）も覚えておきましょう。

🎧 190

391 cut down (on) ～ 〜を切り詰める；〜の量を減らす

でる I've decided to **cut down** on living expenses.
（生活費を切り詰めることにした）

でる You should **cut down** on alcohol.
（あなたはアルコール［飲酒］の量を減らすべきです）

類 □ cut back (on) ～
〜を切り詰める；〜の量を減らす

> on を付けて、cut down on ～の形で用いる方が多いです。

392 burst into ～ 突然〜し始める、急に〜し出す

でる She **burst into** tears and ran out of the room.
（彼女は突然わっと泣き始め、部屋を飛び出した）
[= She broke into tears and ran out of the room.]

類 □ break into ～
突然〜し始める、急に〜し出す

> burst into laughter（どっと笑い出す）も覚えておきましょう。

サクッと復習テスト

❶ それはまったくおかしい。　　　　　　　　It doesn't ___ any ___.
❷ 彼はその方法の誤りをいくつか指摘した。　　He ___ ___ some errors in the method.
❸ それが私と何の関わりがあるのですか。　　　What does that ___ ___ ___ ___ me?

答え ❶ make / sense　❷ pointed out　❸ have to do with

---

393 play a role in ～
～において役割を果たす、～に関与する

Japan has **played an** important **role in** the world economy.
(日本は世界経済において重要な役割を果たしてきた)

類 □ play a part in ～
～において役割を果たす、～に関与する

> role [part] の前には、important（重要な）、major（大きな）、key（主要な）、vital（決定的な）、crucial（きわめて重要な）などの形容詞がよく用いられます。

---

394 have ～ in common
～を共通して持つ

They **have** many things **in common**. (彼らには共通点が多い)

> 「～を…と共通して持つ」ならば、have ～ in common with ... となります。I have much in common with my brother.（私は兄と共通点がたくさんある）のように使います。

---

395 account for ～
～の割合を占める；～の理由を説明する

Japan **accounts for** about 8% of the world GDP.
(日本は世界のGDPの約8％を占める)

He was unable to **account for** the error.
(彼はそのミスの原因を説明することができなかった)

> GDP（= gross domestic product）は「国内総生産」の略語です。

---

396 compare A to B
A を B にたとえる；A を B と比較する

Life is often **compared to** a voyage.
(人生はしばしば航海にたとえられる)

Don't **compare** your salary **to** that of others.
(自分の給料を他人のと比べるな)
[= Don't compare your salary with that of others.]

> compare A with B（AをBと比較する）には、「AをBにたとえる」の意味はありません。

397 *be* about to *do* — まさに〜しようとしている

I was about to leave when you called.
（あなたが電話をしてきた時、私は出掛けようとしているところだった）

> not を付けて、be not about to *do* とすると「〜する気はまったくない」の意味になります。I'm not about to give it up.（それをあきらめる気は毛頭ない）のように使います。

398 *be* in charge of 〜 — 〜を担当する、〜の責任者である

He **is in charge of** this project.（彼はこのプロジェクトの担当者である）

> be 動詞を使わずに、a person in charge of quality control（品質管理の担当者）のように使うこともあります。

399 *be* subject to 〜 — 〜を受けやすい；〜に従わなければならない

This schedule **is subject to** change.（この予定は変更されることがある）

Membership **is subject to** the approval of the committee.
（入会は委員会の承認が必要となる）

400 *be* up to 〜 — 〜次第である；〜の責任である

It's **up to** you to decide what to do next.
（次に何をするかを決めるのはあなた次第だ）

It's **up to** him to make a final decision on the issue.
（その問題に対して最終決定を下すのは彼の責任である）

> up to 〜は「最大［最高］〜まで」の意味で使うこともあります。This hall seats up to 500 people.（このホールは最大500人まで収容できる）のように使います。

🎧 191

401 *be* opposed to 〜 — 〜に反対している

He **was opposed to** the plan.（彼はその計画に反対した）

類 □ *be* against 〜
〜に反対している

反 □ *be* in favor of 〜
〜に賛成している（= *be* for 〜）

> be opposed to 〜は、必ず前置詞 to が必要です。しかし、oppose を動詞として使う場合は他動詞なので、He opposed the plan となります。さらに、object の場合は自動詞なので to を付けて、He objected to the plan. となります。

402 compared with [to] ~ ～と比較すると

Compared with my last car, this new one is much more comfortable.（前の車と比較して、この新車は乗り心地がずっとよい）

類 □ in comparison with [to] ~
～と比較すると

> as を付けて、as compared with [to] ~ と言うこともあります。

403 in contrast to [with] ~ ～とは対照的に、～に対比して

In contrast to English, the subject of a sentence is often omitted in Japanese.
（英語とは対照的に、日本語ではよく文の主語が省略される）

404 and that しかも、その上

She can speak French, **and that** fluently.
（彼女はフランス語を話せる、しかも流暢にである）

> and that の that は前文（先行する節）を受けます。そして、「しかも」と強調するわけです。

405 and yet それにもかかわらず

She has never taken piano lessons, **and yet** she can play very well.
（彼女は一度もピアノのレッスンを受けたことはないが、それでも上手に弾くことができる）

類 □ nevertheless 副 それにもかかわらず

406 as yet まだ、今までのところ

He hasn't decided what to do with his life **as yet**.
（彼は自分の人生で何をすべきか［何になりたいか］まだ決めていない）

> as yet は疑問文・否定文で使います。

407 up and down
上下に；行ったり来たり

- This part moves **up and down** automatically.
  (この部分は自動的に上下に動く)
- He was walking **up and down** the hall.
  (彼は廊下を行ったり来たりしていた)

> back and forth (前後に；行ったり来たり) も覚えておきましょう。

408 upside down
逆さまに

- He was holding the map **upside down**.
  (彼は地図を上下逆さまに持っていた)

409 inside out
裏返しに

- He is wearing his T-shirt **inside out**.
  (彼はTシャツを裏返しに着ている)

410 as for 〜
〜に関しては［ついては］

- **As for** me [myself], I'm not satisfied with the results.
  (私としては、その結果に満足していません)

類 □ as to 〜
　〜に関しては［ついては］（= about）
　□ regarding
　前 〜に関しては［ついては］

> as for 〜 と as to 〜 は同じ意味を表しますが、as for 〜 は文頭で、as to 〜 は文頭及び文中で用いられるという違いがあります。

192

411 as of 〜
〜現在で、〜の時点で；〜以降に、〜から［より］

- **As of** July 19, 35 people are still listed as missing.
  (7月19日の時点で、35名がまだ行方不明者リストに載っている)
- The new law will take effect **as of** next Monday.
  (新法は来月曜日から施行される)

サクッと復習テスト

1. 彼らには共通点が多い。 They have many things ____ ____.
2. 日本は世界のGDPの約8%を占める。 Japan ____ ____ about 8% of world GDP.
3. この予定は変更されることがある。 This schedule ____ ____ ____ change.

答え ① in common ② accounts for ③ is subject to

---

412 far from ～
決して～でない、～とはほど遠い；～から遠く

What he said was **far from** the truth.
(彼が言ったことは決して真実ではなかった⇒真実とは程遠かった)

He lives **far from** school. (彼は学校から遠いところに住んでいる)

類 □ anything but ～
決して～でない、～とはほど遠い

> far from ～の後には名詞、動名詞、形容詞が来ます。

---

413 for the sake of ～
～のために、～の利益のために

He finally quit smoking **for the sake of** his health.
(彼は遂に健康のためにタバコをやめた)

> for *one's* sake の形で使われることもあります。

---

414 regardless of ～
～にかかわらず、～を問わず

Anyone can apply, **regardless of** age, sex or nationality.
(年齢、性別、国籍に関係なく誰でも応募できます)

---

415 by means of ～
～によって、～を用いて

He tried to communicate with us **by means of** gestures.
(彼はジェスチャーによって我々とコミュニケーションを取ろうとした)
[= He tried to communicate with us via gestures.]

類 □ via 副 ～によって、～を用いて

Chapter 5 ● 熟語

423

416 by way of ～　　～経由で；～として、～のつもりで

- She went to Vancouver **by way of** Seattle.
  （彼女はシアトル経由でバンクーバーへ行った）
  [= She went to Vancouver via Seattle.]

- **By way of** introduction, could you say a few words about yourself?
  （自己紹介として、ご自身のことについて少しお話いただけますか）

類 □ via　副 ～経由で

417 by no means　　決して～でない

- Their response was **by no means** satisfactory.
  （彼らの回答は決して満足のいくものではなかった）
  [= Their response was not satisfactory by any means.]

類 □ not ～ by any means
　　決して～でない

> by all means（必ず、是非とも）と混同しないように注意しましょう。

418 at any rate　　とにかく、いずれにしても

- **At any rate**, it's worth a try.（とにかく、それはやってみる価値がある）

類 □ in any case　とにかく、いずれにしても
　 □ in any event　とにかく、いずれにしても

419 just the same　　それでもやはり、とはいうものの

- Thank you **just the same**.（とにかくありがとう）
  [= Thank you all the same.]

- Breakfast was simple, but delicious **just the same**.
  （朝食は簡素なものだったが、それでもおいしかった）

類 □ all the same
　　それでもやはり、とはいうものの

> Thank you just [all] the same. は、相手の申し出や誘いを断った時や相手の行為がこちらの期待通りでなかった時などに添えて使う決まり文句です。

420 beyond description
言葉では言い表せないほど、筆舌に尽くし難いほど

The scenery was beautiful **beyond description**.
(その風景は言葉では表現できないほど美しかった)

> beyond doubt [question] (疑いの余地もなく)、beyond belief (信じられないほど)、beyond recognition (見分けがつかないほど)、beyond imagination (想像がつかないほど)、beyond measure (計り知れないほど) なども覚えておきましょう。

421 from hand to mouth
その日暮らしで

They live **from hand to mouth** every month.
(彼らは毎月その日暮らしで生活している)

> 形容詞の hand-to-mouth (その日暮らしの) も覚えておきましょう。a hand-to-mouth life (その日暮らしの生活) のように使います。

422 prior to ～
～の前に、～に先立って

You should compare prices **prior to** buying anything.
(どんなものでも買う前に価格を比較すべきだ)
[= You should compare prices before buying anything.]

類 □ before 前 ～の前に、～に先立って

> prior to ～の後には名詞または動名詞が来ます。

423 What ～ like?
～はどんな人 [もの] か？

What's the new teacher **like**? (新任の先生はどんな人ですか)

What was the weather in Hokkaido **like** yesterday?
(昨日の北海道の天気はどうでしたか)

What does it taste **like**? (それはどんな味がしますか)

> What ～ like? には be 動詞だけでなく、look, sound, taste, feel などの知覚動詞もよく使われます。

424 It is not until ~ that ... ～してはじめて…する

It was not until I got home that I missed my purse.
(家に帰って初めてハンドバッグを持っていないことに気づいた)

> It is not until ~ that ... は重要な強調構文の一つです。It is not until の部分は、時制を変えることで、It was not until や It won't be until になったりします。

425 It is (about/high) time (that) ~ （そろそろ／とっくに）～する時間[頃]である

It's about time you went to bed.
(もうそろそろ寝る時間ですよ)[= It's about time for you to go to bed.]

> It is time の後の that 節には仮定法過去が続きます。It is about time ~ は「もうそろそろ～する時間[頃]だ」、It is high time ~ は「もうとっくに～する時間[頃]だ」の意味になります。

426 It goes without saying (that) ~ ～は言うまでもない、言うまでもなく～

It goes without saying that he is a hard worker.
(彼が仕事熱心であることは言うまでもない)

類 □ It is needless to say (that) ~　～は言うまでもない、言うまでもなく～
　 □ Needless to say, ~　言うまでもなく～

> It [That] goes without saying. (それは言うまでもない、それは当たり前だ) もよく使う決まり文句です。

427 It is no use *doing* ～しても無駄だ

It's no use crying over spilt [spilled] milk.
(こぼれた牛乳を嘆いても無駄だ⇒覆水盆に返らず)

類 □ There is no use (in) *doing*　～しても無駄だ
　 □ It is no good *doing*　～しても無駄だ

428 There is no *doing* ～することはできない

There is no telling what will happen in the future.
(将来何が起こるか分からない[予測はつかない])
[= It is impossible to tell what will happen in the future.]

> There is no accounting for tastes. (趣味嗜好を説明することはできない⇒蓼食う虫も好き好き) は有名な諺です。

サクッと復習テスト

① とにかく、それはやってみる価値がある。 ____ ____ ____ , it's worth a try.
② 彼らは毎月その日暮らしで生活している。 They live ____ ____ ____ ____ every month.
③ そろそろ寝る時間ですよ。 ____ ____ ____ you went to bed.

答え ① At any rate ② from hand to mouth ③ It's about time

---

429 now that ～
今や～なので、～であるからには

Now that you are a father, you should be more responsible.
(君はもう父親なのだから、もっと責任感を持つべきだ)

430 in case ～
～するといけないので；もし～ならば

Take an umbrella with you in case it rains.
(雨が降るといけないので傘を持って行きなさい)

In case you have any questions, please call me.
(もし何か質問があれば、お電話ください)

> in case ～ の後には文が続きますが、in (the) case of ～ (～の場合には) の後には文ではなく、名詞 (相当語句) が続きます。混同しないように、意味と使い方の違いに注意して覚えておきましょう。

🎧 194

431 no sooner ～ than ...
～するやいなや…、～するとすぐに…

No sooner had I left home than it started raining.
(家を出るやいなや、雨が降り始めた) [= I had no sooner left home than it started raining. = As soon as I left home, it started raining.]

類 □ as soon as ～
～するやいなや…、
～するとすぐに…

> No sooner という否定語句を文頭に持ってくると倒置が起ります。no sooner ～ than は文語的な響きを持つ堅い表現なので、通常は as soon as ～が用いられます。No sooner ～ than の場合は、一般的に no sooner の後が過去完了、than の後が過去とそれぞれ時制が異なるので、注意しましょう。

432 the moment (that) ～
～するとすぐに、～する瞬間

The moment she left home, the phone started to ring.
(彼女が家を出たとたん、電話が鳴り始めた)

類 □ the minute (that) ～ ～するとすぐに、～する瞬間
□ as soon as ～ ～するとすぐに、～する瞬間

Chapter 5 ● 熟語

433 in the meantime — その間に；一方では

- **In the meantime**, he was taking a break.
  (その間、彼は休憩を取っていた)
- **In the meantime**, the divorce rate has been increasing.
  (一方で、離婚率は増加してきている)

類 □ in the meanwhile
　その間に；一方では

> in the meantime の意味は、前後の文脈の中で判断するしかありません。

434 aside from ～ — ～の他に；～を除いては

- **Aside from** being a singer, she is a composer.
  (彼女は歌手であるだけでなく、作曲家でもある)
- Dinner today was delicious, **aside from** the soup.
  (今夜のディナーはスープ以外は、おいしかった)

類 □ apart from ～　～の他に；～を除いては
　□ except for ～　～を除いて

> aside from ～は主にアメリカで、apart from ～はイギリスで使われます。

435 in terms of ～ — ～の観点から、～という点では

- **In terms of** culture, Africa is very different from Japan.
  (文化の観点からすると、アフリカは日本と大変異なる)

類 □ from the standpoint [viewpoint] of ～　～の観点から、～と言う点では

436 in favor of ～ — ～に賛成して；～に有利に

- All **in favor of** this, please raise your hand.
  (これに賛成の方は挙手をお願いします)
- The decision went **in favor of** the defendant.
  (判決は被告有利に下された)

類 □ for 前 ～に賛成して
反 □ in opposition to ～
　～に反対して（= against）

> 「～に有利に」の意味では、in one's favor の形も用いられます。

437. to make matters worse さらに悪いことに

It was getting dark, and **to make matters worse**, it began to snow heavily.
(だんだん暗くなってきていた、そしてさらに悪いことに、雪が激しく降り始めた)

類 □ what is [was] worse さらに悪いことに

438. for all ～ ～にもかかわらず

For all his faults, I like him.
(彼の欠点にもかかわらず、私は彼が好きだ⇒彼には欠点があるが、私は彼が好きだ)

類 □ in spite of ～ ～にもかかわらず
□ despite 前 ～にもかかわらず

> for の代わりに with を使って、with all ～と言うことも可能です。

439. for *one's* part ～としては、～に関する限り

For my part, I agree with you. (私としては、あなたに賛成です)

> for the part of ～の形で使われることもあります。

440. on *one's* part ～の側では、～の方では

There was no mistake **on their part**.
(彼らの側には何も間違いはなかった)

> on the part of ～の形で使われることもあります。

441. what is called いわゆる

He is **what is called** a walking dictionary.
(彼はいわゆる生き字引だ) [= He is what we call a walking dictionary. = He is a so-called walking dictionary.]

類 □ what we call いわゆる
□ so-called 形 いわゆる

442 let alone ～　　まして～は言うまでもない

The old man can hardly walk, **let alone** run.
（その老人はほとんど歩くことができないので、まして走ることは無理である⇒その老人は走るどころか、歩くことさえほとんどできない）

類 □ much [still] less ～　まして～ない

> let alone ～は、否定的な内容を受けて、「まして～は言うまでもない、～などとんでもない」の意味を表します。

443 would rather　　むしろ～したい

I'd rather stay home today.
（今日はむしろ家にいたい）[= I'd rather not go out today.]

"Would you mind if I smoke?" "I **would rather** you didn't."
（「タバコを吸ってもかまいませんか」「吸わないでいただけたらと思います」）

> would rather の後には do（動詞の原形）や that 節が続きます。

444 would rather ～ than ...　　…するより～したい、…するくらいなら～する方がましだ

I'd rather die **than** work under him.
（彼の下で働くならいっそ死んだ方がましだ）

類 □ may [might] as well ～ as ...
　…するより～したい、
　…するくらいなら～する方がましだ

> ～と...の部分にはどちらも動詞の原形が来ます。

445 may well *do*　　～するのも無理はない［もっともだ］；たぶん～だろう、～しそうだ

She **may well be** angry with him.
（彼女が彼に腹を立てているのも無理は無い）

We **may well have** rain this evening.（夕方にはたぶん雨が降るだろう）

類 □ have (a) good reason to *do*
　～するのも無理はない［もっともだ］

> 「たぶん～だろう、～しそうだ」の推量で使う場合には very を付けて、may very well *do* の形で使うことも多いです。

サクッと復習テスト

❶ 雨が降るといけないので傘を持って行きなさい。
Take an umbrella with you ___ ___ it rains.
❷ その間、彼は休憩を取っていた。 ___ ___ ___ , he was taking a break.
❸ 彼はいわゆる生き字引だ。 He is ___ ___ ___ a walking dictionary.

答え ❶ In case ❷ In the meantime ❸ what is called

---

446 might [may] as well *do* 〜した方がいい［よさそうだ］

でる We **might as well go** home. It's getting late.
（家に帰った方がよさそうだね。もう遅くなってきたし）

> might [may] as well *do* には、積極的に「〜した方がいい」という意味合いはなく、状況から判断して「むしろ〜した方がいいだろう」というニュアンスがあります。

447 may [might] as well 〜 as ... …するより〜したい、…するくらいなら〜する方がましだ

でる You **might as well** throw away money **as** lend it to him.
（彼にお金を貸すくらいなら捨てる方がましだ）

類 □ would rather 〜 as ...
…するより〜したい、
…するくらいなら〜する方がましだ

> 〜と...の部分にはどちらも動詞の原形が来ます。

索 引

単語

A

- **abandon** ······ **142**, 338
- abandonment ······ 142
- ability ······ 84
- able ······ 84
- abnormal ······ 271
- **abolish** ······ **140**
- abolition ······ 140
- abound ······ 309
- above ······ 329
- **abroad** ······ **319**
- absence ······ 244
- **absent** ······ **244**
- **absolute** ······ **276**
- absolutely ······ 276
- **absorb** ······ **115**
- absorption ······ 115
- **abstract** ······ **287**, 287
- abstraction ······ 287
- abundance ······ 309
- **abundant** ······ **309**
- abundantly ······ 309
- **abuse** ······ **138**
- **accent** ······ **164**
- **accept** ······ **64**
- acceptable ······ 64
- acceptance ······ 64
- **access** ······ **167**
- accessible ······ 167
- accident ······ 273
- **accidental** ······ **273**
- accidentally ······ 273, 325
- accompaniment ······ 98
- **accompany** ······ **98**
- **accomplish** ······ **73**, 73
- accomplishment ······ 73
- **accord** ······ **236**
- accordance ······ 236
- according ······ 236
- accordingly ······ 236
- **account** ······ **212**
- accountant ······ 212
- **accumulate** ······ **124**
- accumulation ······ 124
- accuracy ······ 287
- **accurate** ······ **280**, **287**
- accurately ······ 287
- accusation ······ 117
- **accuse** ······ **117**
- accused ······ 117
- accuser ······ 117
- accustom ······ 159
- **ache** ······ **68**
- **achieve** ······ **73**
- achievement ······ 73
- **acknowledge** ······ **122**
- acknowledged ······ 122
- acknowledgment ······ 122
- acquaint ······ 200
- **acquaintance** ······ **200**
- **acquire** ······ **57**
- acquisition ······ 57
- **act** ······ **29**
- action ······ 29
- **active** ······ **250**
- actively ······ 250
- activity ······ 250
- actor ······ 29
- actress ······ 29
- actual ······ 319
- **actually** ······ **319**, 341
- acute ······ 255
- **adapt** ······ **95**
- adaptation ······ 95
- adapter ······ 95
- add ······ 182
- **addition** ······ **182**
- additional ······ 182
- additionally ······ 182
- **address** ······ **85**
- adequacy ······ 303
- **adequate** ······ **303**
- adequately ······ 303
- **adjust** ······ **112**
- adjustment ······ 112
- administer ······ 229
- **administration** ······ **229**
- administrative ······ 229
- administrator ······ 229
- admirable ······ 96
- admiration ······ 96
- **admire** ······ **96**
- admission ······ 77
- **admit** ······ **77**
- **adopt** ······ **95**
- adoption ······ 95
- **advance** ······ **56**
- advanced ······ 56, 297
- advancement ······ 56
- **advantage** ······ **172**
- advantageous ······ 172
- **adventure** ······ **159**
- adventurer ······ 159
- adventurous ······ 159
- **advertise** ······ **106**
- advertisement ······ 106
- advertising ······ 106
- **advice** ······ **149**, 149
- **affair** ······ **219**
- **affect** ······ **69**
- affection ······ 69
- affectionate ······ 69
- **afford** ······ **75**
- affordable ······ 75
- **afterward(s)** ······ **321**
- agency ······ 181
- **agent** ······ **181**
- aggression ······ 270
- **aggressive** ······ **270**
- **agree** ······ **38**
- agreeable ······ 38
- agreement ······ 38
- agricultural ······ 203
- **agriculture** ······ **203**
- **aid** ······ **54**, **189**
- **aim** ······ **42**
- aimless ······ 42
- **alarm** ······ **190**
- alarming ······ 190
- **alike** ······ **284**
- **alive** ······ **283**
- **allow** ······ **58**
- allowance ······ 58
- **alter** ······ **103**
- alteration ······ 103
- alternate ······ 310
- **alternative** ······ **310**
- **although** ······ **329**
- altogether ······ 324
- amaze ······ 292
- amazed ······ 292
- amazement ······ 292
- **amazing** ······ **292**
- amazingly ······ 292
- **ambassador** ······ **238**
- ambition ······ 302
- **ambitious** ······ **302**
- amount ······ 153
- **amuse** ······ **107**
- amusement ······ 107
- amusing ······ 107
- **analysis** ······ **234**
- analyst ······ 234
- analyze ······ 234
- **ancestor** ······ **220**
- ancestral ······ 220
- **ancient** ······ **274**, **294**
- anciently ······ 294
- **anger** ······ **193**
- angrily ······ 193
- **angry** ······ **193**
- **announce** ······ **42**
- announcement ······ 42
- announcer ······ 42
- **annoy** ······ **113**
- annoyance ······ 113
- annoying ······ 113
- **annual** ······ **267**
- annually ······ 267
- antipathy ······ 228
- anxiety ······ 297
- **anxious** ······ **278**, **297**
- anxiously ······ 297
- **apart** ······ **324**
- apologetic ······ 104
- **apologize** ······ **104**
- apology ······ 104
- **apparent** ······ **265**, **306**, **324**
- **apparently** ······ **324**
- **appeal** ······ **88**
- appealing ······ 88
- **appear** ······ **45**, **67**
- appearance ······ 45
- **appetite** ······ **227**
- appetizer ······ 227
- appetizing ······ 227
- applicant ······ 82, 216
- application ······ 82
- **apply** ······ **82**
- appoint ······ 185
- **appointment** ······ **185**
- **appreciate** ······ **112**
- appreciation ······ 112
- appreciative ······ 112
- **approach** ······ **60**
- **appropriate** ······ **263**, **303**, **305**
- approval ······ 114
- **approve** ······ **114**
- architect ······ 209
- architectural ······ 209
- **architecture** ······ **209**
- area ······ 178
- **argue** ······ **51**
- argument ······ 51
- argumentative ······ 51
- **arise** ······ **40**
- **arithmetic** ······ **239**
- arm ······ 198
- arms ······ 198
- **army** ······ **198**
- around ······ 246
- **arrange** ······ **67**
- arrangement ······ 67
- **arrest** ······ **93**
- arrive ······ 101
- **article** ······ **184**
- **artificial** ······ **294**
- artificially ······ 294
- ascertain ······ 257
- **ash** ······ **199**
- **ashamed** ······ **284**
- **asleep** ······ **283**
- **aspect** ······ **207**
- assess ······ 124
- **assign** ······ **114**
- assignment ······ 114
- **assist** ······ **54**
- assistance ······ 54
- assistant ······ 54
- **associate** ······ **114**
- association ······ 114
- **assume** ······ **116**
- assumption ······ 116
- assurance ······ 119
- **assure** ······ **119**
- **astonish** ······ **107**
- astonished ······ 107
- astonishing ······ 107
- astonishment ······ 107
- astronaut ······ 222
- astronomer ······ 222
- astronomical ······ 222
- **astronomy** ······ **222**
- **athlete** ······ **230**
- athletic ······ 230
- athletics ······ 230
- **atmosphere** ······ **202**
- atmospheric ······ 202
- **attach** ······ **120**
- attached ······ 120

432

attachment 120	belongings 28	brilliantly 284	certainly 257
attack 68	**bend 131**	broad **265**	certainty 257
attain 73, 73	beneath **329**	broadcast **125**	challenge **293**
attainment 73	beneficial 203	broadcaster 125	challenger **293**
attempt 88	**benefit 203**, 203	broaden **265**	**challenging 293**
attend 32	**besides 328**	broadly **265**	chance 166
attendance 32	**bet 101**	**budget 213**	change 103
attendant 32	**betray 102**	budgetary 213	**chaos 221**
attention 32	betrayal 102	bug 169	chaotic 221
attentive 32	bias 216	**burden 213**, 213	**character 158**
attitude 177	**bill 192**	burial 133	characteristic 158
attract 86, 116	bind 301	**burn 35**	characterize 158
attraction 86	biographer 229	burner 35	**charge 85**
attractive 86	**biography 229**	**bury** 132, **133**	**charm** 116, **164**
attributable 142	biological 222		charming 164
attribute 142	**biology 222**	**C**	**chase 103**
audience 189	**birth 151**	**cabinet 229**	**cheap 253**, 253
author 190	**bite 47**	**calculate 89**	cheaply 253
authority 226	blame 96	calculated 89	**cheat 134**
authorize 226	bleed 161	calculating 89	cheating 134
automated 294	**bless 84**	calculation 89	**check 165**
automatic 294	blessed 84	calculator 89	**cheer 62**
automatically 294	blessing 84	**calm 277**	cheerful 62
automation 294	**block 49**	calmly 277	**chemical 297**
avail 301	**blood 161**	cancel 348	chemically 297
availability 301	bloody 161	**cancer 191**	chemist 297
available 301	**blow 46**	cancerous 191	chemistry 297
avenue 231	**boast 132**	**candidate 216**	**chief 279**
average 248	boastful 132	capability 214	chiefly 279
avoid 91	**bold 251**	capable 214	**choice 153**
avoidable 91	boldly 251	**capacity 214**	choose 153
avoidance 91	**border 178**	**capital 283**	**circulate 102**
awake 283, 283	borderline 178	capitalism 283	circulation 102
award 215	**bore 83**	capitalist 283	**circumstance 206**
aware 251, 298	bored 83	capitalize 283	**citizen 196**
awareness 251	boredom 83	captive 114	citizenship 196
awful 300, 300	boring 83, 255	captivity 114	**civil 205**
awfully 300	born 151	**capture 114**	**civilization 205**
awkward 315	**borrow 37**, 37	care 254	civilize 205
awkwardly 315	borrower 37	**career 199**	civilized 205, 309
awkwardness 315	**bother 53**	**careful 254**	**claim 60**
	bothersome 53	carefully 254	**clash 129**
B	**bottom 223**	careless 254	**classic 279**
bad 318	bottomless 223	**carriage 234**	**classical 279**
badly 318	**bound 301**	**carry** 100, 234	classification 102
baggage 201	boundary 178	**carve 138**	classified 102
ban 140	**bow 110**	**cash 49**	**classify 102**
bare 322	brag 132	cashier 49	**clear 63**
barely 322	**brain 157**	**casual 267**	clearance 63
base 242	**brake 168**	casually 267	clearly 63
basic 242, **284**	**branch 196**	casualty 267	**clerk 164**
basically 242	**brave 249**	catch 114	**climate 162**
basis 242	bravery 249	categorically 208	climatic 162
bath 46	breadth 265	categorize 208	**climb 27**
bathe 46	**breath 194**	**category 208**	climber 27
bear 112, 112	breathe 194	**cause** 38, 348	climbing 27
bearing 112	breathing 194	**caution 201**	close 323
beat 47	**breed 109**	cautious 201	**closely 323**
beautiful 261	**brief 265**	**cease 134**	closeness 323
beg 104	briefing 265	ceaseless 134	**clue 197**
beggar 104	briefly 265	**celebrate 92**	clueless 197
behave 61	**bright** 243, 260, 284	celebrated 92	**coincide 144**
behavior 61	brighten 243	celebration 92	coincidence 144
behind 328	brightly 243	celebrity 92	coincident 144
belief 155	brightness 243	**cell 231**	coincidental 144
believable 155	brilliance 284	center 248	**collapse 129**
believe 155	**brilliant 284**	**central 248**	**colleague 200**
belong 28		**certain 257**	

433

collect 30	concentration 126	constancy 264	correspondence 120
collection 30	**concept** 204, **205**	**constant** **264**	correspondent 120
collective 30	conception 205	constantly 264	**cost** **31**
colonial 221	concern 275	constitute **125**	costly 253
colonize 221	**concerned** **275**	constitution 125	**cough** **72**
colony **221**	concerning 275	constitutional 125	**council** **237**
column **221**	**conclude** **77**	**construct** 44, **62**	**count** **30**
columnist 221	conclusion 77	construction 62	countable 30
combination 96	conclusive 77	constructive 62	counterpart 316
combine **96**	**concrete** **287**	**consult** **78**	**country** **296**
comedy 210	**condemn** **141**	consultant 78	**courage** 50, **177**
comfort 251	condemnation 141	**consume** **59**	courageous 177, 249
comfortable **251**	**condition** 171, **172**	consumer 59	**courteous** **230**
comfortably 251	conditional 172	consumption 59	**courtesy** **230**
command **73**	**conduct** **64**	**contact** **47**	**cousin** **158**
commander 73	conductor 64	**contain** **78**	cowardly 249
commanding 73	confer 195	container 78	coworker 200
comment **48**	**conference** **195**	contemporary 274, **304**	**crash** **129**
commerce 281	**confess** **127**	contend 86	create 184
commercial **281**	confession 127	**content** **298**	creation 184
commercially 281	confide 177	contented 298	creative 184
commission 115	**confidence** **177**	contentment 298	**creativity** **184**
commit **115**	confident 177	**context** **216**	creator 184
commitment 115	confidential 177	**continent** **163**	creature 184
committee 115	**confine** **127**	continental 163	credible 314
common **268**	confinement 127	continual 36	**crime** **168**
commonly 268	**confirm** **77**	continuation 36	criminal 168
communicate 50, 100	confirmation 77	**continue** 36, **134**	**crisis** **203**
communication 50	**conflict** **226**	continuous 36	critic 93
communicative 50	conflicting 226	**contract** **213**	**critical** 93, 203
community **170**	**conform** **139**	**contradict** **144**	criticism 93
companion 148	conformity 139	contradiction 144	**criticize** **93**
company **148**	**confront** **120**	contradictory 144	**crop** **204**
comparable 76	confrontation 120	**contrary** **295**	**cross** **47**
comparative 76	**confuse** **106**	**contrast** **214**	**crowd** **161**
compare **76**	confused 106	**contribute** **126**	crowded 161
comparison 76	confusing 106	contribution 126	**cruel** **262**
compensate **136**	confusion 106	controversial 224	cruelty 262
compensation 136	**congratulate** **92**	**controversy** **224**	**cultivate** **70**
compete **86**	congratulation 92	convenience 251	cultivation 70
competence 311	congratulatory 92	**convenient** **251**	culture 205
competent **311**	**connect** **52**	conveniently 251	**cure** **88**
competition 86	connection 52	convention 310	curiosity 290
competitive 86	**conquer** **114**	**conventional** **310**	**curious** **290**
competitor 86	conqueror 114	**conversation** **160**	curiously 290
complain **33**	conquest 114	conversational 160	currency 279
complaint 33	**conscience** **224**	converse 160	**current** **279**
complete **258**	conscientious 224	**convert** **106**	currently 279
completely 258	**conscious** 251, **298**	convertible 106	**custom** **159**
completion 258	consciously 298	**convey** **100**	customary 159
complex **286**	consciousness 298	conveyance 100	**customer** **182**
complexity 286	consensus 118	conviction 96	
complicate 98, 98,286	**consent** **118**	**convince** **96**	**D**
complication 98	**consequence** **208**	convinced 96	**daily** **264**
compose **125**	consequent 208	convincing 96	**damage** **158**
composer 125	consequently 208	cooked 282	danger 170
composition 125	conservative 306, 315	**cooperate** **195**	**dare** **133**
comprehend **135**	**consider** 66, **338**	**cooperation** **195**	daring 133
comprehensible 135	considerable 66	cooperative 195	**dark** **243**, 243
comprehension 135	considerably 66	**copy** **58**	darken 243
comprehensive 135	considerate 66, 277	**core** **199**	darkness 243
compromise **143**	consideration 66	corporate 195	**dawn** **238**
compulsory 278	considering 66	**corporation** **195**	daybreak 238
conceal 103, **104**	consist 306	**correct** **242**	dead 283
concealment 104	consistency 306	correction 242	**deal** **186**
conceive 205	**consistent** **306**	correctly 242	dealer 186
concentrate **126**	consistently 306	**correspond** **120**	dealing 186
			debatable 208

debate	208
debt	**212**
decade	184
decay	234
deceit	89
deceitful	89
deceive	**89**
decency	277
decent	**277**
decertification	188
decide	**26**
decision	26
decisive	26
declaration	126
declare	**126**
decline	**64, 65,** 234
decorate	**45**
decorated	45
decoration	45
decorative	45
decrease	**31,** 31
decreasing	256
dedicate	**128,** 128
dedicated	128
dedication	128
deep	**244,** 244
deepen	244
deeply	244
defeat	198
defend	**68**
defendant	68
defense	68
defensive	68
define	**119**
definite	119
definitely	119
definition	119
degree	**187**
delay	**64**
delete	55
deliberate	273, 325
deliberately	**325**
delicacy	282
delicate	**282**
delicately	282
delight	**107**
delighted	107
delightful	107
deliver	**71**
delivery	71
demand	**80**
demanding	80
democracy	307
democrat	307
democratic	**307**
demonstrate	**123**
demonstration	123
demonstrator	123
denial	77
deny	**77,** 77
depart	**101**
department	101
departure	101
depend	**56**
dependability	56
dependable	56
dependence	56

dependent	56, 276
depress	**113**
depressed	113
depressing	113
depression	113
deprive	**143**
derive	**135**
descendant	220
describe	**60**
description	60
descriptive	60
desert	142, **188**
deserted	188
deserve	**124**
desirable	170
desire	**170**
despair	**211**
desperate	211
desperately	211
despise	**76**
despite	**328**
destination	226
destined	226
destiny	**226,** 226
destroy	**44,** 62, 122
destruction	44
destructive	44
detail	**207**
detailed	207
determination	70
determine	**70**
determined	70
develop	**40**
developer	40
development	40
device	**202**
devise	202, 356
devote	**128**
devoted	128
devotion	128
dialect	**164**
diet	**165**
differ	**67**
difference	67
different	67
difficult	153
difficulty	**153**
dig	**132**
digest	**117**
digestion	117
digestive	117
dignify	230
dignitary	230
dignity	**230**
diligence	258
diligent	**258**
dine	**54**
diner	54
diplomacy	314
diplomat	314
diplomatic	**314**
diplomatically	314
direct	**92**
direction	92
directly	92
director	92
disable	84

disadvantage	172
disagree	**38,** 38
disagreeable	38
disagreement	38
disappear	45
disappoint	**83**
disappointed	83
disappointing	83
disappointment	83
disapprove	114
disaster	**176**
disastrous	176
disbelief	155
discard	347
discipline	**226**
disclose	**103,** 103
disclosure	103
discount	**169**
discourage	50
discover	**41**
discoverer	41
discovery	41
discriminate	216
discriminating	216
discrimination	**216**
discuss	**50**
discussant	50
discussion	50
disease	**191**
disgust	**142**
disgusting	142
dishonest	261
dislike	**81**
dismiss	**139**
dismissal	139
disobey	55
disorder	61
disorganize	71
dispensable	316
dispense	316
display	**105**
disposable	140
disposal	140
dispose	**140**
disposed	140
disposition	140
dispute	**235**
dissatisfy	78
dissuade	43
distance	260
distant	**260**
distinct	137, **300**
distinction	137, 300
distinctive	300
distinguish	**137**
distinguished	137
distract	**143**
distraction	143
distribute	**126**
distribution	126
district	**178**
disturb	**113**
disturbance	113
dive	**46**
diver	46
diverse	230
diversion	230

diversity	**230**
divert	230
divide	**75**
division	75
divorce	**33**
divorced	33
doable	317
domestic	**278**
domestically	278
domesticate	278
dominant	119
dominate	**119**
dominating	119
domination	119
doubt	**66**
doubtful	66
doubtless	66
draft	**221**
drafter	221
drama	291
dramatic	**291**
dramatically	291
draw	**44**
drawer	44
drawing	44
drug	**189**
due	**302**
dull	**255,** 255
dumb	260
dusk	238
duty	**177**
dynamic	**294**
dynamically	294

E

eager	**280**
eagerly	280
eagerness	280
earn	**74**
earnest	**306**
earnings	74
easy	278
economic	**156**
economical	156
economics	156
economist	156
economy	**156**
edge	**196**
edgy	196
educate	**28**
education	28
educational	28
educator	28
effect	**167**
effective	167, **299**
effectively	299
effectiveness	299
efficiency	299
efficient	**299,** 311
efficiently	299
effort	**151**
effortless	151
elder	294
elderly	**294**
electric	281
electrical	**281**
electrician	281
electricity	281

435

element 156, 297	error 150	expanse 97	fame **189**, 206
elementary **297**	**escape** **86**	expansion 97	**familiar** **249**
eliminate **143**	escort 98	**expect** **36**	familiarity 249
elimination 143	**especially** **322**	expectation 36	familiarize 249
embarrass **130**	essence 273	expend 253	family 223
embarrassing 130	**essential** **273**, 316	expense 253	famous 189
embarrassment 130	essentially 273	**expensive** **253**	**fancy** **266**
emerge **67**	**establish** **70**	**experience** 152, 345	fantastic 266
emergence 67	establishment 70	experienced 152	fantasy 266
emergency 67	establishment 70	**experiment** **179**	**fascinate** **116**
emigrate 134	**estate** **209**	experimental 179	fascinating 116
emit 338	**estimate** **124**, 124	**expert** 152	fascination 116
emotion 272	estimation 124	**explain** **28**	**fat** **252**, 252
emotional **272**	eternal 295	explanation 28	fatal 226
emotionally 272	eternally 318	**explode** **69**, 344	fatally 226
emphasis **206**	**ethnic** **317**	**exploit** **138**	**fate** **226**
emphasize 168, 206	ethnicity 317	exploitation 138	fateful 226
emphatic 206	**evaluate** **124**	exploration 139	**fatigue** **197**
employ **78**, 78,139	evaluation 124	**explore** **139**	fatty 252
employee 78	even 160, 271	explorer 139	**fault** **169**
employer 78	**event** **155**	explosion 69	faulty 169
employment 78	eventful 155	explosive 69	**favor** **183**
empty **254**	eventual 155	explosively 69	favorable 183
enable **84**	eventually 155	**export** **71**, 71	favorite 183
encounter **93**	**evidence** **181**	exportation 71	**fear** **172**
encourage **50**	evident 181	exporter 71	fearful 172
encourage 177	evidently 181	**expose** **136**	**feather** **238**
encouragement 50	**evil** **262**	exposure 136	**feature** **190**
endeavor **235**	**evolution** **224**	**express** **49**	**feed** **109**
endurance 112	evolutionary 224	expression 49	**female** 269, **270**
endure **112**	evolutionism 224	expressive 49	feminine 270
enduring 112	evolutionist 224	**extend** **97**	**field** **163**
enemy **198**	evolve 224	extension 97	**fierce** **282**
energetic **259**	exact 280, 320	extensive 97	fiercely 282
energize 259	**exactly** **320**	extent 97, 187	**figure** 149, **187**
energy 259	**exaggerate** **127**	**external** **310**, 310	fill 254
engage **91**	exaggeration 127	extinct 225	**final** **318**
engagement 91	examination 85	**extinction** **225**	finalize 318
enjoy 193	**examine** 85, 117, 345	extinguish 225, 340	**finally** **318**, 336
enormous **256**, 256	examinee 85	extinguisher 225	finance 275
enormously 256	examiner 85	**extra** **260**	**financial** **275**
enough 299	exceed 291	extraordinarily 291	financially 275
enter **27**	excel 266	**extraordinary** 289, **291**	**fire** **148**
entertain **87**, 107	excellence 266	**extreme** **267**	**firm** **279**
entertainer 87	**excellent** **266**	extremely 267	**fit** **67**
entertainment 87	except 180		fitness 67
enthusiasm **216**	**exception** **180**	**F**	**fix** 59, **59**
enthusiastic 216	exceptional 180	**face** **41**, 120	fixed 59
enthusiastically 216	excess 291	facial 41	**flat** 160, **253**
entire **258**	**excessive** **291**	**facilitate** **215**	flatly 253
entirely 258	**exchange** **71**	**facility** **215**	flatten 253
entrance 27	**exclude** **61**, 61	**fact** **156**	**flee** **111**
entry 27	exclusion 61	**factor** **156**	flexibility 278
envious 136	**exclusive** **61**	factory 150	**flexible** **278**
environment **272**	exclusively 61	**faculty** **230**	**flight** **170**
environmental **272**	**excuse** **92**	**fade** **85**	**float** **108**
environmentalist 272	**exhaust** **99**	**fail** **29**	**flood** **161**
envy **136**	exhausted 99	failure 29	fluency 260
equal **269**, 316	exhausting 99	**faint** **141**	**fluent** **260**
equality 269	exhaustion 99	faintly 141	fluently 260
equally 269	**exhibit** 105, **105**	**fair** **262**	**focus** **60**
equip **95**	exhibition 105	fairly 262	**fold** **47**
equipment 95	**exist** **44**	fairness 262	folder 47
equivalent **316**	existence 44	**faith** **203**	folding 47
era 173, **174**	existent 44	faithful 203	**follow** **39**, 55, 103
erase **55**	existing 44	fake 285	follower 39
eraser 55	**expand** **97**	**false** **280**	following 39, 301
		falsehood 280	

food	109
foolish	261
forbid	**144**
forbidden	144
force	**173**
forced	173
forceful	173
forecast	**225**
foreign	278
forever	**318**
forget	288
forgetful	**288**
forgettable	288
forgive	**127**
forgiveness	127
forgiving	127
form	263
formal	**263**
formality	263
formalize	263
formally	263
former	**271**
formerly	271
fortunate	321
fortunately	**321**
fortune	321
found	70, 70
foundation	70
founder	70
frame	236
framework	**236**
free	185
freedom	**185**
freely	185
freeze	**89**
freezer	89
freezing	89
frequency	298
frequent	271, **298**
frequently	298
friend	198
friendliness	247
friendly	**247**, 288
friendship	247
fright	107
frighten	**107**
frightened	107
frightening	107
front	224
frustrate	**113**
frustrated	113
frustrating	113
frustration	113
fry	**131**
fuel	**216**
fulfill	**90**
fulfillment	90
full	254, **254**
fully	254
fun	**242**
function	**181**
functional	181
functionally	181
fund	**220**
fundamental	**284**
fundamentally	284
funeral	232
funny	**242**
fur	**220**
furnish	174
furnished	174
furniture	**174**
furthermore	328

G

gain	**79**
garbage	**192**
gather	**31**
gathering	31
gaze	**111**
gender	**233**
gene	**231**
general	**259**, 276
generalization	259
generalize	259
generally	259
generate	194
generation	**194**
generator	194
generosity	293
generous	**293**
generously	293
genetic	231
genetically	231
genius	**183**
gentle	**250**
gentleness	250
gently	250
genuine	**285**
geographer	222
geographical	222
geography	**222**
get	57, 348
gift	187
gigantic	256
glance	**105**
global	**250**
globalization	250
globally	250
globe	250
glorify	312
glorious	**312**
glory	312
glow	**101**
goods	**163**
govern	**84**
government	84
governmental	84
governor	84
grace	**196**
graceful	196
gracious	196
grade	**183**
gradual	320
gradually	**320**
graduate	**51**
graduation	51
grain	**204**
grand	**292**
grant	**136**
grasp	**101**
grateful	**293**
gratitude	293
grave	**232**
gravely	232

graveyard	232
greet	**53**
greeting	53
grief	102
grieve	**102**
grievous	102
grip	**122**
gross	**318**
grossly	318
group	**208**
grow	26, 26
growth	26
guarantee	119, **143**
guarantor	143
guess	**65**
guilt	275
guilty	**275**

H

habit	**158**
habitual	158
handle	**79**
handy	79
hang	**82**
hanger	82
happen	44, 348
harbor	**217**
hardly	**322**
harm	**173**
harmful	173
harmless	173
harmonious	194
harmonize	194
harmony	**194**
harsh	**266**
harshly	266
harvest	**204**
haste	**218**
hate	**30**
hateful	30
hatred	30
heal	**88**
heavy	243
height	**149**
heighten	149
help	54
hence	323
heritage	**220**
hesitant	72
hesitate	**72**
hesitation	**72**
hide	**36**
high	149, 321
highly	**321**
hint	197
hire	**78**
hold	**31**
holder	31
hollow	**255**
honest	**261**
honestly	261
honesty	261
honor	**215**
honorable	215
hope	211
horizon	**217**
horizontal	217, 316
horrible	**300**

horribly	300
horror	300
hospitable	**209**
hospital	209
hospitality	**209**
hostile	**288**
hostility	288
household	**223**
however	**319**
hug	72
huge	**256**
hugely	256
human	**242**
humanity	242
humankind	164
humor	**157**
humorous	157
hunger	**175**
hungry	175
hunt	**45**
hunter	45
hunting	45
hurriedly	63
hurry	**63**
hurt	35
hypothesis	**234**
hypothetical	234

I

idea	204
ideal	**272**
idealism	272
idealist	272
idealize	272
identical	120, **307**
identification	120, 307
identify	**120**, 307
identity	120, 307
idle	**258**
idleness	258
ignoble	312
ignorance	59, 295
ignorant	59, **295**
ignorantly	295
ignore	**59**
illegal	274
illness	191
illustrate	**117**
illustration	117
image	37
imaginable	**37**
imaginary	37
imagination	37
imaginative	37
imagine	**37**
imitate	**84**
imitation	84
immature	291
immediate	**264**
immediately	264
immigrant	134
immigrate	**134**
immigration	134
immodest	292
immoral	308
impact	**168**
impatient	254
implement	**106**

implementation	106	inevitable	316
implication	74	inevitably	316
imply	**74**	inexpensive	253
impolite	248	infamous	189
import	**71**	infancy	237
importation	71	**infant**	**237**
importer	71	inferior	305, 305
impose	**137**	inferiority	305
imposition	137	inflexible	278
impossibility	171	**influence**	**167**
impossible	171	influential	167
impractical	267	inform	149
impress	**42**	informal	263, 267
impression	42	**information**	**149**
impressive	42	informative	149
improve	**39**	infrequent	298
improvement	39	**inhabit**	**217**
impulse	**237**	**inhabitant**	**217**
impulsive	237	**inherit**	**137**
inability	84	inheritance	137
inaccurate	287	**initial**	**285**
inadequate	303	initially	285
inappropriate	305	initiative	285
incapacity	214	**injure**	**35**
incident	**184**	injury	35
incidental	184	injustice	223
incidentally	184	**inner**	**287**
inclination	314	innocence	275
inclined	**314**	**innocent**	**275**, 275
include	**61**	**innovate**	**238**
including	61	**innovation**	**238**
inclusion	61	innovative	238
inclusive	61	**inquire**	**115**
income	**194**	inquiry	115
incompetent	311	inquisitive	115
inconsistent	306	**insect**	**169**
inconstant	264	insecure	286
inconvenient	251	insensitive	304
incorrect	242	**insight**	**209**
increase	**31**	insightful	209
increasing	**256**	insignificant	293
increasingly	256	insincere	270
incredible	**314**	**insist**	**57**
incredibly	314	insistence	57
indebted	212	insistent	57
indeed	**320**	**inspect**	**117**
independence	276	inspection	117
independent	**276**	inspector	117
independently	276	inspiration	118
indicate	**74**	**inspire**	**118**
indication	74	inspiring	118
indifference	303	**instant**	**264**
indifferent	**303**	instantly	264
indirect	92	**instinct**	**237**
indispensable	**273**, **316**	instinctive	237
individual	**276**	instinctively	237
individualism	276	**institute**	**214**
individuality	276	**institution**	**214**
indulge	**143**	institutional	214
indulgence	143	**instruct**	**179**
indulgent	143	**instruction**	**179**
industrial	200	instructive	179
industrialization	200	instructor	179
industrious	200	**instrument**	**214**
industry	**200**	instrumental	214
ineffective	299	insufficient	299
inefficient	299	**insult**	**121**

insulting	121	**item**	**181**
insurance	**238**	itemize	181
insure	238		**J**
intellect	308	jealousy	136
intellectual	**308**	**join**	**28**
intelligence	308	joint	28
intelligent	**308**	**joke**	**157**
intend	**53**	joker	157
intense	**277**	**journey**	**165**
intensely	277	**joy**	**193**
intensify	277	joyful	193
intensity	277	**judge**	**63**
intensive	277	judgment	63
intent	53	**jump**	**139**
intention	53	**junior**	**285**, 285
intentional	53	**justice**	**223**
intentionally	325	justification	223
interest	**39**	justify	223
interested	39, 303		**K**
interesting	39	**keen**	**255**, **281**
interestingly	39	keenly	281
interfere	**129**	killer	168
interference	129	**kind**	**154**
internal	**310**	kindly	154
international	248	**kindness**	**154**
interpret	**134**	know	156
interpretation	134	**knowledge**	**156**
interpreter	134	knowledgeable	156
interrupt	**123**		**L**
interruption	123	**labor**	**164**
intersection	**233**	**laboratory**	**164**, **197**
interval	**210**	laborer	164
intolerable	130	laborious	164
intolerance	130	**lack**	**67**, **205**
intolerant	130	lacking	67
introduce	**32**	landscape	188
introduction	32	large	323
introductory	32	**largely**	**323**
invade	**94**	**last**	**36**
invader	94	lasting	36
invalid	308	late	320
invaluable	175	**lately**	**320**
invasion	94	lateness	320
invent	**41**	**latter**	**271**, **272**
invention	41	laugh	168
inventive	41	**laughter**	**168**
inventor	41	**launch**	**123**
invest	**97**	**law**	**157**
investigate	**98**, **340**	lawful	157
investigation	98	**lay**	**34**
investment	97	lazy	258
investor	97	**lead**	**34**, **39**
invisible	300	leader	34
invitation	33	leadership	34
invite	**33**	lean	111, 252
involuntary	278	**leap**	**139**
involve	**125**	**legal**	**274**
involvement	125	legalize	274
ironic	**317**	legally	274
ironically	317	**legend**	**233**
irony	317	legendary	233
irregular	249	**leisure**	**174**
irresponsible	273	**lend**	**37**
irritate	113	lender	37
isolate	**118**	**length**	**150**
isolation	118	lengthen	150
issue	**202**	lengthy	150

level	160
liar	34
liberal	**315**
liberality	315
liberty	185, 315
lie	**34**
lift	**40**
light	**243**
lightly	243
like	81, 348
likelihood	278
likely	**278**
limit	**62**, 137
limitation	62
limited	62
linguist	308
linguistic	**308**
linguistically	308
linguistics	308
liquefy	296
liquid	**296**
literal	199
literally	199
literary	199
literature	**199**
llighten	243
llightness	243
load	**213**
loan	37
local	**250**
locally	250
logic	306
logical	**306**
logically	306
loneliness	246
lonely	**246**
long	150
loose	**268**
loosely	268
loosen	268
lose	27, 79
loss	79, 203
lot	**157**
lottery	157
lower	40, 287
loyal	**307**
luckily	321
luxurious	**312**
luxuriously	312
luxury	312

M

machine	**148**
machinery	148
magnificence	317
magnificent	**317**
mainly	323
maintain	**97**, 121
maintenance	97
major	**279**
majority	279
male	**269**
malnutrition	237
mammal	**225**
manage	**84**
management	84
manager	84
mandatory	278

mankind	164
manner	**159**
manufacture	**101**
manufacturer	101
marriage	33
married	33, 246
marry	**33**
masculine	269
mass	**176**
massive	176
master	**159**
masterpiece	**229**
masterwork	229
mastery	159
match	**190**
matching	190
material	**201**, 289
materialism	201
matter	**161**
mature	**291**
maturity	291
maximize	311
maximum	**311**
meal	**166**
mean	**50**
meaning	50
meaningful	50
means	**180**
measure	**186**
measurement	186
mechanic	**232**
mechanical	232
mechanism	232
medical	174
medicinal	174
medicine	**174**, 189
medium	**311**
meeting	195
melt	**89**
memorial	166
memorize	166
memory	**166**
mend	59
mental	**289**, 289
mentality	289
mentally	289
mention	**49**
merchandise	227
merchant	**227**
merciful	236
merciless	236
mercy	**236**
mere	**282**
merely	282
merit	172
method	**171**
metropolis	318
metropolitan	**318**
microscope	**239**
microscopic	239
middle	248
militarily	286
military	**286**
million	256
millionaire	256
mind	**43**
minimize	311

minimum	**311**, 311
minor	279, **280**
minority	280
miracle	**183**
miraculous	183
miraculously	183
miserable	**315**
miserably	315
misery	315
miss	**48**
missing	48
mission	176, **236**
missionary	236
mistake	**150**
mistaken	150
mix	**46**
mixture	46
mobile	**313**
moderate	**291**, 291
moderately	291
moderation	291
modern	**274**, **294**
modernize	274
modest	**292**
modesty	292
modification	103
modifier	103
modify	**103**
moment	302
momentarily	302
momentary	**302**
monument	**234**
monumental	234
moral	**308**
morality	308
morally	308
moreover	328
motion	26
motivate	227
motivation	227
motive	**227**
move	26
movement	26
moving	26
multiple	**313**
multiplication	313
multiply	313
murder	168
murderer	**168**
muscle	**191**
muscular	191
mutual	**273**
mutually	273
mysterious	**289**
mystery	289
myth	**219**
mythic	219
mythology	219

N

naked	**260**
narrow	243, 244
narrowly	244
nation	248
national	**248**
nationality	248
natural	154, 294
naturally	154

nature	154
nearby	**284**
neat	**266**
neatly	266
necessarily	247
necessary	**247**
necessitate	247
necessity	247
need	79
negative	**270**, 270
negatively	270
neglect	**99**
neglectful	99
negligence	99
negligent	99
neighbor	**160**
neighborhood	160
neighboring	160
nerve	260
nervous	**260**
nervously	260
neutral	**313**
neutrality	313
nevertheless	**325**
nobility	312
noble	**312**
nobly	312
nod	131
noisy	245
nonetheless	**325**
normal	**271**
normalize	271
normally	271
notable	87
note	**87**
noted	87
notice	**41**
noticeable	41
notify	41
notion	**204**
novel	**160**
novelist	160
novelty	160
nowadays	**322**
nuclear	**299**
nucleus	299
numerous	**311**
numerously	311
nutrient	237
nutrition	**237**
nutritional	237
nutritious	237

O

obedience	55
obedient	55
obey	55
object	**185**
objection	185
objective	185, **295**
objectively	295
objectivity	295
obligation	140, 177
obligatory	140
oblige	**140**
obscure	306
observance	99
observation	99

observatory	99
observe	**99**
observer	99
obstacle	**221**
obtain	**57**, 348
obvious	**265**
obviously	265
occasion	**195**
occasional	195
occasionally	195
occupation	94
occupy	**94**
occur	**44**, 348
occurrence	44
ocean	**163**
oceanic	163
odd	**271**
offend	**68**
offense	68
offensive	68
offer	**81**
office	274
officer	274
official	**274**
officially	274
operate	**95**
operation	95, 233
operator	95
opinion	207
opponent	**235**
opportunity	**166**
oppose	**295**
opposite	**295**
opposition	295
optimism	312
optimist	312
optimistic	**312**
oral	**309**
orally	309
order	**61**
ordinarily	289
ordinary	**289**, 291
organ	**307**
organic	**307**
organism	307
organization	71
organizational	71
organize	**71**
origin	252
original	58, **252**
originality	252
originally	252
originate	252
otherwise	**323**
outcome	208
outer	287
outgo	194
outlook	207
outstanding	**303**
outstandingly	303
overall	**309**
overcome	**88**
overseas	**319**, 319
overwhelm	314
overwhelming	**314**
overwhelmingly	314
owe	**135**

own	**62**, 62
owner	62
ownership	62

P

pain	**172**
painful	172
pale	**246**
pardon	**93**
participant	123
participate	**123**
participation	123
particular	**288**
particularity	288
particularly	288, 322
pass	233
passage	**233**
passenger	**165**, 233
passion	**178**
passionate	178
passionately	178
passive	**250**, 250
passively	250
past	**245**
patience	254
patient	**254**
patiently	254
pause	**87**
peace	**162**
peaceful	162
peculiar	**315**
peculiarity	315
peer	**196**
perceive	**135**
perception	135
perceptive	135
perform	**43**
performance	43
period	**173**
periodical	173
permanent	**295**, 304
permanently	295
permission	**58**
permissive	58
permit	**58**, 58, 144
persist	**127**
persistence	127
persistent	127
personal	**259**
personality	259
personally	259
perspective	**208**
persuade	**43**
persuasion	43
persuasive	43
pessimism	312
pessimist	312
pessimistic	**312**, 312
phase	**219**
phenomenal	234
phenomenon	**234**
philosopher	222
philosophical	222
philosophy	**222**
physical	**289**
physically	289
physics	289

pile	**181**
pitiful	193
pitiless	193
pity	**193**
plain	**267**
plainly	267
planet	**209**
planetarium	209
plant	**150**
plastic	**263**
pleasant	192
please	192
pleasure	**192**
plentiful	158
plenty	**158**
poem	192
poet	**192**
poetic	192
poetry	192
poison	**182**
poisonous	182
policy	**201**, 275
polish	**133**
polite	**248**
politely	248
politeness	230, 248
political	**275**
politician	275
politics	275
pollutant	182
pollute	182
pollution	**182**
poor	175
popular	154
popularity	154
populated	154
population	**154**
port	217
portion	**196**
position	184, 200
positive	**270**
positively	270
possess	**62**
possession	62
possessive	62
possibility	**171**
possible	171
possibly	171
post	**184**
postpone	64, **98**
postponement	98
potential	**292**
potentially	292
pour	**109**
poverty	**175**
power	**150**, 186
powerful	150
practical	**179**, **267**
practically	267
practice	**179**, 180, 267
praise	**96**, 96
pray	**104**
prayer	104
precious	**268**
precise	**280**
precisely	280
precision	280

predict	**116**
predictable	116
prediction	116
prefer	**72**
preferable	72
preferably	72
preference	72
prejudice	**216**
prejudiced	216
preparation	**28**
preparatory	28
prepare	**28**
presence	86
present	**86**, 244
presentation	86
presently	86
preservation	56
preserve	**56**
president	**152**
presidential	152
press	**50**
pressure	50
prestige	318
prestigious	**318**
pretend	**83**
pretense	83
prevail	**118**
prevailing	118
prevalent	118
prevent	**87**
prevention	87
preventive	87
previous	**301**
previously	301
price	**152**
pride	247
primarily	290
primary	**290**
prime	**290**, 290
primitive	**309**
principal	**288**
principally	288
principle	**180**
prior	235
prioritize	235
priority	**235**
privacy	259
private	**259**, 259
privilege	**236**
privileged	236
prize	215
probability	276
probable	**276**
probably	276
procedure	186
proceed	**186**
process	**186**
processed	186
procession	186
produce	**32**, 59,101
product	32
production	32
productive	32
profession	263
professional	**263**
professionally	263
profit	**203**

profitable	203
profound	**303**
profoundly	303
profundity	303
progress	56, **204**
progressive	204, 315
prohibit	**139**, **140**
prohibition	139
project	**167**
projection	167
projector	167
prominence	314
prominent	**314**
promise	**36**
promising	36
promote	**91**
promoter	91
promotion	91
prompt	**290**
promptly	290
promptness	290
pronounce	**121**
pronouncement	121
pronunciation	121
proof	86, 181
proper	**263**, 303, 305
properly	263
property	263
proportion	**206**
proposal	80
propose	**80**
proposition	80
prospect	207
prosper	211
prosperity	**211**
prosperous	211
protect	68, **82**
protection	82
protective	82
protector	82
protest	**94**
proud	**247**
proudly	247
prove	**86**
proverb	**211**
provide	**58**
provided	58
provision	58
psychological	222
psychologist	222
psychology	**222**
public	**259**
publication	55
publicity	55
publicly	259
publish	**55**
publisher	55
pull	**27**
punctually	337
punish	**58**
punishment	58
punitive	58
purchase	**75**
purpose	**172**
purposely	172
pursue	**103**
pursuit	103

| push | 27, 50 |

Q

qualify	191
qualitative	191
quality	**191**
quantitative	191
quantity	**191**, 191
quarrel	**121**
quarrelsome	121
quarter	**219**
quarterly	219
quick	**252**
quickly	252
quiet	245
quit	**51**
quotation	90
quote	**90**

R

radical	**306**
radically	306
rage	**228**
raise	**40**, 40, 344
range	**187**
rank	**82**
ranking	82
rapid	**253**
rapidity	253
rapidly	253
rare	**271**, **322**
rarely	**271**, **322**
rate	**166**
ratio	206
raw	**282**
reach	**32**
react	**55**
reaction	55, 179
reactionary	55
real	51, 285
reality	51
realization	51
realize	**51**
really	51, 320
rear	**224**
reason	288
reasonable	**288**
reassurance	119
reassure	**119**
reassuring	119
rebel	240
rebellion	**240**
rebellious	240
recall	**90**
receipt	26
receive	**26**
receiver	26
recent	**245**
recently	245, 320
reception	26
recipe	**227**
recognition	88
recognize	**88**
recollect	**90**, 90
recollection	90
recommend	**80**
recommendation	80
reconcile	**145**
reconciliation	145

recover	**59**
recovery	59
reduce	**75**
reduction	75
refer	**74**
referee	74
reference	74
reflect	**98**
reflection	98
reflective	98
reform	**100**
reformation	100
refrain	**123**
refuge	**212**, 212
refugee	212
refuse	64, **65**, 65
refusal	65
regain	59
regard	**69**
regarding	69
regardless	69
region	**178**, 178
regional	178
regret	**104**
regretful	104
regrettable	104
regrettably	104
regular	**249**
regularly	249
regulate	249
regulation	249
reject	64, **65**, 65
rejection	65
relate	**115**
relation	115
relationship	115
relative	115, 276, 324
relatively	**324**
relaxed	304
release	**69**
reliability	274
reliable	**274**
reliance	274
relief	91
relieve	**91**
relieved	91
religion	**155**
religious	155
reluctance	307
reluctant	**307**
rely	56, 274
remain	**30**
remainder	30
remaining	30
remark	**74**
remarkable	74
remarkably	74
remember	90
remind	**90**
reminder	90
remote	**296**
removal	76
remove	**76**, 143
renew	**72**
renewable	72
renewal	72
renewed	72

rent	**37**
repair	**59**
replace	**94**
replacement	94
reply	**63**
represent	**116**
representation	116
representative	116
republic	**237**
republican	237
reputation	**206**
repute	206
request	**79**
require	**79**
requirement	79
research	**171**
researcher	171
resemblance	105
resemble	**105**
reservation	**56**
reserve	**56**
reserved	56
residence	**218**
resident	**218**
resign	**54**
resignation	54
resist	**75**
resistance	75
resistant	75
resolute	136
resolution	136
resolve	**136**
resource	**206**
respect	**76**, 76, **346**
respectable	76
respectful	76
respective	76, 324
respectively	**324**
respond	55, 63, 179
response	**179**
responsibility	177, 273
responsible	**273**
responsibly	273
rest	**42**
restfull	42
restless	42
restoration	100
restore	**100**
restrain	**142**
restrict	**137**
restricted	137
restriction	137
result	**169**, **208**
retire	**54**
retired	54
retiree	54
retirement	54
reveal	**103**
revelation	103
reverse	**112**
review	**93**, **345**
revival	83
revive	**83**
revolution	**205**
revolutionary	205
revolutionize	205
revolve	205

441

reward 215	scorn 76	**shift** 48	**space** 161
rewarding 215	**scratch** 140	shine 45	spacious 161
rich 309	**scream** 131	shiny 45	**span** 210
ridicule 313	sculptor 229	**shore** 217	spare 108
ridiculous 313	sculptural 229	short 205	**special** 256
rise 40	**sculpture** 229	**shortage** 205	specialist 256
risk 173	sea 163	**shortly** 321	specialize 256
risky 173	**search** 49	shrink 122	specially 256, 322
ritual 232	**secret** 150	**shy** 245	**species** 224
rob 135, 143	secretly 150	shyness 245	**spill** 109
robber 135	**secure** 286	sickness 191	**spirit** 289
robbery 135	security 286	**sigh** 131	**spiritual** 289
role 169	**seek** 42	**sight** 188	**splendid** 315, 317
root 211	**seem** 45	**sign** 34	splendor 315
rooted 211	seeming 45	significance 293	**split** 110
rough 269	seemingly 45	**significant** 293	**spoil** 122, **132**
roughly 269	**seize** 118	significantly 293	**spread** 52
round 246	**seldom** 322	signify 293	**square** 247
routine 232	**select** 53	silence 245	squarely 247
routinely 232	selection 53	**silent** 245	stability 286
row 225	selective 53	silently 245	stabilize 286
rude 248, 249	self 254	silly 261	**stable** 286, 286
rudely 249	**selfish** 254	**similar** 272	**stage** 180, 219
rudeness 249	selfishness 254	similarity 272	stand 112
ruin 122	**senior** 285	similarly 272	**standard** 190
ruinous 122	seniority 285	**simple** 286, 319	standardize 190
rule 156	sensibility 304	simplicity 319	standardized 190
ruler 156	**sensible** 304	**simply** 319	**standpoint** 208
rumor 200	sensibly 304	**sincere** 270	**stare** 111
rural 296, 296	**sensitive** 304	sincerely 270	**startle** 108
rush 63, 63	sensitively 304	sincerity 270	startled 108
rustic 296	sensitivity 304	**single** 246	startling 108
S	**sentence** 151	**sink** 108, 108	starvation 132
sacrifice 126	sentiment 313	**site** 188	**starve** 132
sacrificial 126	**sentimental** 313	situated 171	starving 132
sadness 193	**separate** 64	**situation** 171, 206	**state** 74
safe 170, 286	separately 64	**skill** 152	statement 74
safely 170	separation 64	skilled 152	static 294
safety 170	**serious** 255	skillful 152	statistical 210
satellite 209	seriously 255	**slave** 221	statistically 210
satisfaction 78	seriousness 255	slavery 221	**statistics** 210
satisfactory 78	servant 55, 159	**slight** 262	**status** 200
satisfy 78	**serve** 55	slightly 262	steadily 286
save 39	service 55	slow 252	**steady** 286
saving 39	**settle** 96	smart 260	steal 38
say 124	settlement 96	smell 35	**steam** 218
saying 211	settler 96	smelly 35	steamy 218
scarce 309, 309	several 246	smooth 269, 269	**steep** 282
scarcely 309, 322	**severe** 261, 266	smoothly 269	**stick** 111
scarcity 309	severely 261	sociable 170	stick 297
scare 107, 107	severity 261	social 170	sticky 111
scared 107	**shade** 176	**society** 170	**stiff** 263
scary 107	**shadow** 176	soil 228	stiffen 263
scatter 138	shadowy 176	**solid** 296	stiffness 263
scene 188	shady 176	solidify 296	**stimulate** 141
scenery 188, 207	**shake** 48	solution 44	stimulating 141
scenic 188	**shallow** 244	**solve** 44	stimulation 141
schedule 160	**shame** 193	someday 320	stimulus 141
scheme 232	shameful 193	**somehow** 323	**stir** 108
scholar 201	shameless 193	**sometime** 320	stirring 108
scholarly 201	**shape** 149	**somewhat** 323	**stock** 199
scholarship 201	**share** 87	**sorrow** 193	**storm** 162
science 251	**sharp** 255	sorrowful 193	stormy 162
scientific 251	sharpen 255	**sort** 154	story 233
scientifically 251	sharply 255	**source** 206	**straight** 247
scientist 251	**shed** 95	**souvenir** 205	straighten 247
scold 52	**shelter** 212	sow 138	**strain** 238

strange	153, 271
strangely	153
stranger	**153**
strategic	232
strategy	**232**
stream	**217**
strength	**186**
strengthen	186
stress	**168**, 206
stressful	168
stretch	**122**
strict	261
strike	**43**
strip	**138**
strong	186, 244
strongly	186
structural	202
structure	**202**
struggle	**122**
stuck	**297**
stuff	**218**
stuffed	218
stupid	260, **261**
stupidity	261
subject	**185**
subjective	185, 295
submission	70
submissive	70
submit	**70**
substance	**202**
substantial	202
substitute	**142**
substitution	142
subtle	**316**
subtlety	316
subtly	316
suburb	**213**
suburban	213
succeed	**29**, 29
success	29
successful	29
succession	29
successive	29
sudden	**264**
suddenly	264, 320
sue	**141**
suffer	**52**
suffering	52
sufficiency	299
sufficient	**299**, 303
sufficiently	299
suggest	**80**
suggestion	80
suggestive	80
suicidal	231
suicide	**231**
suit	141, 274
suitable	**274**, 305
suitably	274
sum	**213**
summarize	213
summary	213
superior	**305**
superiority	305
supply	58, **81**
support	**81**, 121
supporter	81, 235
supportive	81
suppose	**66**
supposed	66
supposedly	66
supposing	66
supposition	66
sure	**257**
surely	257
sureness	257
surface	**201**
surgeon	233
surgery	**233**
surprise	**34**
surrender	**94**
surround	**57**
surrounding	57
survey	**115**
survival	83
survive	**83**
survivor	83
suspect	**66**
suspend	**99**
suspense	99
suspension	99
suspicion	66
suspicious	66
sustain	**121**
sustainable	121
swallow	**132**
swear	**102**
sweat	**192**
sweaty	192
sweep	**133**
sympathetic	228
sympathize	228
sympathy	193, **228**
symptom	**214**
symptomatic	214
synthesis	234
system	**157**
systematic	157

T

tale	**233**
talent	**187**
talented	187
task	**176**
taste	**35**
tasteful	35
tasty	35
tear	**130**
technical	180
technique	180
technological	180
technology	**180**
temper	**227**
temperament	227
temperate	178
temperature	**178**
temporarily	304
temporary	295, **304**
tend	**57**
tendency	57
tender	**276**
tenderness	276
tense	**304**
tension	304
term	**223**
terminal	223
terminate	223
terrible	**300**
terribly	300
terrify	300
territorial	198
territory	**198**
terror	300
thankful	293
theme	185, **225**
theoretical	180
theory	**180**
therefore	**323**
thick	**252**, 252
thicken	252
thickness	252
thin	**252**, 252
thinness	252
thirst	**175**, 175
thorough	**310**
thoroughly	310
thought	277
thoughtful	**277**
thoughtfully	277
threat	**228**
threaten	228
threatening	228
thus	323
tidy	266
tie	**46**
tight	**268**, 268
tighten	268
tightly	268
tiny	256, **257**
tip	**182**
tire	281
tired	281
tiresome	281
tiring	**281**
tolerable	130
tolerance	130
tolerant	130
tolerate	**130**
tomb	232
tongue	**218**
top	223
topic	185
total	**248**
totally	248
touch	**48**
tough	**265**
toughen	265
toughness	265
toward(s)	**328**
trace	**197**
track	**165**
trade	**166**
trademark	166
trader	166
tradition	**155**
traditional	155
traditionally	155
traffic	**161**
tragedy	**210**
tragic	210
training	226
transfer	**100**
transform	**128**
transformation	128
translate	**134**
translation	134
translator	134
transmission	129
transmit	**129**
transport	**100**, 100
trap	**228**
treasure	**219**
treat	**79**
treatment	79
treaty	79
tremble	**110**
tremendous	**315**
tremendously	315
trial	**182**
tribal	239
tribe	**239**
trick	89, **197**
tricky	197
trip	**148**
triumph	**198**
triumphant	198
trouble	**162**
troublesome	162
true	151, 280
truly	151
trust	**52**
trustworthy	52
truth	**151**, 156
try	182
twilight	238
type	271
typical	**271**
typically	271

U

ugliness	261
ugly	**261**
ultimate	**317**
ultimately	317
unable	84
unavailable	301
unavoidable	91
unaware	251
unbelief	155
unbelievable	314
uncertain	257
uncomfortable	251
uncommon	268
unconcerned	303
unconventional	310
uncountable	30
undemocratic	307
undergo	**145**
underneath	329
understand	135, 266
understandable	**266**
understanding	266
undertake	**145**
undertaking	145
unease	278
uneasily	278
uneasy	**278**
unemployment	78
unfair	262
unfamiliar	249

unfit	67	vastly	280
unfold	47	**vehicle**	**210**
unforgettable	288	verge	196
unfortunately	321	**vertical**	**316**
unfriendly	247	vertically	316
uninterested	303	vice	239
union	110	**victim**	**220**
unique	**262**	victor	198
uniquely	262	victorious	198
uniqueness	262	**victory**	**198**
unite	**110**	view	**207**
unity	110	viewpoint	207, 208
universal	**268**	**violate**	**68**
universally	268	violation	68
universe	268	violator	68
unless	**329**	violence	255
unlike	**328**	**violent**	**255**
unlikely	278	violently	255
unnatural	154	virtual	324
unnecessary	247	**virtually**	**324**
unpleasant	192	**virtue**	**239**
unreasonable	288	virtuous	239
unreliable	274	**virus**	**239**
unstable	286	**visible**	**300**
unsure	257	vision	300
untrue	151	visual	300
unusual	**296**	**vital**	273, **292**
unusually	296	vitality	292
unwilling	298	vitalize	292
upper	**287**	**vivid**	**302**
upset	**130**	vividly	302
urban	**296**	vocal	194
urge	**91**	**voice**	**194**
urgency	91	**voluntary**	**278**
urgent	91	volunteer	278
urgently	91	vomit	347
usable	200	**vote**	**120**
usage	**200**	voter	120
use	200		
useful	299	**W**	
useless	**299**, 305	**wage**	**212**
uselessly	299	wake	283
usual	296	**wander**	**141**
utility	119	wandering	141
utilization	119	want	205
utilize	**119**	**warn**	**116**
utter	**124**	warning	116
utterance	124	**waste**	**51**
utterly	124	wasteful	51
		weak	**244**
V		weaken	244
vacant	254	weakness	186, 244
vague	**306**	**wealth**	**174**, 175
vaguely	306	wealthy	174
vain	**305**	**weapon**	**198**
vainly	305	weaponry	198
valid	**308**	weariness	197
validity	308	**weather**	**162**
valley	**217**	wed	33
valuable	175, 268	weigh	149
value	**175**	**weight**	**149**
valueless	175	weighty	149
vanity	305	**welfare**	**235**
variation	68	well-being	235
variety	68	**wheel**	**210**
various	68	whereas	329
vary	**68**	wherever	329
vast	**280**	whisper	131

whole	258, **258**	all the same	424
wholly	258	**all the way**	**380**
wide	**243**	and so forth	358
widely	243	and so on	358
widen	243	**and that**	**421**
width	243	**and yet**	**421**
will	298	anything but ~	423
willing	**298**	apart from ~	324, 428
willingly	298	appear	362
win	**27**	as ~ as possible	358
winner	27	**as ~ as** *S* **can**	358
wisdom	**189**	as a consequence	208
wise	189	**as a matter of fact**	161, **408**
wisely	189	as a result (of) ~	169
wish	**38**	**as a rule**	156, **400**
wishful	38	**as a whole**	258, **367**
withdraw	**144**	as always	358
withdrawal	144	**as far as ~**	**402**
witness	**220**	as [so] far as ~ *be*	
wonder	**54**	concerned	275
wonderful	54	**as follows**	39, **402**
wondrous	54	**as for ~**	**422**
work	176, 317	as good as	411
workable	**317**	**as if**	**408**
worry	**29**	**as [so] long as ~**	**402**
worship	**128**	as many as	411
worshipper	128	**as of ~**	**422**
worth	**290**	as soon as ~	426, 427
worthless	290	**as though**	**408**
worthwhile	290	as to ~	422
worthy	290	**as usual**	**358**
wound	**35**	**as well**	**378**
writer	190	**as yet**	**421**
		aside from ~	**428**
Y		**ask for ~**	**339**
yearly	267	assuming (that) ~	116
yell	**110**	at a glance	105
yield	**138**	**at a loss**	**405**
young	163	at any cost	31
youngster	163	**at any rate**	166, **424**
youth	**163**	**at ease**	**372**
youthful	163	at first sight	188
		at home	**342**
熟語		at large	367
		at last	**336**
A		**at once**	**350**
A **as well as** *B*	**407**	**at** *one's* **best**	**401**
a bit of ~	**380**	at (*one's*) leisure	174
a couple of ~	**359**	at *one's* worst	401
a few	359	**at present**	86, **358**
a good [great] deal of ~		**at random**	**399**
	186, **360**	at the [a] rate of ~	166
a load of ~	213	**at the age of ~**	**342**
a lot of ~	157, 360	at (the) best	402
a number of ~	**359**	at the cost of ~	31
A **rather than** *B*	**408**	**at the foot of ~**	**342**
a sort of ~	154	**at the latest**	**380**
above all (things)	**410**	**at (the) least**	**379**, 379
according to ~	**349**	at the mercy of ~	236
account for ~	212, **419**	at the moment	358
accuse *A* **of** *B*	**394**	**at (the) most**	**379**, 379
act on ~	**29**	at the risk of ~	173
after a while	**341**	at the same time	350
after all	336	at the sight of ~	188
again and again	382	**at (the) worst**	**402**
ahead of ~	328	at times	399
all at once	380		
all in all	366		
all of a sudden	264, **380**		

B

- back to back ... 382
- be able to *do* ... 365
- **be about to *do*** ... 420
- be accustomed to ~ ... 377
- **be against ~** ... 420
- be apt to *do* ... 368
- be at risk (of/for ~) ... 173
- **be badly off ~** ... 404
- be based on [upon] ~ ... 366
- be bound to *do* ... 301
- be brought up ... 343
- **be capable of ~** ... 365
- *be caught in ~*
- *be* compelled to *do* ... 403
- *be* composed of ~ ... 363
- *be* comprised of ~ ... 363
- **be covered with ~** ... 358
- **be due to ~** ... 404
- be familiar to ~ ... 378
- **be fed up with ~** ... 109, 341
- **be filled with ~** ... 349
- **be fond of ~** ... 348
- be forced to *do* ... 403
- **be free from ~** ... 403
- **be free to *do*** ... 377
- **be full of ~** ... 349
- be in a bad temper ... 227
- **be in charge of ~** ... 420
- be in favor of ~ ... 420
- be in the habit of *doing* ... 158
- be incapable of ~ ... 365
- be inclined to *do* ... 368
- be keen on ~ ... 281
- be known to ~ ... 378
- be made up of ~ ... 363
- be obliged to *do* ... 403
- *be* on good [bad] terms with ~ ... 223
- **be opposed to ~** ... 420
- **be pleased with ~** ... 358
- **be proud of ~** ... 357
- be raised ... 343
- be sick of ~ ... 341
- **be subject to ~** ... 185, 420
- **be supposed to *do*** ... 66, 397
- **be tired from ~** ... 340
- **be tired of ~** ... 341
- **be to blame** ... 403
- **be to *do*** ... 397
- be true of ~ ... 378
- **be up to ~** ... 420
- **be used to ~** ... 377
- be well off ... 404
- **be worth *doing*** ... 290, 371
- **be worthy of ~** ... 371
- because of ~ ... 349
- become extinct ... 352
- become of ~ ... 367
- before long ... 397
- behind *A*'s back ... 328, 372
- behind [at] the wheel ... 210
- believe in ~ ... 354
- between ourselves ... 404
- between you and me ... 404
- beyond control ... 401
- beyond description ... 425

- blame *A* for *B* ... 394
- blow *one*'s nose ... 46
- blow up ... 344
- blow up ~ ... 46
- **both *A* and *B*** ... 407
- **break down** ... 353
- **break in (~)** ... 354
- break into ~ ... 418
- **break *one*'s promise** ... 36
- **break out** ... 353
- **break up (~)** ... 353
- **bring about ~** ... 348
- **bring back ~** ... 365
- **bring up ~** ... 344
- burn out ... 35
- **burst into ~** ... 418
- burst into laughter ... 168
- **but for ~** ... 412
- by accident [chance] ... 381
- by all means ... 180
- **by any chance** ... 403
- by birth ... 151
- by degrees ... 187
- **by far** ... 382
- by intention ... 381
- **by means of ~** ... 180, 423
- by mistake ... 150
- by nature ... 154
- **by no means** ... 180, 424
- by *oneself* ... 410
- **by the time ~** ... 381
- by virtue of ~ ... 239
- **by way of ~** ... 424

C

- **call for ~** ... 376
- **call off ~** ... 348
- **call on ~** ... 376
- **call up ~** ... 375
- cannot but *do* ... 371
- cannot help but *do* ... 371
- **cannot help *doing*** ... 371
- care for ~ ... 347, 352
- **carry on ~** ... 385
- **carry out ~** ... 106, 386
- catch [lose] sight of ~ ... 188
- **catch up with ~** ... 355
- check in ... 368
- **check out (~)** ... 368
- **close to ~** ... 361
- **come about** ... 348
- **come across ~** ... 364
- **come by ~** ... 365
- come into [in] contact with ~ ... 47
- **come into use** ... 385
- **come to an end** ... 385
- **come to *do*** ... 357, 357
- **come true** ... 385
- **come up with ~** ... 346
- **compare *A* to *B*** ... 419
- **compared with [to] ~** ... 76, 421
- compensate for ~ ... 392
- **consist of ~** ... 363
- **cope with ~** ... 376
- count on ~ ... 30
- criticize *A* for *B* ... 394

- cross *A*'s mind ... 47
- cut back (on) ~ ... 418
- **cut down (on) ~** ... 418

D

- date back to ~ ... 413
- date from ~ ... 413
- **deal in ~** ... 377
- **deal with ~** ... 376
- depend on [upon] ~ ... 415
- develop into ~ ... 40
- die from ~ ... 352
- **die of ~** ... 352
- **die out** ... 352
- dine out ... 54
- distinguish *A* from *B* ... 416
- do ~ justice ... 223
- **do *one*'s best** ... 384
- **do with ~** ... 417, 417
- **do without ~** ... 417, 417
- **dozens of ~** ... 360
- draw up ~ ... 389
- **drop out** ... 370
- **due to ~** ... 302, 349

E

- **each other** ... 336
- each time ~ ... 381
- early [earlier] on ... 359
- earn a living ... 375
- **either *A* or *B*** ... 407
- end in ~ ... 395
- **even if** ... 409
- **even though** ... 409
- (every) now and then ... 399
- every other ... 361
- every time ~ ... 381
- **except for ~** ... 359, 428

F

- face to face ... 41, 382
- fall asleep ... 283, 384
- **fall in love with ~** ... 369
- fall victim to ~ ... 220
- **far from ~** ... 423
- **feel free to *do*** ... 377
- **feel like *doing*** ... 370
- figure out ~ ... 187, 389
- fill in ~ ... 370
- **fill out ~** ... 370
- find fault with ~ ... 169, 388
- **find out ~** ... 343
- first of all ... 341
- fly into a rage ... 228
- **for all ~** ... 429
- for [with] all ~ ... 406
- for certain ... 257, 379
- **for example** ... 336
- for fear of [that] ~ ... 172
- for free ... 350
- **for good** ... 371
- for hours ... 349
- for instance ... 336
- for lack of ~ ... 67
- for nothing ... 350
- for now ... 405
- **for *one*'s part** ... 429
- for short ... 366
- **for sure** ... 379
- **for the first time** ... 341

- **for the moment** ... 405
- **for the most part** ... 400
- for the present ... 86, 405
- **for the purpose of ~** ... 172, 381
- **for the sake of ~** ... 423
- for the time being ... 405
- **forget to *do*** ... 369
- frankly speaking ... 397
- free of charge ... 350
- **from hand to mouth** ... 425
- **from now on** ... 349
- from place to place ... 350
- from the standpoint of ~ ... 208
- from the standpoint [viewpoint] of ~ ... 428
- from time to time ... 399

G

- generally speaking ... 398
- get a grip on ~ ... 122
- **get across ~** ... 352
- get along ... 351
- **get along with ~** ... 351
- get in touch with ~ ... 48
- **get lost** ... 353
- **get off ~** ... 351
- **get on (~)** ... 351
- **get *one*'s (own) way** ... 391
- **get over ~** ... 364
- **get rid of ~** ... 143, 369
- **get through ~** ... 345
- **get to *do*** ... 357, 357
- **get together** ... 345
- give ~ a lift ... 356
- **give ~ a ride** ... 356
- give away ~ ... 346
- give birth to ~ ... 151
- **give in (to ~)** ... 387
- **give off ~** ... 338
- give out ~ ... 338, 387
- **give up ~** ... 142, 338
- give way (to ~) ... 387
- go back to ~ ... 413
- **go bad** ... 363
- **go by (~)** ... 344
- **go off** ... 69, 344
- go on a diet ... 165
- **go on *doing*** ... 353
- go [keep] on *doing* ... 385
- **go over ~** ... 345, 413
- **go through ~** ... 345
- go to extremes ... 267
- go to sleep ... 384
- **go with ~** ... 363
- go without ~ ... 417
- granted [granting] that ~ ... 136
- **grow up** ... 343

H

- **had better *do*** ... 377
- **hand in ~** ... 70, 386
- hand in hand (with ~) ... 398
- hand on to ~ ... 82
- **hand out ~** ... 387
- hang on ... 82, 413
- hang up ... 82
- **happen to *do*** ... 364
- have ~ in common ... 268

445

have ~ in common	419	in focus	60	jot down ~	368	as ...	430, 431
have ~ in mind	416	in general	259	judging from ~	63, 412	may well *do*	430
have ~ on *one*'s mind	417	in haste	218, 366	just the same	424	might [may] as well *do*	431
have (a) good reason to *do*	430	in honor of ~	215			mind *one*'s own business	43
have difficulty (in) *doing*	374	**in need of ~**	**400**	**K**		mistake *A* for *B*	390
have no (other) choice but to *do*	153	in opposition to ~	428	**keep ~ in mind**	**416**	mix up ~	46
		in order to *do*	**61, 366, 381**	keep away from ~	355	**more or less**	**409**
have nothing to do with ~	**417**	**in other words**	**405**	keep back ~	413	much [still] less ~	430
have the honor of *doing*	215	**in part**	**406**	keep [stay] in contact with ~	47	**N**	
have to do with ~	**417**	**in particular**	**288, 410**	keep [stay] in touch with ~	48	name *A* after *B*	392
have trouble (in) *doing*	374	**in person**	**372**			Needless to say, ~	426
head for ~	**386**	**in place of ~**	**401**	**keep off ~**	**355, 355**	**neither *A* nor *B***	**407**
hear from ~	**338**	in principle	180	keep (on) *doing*	353	**no doubt**	**404**
help *A* with *B*	**339**	in private	259, 372	keep *one*'s promise	36	no less than	411
help *oneself* to ~	**365**	in progress	204	keep [lose] track of ~	165	**no longer**	**378**
here and there	**350**	in proportion to ~	206	**kind of ~**	**380**	no matter how ~	402
hit on [upon] ~	**388**	**in public**	**259, 372**	know *A* from *B*	416	no more	378
hold back (~)	**413**	in reality	341	**L**		no more than	411
hold on	**413**	in reply to ~	63	later on	359	no sooner ~ than ...	427
hold *one*'s breath	194	in response to ~	179	**lay off ~**	**34, 384**	not ~ at all	379
hold *one*'s tongue	218	in search of ~	49	**lay out ~**	**34, 384**	not ~ by any means	424
hold up ~	**413**	in season	401	**learn ~ by heart**	**369**	not ~ in the least	379
hope for ~	**367**	in secret	150	learn how to *do*	357	not *A* but *B*	408
I		**in short**	**366**	**learn to *do***	**357**	not a few	360
if only	**409**	in sight	188	**leave ~ alone**	**393**	not a single ~	246
ill at ease	372	**in spite of ~**	**328, 406, 429**	**leave for ~**	**354**	not always	362
in (the) face of ~	41	in sum	213	**leave out ~**	**393**	not any longer [more]	378
in a hurry	**63, 366**	**in terms of ~**	**223, 428**	let alone ~	430	not less than	379
in a minute	405	in the distance	382	live on ~	394	not more than	379
in a moment	**405**	in the end	336	**long for ~**	**367**	**not only *A* but (also) *B***	**408**
in a row	225, 410	in the first place	341	look after ~	352	not to mention ~	49, 409
in a rush	366	**in the long run**	**342**	look back on ~	346	**nothing but ~**	**412**
in a sense	361	in the long term	342	look down on ~	76, 346	notify *A* of *B*	390
in a way	**361**	**in the meantime**	**428**	look forward to ~	339	**now that ~**	**427**
in a word	366	in the meanwhile	428	look into ~	340	**O**	
in accordance with ~	349	**in the middle of ~**	**337**	look on [upon] *A* as *B*	388	occur to ~	388
in addition	182	in the midst of ~	337	look over ~	340	**of importance**	**399**
in addition to ~	182, 328, 381	in the short run [term]	342	look to *A* for *B*	396	of *one*'s (own) choice	153
in advance	56, 373	**in the way (of ~)**	**373**	**look up ~**	**339**	**of *one*'s own**	**411**
in all	**373**	in the world	400	look up to ~	346	of *one*'s own accord	236
in an attempt to *do*	88	**in those days**	**337**	lose [keep] *one*'s temper	227	off duty	374
in an effort to *do*	151, 381	**in time for ~**	**337**	lose *one*'s way	353	on account of ~	212, 349
in an instance	264	**in trouble**	**162, 405**	**M**		**on business**	**337**
in any case	424	**in turn**	**407**	**make a difference**	**374**	**on duty**	**374**
in any event	155, 424	in vain	305, 350	**make a living**	**375**	**on earth**	**400**
in *A*'s absence	372	in view of ~	207	**make believe (that) ~**	**354**	**on end**	**410**
in *A*'s opinion	**361**	in want of ~	400	make for ~	386	on occasion	195, 399
in *A*'s presence	**372**	Indeed ~, but ...	320	**make fun of ~**	**389**	**on *one*'s own**	**62, 410**
in *A*'s view	361	**inform *A* of *B***	**390**	make haste	218	on *one*'s part	429
in brief ~	265, 366	inquire after ~	115	**make it**	**385**	on *one*'s way	336
in case ~	**427**	**inside out**	**422**	make it a rule to *do*	156	**on purpose**	**172, 325, 381**
in charge of ~	85	**instead of ~**	**406**	**make light of ~**	**394**	on (the) average	248
in comparison with [to] ~	421	**It goes without saying (that) ~**	**426**	make little of ~	394	on (the) condition that ~	172
in contrast to [with] ~	**421**	**It is (about/high) time (that) ~**	**426**	make much of ~	394	on the contrary	295
in cooperation with ~	195			**make *one*'s way**	**391**	on the decrease	31
in danger of ~	***373***	It is needless to say	426	**make *oneself* understood**	**375**	on the edge of ~	196
in dispute	235	It is no good *doing*	426			on the increase	31
in due course [time]	302	**It is no use *doing***	**426**	**make out ~**	**389**	**on the other hand**	**382**
in earnest	306	**It is not until ~ that ...**	**426**	**make sense**	**415**	on the surface	201
in effect	167	It is worth while *doing* [to *do*]	290	**make sure (that) ~**	**375**	on the whole	258, 366
in exchange for ~	71			make the best of ~	416	**on time**	**337**
in fact	**156, 341, 408**	item by item	181	make the most of ~	416	on trial	182
in fashion	**373**	**J**		**make up (~)**	**392**	once in a while	399
in favor of ~	**183, 428**	joking aside [apart]	157	**make up for ~**	**392**	one another	336
				make up *one*'s mind	43	out of breath	194, 406
				make use of ~	**391**	**out of control**	**401**
				may [might] as well ~		**out of date**	**410**

Entry	Page
out of fashion	373
out of focus	60
out of hand	401
out of order	61, 362
out of place	401
out of season	401
out of sight	188
out of the question	401
over and over again	382
owing to ~	349

P

participate in ~	418
pass as ~	389
pass away	388
pass by (~)	388
pass down ~	389
pass for ~	389
pass on ~	389
pass out	141
pay attention to ~	415
pay off	387
pick out ~	356
pick up ~	356
play a part in ~	419
play a role in ~	419
plenty of ~	360
point out ~	416
prevent A from doing	87, 392
previous to ~	301
pride oneself on ~	357
prior to ~	425
put ~ to use	414
put aside ~	393
put away ~	346
put down ~	368
put off ~	98, 384
put on ~	383
put out ~	340
put up at ~	414
put up with ~	130, 414

Q

Entry	Page
quite a few	360

R

Entry	Page
rather A than B	408
react to ~	390
recover from ~	364
refer to ~	391
regard A as B	388
regard [see] A as B	390
regardless of ~	423
rely on [upon] ~	415
remember doing	369
reply to ~	390
respond to ~	390
result from ~	169, 395
result in ~	169, 395
right away	350
root for ~	211
run across ~	364
run for ~	414
run [bump] into ~	364
run out of ~	414
run over ~	413

S

say to oneself	368
see ~ off	374
see A as B	388

Entry	Page
send for ~	383
set about ~	393
set aside ~	393
set in	393
set off	364
set out (~)	364
set up ~	363
settle down	96
shake hands with ~	48, 392
show off (~)	374
show up	362
sit up	386
so as to do	366
so far	400
so far as ~	402
so much for ~	383
so that ~	405
sometime soon	320
sooner or later	397
sort of ~	380
sort out ~	154
speak ill of ~	370
speak well [highly] of ~	370
speaking of ~	398
spend A on B	347
stand by (~)	394
stand for ~	394
stand out	385
stay up	386
stay with ~	344
step by step	398
strike on [upon] ~	388
succeed to ~	368
such ~ that ...	406
sure enough	257
surrender (to ~)	387
sweep away ~	133

T

Entry	Page
take ~ for granted	136
take ~ into account	212, 396
take ~ into consideration	396
take ~ off	383
take a fancy to ~	266
take A for B	390
take account of ~	212, 396
take advantage of ~	172
take after ~	390
take care of ~	352
take delight in ~	107
take down ~	368
take in ~	395
take it easy	387
take notice of ~	41
take off (~)	383
take on ~	395
take one's **time**	387
take over ~	368
take pains	172
take part in ~	418
take place	415
take pride in ~	357
take the place of ~	415
take the trouble to do	162
take turns (at/in) doing	418
take up ~	396
talking of ~	398

Entry	Page
tear down ~	130
tear up ~	130
tell A from B	416
tend to do	368
thanks to ~	361
that is (to say)	412
the last ~ to do	362
the minute (that) ~	427
the moment (that) ~	427
the more ~, the more ...	410
the same A as B	362
There is no doing	426
There is no use (in) doing	426
these days	322
think back on ~	346
think of [about] ~	338
think of A as B	388
think over ~	338
think to oneself	368
thousands of ~	359
throw away ~	347
throw up (~)	347
thus far	400
time after time	382
time and again	382
to A's advantage	172
to A's astonishment	350
to A's delight	107
to A's face	372
to A's joy	193
to A's surprise	34, 350
to be frank (with you)	397
to be honest (with you)	261
to be precise	280
to be sure	257
to begin with	341
to make matters worse	429
to say nothing of ~	409
to start with	341
to sum up	213
to tell (you) the truth	151, 399
to the best of A's knowledge	156
to the contrary	295
too ~ to do	405
trace back to ~	197
try on ~	343
try one's best	384
turn away (~)	355
turn down ~	386
turn in ~	70, 386
turn off ~	340
turn on ~	340
turn out (to be**) ~**	418
turn up	362
turn up ~	386

U

Entry	Page
under construction	383
under control	401
under [in] no circumstances	206
up and down	422
up to date	410
up until now	400
upside down	422
use to do	377

Entry	Page
use up ~	365

V

view A as B	388

W

wait on ~	396
weather permitting	398
What ~ like?	425
what is called	429
what is [was] worse	429
what we call	429
when it comes to ~	403
wish for ~	367
with a view to ~	381
with difficulty	372
with ease	372
with [in] regard to ~	69
with [in] respect to ~	76
without (a) doubt	66
without difficulty	372
without fail	29
without regard to ~	69
work out (~)	356
would rather	430
would rather ~ as ...	431
would rather ~ than ...	430
write down ~	368

Y

year by year	351
yearn for ~	367
yield (to ~)	387

●編著者紹介

VIP Academy（ヴィーアイピー・アカデミー）

　受験英語指導のプロ集団。日本人講師は全員TOEIC990点満点・英検1級保持者、アメリカ人講師は全員ESL資格保持者。

　大学入試・高校入試の受験英語対策クラスの他、英会話クラス、資格試験（TOEIC・英検）クラスにおいて、受講生全員をVIP（高価で尊い存在）とみなし、情熱と厳しさと愛情を持って指導することで定評を得ている。

　大学受験対策クラスでは、大学入試センター試験、国公立大学二次試験及び私立大学一般入試問題の過去20年分のデータを独自の分析で抽出した最重要英単語と英熟語を最も効果的に学習できる「VIPメソッド」を受講生に提供している。英文法対策、長文対策においても、大手予備校ではできない少数精鋭によるきめ細やかな「VIPメソッド」の指導法により、多くの受講生を難関・最難関大学合格へと導いている。

英文校正	Philip Griffin
カバーデザイン	花本浩一
本文デザイン／DTP	江口うり子（アレピエ）
イラスト	田中斉
音声録音・編集	㈶英語教育協議会（ELEC）
ナレーション	Carolyn Miller
	Howard Colefield
	水月優希

でる順英単語スピードマスター　必修2000

平成25年（2013年）5月10日　初版第1刷発行
令和3年（2021年）11月10日　　　第2刷発行

編著者	VIP Academy
発行人	福田富与
発行所	有限会社　Jリサーチ出版
	〒166-0002　東京都杉並区高円寺北2-29-14-705
	電話03(6808)8801(代)　FAX 03(5364)5310
	編集部03(6808)8806
	http://www.jresearch.co.jp
印刷所	㈱シナノ パブリッシング プレス

ISBN978-4-86392-136-8　禁無断転載。なお、乱丁・落丁はお取り替えいたします。
©2013 VIP Academy, All rights reserved.